全国高等院校物流专业“十三五”精品规划系列教材
安徽省“十二五”规划教材

物流系统工程

汪传雷　主编

中国财富出版社

图书在版编目（CIP）数据

物流系统工程／汪传雷主编．—北京：中国财富出版社，2017.2

（全国高等院校物流专业“十三五”精品规划系列教材　安徽省“十二五”规划教材）

ISBN 978-7-5047-6349-5

Ⅰ．①物…　Ⅱ．①汪…　Ⅲ．①物流—系统工程—高等学校—教材　Ⅳ．①F252

中国版本图书馆 CIP 数据核字（2017）第 032795 号

策划编辑　张　茜　　**责任编辑**　张　茜
责任印制　何崇杭　　**责任校对**　孙丽丽　　**责任发行**　敬　东

出版发行　中国财富出版社
社　　址　北京市丰台区南四环西路 188 号 5 区 20 楼　　**邮政编码**　100070
电　　话　010-52227588 转 2048/2028（发行部）　　010-52227588 转 307（总编室）
010-68589540（读者服务部）　　010-52227588 转 305（质检部）
网　　址　http://www.cfpress.com.cn
经　　销　新华书店
印　　刷　中国农业出版社印刷厂
书　　号　ISBN 978-7-5047-6349-5/F·2716
开　　本　787mm×1092mm　1/16　　**版　　次**　2017 年 2 月第 1 版
印　　张　22　　**印　　次**　2017 年 2 月第 1 次印刷
字　　数　508 千字　　**定　　价**　48.00 元

前　言

物流系统工程是物流管理与工程大类专业的核心课程。本书内容主要包括以下七章：绪论、物流系统分析、物流系统建模与仿真、物流系统评价与决策、物流系统规划设计、物流系统预测与控制、专业物流系统。每章附有教学目标、案例讨论和复习思考题。

本书系安徽省“十二五”规划教材：《物流系统工程》（皖教高〔2013〕11号）、安徽省省级精品课程：物流系统工程（皖教高〔2009〕9号）、安徽省省级特色专业：物流管理（皖教高〔2010〕28号）、安徽省省级专业综合改革试点专业：物流管理（皖教高〔2012〕14号）、安徽省省级重大教学研究项目：以学科竞赛促进安徽省物流专业创新创业人才培养研究（皖教秘高〔2016〕189号）等一系列项目的部分研究成果。本书观念新颖、体系完整、内容全面、信息丰富、层次合理，可作为高等本科教育中物流管理、物流工程、采购管理以及管理科学与工程类、工商管理类、工业工程类、电子商务类、交通运输类、包装工程类等相关专业本科教材使用，也可作为高等职业学院、企业界、学术界等相关人员的教材和参考书使用。

本书由安徽大学物流与供应链研究中心汪传雷策划、拟定大纲、组织、协调、统稿，参加编写的人员具体分工如下：第一章汪传雷、刘伟华，第二章汪传雷、刘宏伟、汪涛，第三章汪传雷、叶春森、张梦颖，第四章汪传雷、张晓琳、陈欣，第五章汪传雷、倪娟、王丹丹，第六章汪传雷、董尹、刘兰凤，第七章汪传雷、卓翔芝、张雯蕊。同时，郝丹、张太华、朱兴宏、查欣、李迎雪、李从春、朱海涛、唐文博、唐凡、李磊、洪璇、刘晓慧、李晴、袁晓霞、张莉莎、张莉、李珊珊、葛从雨、王栋梓、万一荻等负责资料收集、数值计算、文稿录入和校对等工作，在此表示感谢。

感谢中国物流与采购联合会、中国物流学会、中国物流生产力促进中心、安徽省发展与改革委员会、安徽省交通运输厅、安徽省商务厅、安徽省物流与采购联合会、安徽省物流协会、合肥市商务局、芜湖市商务局、安徽合肥商贸物流开发区、安徽迅捷物流公司、格力集团合肥凌达压缩机公司、中外运合肥物流公司、合肥宝湾国际物流中心、合肥百大周谷堆农产品国际物流园、安徽合和冷链公司、安徽省合肥港国际集装箱公司、合肥安得物流公司、合肥中外运物流发展公司、安徽徽运物流公司、合肥朝阳物流公司、徽商物流公司、靠谱冷链公司、中科大先进技术研究院、天津大学、中国科学技术大学、合肥工业大学、安徽大学、安徽农业大学、安徽工程大学、安徽财经大学、淮北师范大学、安庆师范大学、合肥学院、皖西学院、蚌埠学院、安徽大学江淮学院、安徽三联学院、安徽新华学院、安徽外国语学院等单位给予的调研配合和资料提供的方便。

感谢中国财富出版社（原中国物资出版社）的大力支持和帮助。

在本书写作过程中，直接或间接参考和借鉴了国内外物流学、管理学、经济学、系统工程学等方面的大量素材，在此向有关作者表示衷心的谢意。

由于编者水平有限，加之时间仓促，书中难免会挂一漏万，不足之处敬请广大专家、学者、同行和读者批评指正。

编　者

2016 年 10 月

目　录

第一章　绪　论

章节知识框架

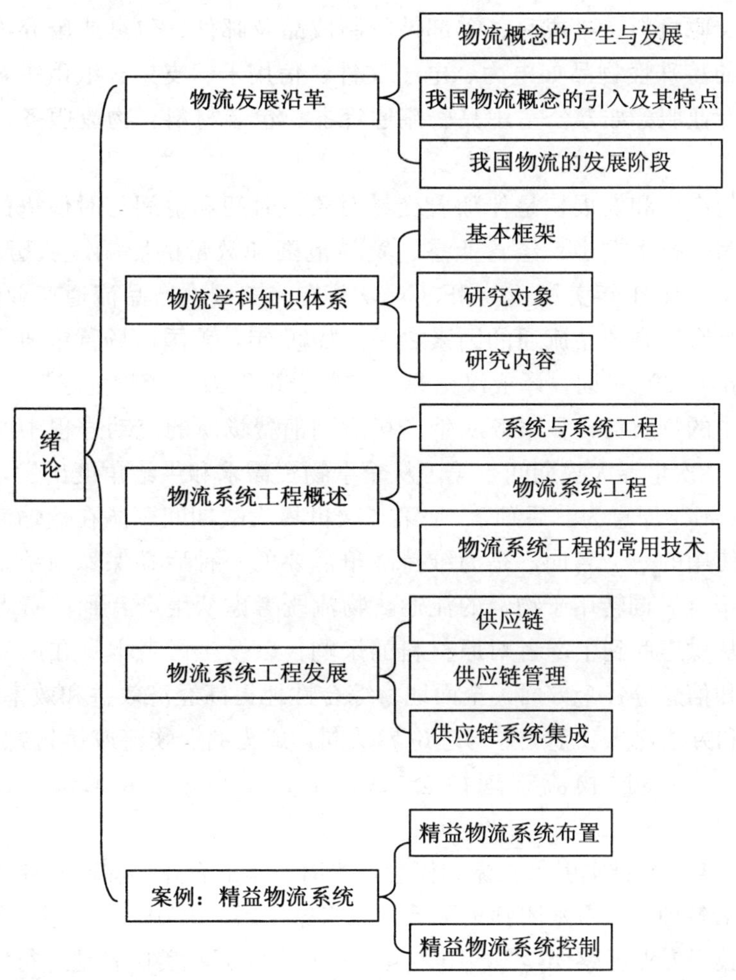

教学目标与要求

通过本章学习，了解物流概念的产生、发展和演变的过程，以及我国物流概念的引入及其特点、我国物流的发展阶段，掌握物流学科知识体系的基本框架、研究对象及研究内容，理解物流系统工程相关概念和物流系统工程的常用技术。

第一节　物流发展沿革

一、物流概念的产生与发展

随着经济、社会、科技、文化的发展，特别是经济全球化、竞争国际化、信息网络化、世界一体化的发展，各国各界越来越重视物流业的发展。简单地说，物流（logistics）即物的流通。现代物流的“物”是广义的物，既包括传统认知的一般性物品如农牧林渔产品、原材料、半成品、零部件、制成品及邮件、包裹或废弃物等，又包括传统并不认知的特殊性物品如电力、电子文件、信用卡、支票、纸币等，还包括一般性供应用品及专业服务如办公室用品、流通容器、包装材料、物流服务、废弃物清理服务等①。

物流概念的产生和发展，是伴随着交易对象、时间和空间与时俱进的，受到经济环境、顾客行为、技术进步、经营业态、贸易范围和数量的影响。从历史的角度看，物流产生于美国，1901 年美国 John F. Crowell 在《美国农产品流通产业委员会报告》中认为，物流是影响农产品流通的因素之一。1935 年，美国市场营销协会采用 Physical Distribution（PD）一词，译成汉语是“实物分配”或“货物配送”，“实物分配是包含于销售之中的物质资料和服务从生产场所到消费场所的流动过程中所伴随的种种经济活动”。第二次世界大战期间，美国从军事物资需求和供给角度出发，采用 Logistics 一词。Logistics 原意为“后勤”，是第二次世界大战期间军队在运输武器、弹药和粮食等给养时使用的一个名词，是为维持战争需要的一种后勤保障系统。第二次世界大战后，Logistics 一词转用于物资的流通，物流既考虑从生产者到消费者的货物配送问题，又考虑从供应商到生产者对原材料的采购，以及生产者本身在产品制造过程中的运输、保管和信息等各个方面，全面地、综合性地提高经济效益和效率的问题。Logistics 的理论和方法逐步被企业界与理论界认同，成为商业物流或销售物流（business logistics）。1963 年美国物流管理协会（Council of Logistics Management，CLM）成立。

20 世纪 50 年代，日本引入物流的概念，当时日本的企业界和政府界为了提高产业劳动率，组织了各种专业考察团到美国等国家考察学习。其中，一个由 12 名专家学者组成的“流通技术专业考察团”，于 1956 年 10 月至 11 月在美国各地进行实地考察，第一次接触到“物流”这个新事物，在详细了解物流这一新事物后，于 1958 年撰写了“劳动生产率报告 33 号”并刊登在《流通技术》杂志上，第一次提及 physical distribution。“劳动生产率报告 33 号”所提到的 PD 概念很快被日本产业界所接受，认为物流是一种综合行为，即“各种活动的综合体”，“物流”一词包含运输、配送、仓储、包装、流通加工和信息传递等活动。日本引入“物流”后，发展经历了三个阶段：第一，

① 苏义雄．企业物流总论——新竞争力源泉［M］．北京：高等教育出版社，2003：1.

前物流时代，个别改善各项物流活动的时代；第二，物流系统化时代，引进并采用器材、机械设施设备等硬件，扩大物流能力的时代；第三，物流管理时代，通过建立物流制度、物流信息系统等软件，优化调整物流系统提高物流效率的时代。自20世纪70年代起，日本成为世界上物流最发达的国家之一。

20世纪80年代以后，经济社会发展革新物流所面临的经济环境如下：①经济规制的放松扩大经济自由的空间，物流竞争开始广泛展开，为物流发展提供更大的机会；②信息技术的迅猛发展，出现决策支持信息系统，使部门间、企业间的结合或一体化成为可能；③企业兼并重组和市场日益集中颠覆原来的经济结构，这种变化要求物流以最低的成本提供较高的服务；④经济全球化拓展交易地域，商品面向世界市场，物流逐步跨越国境，要求物流在支持生产和销售的同时，具备在不同环境国家间发挥业务优势的能力；⑤金融创新层出不穷，开拓物流金融新领域。可见，物流信息系统、电子数据交换（EDI）系统、因特网、条码、卫星定位系统、电子商务的广泛应用，丰富物流领域、扩大物流信息化应用的广度和深度、提升物流的服务水平，大大促进物流业在全球范围内的蓬勃发展。

1984年，美国物流管理协会（CLM）正式将物流概念从physical distribution改为logistics，定义物流，是“为了符合顾客的需求，将原材料、半成品、完成品以及相关的信息从发生地向消费地流动的过程，以及为使保管能有效、低成本地进行而从事的计划、实施和控制行为”。该定义的特征是强调顾客满意度、物流活动的效率性，以及将物流从原来的销售物流扩展到了采购、企业内和销售物流。

1998年，美国物流管理协会（CLM）定义：物流是供应链过程的一部分，它是对商品、服务及相关信息在起源地到消费地之间有效率和有效益地正向和反向移动与储存进行的计划、执行与控制，目的是满足客户要求。1999年联合国物流委员会定义：物流是为了满足消费者需要而进行的从起点到终点的原材料、中间过程库存、最终产品、相关信息的有效流动和存储及管理的过程[①]。2005年1月1日美国物流管理协会（CLM）更名为美国供应链管理协会（Council of Supply Chain Management Professionals，CSCMP），认为：物流是供应链管理的一部分，它以满足顾客需求为目标，对产品、服务和相关信息在起始点和消费点之间的有效率、有效果的正向和逆向流动和储存进行计划、实施和控制。

可见，物流的概念是随着时间推移而演化的，亦即有广义（logistics）与狭义（physical distribution）之分。最初的物流概念主要侧重于商品物质移动的各项机能，即在一定劳动组织条件下，发生在商品流通领域中的凭借载体从供应方向需求方的商品实体定向移动，是在流通的两个阶段（G—W，W—G）发生的商品实体的实际流动。作为一种狭义的物流，物流是一种商业物流或销售物流，具有明显的“中介性”，是连接生产与消费的手段，受到商品交换活动的影响和制约，具有一定的时间性，只在商品交换时才会出现，而不会永恒存在。广义的物流，其目的是提高组织的收益，

① 宋华，胡左浩．现代物流与供应链管理［M］．北京：经济管理出版社，2000：2-5.

如销售额的提高和利润的扩大，通过物流产品、物流时间、物流数量、物流信息等物流服务质量的提升，从采购物流、生产物流、销售物流整个过程物流成本降低，实现组织的高收益。

二、我国物流概念的引入及其特点

中国历史记载编年始于孔子整理的《春秋》，但《春秋》过于简单，较详细的历史记载编年是左丘明编写的《左传》。《左传》全书 18 万字，内容涉及当时各诸侯国的政治、军事、外交和文化等方面。《左传》的开篇为“郑伯克段于鄢”，讲述的是郑庄公的弟弟共叔段欲夺取王位，但被郑庄公所败的事迹。此篇提到“公闻其期，曰：可以，命子封帅车二百乘以伐京”。“二百乘”就是二百辆战车，春秋时每辆战车的配备是马四匹、载三人，三人左中右排布，左射、中驾、右刺。二百辆战车需要马八百匹、六百武士。要保持二百辆战车战斗力，需要庞大的后勤补给和维护，按照最少的二成比率计算就是九百六十匹马、七百二十人，每日需要消耗草料和粮食，而要保证每日供给，需要建设草料仓库和粮食仓库，此外还需要车辆维修中心等辅助设施。可见，涉及物流的众多要素。

中国物流活动实践的早期体现是西汉时期的丝绸之路，但物流概念主要通过两条途径传入我国。一是 20 世纪 80 年代初改革开放，物流随着市场营销理论的引入而从欧美传入，因为欧美的市场营销教科书，毫无例外地要介绍 physical distribution，翻译成中文为“实体分配”或“实物流通”，而普遍接受“实体分配”的译法，实体分配是指商品实体从供给者向需求者进行的物理性移动。二是 physical distribution 从欧美传入日本，被日本人译为“物流”，20 世纪 80 年代初我国从日本直接引入“物流”概念。

自古以来，中国实际上一直存在着物流活动，即运输、保管、包装、装卸搬运等，其中主要是存储和运输即储运活动。但是，国外物流业引入后，再审视我国的储运业，发现两者并不完全相同，主要差别在于：①物流比储运包含的内容更广，物流包括运输、仓储、配送、包装、装卸搬运、流通加工及信息管理活动，而储运仅指储存和运输两个环节；②物流强调诸活动的系统化，以实现整个物流活动的整体最优化，储运则基本上不涉及存储和运输及其他活动整体的系统化和最优化。

三、我国物流的发展阶段

自 1949 年新中国成立以来，中国物流发展大体上经历了六个时期。

1. 初步发展阶段（1949—1965 年）

这个阶段，新中国成立时间不长，国民经济处于恢复性发展时期，工农业生产水平低，经济基础薄弱，并且出现了重生产、轻流通的倾向。我国实行高度集中的计划经济体制，工业企业的原材料供应、生产、销售，商业企业、仓储企业、运输企业的经营管理，无不由各级政府部门、各分管部委统一计划分配。物流相关的采购、运输、仓储、包装等环节，几乎完全由计划手段控制。企业没有自主权，管理条块分割，生产、仓储、运输、销售各环节各自分立。物流发展刚刚起步，开始在一些生产和流通部门建设数量不多的储运公司和功能单一的仓库，铁路、公路、水路、航空运输等均处于落后水平，物流业远远不能适应工农业生产和人民生活水平发展的需要。随着生产的发展，初步建立了物资流通网络系统，采取一些诸如组织定点供应、试行按经济区域统一组织市场供应等物流管理措施。

2. 停滞阶段（1966—1977 年）

1966 年开始且持续十年的“文化大革命”，给国家在经济上、政治上及其他方面都造成了严重破坏，物流业发展也未能幸免。这一阶段，流通渠道单一化，整体上物流基础设施几乎没有发展，甚至原来的一些设施也遭到不同程度的破坏，虽然建设了少数项目，但对整个物流业影响不大，实力未能得到有效增强，物流理论和实践研究基本处于停顿状态。

3. 较快发展阶段（1978—1990 年）

1978 年党的十一届三中全会召开后，开始实行改革开放政策，宏观环境发生了根本性变化，企业经营自主权逐步增加，多种经济成分进入市场，国民经济呈现较快发展的态势，运输业、仓储业、包装业的发展较快，大力建设铁路、公路、港口、码头、仓库、机场等物流基础设施，提高物流技术装备水平，同时开展了水泥、粮食的散装运输和集装箱运输，开始建设自动立体化仓库。尤其是相继成立了有关物流学术团体，积极组织开展国际国内物流学术交流活动，了解和学习国外先进的物流业管理经验。1981 年，北京物资学院王之泰教授在原物资部专业刊物《物资经济研究通讯》发表“物流浅谈”一文，首次较完整地将物流概念引入中国。1989 年 5 月中国物资流通学会在北京成功承办第八届国际物流会议，大大促进物流在我国的传播和应用，同时开始出版发行物流方面的专著和译著，物流研究开始被人们所重视，观念上逐步改变孤立地对待运输、装卸、搬运、仓储、保管、包装、情报等机能，开始采用系统的观点研究它们的作用，使认识大大前进了一步。

4. 快速发展阶段（1991—2000 年）

这个阶段是我国“八五”和“九五”计划建设时期，也是国民经济高速发展时期，国民经济的高速发展必然要求物流体系现代化以与之相适应。我国为发展物流业采取了一系列重要措施，“八五”规划中明确把发展第三产业特别是物流业作为重点，在此期间动工兴建的 10 项特大型工程中，物流业占 5 项，而且全部是运输方面的。“九五”期间，我国货运量持续快速增长，1997 年达到 12.55 亿吨，货物周转量达到 23337 亿吨。在此期间，我国进一步加快物流基础设施和物流系统的建设，面向标准化和国际化发展，通过引进家用电器生产线和汽车生产线，广泛传播国外先进的物流技术，有力地推动物流技术水平的提高。

5. 加速发展阶段（2001—2009 年）

这个阶段是我国加入 WTO（世界贸易组织），从“全球制造”向“全球创造”转型的科学发展阶段，国民经济持续平稳较快发展。物流业呈现全面发展态势，物流基础设施不断完善、物流开放度不断提高，物流业开始向信息化、网络化、自动化、智能化、标准化、全球化、社会化、绿色化、低碳化发展①。

2001 年 3 月，原国家经贸委等 6 部门联合印发《关于加快我国现代物流发展的若干意见》。同年 4 月，经国务院批准，中国物资流通协会更名为中国物流与采购联合会，与各相关行业协会共同推进物流业发展。2004 年国家发展改革委等 9 部门联合印发《关于促进我国现代物流业发展的意见》。2005 年，经国务院批准，由国家发展改革委牵头，15 个部门和单位参加的全国现代物流部际联席会议制度正式建立，并组织召开了全国首次现代物流工作会议。2006 年 3 月，全国人大十届四次会议批准的《"十一五"规划纲要》提出，"大力发展现代物流业"。

物流企业群体加速成长。2005 年 12 月，我国履行"入世"相关承诺，物流领域全面对外开放。外资企业纷纷抢滩中国物流市场，国内物流企业重组转型，民营物流企业加速成长，加剧国内物流市场的合作和竞争，出现了"三足鼎立"、共同发展的新局面。从 2005 年开始，中国物流与采购联合会依据《物流企业分类与评估》国家标准，开展 A 级物流企业评估认证工作。物流企业核心群体初步形成，我国物流业发展的市场主体不断壮大。

物流行业统计工作不断深入。2006 年起由国家发改委、国家统计局和中国物流与采购联合会联合制定的社会物流统计核算试行制度转为正式制度，定期发布物流统计结果，制造业采购经理指数（PMI）的影响不断扩大。

物流标准化工作有序推进。2003 年 9 月，全国物流标准化技术委员会和全国物流信息标准化技术委员会得到国家标准化管理委员会批准，相继成立，先后发布《物流标准专项规划》，开展和完成了一批物流领域国家标准和行业标准的制定和修订工作。

物流科技创新逐步兴起。2003 年设立"中国物流与采购联合会科学技术奖"。物流信息化和技术应用取得成效。订单管理、仓储管理、运输管理、采购管理、客户关系管理系统应用日益普遍，仓储保管、运输配送、装卸搬运、分拣包装、自动拣选等专用物流装备较快发展；条码技术、智能标签技术、配载配送技术等得到推广。

物流教育和培训工作成效显著。在教育部大力支持和中国物流与采购联合会积极推动下，启动物流人才教育工程，本科院校、高等职业学院、中等专业学校开设了物流类专业。

物流理论研究蓬勃发展。2002 年依托中国物流与采购联合会，设立中国物流学会年会，每年承担国家发改委、商务部等委托的调研课题，同时设立中国物流学会课题，并评审通过各类研究成果，设立产学研基地，在中国物流学会年会公布和表彰优秀、先进的论文与课题成果。

物流舆论宣传出现新的局面。2005 年《现代物流报》创刊，《中国物流与采购》杂志、"中国物流与采购网"等行业媒体共同发展。

6. 调整转型提高阶段（2009 年至今）

2009 年 3 月，我国第一个全国性物流业专项规划《物流业调整与振兴规划》，列入

① 贺登才．回首十年：2001—2011 年《中国物流发展报告》综述［M］．北京：中国物资出版社，2011.

“十大产业调整和振兴规划”由国务院发布。2011年，被物流业界称作“政策年”。3月，全国人大通过的《“十二五”规划纲要》突出强调“大力发展现代物流业”，共有20多处提及物流业发展的内容，并在第四篇第十五章“加快发展生产性服务”中单列一节“大力发展物流业”；6月，国务院常务会议专题研究支持物流业发展的政策措施；8月，《国务院办公厅关于促进物流业健康发展政策措施的意见》（国办发〔2011〕38号）印发，被业内称为“国九条”；10月，国务院常务会议决定，从2012年1月1日起，在上海市开展交通运输业和部分现代服务业营业税改征增值税试点；12月，国务院办公厅发出国办函〔2011〕162号《关于印发贯彻落实促进物流业健康发展政策措施意见部门分工方案的通知》（国办函〔2011〕162号），把“国九条”细化为47项具体工作，落实到31个部门和单位。2012年9月1日，国务院批准上海、北京、江苏、浙江、安徽等10个省市开展部分服务业营业税改征增值税试点。2013年1月工业和信息化部发布《关于推进物流信息化工作的指导意见》，2013年8月交通运输部发布《关于交通运输推进物流业健康发展的指导意见》。2014年9月，国务院出台《物流业发展中长期规划》（国发〔2014〕42号），同年还发布《关于我国物流业信用体系建设的指导意见》和《关于进一步促进冷链运输物流企业健康发展的指导意见》以及《关于促进商贸物流发展的实施意见》。2015年发布《物流标准化中长期发展规划（2015—2020年）》，2016年发布《关于加强物流短板建设促进有效投资和居民消费的若干意见》《全国电子商务物流发展专项规划（2016—2020年）》《“互联网+”高效物流实施意见》等。

物流市场需求深刻变化，工业物流、商贸物流、农业和农村物流调整转型加速升级。第一，工业物流整合速度加快。从生产企业分离、分立的物流公司在搞好母体公司物流服务的基础上，积极开发社会物流业务，社会物流业务量已经超过母公司的物流需求量。同时，物流外包的比例和层次逐步提高，物流外包涉及行业从家电、电子、快速消费品等下游产业和产品向钢铁、建材、煤炭等上游延伸，外包领域从运输、仓储、货代等基础性服务向全方位一体化供应链服务扩展。此外，制造业与物流业联动发展深入推进。第二，商贸物流整合集成层次提升。传统批发市场、农贸市场积极提升、改造、扩展物流功能，连锁零售企业加紧完善物流系统，电子商务企业进入物流快递领域，物流快递企业也试水电子商务。第三，农业和农村物流双向对接发展迅速。农产品物流“老大难”问题逐步缓解，农民“卖菜难”和居民“买菜贵”得到高度重视。“农超对接”“农校对接”“农企对接”“农批对接”等流通方式得到大力推广，农产品冷链物流体系建设投入加大。推进农产品进城、日用工业品和农资下乡的农村物流服务体系建设加速。第四，物流经营模式不断创新。物流企业积极寻求经营模式突破，应对优服务、低价格、高成本的挑战，仓单质押融资监管业务不断增加，银行成立专门机构，创新供应链金融新产品。公路零担货运创新出现卡车航班、专线联盟、公路货运班车总站等新模式，物流企业介入生产企业代理采购、供应商管理库存、分销执行，不断增强供应链一体化服务能力。

物流基础设施加快建设并逐步完善。铁路网络规模扩大，全国铁路营业总里程达12万千米，快速铁路4.2万千米，高速铁路1.9万千米。公路网络不断延伸，全国公路通车总里程达457万千米，高速公路里程突破12万千米，农村公路里程突破397万千米，全国96%的县城实现二级及以上等级公路连通。水运网络布局日趋合理，沿海港口万吨级以上泊位超过2100个，总通过能力达79亿吨，其中包括1.88亿TEU（标准集装箱），港口大型化、专业化、现代化水平进一步提升；“两横一纵两网十八线”内河航道建设取得积极进展，内河高等级航道达标里程1.36万千米。机场布局不断完善，全国民航运输机场达214个。邮政网点密度明显提高，实现“乡乡设所”，全国网点总数达到5.3万处，快递营业网点达14.5万处，重点快递企业乡镇网点覆盖率达70%。货运转型升级步伐加快，船型标准化比重不断提升，多式联运、甩挂运输、城乡物流配送集约化等取得积极进展。沿海港口吞吐量、集装箱吞吐量继续稳居世界首位；海运船队运力规模达1.6亿载重吨，位居世界第三。沿海规模以上港口外贸货物吞吐量达32.3亿吨，占全球比重超过1/3。同时，物流园区（基地、中心）等物流设施发展较快，仓储、配送设施现代化水平不断提高，物流运作的载体条件有所改善。但是物流基础设施建设的主要问题依然存在，即多种运输方式和线路与节点的配套性、协调性较弱，综合运输系统效益有待提升。

商贸物流加速推进。第一，商贸物流政策措施日益完善。2011年3月4日《商贸物流专项规划》正式发布实施，2012年8月国务院发布《关于深化流通体制改革加快流通产业发展的意见》等，与商贸物流相关的政策措施也相继出台，2016年4月国务院办公厅发布《关于深入实施“互联网＋流通”行动计划的意见》。第二，现代物流示范城市创建工作稳步推进。2010年启动46个流通领域现代物流示范城市创建工作，各地在加强物流基础设施建设、推进共同配送和统一配送等方面大胆探索，一批大型连锁零售企业、网络购物企业通过在城市布局和建设现代化的配送中心，适应现代商业多品种、小批量、快周转的物流服务需求。第三，农村商贸物流体系框架初步形成。从2005年起商务部以“万村千乡市场工程”为抓手，推动城市龙头流通企业进入农村，用连锁经营方式改造传统经营网点，构建农村现代流通体系。第四，农产品物流基础设施建设进一步加强。从2006年起商务部启动“双百市场工程”，支持农产品批发市场、农贸市场和农产品流通企业进行建设和改造，具体包括冷链物流、质量安全可追溯、废弃物处理和安全监控等。第五，商品流通追溯体系建设进展有序。从2011年起商务部开始对肉、菜、中药材、酒品等商品开展流通追溯体系建设试点工作，建设商品“来源可知、去向可追、责任可究”的追溯体系。第六，物流企业“走出去”取得新进展。从2011年起商务部开始编制《对外投资国别（地区）指南》和《对外投资国别产业指引》，协助中国企业了解有关国家的投资机会和应注意的问题，合理引导企业“走出去”工作，利用多双边经贸机制或投资促进工作机制，协调解决企业境外投资遇到的问题和困难。第七，加强对外资并购的审核，维护公平竞争秩序。加强政府职能转变，改进外商投资管理体制变革，下放外商投资道路运输、国际船舶运输、国际货运代理等审批权限，研究改进外商独资船务公司管理政策，加大对外开放力度。同时，严格实施《反垄断法》，依法进行对物流领域外资经营集中案的审查。

物流企业兼并加速，专业化服务能力不断增强。第一，境内外知名投资机构加大对国内物流业的投入，并购具有一定网络基础、仓储设施或提供冷链、医药、保税等专业服务的中型物流企业成为热点和焦点，部分有实力的房地产、煤炭等企业转向物流地产开发领域，部分物流企业借助资本市场实现快速扩张，部分重点物流企业积极谋划在国内外股票市场上市，中小物流企业抱团结盟，谋取更多话语权，物流企业市场集中度进一步提高。第二，物流企业的专业化服务能力显著增强，快递、公路货运、汽车物流、医药物流、烟草物流、能源物流等专业细分领域纷纷涌现出一批实力比较雄厚、市场占有率较高、综合竞争力较强的物流企业。到2016年8月31日，按照《物流企业分类与评估指标》国家标准，中国物流与采购联合会已向社会陆续通告22批共3968家A级物流企业，行业涉及交通运输、仓储、货代、快递等综合服务企业，制造业、商贸业和农业等专业物流服务领域，新兴的供应链公司、物流园区等。第三，以5A级物流企业为代表的物流企业核心群体初步形成，物流企业应用管理信息系统、物流信息平台、移动信息服务、物联网等信息化手段大大增加，显著提升物流服务的高效化、一体化和智能化水平，一定程度发挥示范和引导作用。第四，物流区域集聚明显加速。随着区域经济结构的调整，中西部产业发展能力不断增强，国内外大型物流和商贸企业纷纷在中西部主要城市设立区域物流中心和二级配送网络。“长三角”创新区域物流合作模式加速区域性国际物流系统的形成，“珠三角”地区深化区域通关改革提高物流集聚效率，《东北地区物流业发展规划》的发布加速物流业逐步向节点和通道集聚的速度，京津冀物流合作伴随环首都经济圈的提出开始形成，区域物流资源从分散走向整合，区域物流服务的集聚效果逐步显现。

物流行业管理基础性工作日益标准化、规范化。第一，物流标准化工作稳步推进。正式出版《物流标准目录手册》，收录物流国家标准、行业标准和地方标准。第一个由中国发起和主导的物流领域国际标准《ISO 18186：2011货物集装箱—RFID货运标签系统》正式发布，2016年《物流标准目录手册》收集标准目录921项。第二，物流统计工作深化细化。采购经理指数（PMI）得到认可的范围不断扩大，社会物流统计制度日趋完善，逐步开展分行业、分产品的统计调查分析，初步建立物流运行景气指数体系试发布制度。第三，物流教育和培训质量提升。我国开办物流专业的本科院校达400多所、高职高专900多所、中职中专900多所，“物流管理与工程”正式进入教育部全国学科目录一级学科，下设物流管理、物流工程、采购管理三个专业。第四，物流科技、管理创新和学术理论研究不断提升。2002年经科技部批准，中国物流与采购联合会设立了科学技术奖，每年进行评审。

第二节 物流学科知识体系

一、基本框架

随着物流理论研究和实际应用的深化，物流学科开始探索建立自己的学科体系，并逐步完善。其中，何明珂通过研究和总结，提出了一套物流学科体系模型①。

第一层：物流学科体系的核心。物流学科体系的核心是物流系统的基本概念，由一组最关键的核心概念组成，虽然这些概念可能还需要经过一段相当长的时间才能完善，但是它们是存在的，比如物流、配送、物流中心、配送中心等。认识和理解物流，必须借助于这些概念，物流学科体系的所有其他组成部分是通过这些概念来表现且由此展开的。这一层是物流学科体系的基本内核。

第二层：物流学科体系的四大支柱。物流学科体系包括基本假设、基本原理、基本技术和基本方法，四大支柱与物流学科体系的核心概念一起演绎出物流学科体系的基本框架。这一层是物流学科体系的基本内涵。

第三层：物流学科体系的理论基础。物流学科的构建依赖于其他成熟学科的理论基础，物流理论是在这些理论的基础上发展起来的，是物流和其他相关学科联系的具体反映。与物流学科联系最紧密的理论主要有四类：系统论、运筹学、经济学和管理学，系统论提供物流学科的最根本的思维方法和逻辑；运筹学提供实现物流系统优化和集成的技术和工具，是系统论在物流领域应用的具体方法；经济学提供物流系统资源配置的基本理论，物流系统的资源配置服从经济学的原理和规律；管理学提供物流系统具体运作的基本假设、原理和规律。系统论的代表是系统论、系统工程、工业工程、价值工程等；运筹学的代表是高等数学、线性代数、线性规划、概率论与数理统计等；经济学的代表是宏观经济学、微观经济学、制度经济学等；管理学的代表是一般管理学、消费者行为学、营销学、管理心理学、人力资源管理、会计和财务、运营管理、战略管理、信息管理等。这些理论构成物流学科体系理论的基础。同时，这些理论本身是物流学科体系的一部分，相互联系、相互协作。

第四层：物流学科体系的相关学科。物流的运营和管理依赖于现代化的技术手段和条件，研究这些技术或手段的学科就成为物流学科体系的相关学科，比如电子、电气、机械、材料、计算机、信息类学科。这些学科对物流的作用越来越显著。

以上四个层次形成的物流学科体系框架与供应、生产、流通和消费四大环节具有紧密的联系，物流活动发生在供应、生产、流通和消费所有环节，物流学科的研究对象就是供应、生产、流通和消费活动中的物流问题。如图 1-1 所示。

二、研究对象

物流学科的研究对象是物流系统。物流系统本身是一个复杂的系统，它包括原材料和零部件供应物流系统、生产物流系统、销售物流系统、废弃物物流系统、回收物流系统等。物流学科研究从原材料采购到生产、流通直至消费以及废弃物回收的供应链全过程中物体的时间和空间转移规律。物流系统是由要素和结构组成，其中物流要素包括具体物体在时间和空间上的转移所涉及的六个方面要素。

---

① 何明珂．物流系统论［M］．北京：中国审计出版社，2001：13-30.

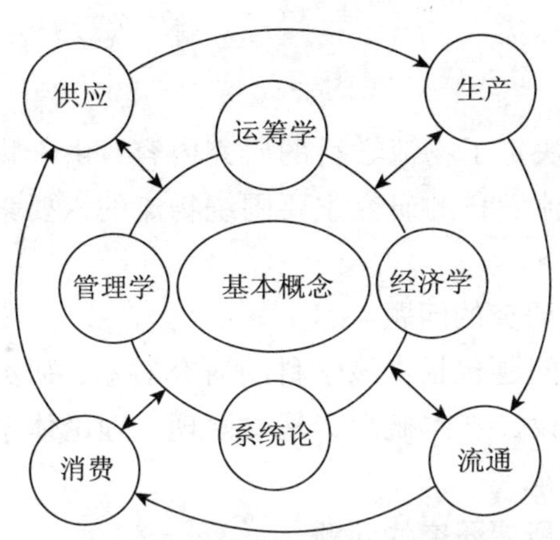

图 1-1 物流学科知识体系框架

(1) 流体。流体是指进入物流活动的物料，主要考虑其重量、质量、形态、形状、大小、密度等。它是整个物流系统的驱动因素，也是物流系统活动的对象。

(2) 载体。载体是指将流体沿着物流系统运动所需的运输、装卸、搬运的工具及其运输方式等。

(3) 流向。流向是指流体在整个物流活动中各个节点处的走向。例如企业的生产物流系统，企业的生产活动是劳动者借助劳动工具将一定量的劳动对象通过生产活动转换成劳动产品，其存在有用消耗和无用消耗，生产目的是尽量提高有用消耗而降低无用消耗，流向是从质和量上反映生产过程的这一状态。考察劳动对象在各节点上的流向，可以制定出合理的加工路线控制整个生产过程中原材料的消耗。

(4) 流速。流速是指流体在单位时间内的物流流程中通过某一节点或界面的量。它是一个矢量，具有方向性。考察流速是时间节约规律的要求，任何节约本质上都是时间的节约，生产必须按照适当的节奏进行，必须按照产品工艺规程和生产节拍运行。流速既受生产节拍的制约，反过来又影响生产节拍，必须进行合理的分配和规划。流速是一个综合指标，具有两层含义：第一层，流速反映的内容是多方面的，既反映生产过程量的指标，也反映质的指标。第二层，流速优化是一项涉及生产全部要素的综合性指标，单一要素的优化难以带来流速的优化。因此，流速的确定是一个多因素、多结构、多层次的决策过程。

(5) 流程。流程是指任意两个物流节点之间的位移。流程不只是两个节点间的距离大小，而且有方向性，实际上还包括运输的路况信息等。

(6) 流量。流量是指在一定时间内经过生产流程某一节点或界面的物流量。从概念上讲，流量是流速在各个时间段上的积累，但从经济上讲，流量反映物流的规模，而不是流速的简单叠加。

流体、载体、流向、流速、流程和流量六个要素是相辅相成、紧密联系的。其中，流向是根本、流速是基础、流量是结果，因为流向的正确与否决定物流的有效性，如果物流的结果使原材料流向废品，那么生产毫无意义。

三、研究内容

物流学科的研究对象决定了物流学科的研究内容。由于物流学科的研究对象主要是物流的六要素，所以物流学科的研究主要围绕物流的六要素及其相关问题进行。物流学科研究的主要内容如下。

1. 物流作为学科所要研究的问题

物流学科需要研究的问题包括：该学科的研究对象、研究内容、学科性质、研究目的、研究方法、基本假设、基本概念、基本原理、理论体系、基本技术以及物流学科与其他相关学科的联系等。

2. 认识物流和物流业所要研究的问题

认识物流，需要研究的问题包括：物流和物流业的概念，物流业在国民经济中的作用，物流业的宏观管理，物流对生产、流通和消费的影响，物流的本质特点，物流业涵盖的行业，物流业的发展历史、现状和前景，物流的要素、结构与功能分析，物流枢纽、物流节点、物流中心、物流城市、物流园区的规划、设计与管理等。

3. 物流六要素所要研究的问题

从流体的角度看，需要研究的问题包括：不同商品（流体）的物流特性，不同商品的保管、养护技术与方法，商品的检验与鉴定技术，商品的识别技术，商品的物理、化学、生物特征对于运输、储存、装卸、搬运、包装、流通加工、物流信息管理的影响和要求，商品的品种结构与企业经营的关系等。从载体的角度看，需要研究的问题包括：载体的数量与结构优化，载体的最优化配置，载体网络布局与优化，载体的规划、设计与运作技术，载体的建设与管理、载体的技术进步等。从流向的角度看，需要研究的问题包括：物流的流向规律，物流流向的组织与优化，物流流向的控制技术等。从流量的角度看，如何在物流过程中以尽可能少的流量，尤其是尽可能少的中间库存（在库库存和在途库存），满足终端消费者的需求，需要研究的问题包括零库存技术、准时制（JIT）技术以及其他与库存控制有关的技术。从流程的角度看，需要研究的问题包括：配合生产资源的配置、销售网络的布局，使物流流程最短，尤其是在给定的物流网络情况下，如何使物流路径最短。从六要素的协调看，主要研究内容包括：六要素的关系，六要素的集成与协调技术等。

4. 物流具体功能所要研究的问题

物流系统不仅包括运输、储存、装卸、搬运、包装、流通加工、物流信息管理等基本工程，而且包括提供各种增值服务功能。物流学科研究以上某一个功能作为一个独立的系统需要研究的各个方面的问题。

5. 构建和优化物流系统需要研究的问题

物流系统界定的原则与标准，物流系统的功能、资源、组织、运作等的构建、集成、优化的规律，比如构建、集成、优化的条件、模式、技术及具体措施等；当物流系统构建、集成、优化后，进而对物流系统与制造系统、商流系统、客户服务系统等进行集成和优化，越是在更大的范围内进行集成和优化，意义就越大。

第三节 物流系统工程概述

一、系统与系统工程[①]

1. 系统

无论是自然界还是人类社会，任何事物都是以系统的形式存在的，每个要研究的问题或对象都可看成一个系统。在认识和改造客观事物的过程中，采用综合分析的思维方式看待事物，根据事物内在的、本质的、必然的联系从整体的角度进行分析，这类事物可以被看作一个系统。

1）系统的定义

系统思想古已有之，但是将系统作为一个科学概念予以研究，是创立一般系统论的奥地利理论生物学家冯·贝塔朗菲（Ludwig von Bertalanffy）最先提出来，他于1957年认为系统是“相互作用的诸要素的综合体。”到目前为止，关于系统的定义依照学科不同、使用方法不同和解决的问题不同而有所区别，定义数量超过40个。美国阿柯夫（Ackoff，R. L.）认为“系统是由两个或两个以上相互联系的任何类的要素所构成的集合”；美国韦氏（Webster）认为“系统是有组织的或被组织化的整体，结合整体所形成的各种概念和原理的综合；由有规则的相互作用、相互依存的形式组成的诸要素集合等”；日本JIS（工业标准）认为“系统是许多要素保持有机的秩序，向着同一目的行动的东西”。

中国系统科学与工程界对系统的一个常用的定义是：系统是由相互作用和相互依赖的若干组成部分结合而成的、具有特定功能的有机整体，而且这个整体又是它从属的更大的系统的组成部分。换句话说，系统是同类或相关事物按一定的内在联系组成的整体、相对于环境而言，系统具有一定目的和一定功能，且相对独立。

在日常生活和工作中，“系统”一词被广泛使用。例如，一个企业可以看作是由各个车间、科室、后勤等构成的系统；一部交响乐可以看作是由多个乐章构成的系统；一个供应链可以看作是由原材料商、生产制造商、销售商、客户构成的系统。系统是分层次的，大系统包含着小系统，大系统有大系统的特定规律，小系统不仅从属于大系统，服从大系统的规律，而且小系统本身又有自己的特定规律性，这是自然科学和社会科学共同普遍存在的带有规律性的现象。

2）系统的形态

系统是以不同的形态存在的，系统的形态与需要解决的问题密切相关。根据系统产生的原因和反映的属性不同，可以进行各种各样的分类。一般地，系统可以分为如下类型：

（1）自然系统、人工系统和复合系统。自然系统是自然物等形成的系统，通常表

---

① 丁立言，张铎．物流系统工程［M］．北京：清华大学出版社，2001：1－7.

现为环境系统，如海洋系统、矿藏系统、生态系统、大气系统等。人工系统是人类为达到某种目的，由人类规划设计和建造实施的系统，如工程技术系统、商业管理系统、科学技术系统等。实际上，绝大多数系统是由自然系统和人工系统相结合的复合系统，许多系统是由人借助科学力量，认识和改造了的自然系统。例如，社会系统，看似是一个人工系统，可是它的产生和发展是不以人们的意志为转移的，具有其内在规律性。随着科学技术的发展，会出现越来越多的复合系统。

(2) 实体系统和概念系统。实体系统是以矿物、动物、植物、微生物、能源、机械、电器等实体组成的系统，即实体系统的组成要素是具有实体的物质，如机械系统、电力电子系统、水利系统等。实体系统是以硬件为主体，以静态系统的形式表现出来，又称硬系统。概念系统是由概念、原理、方法、制度、程序等观念性的非物质实体所组成的系统，如科技系统、教育系统、文化系统、新闻系统、法律系统等。概念系统是以软件为主体，以动态系统的形式表现出来，又称软系统。实体系统是概念系统的基础，概念系统为实体系统提供指导和服务，概念系统必须与实体系统有机结合才能有效发挥作用。

(3) 静态系统和动态系统。静态系统是其固有状态参数不随时间变化的系统，它没有确定的相对输入与输出，表征系统运动规律的模型不含时间因素，即模型中的变量不随时间变化，如车间平面布置系统、汽车站平面布局系统、城市交通道路布局系统等。静态系统属于实体系统。动态系统是系统状态变量随时间推移而变化的系统，它有输入和输出及转换过程，一般均涉及人的行为因素，如供应系统、生产系统、服务系统、研发系统、社会系统等。

(4) 封闭系统与开放系统。封闭系统是指与外界环境不发生任何形式交换的系统。封闭系统既不向外界环境输出，也不从外界环境输入，一般是专为研究系统目的而设定的，如尚未拆分或封存的设备、仪器以及尚未使用的技术系统等。开放系统是指系统内部与外部环境存在能量、物质和信息交换的系统。开放系统既从环境得到输入，又向环境输出，且系统状态直接受到环境变化的影响。绝大部分人工系统属于此类，如社会系统、经营系统、调度系统等。

(5) 开环系统和闭环系统。在开放系统中，系统的输出反过来影响系统输入的现象，称为反馈，系统反馈主要是信息反馈。其中，增强原输入作用的反馈称为正反馈，削弱原输入作用的反馈称为负反馈；正反馈使系统行为发散，负反馈使系统行为收敛，经济社会系统不仅存在反馈，而且往往存在多重反馈。

(6) 对象系统和行为系统。对象系统是按照具体研究对象进行划分而产生的系统，如企业的计划系统、生产系统、库存系统、销售系统等。行为系统是以完成一定目的的行为作为组成要素的系统。所谓行为，是指为达到某一确定的目的而执行某特定功能的作用，该作用能对外部环境产生一定的效用。划分行为系统，主要是根据行为内容的特征进行的。也就是说，尽管某些系统的组成部分和内容是相同的，但如果执行特定功能发挥的作用不同，则它们属于不同类的行为系统。行为系统一般需要通过组织体系来加以体现，如社会系统、经济系统、技术系统、管理系统等。

（7）控制系统和因果系统。控制系统是具有控制功能和手段的封闭系统，如预警系统、应急系统。因果系统是输出完全取决于输入的开放系统，如测试系统、信号系统、记录系统、测量系统等。

实际上，具体系统的形态可能是千差万别、千变万化的，但是基本上可以看作是由上述各种系统相互组合而形成，它们之间往往存在相互交叉和相互渗透。

3）系统的性质①

一般系统具备如下性质。

（1）整体性。系统是由两个或两个以上既有一定区别又有一定联系的要素所组成。系统的整体性主要表现为系统的整体功能，系统的整体功能不仅是各组成要素的简单叠加，而且呈现出各要素所没有的新功能，即“整体大于部分之和”。实际上，即使不全是完善的要素也可以构成性能良好的系统，反之即使全是性能良好的要素也不一定能构成一个完善的系统，系统功能大于、等于、小于各子系统功能之和与系统结构安排和系统机制设计相关。例如，一支足球队包括前锋、中卫、后卫、守门员等组成，每个球员不仅要打好自己的位置，还要有很好的合作精神和默契的相互配合能力，若只将各个位置上表现最佳、但平时不在一起训练的球员组成一支球队，这支球队不一定是最好的，原因在于各个位置的人员是否与其他位置的人员有良好的默契和协作，采取的战略战术与各个队员具备的能力是否匹配，直接影响球队整体作战能力，这正是世界联队往往难以战胜世界冠军队现象的原因。

采用数学语言表述，系统的整体性表示如下：

$$X=\{x_i \mid x_i \in X，i=1\sim n，n\geqslant 2\}$$

其中，x 是组成系统的要素；X 是集合。

（2）层次性。系统作为一个相互作用的诸多要素的总体，可以从空间或时间上分解为一系列的子系统和要素，形成树状或金字塔层次结构。例如，行政系统典型的金字塔结构，我国分中央、省（直辖市、自治区）、市、县、镇（乡）五级结构。随着互联网络技术的发展，管理系统层次向扁平化发展，系统层次性会减少。

（3）相关性。系统是由各个要素组成的，要素之间、系统内各个层次之间以一定的规律存在相互联系、相互作用、相互影响、相互依存、相互制约的关系。这种关系不是简单的加和，即 $1+1\neq 2$，而有可能是互相增强，也有可能是互相减弱。例如，设计某些激励政策时，往往考虑政策的正作用多，而考虑政策的负作用不足，导致出现意想不到的后果。因此，既要分析要素本身对系统的正作用和负作用，又要分析该要素通过其他要素对系统产生的正作用和负作用，还要考虑系统内部各个要素之间存在的各种竞争关系，通过信息沟通消除或避免竞争关系导致的系统混乱。

采用数学语言表述，设系统要素集合 X 的某一部分 $x_i \in X_i CX$，对另一部分 $x_o \in X_o CX$ 具有因果关系和影响关系，用 R 来表示这个关系，即

$x_i R x_o$，$x_o R x_i$ 或写作 $x_i=R(x_o)$，$x_o=R(x_i)$

① 王众托，系统工程引论［M］.3版.北京：电子工业出版社，2006：2.

则有序对 $x_i \in X$，$x_o \in X_o$ 之间关系的总体为

$R = X_i \times X_o = \{(x_i, x_o) \mid x_i \in X_i, x_o \in X_o; x_o = R(x_i), x_i = R(x_o), i, o = 1 \sim n, i \neq o\}$

或者说系统 S 可表述为 $S = \{X \mid R\}$

(4) 目的性。系统具有能使各个要素集合在一起的共同目的，而且人工系统、复合系统往往还具有多重目的。要达到既定的目的，系统必须具有一定的功能，这正是一个系统区别于另一个系统的标志。实际上，系统的目的往往采取一系列具体的目标来体现。例如，企业经营管理系统的目的，是在有限的资源和现有职能机构的配合下，为了完成或超额完成生产经营计划，实现规定的产品、质量、品种、成本、利润等指标。宏观经济管理系统的目的，包括 GDP（国内生产总值）、就业、物价、进出口等目标。

采用数学语言表述，系统目的有时不止一个，即总目的 G 是由各分目的 g_i 组成，$G = \{g_i \mid i = 1 \sim m\}$。

(5) 生命周期性。任何系统一般都要从无到有、从小到大，经历萌芽期、成长期、成熟期、衰退期等。例如，企业系统发展到一定阶段，必须及时进行更新改造，开发新产品、开拓新市场、开辟新领域，延长系统的生命。

(6) 环境适应性。环境是指出现于系统以外的事物（物质、能量、信息）的总称，相对于系统而言，环境是一个更高级的复杂系统。系统时时刻刻存在于环境之中，与环境相互依存，系统必须适应外部环境的变化，只有与外部环境保持最佳的适应状态，才能具有生命力。系统内部和环境间存在的边界，系统根据研究范围的不同可以适当地进行边界的假定。例如，一个企业必须经常了解同类型企业的经营动向、行业发展动向、国际国内市场的原材料供应和产成品需求等环境的变化，进而采取经营策略，适应环境的变化。社会系统应根据系统的目的，有时增加一些要素，有时删除一些要素，根据环境状况进行系统的分裂和合并，实现社会的发展。如图 1-2 所示。

采用数学语言表述，系统的功能 F 与系统的组成要素 C、结构 S、环境 E 的关系表述为 $F = f(E, C, S)$

(7) 开放系统的输入—转换—输出模型，如图 1-3 所示。

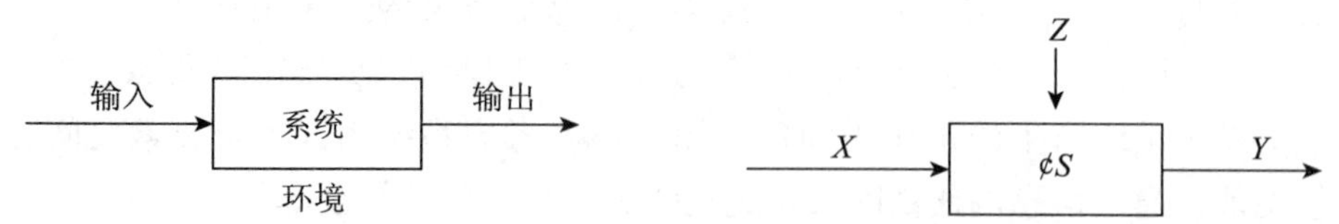

图 1-2　系统环境适应性　　图 1-3　开放系统的输入—转换—输出模型

其中，系统 S（具有结构参数 Z），通过转换函数 ¢将输入 X 转换成输出 Y。X 是输入集合，影响系统 S 的行为或状态；Z 是系统 S 的结构及状态的内在参数，¢是状态转换函数，当系统 S 接受输入集合时，状态函数将决定 S 状态的变化；Y 是输出集合，

本身也可以是一个新系统 S，具有新的状态及结构参数。

（8）负熵。熵在统计学中被用来衡量无秩序状况。封闭的系统受熵的驱动，熵的值不断地增加，熵的变化都是（＋）值，直至达到熵的最大值状态——全系统瓦解，死亡或完全成为无组织。开放的系统，能从周围环境中不断地输入资源（能源、资源、信息），阻止熵的增加，甚至转换为负熵——使组织增加转换资源的能力。

2. 系统工程

运用系统思想与定性和定量相结合的方法研究复杂系统的问题，无论是系统的分析、规划、设计还是建设、经营、维护，都可以看成是一类工程实践，统称为系统工程。

1）系统工程的定义

国内外系统工程学家对系统工程有着各种不同的解释。中国著名科学家钱学森院士认为：系统工程是关于组织、管理、规划、研究、设计、制造、试验和使用系统的科学方法，是一种对所有系统都具有普遍意义的科学方法。系统工程是一种组织管理的技术①。

日本工业标准（JIS）规定，系统工程是为了更好地达到系统目标，而对系统的构成要素、组织结构、信息流动和控制机制等进行分析和设计的技术。

中国工程院汪应洛院士认为，系统工程是一门以大系统为研究对象的多学科、跨行业的边缘学科，它结合自然科学、工程技术和社会科学的思想、理论和方法，把系统内人类的生产、科研或经营组织起来，应用现代数学和电子计算机技术等工具或手段，对系统构成的要素、组织结构、信息交流和反馈控制等功能进行分析、设计、制造和运行，从而达到系统的最优设计、最优控制和最优管理②。

《不列颠百科全书》（Encyclopedia Britannica）（2012）定义，系统工程不是某一工程专题，而是一种应用各类工程知识与各类科学原理，并把它们进行有效组合以解决复杂多维问题的技术，该技术更多地应用于计划及设计的功能。

美国军用标准（MIL-STD499B）定义，系统工程是一个跨学科的研究领域。它从综合的和全生命周期的角度研究系统产品和过程求解的发展与验证过程，以满足用户的需求。系统工程：①包含与系统产品和过程的研究、制造、验证、部署、使用、维护和废弃等有关科学与工程的尝试；②提供用户培训需要的设备、程序与资料；③建立和保持系统技术状态管理；④研究工作分解结构和工作报告；⑤为管理决策提供信息。

此外，还有许多关于系统工程的定义，这里不一一引述。总之，系统工程是采用科学的方法组织管理系统的研究、规划、设计、制造、试验和使用，规划和组织人力、物力、财力，通过最优路径的选择，使工作在一定期限内收到最合理、最经济、最有效的成果。所谓科学的方法，是从整体观念出发，通盘筹划，合理安排整体中的每一

---

① 钱学森，许国志，王寿云．组织管理的技术——系统工程［N］．文汇报，1978-09-27.

② 汪应洛．系统工程［M］．3版．北京：机械工业出版社，2003.

个局部，以求得整体的最优规划、最优管理和最优控制，使每个局部都服从一个整体目标，做到人尽其才、物尽共用，发挥整体的优势，避免资源的损失和浪费。

2）系统工程的理论基础

钱学森同志归纳总结系统科学的体系结构为四层，第一层是马克思主义哲学，第二层是自然科学、社会科学、系统科学、人体科学等，第三层是技术科学层，第四层是工程技术层，系统工程属于第四层，属于工程技术的范畴。系统工程的理论基础主要是自然科学、社会科学和工程技术。自然科学中的数学、运筹学、统计学、概率论是系统工程最重要的理论基础；社会科学中的经济学、社会学、行为科学是研究与人、社会密切相关的系统工程问题必须掌握的理论基础，工程技术中的控制理论、计算机科学以及信息技术和各种工程技术是实现系统工程最优设计、最优控制和最优管理的理论基础和技术工具。系统工程人员应具有“T”形的知识结构（“T”man），即一方面知识面要广、基础要厚实、广而不泛、专而不悖，另一方面在某些领域或某些方面具有专长，为分析和解决复杂问题奠定一个坚实的基础。

系统是由要素组成的，系统是要素的集合。系统的结构（structure of system）是系统保障整体性以及具有一定功能的内在根据，结构是系统内部各组成要素之间在空间和时间方面的有机关联和相互作用顺序。例如，城市交通路口在红灯下有一群车停在停车线之前，这些车辆聚集在一起带有很大偶然性，相互间没有多少关联，但若实施自动化的交通管制，使车辆井然有序地通过路口，特别是在有多个路口的协调控制时，形成所谓绿波，使它们像一个车队一样通过得更加顺利，就形成了结构。结构是有层次的，系统的层次结构一般按照各要素联系的方式、系统运动规律的类似性进行划分。

3）系统工程的四类问题

在管理研究中，系统工程人员往往遇到排序、组集、适度、连接四类基础问题①。

第一类排序问题。序是指要素在系统某特定广义空间排列的次序，广义空间包含空间、时间和人际等，系统要素在时间有先后之分、在空间有前后上下左右之分、权重有大小之分、素质有优劣之分、速度有快慢之分、价值有贵贱之分、价格有高低之分。如何考察系统各要素对系统总体功能、目标的效用，是管理研究中经常遇到的问题，如物流中心选址、创新能力评估、产业发展战略选择等。解决此类问题的系统工程方法是系统评价，运用合理的分解方法，将评价的目标和对象属性共同构成评价指标体系，利用专家经验和评价方法确定各指标的权重，运用效用原理将系统各个属性的价值综合为系统的价值，作为排序的依据。

第二类组集问题。组集是寻求系统组成要素的合理匹配，以实现系统的预定目的、目标、功能、行为。解决此类问题的系统工程方法，是先对系统和可能构成系统的各种要素进行分析，以便合理配置各种要素，具体应用多元相关分析和聚类分析。组集有两种类型：一类是互补性组集，对性质互补的要素进行合理的匹配，形成一个相互取长补短、合乎规律、适应外部环境与实现系统整体功能的集合，如领导班子组合、

① 陈宏民．系统工程导论［M］．北京：高等教育出版社，2006．

研发团队组合、物流项目团队组合等；另一类是同类性组集，聚合性质相近的要素形成一个组合，组成一个特别功能与行为的系统，如专业公司等。

第三类适度问题。适度是掌握事物的质和量的分寸，实现“恰到好处”。例如，企业有许多物流项目可以选择，可是企业的人、财、物是有限的，如何合理选择物流项目和安排项目的进度，就是一个典型的适度问题。解决此类问题的系统工程方法是采用优化技术，具体有运筹学方法、仿真方法、系统动力学方法等。

第四类连接问题。连接包含两重含义：一是系统内部各要素如何衔接，如何选定支配关系，如何确定要素比重，使系统的功能达到最佳，解决此类问题主要考虑要素之间的平衡关系和先后次序问题，如物流企业如何发挥各个部门积极性的问题，必须研究各子部门之间关系以及公司与部门之间义务和权利等；二是一旦系统目标确定后，系统以何种策略，从现态演变到目标点状态，或者衔接近期目标、中期目标、远期目标，使达到目标的时间、投入等成本最少。

4）系统工程的核心内容

（1）系统管理理论。随着经济社会的发展和管理工作的复杂化，人们逐渐认识到，从全局着眼、统筹安排、抓主要矛盾、动态调整观点等许多辩证思维的思想方法，能切实帮助管理人员改善绩效，这些原则在管理实践中被自觉或不自觉地运用，且与时俱进、不断发展。总结这些行之有效的管理原则和方法，称为系统管理理论，构成系统工程的第一个核心内容。

系统管理理论，既把研究的对象看作一个系统整体，又把研究对象的过程看作为一个整体。一方面，对于任何一个研究对象，即使它是由各个不同的结构和功能部分组成的，都可以将它看成是一个为实现特定目标、完成特定任务，由若干要素有机结合的整体来实现的，并且还应将这个整体看作是它所从属的更大系统的组成部分来考察和研究；另一方面，对于研究对象的过程也作为一个整体来看待，即以系统的需求分析、规划、设计、制造、试验和运行作为整个过程。通过分析过程各个工作环节的组成和联系，从整体出发掌握各个工作环节之间的信息和信息传递路线，以及它们之间的控制和反馈关系，形成系统构建的全过程模型，全面地审视和完善整个工作过程，进而实现整体最优化。

系统管理理论又可分为一般系统论（general systems theory）、大系统理论（large scale systems theory）。一般系统论是通过对各种不同系统进行科学理论研究而形成的关于适用于一切种类系统的学说，研究内容包括关于系统的科学、数学系统论、系统技术、系统哲学等，代表性著作或理论有贝塔朗菲 1968 年的《一般系统论的基础、发展和应用》、比利时 I. 普里高津 1969 年的《结构、耗散和生命》、德国赫尔曼·哈肯 1973 年的协同论。大系统理论是研究大系统的结构方案、稳定性、最优化的模型简化等问题。其中，结构方案分为递阶控制方案和分散控制方案，递阶控制的具体实现方式主要包括多层控制和多级控制两种；大系统优化的一个主要内容是巧妙地把大问题化成为许多小的问题，分解和协调方法是大系统优化的基本方法；大系统优化分为静态优化和动态优化，静态优化采用 Dantzig-Wolfe 线性规划方法解决，动态优化采用拉格朗日（Lagrange）乘子向量化为无联系约束的动态优化问题。

系统工程强调的原则有目的性原则、整体性原则、综合性原则、动态性原则、协调与优化原则、适应性原则，以及有序性原则、层次性原则等。

（2）管理数学的模型。运用数学模型加强管理工作的定量分析方法历史源远流长，如泰罗制制定工时定额的定量分析、1915 年库存数量模型（威尔逊公式）等。系统工程研究问题不仅在于采用数学方法，还在于采用何种数学方法。系统工程运用的数学方法是以 20 世纪 40 年代后发展起来的运筹学作为主要的定量分析手段，通过构建运筹学管理数学模型进行研究。

（3）综合性的方法。系统方法依据系统的性质和一般系统论，遵循唯物辩证法，强调还原论方法和整体论方法的结合、分析方法和综合方法的结合、定性描述和定量描述的结合、确定性描述和不确定性描述的结合。

系统工程的方法、工具体系自上而下可以分为四个层次：方法论、方法、技术和工具。

系统工程方法分为方法论层次上的方法和技术层次上的方法。方法论是研究、分析和处理问题的思想、程序和基本原则，指引如何组织、计划、设计和实施问题的研究，但不涉及详细说明如何进行一项具体的、个别的研究，原因在于每一个研究具有特殊性；系统工程方法论包括霍尔针对硬系统提出的三维结构模型，切克兰德针对软系统提出的“调查学习”模式，顾基发和朱志昌（美国）针对与人密切关联的社会经济系统提出的“物理—事理—人理”方法、钱学森的综合集成系统方法、王浣尘的螺旋式推进系统方法等。

技术层次的系统工程方法是指处理复杂系统问题的具体方法，如系统分析方法、系统评价方法、系统仿真方法、系统预测方法和系统决策方法等。

霍尔（A. D. Hall）的系统工程方法是一种系统工程三维结构模型，包括时间阶段、逻辑步骤、专业知识三个维度。时间维度是规划阶段、计划阶段、研制阶段、生产阶段、安装阶段、运行阶段、更新阶段共七个阶段，逻辑维度是明确问题、确定目标（系统指标设计）、系统综合（形成系统方案）、系统分析、系统优化、系统决策、系统实施等逻辑步骤，专业维度是指解决系统工程问题需要的专业知识。在实际工作中，往往将霍尔三维结构的时间维度和逻辑维度结合起来，形成一个二维矩阵，成为霍尔管理矩阵或者活动矩阵见表 1－1，使工作人员能知道哪一个阶段做哪一步工作，不走回头路和重复路，明确各项工作在全局中的地位和作用，合理安排资源，提高效率。

表 1－1　　霍尔管理矩阵

步骤阶段	明确问题	确定目标	系统综合	系统分析	系统优化	系统决策	系统实施
规划阶段							
计划阶段							
研制阶段							

续　表

步骤阶段	明确问题	确定目标	系统综合	系统分析	系统优化	系统决策	系统实施
生产阶段							
安装阶段							
运行阶段							
更新阶段							

切克兰德（P. B. Checkland）的系统工程方法称为“调查学习”软系统方法，是从现状调查和模型比较中，学习改善现存系统的途径。它的思路和步骤是：第一步，系统现状说明；第二步，弄清关联因素；第三步，构造根定义；第四步，建立概念模型；第五步，比较；第六步，实施。

具体内容如下：

第一步，考察问题的情景；

第二步，描述问题情景的考察结果，使用自然语言或者各种图像来生动表述；

第三步，建立根定义，定义涉及：系统的受益者或者受害者（Customer，C）；系统的执行者（Actors，A）；系统从输入到输出的变换过程（Transformation process，T）；世界观包含价值观和伦理道德观等（Weltanschauung，W）；系统所有者（Owners，O）；系统的环境约束（Environmental constraints，E）；利用 CATWOE 根定义，确定系统活动的要素、人员或组织的身份及其影响；

第四步，建立概念模型，以根定义为基础建立系统活动的描述，不涉及实际系统的构成，只对系统进行概念的说明，可以使用自然语言和/或图形工具；

第五步，比较概念模型和现实情景，发现差异，进行模型修正；

第六步，提出必要且又可能的改革方案并实施得到新的情景。

顾基发和朱志昌（美国）的物理—事理—人理系统方法（WSR），是结合物理、事理、人理三方面，利用人的理性思维的逻辑性和形象思维的综合性及创造性，去组织实践活动，进而产生最大的效益和效率。物理是象征本体论的客观存在，包括物质及其组织结构，阐述自然客观现象和客观存在的定律和规则，是管理过程和管理对象中可以由自然科学、工程技术描述和处理的层面。事理是指方法，帮助参与者基于客观存在有效处理事务的方法，是管理者介入和执行管理事务的方式和规律，包括如何感知、看待、认识、思考、描述和组织管理对象和管理过程。人理是关注和协调系统中利益相关者之间的主观关系，是基于心理学、社会学、组织行为学，结合文化、价值、观念等，组织人们一起有效开展工作的方法；人理主要研究管理过程中管理主体之间如何进行沟通、学习、调整、谈判等技巧。物理—事理—人理系统方法（WSR）作为一种指导人们开展系统工程实践的工作步骤，包括理解意图、调查分析、形成目标、建立模型、提出建议、实施方案、协调关系七个步骤，其中协调关系是整个系统工程活动的核心。

钱学森的“从定性到定量综合集成系统方法”以及它的实践形式“从定性到定量综合集成研讨厅体系”（两者合称综合集成方法）是将专家经验、统计数据和信息资源、计算机技术三者进行有机结合，构成一个以人为主的高度智能化的人—机系统，利用系统的整体优势，解决复杂的决策问题。其中，集成研讨厅本身是一个由人和信息工具组成的系统，由知识子系统、专家子系统、工具子系统三个子系统构成，本质是为参加者提供一个论坛，吸收各方面的专家，以圆桌会议方式使大家相互启发、激励，最大限度地产生新观点和新思路，调动和集中专家的经验和直觉。

王浣尘的螺旋式推进系统方法是一种系统科学方法论，综合还原论、混沌论、构成论和生存论，认为事物是由本原在构成的约束下经螺旋式推进生成的，事物的发展、对事物的认识、对事物的分析、解决问题等是遵循螺旋式推进规律的，属于一种螺旋式推进的过程，既有宏观上的旋进、又有微观上的旋进，局部的旋进和整体的旋进具有自相似性，其中宏观上的旋进分建立系统的逻辑模型、建立系统的物理模型、建立系统的数学模型、求解模型和系统仿真、决策分析五个环节。

系统工程强调综合运用各个学科和各个技术领域内的理论和方法，使得各种方法相互配合，达到系统整体最优。系统工程对各种方法的综合应用，并不是将各种方法进行简单的堆砌叠加，而是从系统的总目标出发，将各种方法协调配合，互相渗透，互相融合，综合运用。由于系统工程的研究对象在规模、要素、结构、层次、联系等方面高度复杂，综合应用日益广泛，如何科学地组织管理就显得日益突出。这是系统工程的第三个核心内容。

（4）多学科的技术。系统工程综合工程技术、控制技术、应用数学、社会科学、管理科学、计算机科学等学科专业的内容。系统工程不是单纯孤立地运用各门学科专业的技术内容，而是想方设法将它们横向有机联系，综合利用这些学科专业的理论和方法，形成一个新的科学技术体系。系统工程所涉及的主要学科技术内容包括以下五项内容。

①运筹学。运筹学是应用分析、试验、量化的方法，将一个已确定范围的现实问题，按照提出的预期目标，将现实问题中的主要因素和各种限制条件之间的因果关系、逻辑关系建立数学模型，通过模型求解寻求合理利用人力、物力和财力的最优工作方案，统筹规划和有效地运用，以期达到用最少的费用取得最大的效果。运筹学的主要分支有线性规划（liner programming）、非线性规划（non-liner programming）、动态规划（dynamic programming）、对策论（game theory）、库存论（inventory theory）、决策论（decision theory）、排队论（queuing theory）、可靠性理论（reliability theory）、网络理论（net theory）等。

②概率论与数理统计学。概率论是研究大量偶然事件的基本规律的学科，广泛应用于概率型数据的描述。数理统计学是用于研究获取数据、分析数据和整理数据的方法。

③数量经济学和经济控制论。数量经济学是在质的分析基础上，利用数学方法和计算技术，研究经济的数量、数量关系、数量变化及其规律性。数量经济学的主要内

容包括：国民经济最优计划和最优管理、资源的最优利用、远景规划的预测技术、储备问题的经济数学分析、经济信息的组织管理和自动化体系的建立等。经济控制论是应用控制论的科学方法分析经济过程的学科，具体技术包括投入—产出技术、投入—占用—产出技术等。

④技术经济学。技术经济学是采用经济观点分析评价技术改造和技术创新问题，研究技术工作的经济效益。它既研究科学技术进步的客观规律性，如何最有效地利用技术资源促进经济增长，又分析和评价技术工作经济效果，实现技术上先进和经济上合理的最优方案，为制定技术政策、采取技术措施、选择技术方案提供决策依据。

⑤管理科学。管理科学起源于20世纪初形成的科学管理，其代表性著作是泰罗（Frederick Winslow Taylor）1911年出版的《科学管理原理》和1912年出版的《科学管理》。其后，法约尔（Henry Fayol）、韦伯（Max Weber）、甘特（Henry Laurence Gantt）、吉尔布雷斯（Frank Bunker Gilbreth）和莉莲（Lillian Moller Gilbreth）夫妇、福特（Henry Ford）等发展、巩固和提高管理科学的理论和实践。弗兰克·吉尔布雷思出版了《动作研究》（1911年）、《应用动作研究》（1917年），莉莲出版了《管理心理学》（1916年），两人合著出版了《疲劳研究》（1919年）和《时间研究》（1920年），韦伯出版了《社会和经济组织的理论》，闵斯特伯格出版了《心理学与经济生活》（1912年），后被译为《心理学与工业效率》（1913年），法约尔出版了《工业管理和一般管理》（1916年）。第二次世界大战后，管理科学强调建立数学模型和定量分析以及应用电子计算机技术，为管理提供技术、方法和工具；同时，管理科学结合心理学、社会学、人类学等应用于企业管理领域，形成行为科学分支，侧重于对人的研究，研究人群关系、人的管理问题。梅奥（George Elton Myao）在霍桑试验的基础上，1933年提出人际关系理论，并出版了《组织中的人》和《管理和士气》（1933年）；巴纳德出版了《经理人员的职能》（1938年）和《组织与管理》（1948年）；1939年勒温提出领导风格类型理论；1943年马斯洛（Abraham H. Maslow）提出需要层次论；出版了《人类动机的理论》（A Theory of Human Motivation Psychological Review）。1944年库尔特·卢因提出团体力学理论；1956年美国斯金纳、赫西、布兰查德等提出强化理论；1957年阿吉里斯提出“不成熟—成熟”理论；1958年坦南鲍姆（R. Tannenbaum）和施米特（W. H. Schmidt）提出领导行为连续体理论；1960年戴尔提出比较管理经验研究；1960年麦格雷戈根据人性假设与管理方式，提出了有名的“X理论—Y理论”；1961年利克特提出一种领导的四系统模型；1964年美国行为科学家罗伯特·布莱克（Robert R. Blake）和简·莫顿（Jane S. Mouton）提出管理方格理论并出版了《管理方格》；1965年西肖尔提出组织效能评价标准；1965年亚当斯提出公平理论即社会比较理论；1965年菲德勒提出权变管理思想；1966年赫茨伯格提出双因素激励理论；1966年本尼斯提出组织发展理论；1966年麦克利兰提出成就动机理论；1968年波特和劳勒提出期望激励理论且出版《管理态度和成绩》；1964年彼得·德鲁克（Peter F. Drucker）提出有效的管理者研究（1966年出版《有效的管理者》）；1977年西蒙创立了管理决策学派；1981年威廉·大内出版的《Z理论》提出Z理论；1985年迈克尔·波特

（Michael E. Porter）的竞争战略研究成熟［《竞争战略》（1980 年）、《竞争优势》（1985 年）、《国家竞争力》（1990 年）］；1985 年沙因提出组织文化研究；1990 年圣吉提出学习型组织理论；1993 年迈克·哈默（M. Hammer）与詹姆斯·钱皮（J. Champy）提出的企业再造，又称公司再造、再造工程（Reengineering）等。可见，管理科学的形成和演化有效地促进了系统工程的发展。系统工程思想和方法在管理中的具体运用，必须借助管理科学基础才能实现，最终使管理走向管理体制的合理化、经营决策的科学化、管理方法的最优化、管理工具的现代化。

5）系统工程的发展简史

20 世纪 40 年代，贝尔电话公司（Bell Telephone）在发展微波通信网络时首先提出“系统工程”这个名称；1957 年戈德（H. Gode）撰写第一部以“系统工程”命名的著作；20 世纪 60 年代美国运用系统分析方法提出美国新战略，创造了“计划评审技术”（PERT）和“随机网络技术”（GERT），以及将电子计算机应用于计划工作；同时，采用分解与协调两个过程，形成多级递阶控制结构，按照整体控制目标，协调各个子系统的运行，以实现整个系统的最优运行。1962 年美国电报电话公司所属贝尔实验室的研究人员出版《系统工程的方法论》；1965 年麦考尔（Robert E. Machol）、泰纳（Wilson P. Tanner）和亚历山大（Samuel N. Alexander）等共同编辑《系统工程手册》。

20 世纪 70 年代，系统工程发展了分层管理、多级分层控制、分散控制等，国际应用系统分析研究所（Institute of International Applied System Analysis，IIASA）应用系统工程方法研究地球问题、环境问题。1984 年圣塔菲研究所成立，开展复杂性研究；1994 年霍兰（John H. Holland）正式提出复杂适应系统（Complex Adaptive System，CAS）理论。

系统工程国际委员会（International Council on System Engineering，INCOSE）于 1990 年成立并于 2007 年出版《系统工程手册 3.1 版本》。该手册根据 ISO/IEC15288.2002（E）—系统工程—系统生命周期过程编制。

我国系统工程研究起源于 20 世纪 50 年代中期，钱学森同志倡导在中国科学院成立运筹、优选、统筹三个研究小组，60 年代国防科工委成立“总体设计部”负责“两弹一星”的研发管理工作，80 年代国务院发展研究中心、国家计委统筹开展“2000 年中国研究”，以宋健为代表的系统工程学者运用系统工程方法研究我国人口问题；90 年代初期和中期系统工程研究重心转移到企业活力研究和可持续发展研究，90 年代后期和 21 世纪初系统工程研究的重点是定性到定量综合集成系统。1989 年钱学森等提出定性到定量综合集成法（meta-synthesis），后来发展为定性到定量综合集成研讨厅（Hall for Work Shop of Meta—synthetic Engineering，HWSME），实质是将专家体系、统计数据和信息资源、计算机技术三者结合起来，构成一个高度智能化的人机结合系统。

二、物流系统工程①

物流系统工程的研究对象是物流系统。运用系统工程的方法研究物流系统，首先

① 丁立言，张铎．物流系统工程［M］．北京：清华大学出版社，2001.

要树立系统管理理念。解决复杂系统问题，必须具有辩证唯物主义的思想、对立统一的思想、一分为二的思想、抓主要矛盾的思想，进而掌握全局观点、综合观点、层次观点、价值观点和发展观点。

1. 物流系统管理理念

系统管理理念是指组织各主要职能部门和直线部门（市场、采购、生产、营销、物流、财务、人力资源等）之间必须互相配合、互相协调，共同保证组织总目标的实现。系统管理原理同样适用于物流系统。物流管理人员必须平衡和协调本部门各业务环节的工作，防止它们只考虑小单位的得失而不顾全大局，使整体利益受到损害。

为了有效实现上述目标，物流管理人员在应用系统方法时必须明确总成本法、避免次优化法、得失比较分析法等相互联系的观念。

1）总成本法

物流系统的各项业务活动，如市场调查、需求预测、采购、运输、库存、装卸、搬运、分拣、包装、信息处理、用户服务等，不是彼此孤立而是相互联系的，采用系统的观点将它们作为一个整体看待。总成本法的核心是在保持一定的服务水平条件下，评价备选方案，应考虑所有的成本项目，各种不同方案可能导致有些业务活动的成本增加，有些业务活动的成本减少，还有一些业务活动的成本可能保持不变。物流系统管理的目标是选择总成本最小的方案。

2）避免次优化法

物流系统的业务活动有可能存在如此情况：一个企业的各个组成部分尽力完成各自工作，但企业却未能达到整体最佳效果，这就是次优化问题。究其原因，是当各种物流业务按照各自完成的管理目标进行评价，而这些管理目标又存在矛盾即“效益背反”时，就会发生次优化现象。例如，企业的运输部门以牺牲运输的速度和可靠性为代价，只片面追求降低每吨公里的运费费率；或者选择运价较低的一种运输方式，但需要进行额外特殊包装，这些片面的做法，反而会增加总花费，直接对企业整体绩效产生不良影响。另外，企业各业务部门各行其是，也会产生次优化现象，如生产部门为了降低产品的单位生产成本，通过加大每一轮产品的生产批量，减少改换工艺装备的次数，节省了总工装调整费用，结果产品的单位生产成本降低了，但是产品库存增加，使存货的保管费用大幅攀升。

3）得失比较分析法

得失比较分析，是在评价各方案时，比较分析各方案的所得和所失，在保持一定服务水平条件下，选择得大于失最大的方案作为最佳方案。例如，吉列公司作为世界的安全剃刀生产企业，在经营范围扩展到化妆用品时，面临商品品种不断增加和及时配送问题。为了向用户提供优质的服务，公司采用费用较高的航空运输方式发运产品。研究公司的配送系统，发现问题的症结是订单处理作业太慢，通过加速和简化日常文书手续，可以缩短订单处理时间，则公司可以利用费用较低的陆路运输工具，做到及时发货和按时到货；此时，需要比较增加的订单处理费用和可以节省的运输费用，谋求减少的运输费用和用于增加的订单处理费用，做到得大于失。

2. 物流系统工程的程序

物流系统的组成因素繁杂，具体应用系统工程方法，需要针对不同的系统对象，根据系统目的、系统组成和外部环境的不同，采取不同的方法。作为一种实施系统工程活动的步骤，也存在共性的方面。按照霍尔系统工程三维结构的思想，设计物流系统工程的三维结构，如图 1－4 所示。

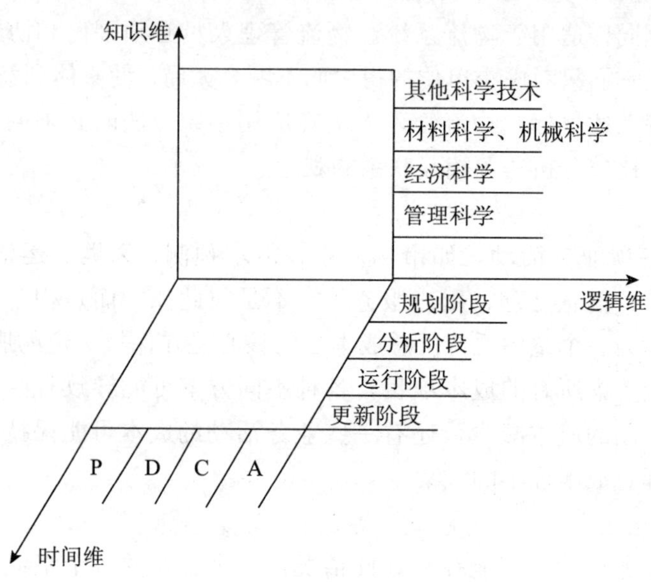

图 1－4　物流系统工程三维结构

图 1－4 中将每个物流系统工程活动时间维划分为规划、分析、运行、更新四个阶段，逻辑维划分为计划（P）、实施（D）、检查（C）、处理（A）四个步骤，知识维划分为顺次反映物流系统工程活动必需的各种科学知识。目前，各种物流系统工程，直接工作对象是各种物资，故需要管理科学、经济科学和材料科学、机械科学，以及其他科学技术方面的知识。

物流系统的功能不是单一的，而是多目标、多方案的，在规划阶段可以采用“统一规划法”描述对象与各因素间的关系。统一规划法一般采用目的树表示，即用树形的图解方式来描述系统目的与目的之间的相互关系，如图 1－5 所示。由图 1－5 可知，要达到目的 1，必须完成目的 2，要达到目的 2，必须完成目的 3 和目的 4，依次类推，这样可以发现一个物流系统内各子系统目的之间相互影响和相互制约的关系。

一个实际的物流系统通常是由许多子系统组成的。对于一个复杂的系统，从整体上直接构造模型和运用优化技术往往存在很多困难，但是子系统具有分级分布的特点，即从整个系统的角度看，它们是一级一级构成的，而同级的各子系统是平行分布的，因此可以将实际物流系统进行分解、分别构造模型、进行定量分析和优化处理。但是，系统工程整体性原理要求达到整体最优，充分发挥系统的整体功能，应在分解的基础上进行协调，使子系统在系统总目标的要求下协调工作，实现总体最优化。

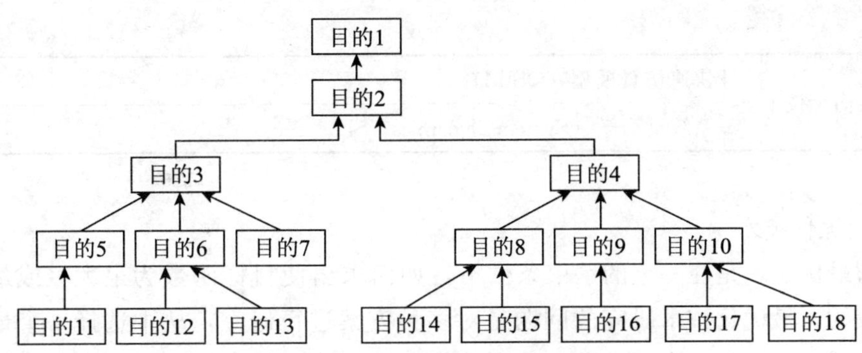

图 1-5　目标分解树形图

三、物流系统工程的常用技术

1. 结构模型化技术

了解物流系统中各要素之间的关系，掌握系统的结构，需要合适的物流系统结构模型。所谓结构模型，是应用有向连接图来描述系统各要素间的关系，以表示一个作为要素集合体的系统模型。结构模型是一种几何模型，采用节点和有向边构成的图和树图描述一个物流系统的结构。节点表示系统的要素，有向边表示要素之间的关系。同时，结构模型也可以采用矩阵形式进行描述，矩阵可以借助逻辑演算采用数学方法进行处理。关系根据物流系统的不同和分析问题的不同，具有“影响”“取决于”“先于”“需要”“导致”或其他的含义。结构模型是一种以定性分析为主的模型，可以分析系统要素选择是否合理、要素及其相互关系变化对系统整体的影响等。

结构化模型技术主要包括问题挖掘技术和结构决定技术，问题挖掘技术又可以分为脚本法、专家调查法、启发法；结构决定技术又可以分为静态结构化技术和动态结构化技术，见表 1-2。值得注意的是，无论何种技术，系统的要素选择通常具有很大的直觉性，也就是说，系统要素的选择基础是个人或小组成员的经验、访谈、讨论和文献检索。不同的人提出的系统模型及其要素可能是不同的，而制订一个能反映系统概貌的结构图有助于组织人员的思考。

表 1-2　　结构决定技术分类

静态结构化技术	关联树法（associated tree method）
	解释结构模型（Interpretative Structural Modeling，ISM）
	决策试验与评价实验室（DEMATEL）
	系统开发计划程序（PPDS）
动态结构化技术	工作设计（job design）
	交叉影响分析（cross impact analysis）
	凯恩仿真模型（KSIM）

续 表

动态结构化技术	快速仿真模型（QSIM）
	系统动力学（System Dynamics，SD）

2. 最优化技术

所谓最优化，是在一定的约束条件下，如何求出使目标函数为最大（或最小）的解。一般的，最优化技术研究的问题是对多种方案进行研究，从中选择一个最优的方案。一个系统往往包含许多参数，受到外部环境影响，部分因素属于不可控因素。因此，优化问题是在不可控参数发生变化的情况下，根据系统的目标，有效确定可控参数的数值，使系统经常处于最优状态。系统最优化离不开系统模型化，先有模型化而后才有系统最优化。

物流系统工程的基本思想是整体优化的思想，对所研究的对象采用定性和定量（主要是定量）的模型最优化技术，经过多次测算、比较，求好选优，统筹协调，使系统整体目标最优。系统最优化的方法很多，其中大部分是采用数学模型处理问题，如物资调运的最短路径问题、最大流量、最小物流费用以及物流网点合理选址、库存优化策略等模型。

常用的物流系统最优化方法有：①数学规划法，包括静态优化法和动态优化法。如运用线性规划解决物资调运、分配和人员分派的优化问题；运用整数规划法选择适当的厂（库）址和流通中心位置；采用扫描法对配送路线进行扫描求优。②动态规划法。③探索法。④分割法。⑤博弈论。⑥统计决策。

3. 网络技术

横道图，又称甘特条形图，是管理系统工程早期采用的一种计划方法，该图表方法简单，直观性强，易于掌握。但是，甘特图不能反映各个项目之间错综复杂的相互制约的关系，也难以反映哪些项目是主要的、处于关键性的地位，不利于从全局出发合理地组织与指导整个系统活动。网络技术是 1958 年美国海军特种计划局在研制“北极星导弹潜艇”过程中提出的以数理统计为基础，以网络分析为主要内容，以电子计算机为先进手段的计划管理方法，称作计划评审法（PERT），后来发展成为关键路线法（CMP）。PERT 主要以时间控制为主，而 CMP 以成本控制为中心。网络技术以工作所需的时间为基础，用表达工作之间相互联系的“网络图”反映整个系统的全貌，且能指出影响全局的关键所在，进而对整体系统做出切实可行的全面规划和统筹安排。因此，利用网络模型“模拟”物流系统的全过程，实现其时间效用和空间效用。通过网络分析，可以明确物流系统各子系统之间以及与周围环境的关联，实现横向有机联系；通过网络技术设计物流系统，可以优化物资由始发点通过多渠道送往顾客的运输网络，确定物料搬运最短路径等。

4. 仿真技术

物流系统活动范围广泛，涉及面宽，且各子系统功能部分相互交叉、互为因果。

物流系统设计是一项复杂的任务，一般难以做试验，即使做试验也往往须耗费大量的人力、物力和时间。抓住作为系统对象的数量特性，构建系统模型进行仿真实验。系统模型是由实体系统经过变换得到的一个映象，是对系统的描述、模仿或抽象。模型可以表现实际系统的各组成因素及其相互间的因果关系、反映实际系统的特征，但它高于实际系统，具有同类系统的共性，有助于解决被抽象的实际系统。

仿真是模仿实际世界行为的方法和应用的集合，是对人工构建的模型进行试验研究的过程。仿真技术是以相似原理、模型理论、信息技术、系统技术及其研究应用领域有关的专业技术为基础，以计算机系统与各种物流效应设备及仿真器为工具，利用模型对已有或设想的系统进行分析、设计、生产、试验、运行、评估、维护和报废的全生命周期活动的一门技术。

物流系统仿真（logistics system simulation）是借助计算机仿真技术，对物流系统建模并进行实验，得到各种动态活动及其过程的瞬间仿效记录，进而研究物流系统性能的方法。目的是模拟物流系统的动态行为，辅助决策者对系统的优化和控制做出科学决策，提高物流系统的效率和服务水平，降低物流系统的运行成本。仿真技术广泛应用于物流过程中运输、仓储、装卸、包装等物流作业，交通运输网络的布局规划、自动化物流系统的策略运用、物流园区规划、供应链库存控制策略等物流管理，以及物流成本仿真等。

5. 分解协调技术

物流系统的组成要素和项目繁多，相互之间关系复杂，这加剧系统分析和量化研究的难度。因此，采用“分解—协调”方法对物流系统的各个方面进行协调与平衡，处理物流系统内外的各种矛盾和关系，使系统在矛盾中不断调整，处于相对稳定的平衡状态，充分发挥系统的功能。

所谓分解，是先将复杂的物流系统，分解为若干相对简单的子系统，以便运用通常的方法进行分析和综合。物流系统可以分解为运输子系统、储存子系统、包装子系统、装卸子系统、流通加工子系统以及信息子系统等若干子系统。在分解的基础上，对物流系统的各个子系统进行局部优化。所谓协调，是根据物流系统的总目标、总任务的要求，使各子系统和分系统相互协调配合，在各子系统局部优化的基础上，通过协调控制，实现物流系统的全局最优化，达到物流系统的费用省、服务好、效益高的总目标、总任务，并实现物流系统与外部环境的和谐。

此外，预测、决策论和排队论等技术方法也广泛地应用于物流系统工程的研究。

第四节 物流系统工程发展

随着经济全球化、信息网络化、竞争国际化，特别是电子商务迅猛发展，人们认识问题和解决问题的思维方法也发生了变化，逐渐从点的和线性空间的思考向面的和多维空间的思考转变，管理思想也从纵向思维朝着横向思维方式转化，其中供应链是横向思维的一个典型代表。

一、供应链

1. 供应链的概念

供应链是围绕核心企业，通过对物流、资金流、信息流的控制，从采购原材料开始，制成中间产品以及最终产品，最后由销售网络把产品送到消费者手中，将供应商、制造商、分销商、零售商直到消费者连成一个整体的功能网链结构模式，如图 1－6 所示。

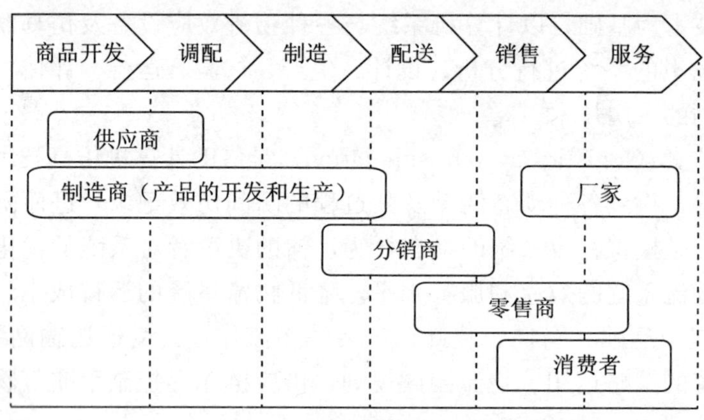

图 1－6　供应链的基本构思

供应链涵盖从供应商的供应商到客户的客户之间有关最终产品或服务的形成和交付的一切业务活动。在一个组织内部，供应链涵盖实现客户需求的所有职能，包括新产品开发、采购、生产、分销、财务和客户服务等。供应链是动态的，其中包含信息、产品和资金在供应链各组织之间的流动，供应链的每个组织环节执行不同的流程职能，与供应链的其他组织相互作用。它不仅是一条连接供应商到用户的物料链、信息链、资金链，而且是一条增值链，物料在供应链上因加工、包装、运输等过程增加其价值，并使企业获得收益。

供应链分为内部供应链和外部供应链。内部供应链是指企业内部产品市场和流通过程所涉及的采购部门、生产部门、仓储部门、销售部门等组成的供需网络。外部供应链是指企业外部的与企业相关的产品生产和流通过程中涉及的原材料供应商、生产厂商、储运商、销售商以及最终消费者组成的供需网络。内部供应链和外部供应链共同组成企业产品从原材料到成品到消费者的供应链。

2. 供应链的网链结构模型

供应链的网链结构模型如图 1－7 所示，供应链由所有加盟的节点企业组成，其中有一个核心企业（可以是产品制造企业，也可以是大型零售企业），节点企业在需求信息的驱动下，通过供应链的职能分工与合作（制造、分销、零售等），以资金流、物流、信息流为媒介实现整个供应链的增值。

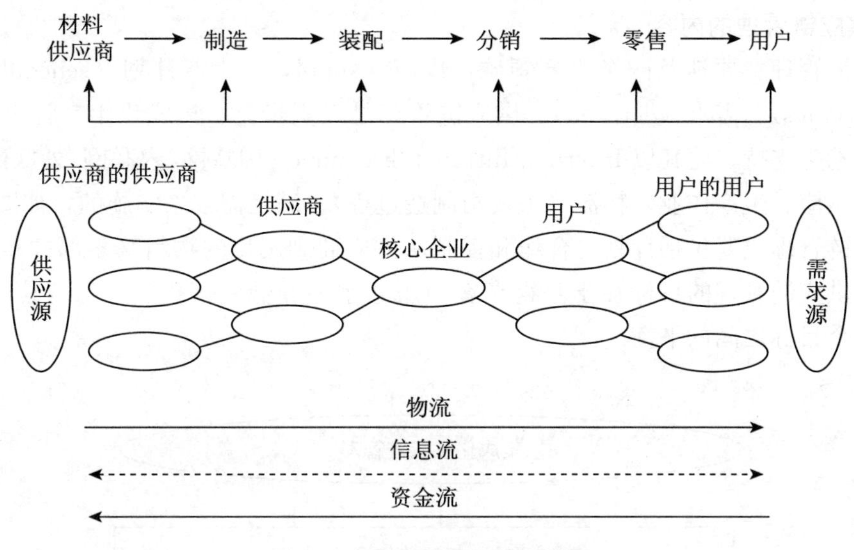

图 1－7 供应链网链结构模型

3. 供应链的类型

根据不同的划分标准，可以对供应链进行分类。根据供应链存在的稳定性，可以将供应链划分为稳定的供应链和动态的供应链。根据供应链容量与用户需求的关系，可以将供应链划分为平衡的供应链和倾斜的供应链。根据供应链的功能模式（物理功能和市场中介功能），可以把供应链划分为有效性供应链（efficient supply chain）和反应性供应链（responsive supply chain）。根据供应链的构筑核心，可以把供应链划分为以客户需求为核心构筑的供应链、以销售为核心构筑的供应链和以产品为核心构筑的供应链三种。根据供应链的发展进程，可以将供应链划分为企业内部供应链、产业供应链或动态联盟供应链、全球网络供应链三种。

值得注意的是，不同经济主体的供应链结构是有差异的，这是由各经营主体的特定性和其在供应链中的地位决定的。经营主体一般可以划分为生产商、批发商、零售商和各种形式物流服务商，如第三方物流企业（the third party logistics，3PL）。

二、供应链管理

1. 供应链管理的概念

供应链的概念跨越了企业界限，从建立合作制造或战略伙伴关系的思维出发，从全局和整体的角度考虑产品的竞争力，使供应链从一种运作性的竞争工具上升为一种管理性的方法体系。

供应链管理是一种集成的管理思想和方法，它执行供应链中从供应商到最终用户的物流的计划和控制等职能。供应链管理是指人们在认识和掌握供应链各环节内在规律和相互联系的基础上，利用管理的计划、组织、指挥、协调、控制和激励职能，对产品生产和流通过程中各个环节所涉及的业务流、资金流、物流、信息流、价值流进行合理调控，以期达到最佳组合，发挥最大效率，以最小成本为客户提供最大的附加值。

2. 供应链管理的内容

供应链管理主要涉及四个主要领域：供应（supply）、生产计划（schedule plan）、物流（logistics）、需求（demand）。供应链管理是以同步化、集成化生产计划为指导，以各种技术为支持，尤其以 Internet/Intranet/Extranet（因特网/内联网/外联网）为依托，围绕供应、生产作业、物流（主要指制造过程）、满足需求来实施的，如图 1-8 所示。供应链管理主要包括计划、合作和控制从供应商到用户的物料（零部件和成品等）和信息。供应链管理的目标在于获得高客户服务水平和低库存投资、低单位成本，并且寻求两个目标之间的平衡。

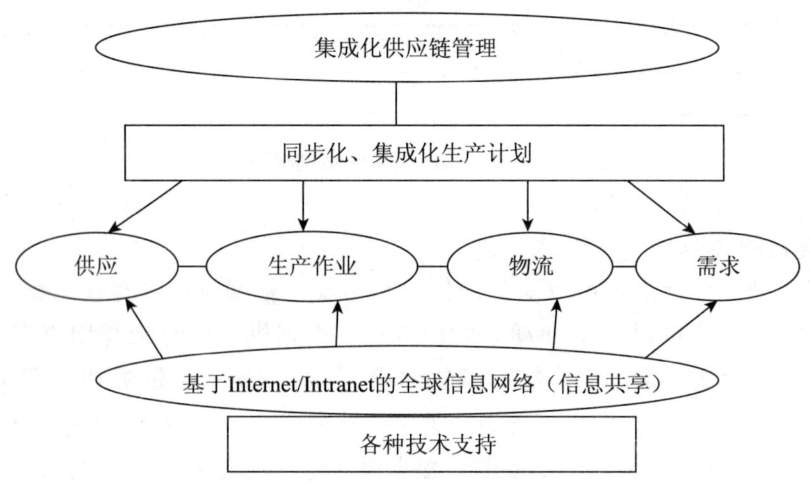

图 1-8　供应链管理涉及的领域

供应链管理可以细分为职能领域和辅助领域。职能领域主要包括产品工程、产品技术保证、采购、生产控制、库存控制、仓储管理、分销管理；辅助领域主要包括客户服务、制造、设计工程、会计核算、人力资源、市场营销。供应链管理关心的不仅包括物料实体在供应链中的流动，如运输问题和实物分销，而且包括如下主要内容：

（1）供应链产品需求预测和计划；

（2）战略供应商和用户伙伴关系管理；

（3）企业内部与企业之间物料管理；

（4）产品设计与制造管理；

（5）节点企业的定位、设施设备和供应链生产的计划、跟踪和控制；

（6）基于供应链的用户服务和物流管理；

（7）企业间资金流管理；

（8）基于 Internet/Intranet/Extranet 的供应链交互信息管理等。

供应链管理注重总的物流成本与客户服务水平之间的关系，应把供应链各个职能部门有机地结合起来，最大限度地发挥供应链整体的力量，达到供应链企业群体获益的目的。

3. 供应链管理信息技术支撑体系

供应链管理的支持技术主要包括条码技术、电子数据交换技术（Electronic Data Interchange，EDI）、地球信息系统（Geographical Information System，GIS）、全球定位系统（Global Positioning System，GPS）、北斗卫星导航系统（Beidou Navigation Satellite System，BDS）、射频技术（Radio Frequency Identification，RFID）、互联网技术和电子商务技术等。

三、供应链系统集成

1. 供应链系统集成

供应链集成管理，又称集成供应链管理（integrated supply chain management），主要结构是由三个相互关联、相互依存的循环圈组成。第一个循环圈是由顾客需求—集成化计划—业务流程重组—面向对象过程控制组成的一个控制作业回路。第二个循环圈是由顾客化策略—信息共享—调整适应性—创造性团队组成的一个策略回路。第三个循环圈是由顾客满意度评价—同步性评价—协调性评价—价值增值性评价组成的一个性能评价回路。三个循环圈的关系如图 1－9 所示①。

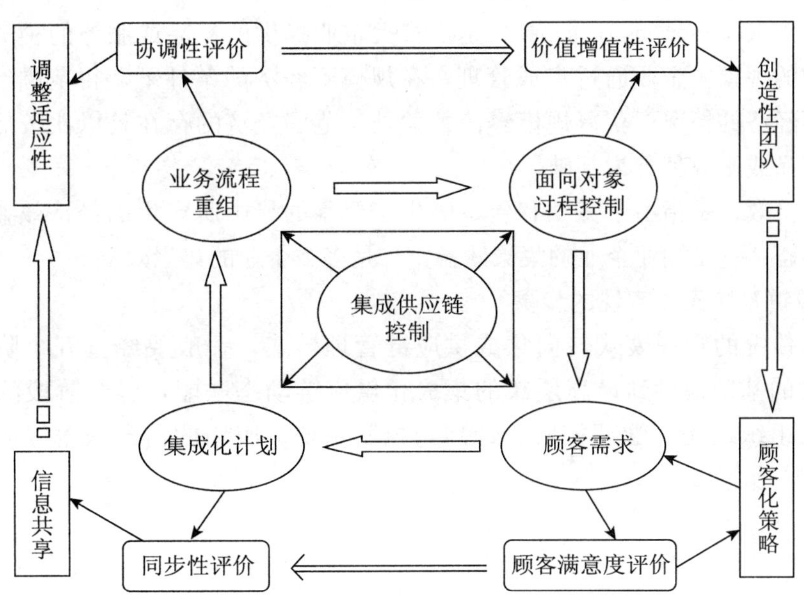

图 1－9　集成供应链管理

物流集成供应链管理的核心是处理集成供应链上的信息。随着网络基础设施、大数据、云计算的发展，信息技术能有效处理信息，企业根据需要随时随地获得实时信息。但是，信息的不完整性和不确定性会影响无数个物流作业环节，典型的信

① 濮小金，司志刚．现代物流［M］．北京：机械工业出版社，2005：232.

息缺陷主要是：①收到的信息难以准确预测未知的、将来的需求，引起存货的短缺或过剩，如过分乐观的预测会导致大量的存货，而过分悲观的预测又会导致存货短缺。②订货信息，特别是订货意向，具体用户的需求信息往往不准确，导致产生不必要的物流成本等。

因此，提高供应链的信息管理水平，实施供应系统集成应进行如下几个方面的转变：①从供应链的整体出发，充分考虑优化企业内部结构。②转变思维模式，从纵向一维空间的思维方式向纵横一体的多维空间思维方式转变。③改变“小而全”“大而全”的封闭经营思想，与供应链中企业建立战略合作伙伴关系为纽带的优势互补的“双赢”或“多赢”关系。④全员共同认识和了解共同任务，消除部门障碍，协同工作，实行并行化经营。⑤集成化供应链企业之间实行风险分担与利益共享。

2. 供应链管理效益分析①

实施供应链集成管理，可以获得规模经济、范围经济、集聚经济等方面效益。

规模效益又称规模经济，是指适度规模所产生的最佳经济效益。在供应链管理过程中，规模经济反映单一产品或服务的投入与产出之前的数量关系，在投入增加过程中，产出增加的比例超出投入增加的比例，单位产品的平均成本随产量增加而降低，如供应链物流专业化可以获得规模经济效应。

范围经济（economics of scope）是指扩大企业提供的产品或服务的种类而引起经济效益增加的现象。企业通过集成管理，在规模不经济的条件下获得范围经济，也可以在范围不经济的情况下获得规模经济的益处。范围经济的存在是以比较低的成本提供更多的产品或服务种类为基础。

集聚经济效益是指由于劳动和资本等生产要素的集中所产生的经济效益，表现为两种基本形态：一是同业企业的集聚效益，二是多类企业的集聚效益。

3. 供应链系统集成实现的步骤

企业从传统的管理模式转向集成供应链管理模式，一般要经过五个阶段，包括从最低层次的基础建设到最高层次的集成化供应链动态联盟，各个阶段的不同之处主要体现在组织结构、管理核心、计划与控制系统、应用的信息技术等方面，其步骤如图 1－10 所示。

① 董千里．供应链管理［M］．北京：人民交通出版社，2002：27.

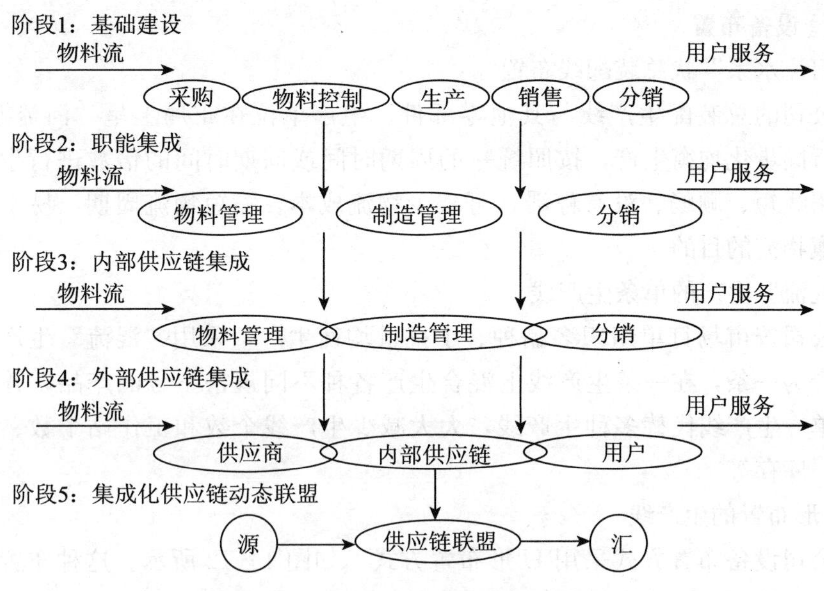

图 1-10 供应链系统集成实施步骤模型

第五节 案例：精益物流系统

精益生产方式（lean production，LP），又称丰田生产方式（Toyota production system，TPS），产生于日本丰田公司，经几十年的改善和发展，已经形成了一套完整的管理哲学和方法体系。精益生产方式不仅可以应用于生产系统，而且可以应用于营销、管理、服务、行政等各种系统。实际上丰田生产方式的形成与发展过程始终是物流系统的改善过程。简单地说，丰田生产方式是“为实现企业对员工、社会和产品负责的目的，以彻底杜绝浪费的思想为目标，在连续改善的基础上，采用准时化与自动化的方式和方法，追求制造产品合理性的一种生产方式”。TPS 的基本框架如图 1-11 所示。

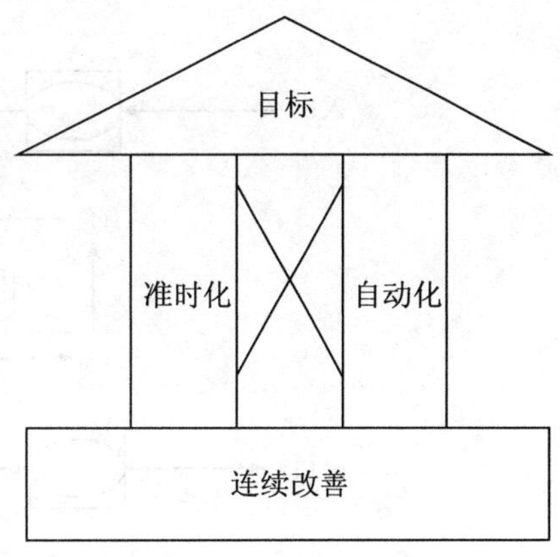

图 1-11 TPS 基本框架

一、精益物流系统布置

1. 工厂总体布置

丰田公司采用联合大厂房，厂房之间平行布置，紧密排列且距离很近，其中门与门相对，有效节省生产占地，缩短物流距离且使物流顺畅。

2. 车间设备布置

1）“河流水系”状总装配线布置

丰田公司的总装配生产线与其他零部件、生产单位在布局上呈“河流水系”状，全企业实行同步化均衡生产，按照统一的周期时间或周期时间的倍数进行生产。这种布局物流路线短、顺畅、没有停滞，可减少物流成本、缩短物流周期，易于达到准时生产和低廉物流的目的。

2）“混流”生产的单条生产线

丰田公司按市场订单组织多品种、小批量均衡生产，采用“混流”生产，即将多条生产线合为一条，在一条生产线上混合生产各种不同规格型号的产品，并实现准时化。由于单一生产线代替多种生产线，大大减少生产线个数和工作站个数、设备量和所需厂房、库存等。

3）U 形布置的生产线

丰田公司设备布置方式采用 U 形布置方式，如图 1－12 所示。这种布置按照零部件工艺要求，将所需要的机器设备串起来，布置成 U 形生产单元，进而将几个 U 形生产单元有机结合起来，形成一个整合生产线。

4）设备配置

丰田公司在设备配置方面，考虑在满足需求的条件下，尽可能自制低廉、小功能和富有弹性的小型设备。由于小型设备体积小、重量轻、便于搬运和重新布置，使生产系统更具弹性。

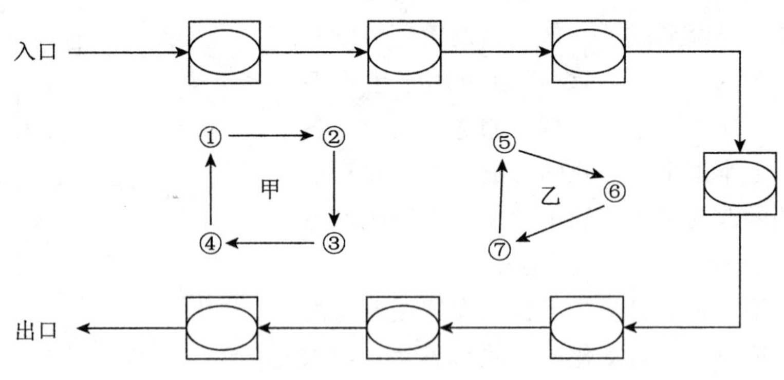

图 1－12　U 形生产线

3. 物料搬运系统

1）简洁紧凑的工序布置

丰田公司的工序布置紧密，许多工序的操作工人可直接将工作传递给下道工序，有效节省和避免如传送带等物料搬运系统，使工厂既减少生产占地面积又减少设备投资。

2）生产线内“一个流”的生产组织形式

“一个流”生产是指生产线内部相邻上下两道工序之间流动的在制品，任何时候的数量都不超过装夹数量，运动状态不间断、不超越、不落后，工序间尽量使用滑道进行运输。

3）准时、高效的运输体制

物流本身不产生附加价值，最好的物流是无须运输。如果必须运输则按准时化进行，即在必要的时候运输必要数量的必要物料。

4. 仓储管理

1）库存补充

库存补充是指规定一定的成品库存数量，使仓库或存放地的成品数量始终介于最高与最低储备数量之间。当达到最高储备数量时立即停止生产或运输，当低于最低储备数量时立即组织生产进行补充，直至达到介于最高、最低储备量之间为止。库存补充组织方式的要求是，各生产线的各品种成品储备数量始终介于最高、最低储备数量之间，不合格件不准上成品生产线进行加工，生产线不见看板不生产、不交货，搬运工必须交付与收货数量、品种相一致的看板数量，生产线的投入产出率和同步率不得低于规定的指标。

2）先进先出

先进先出的仓储管理防止尘土或闲置而引起的其他问题。

二、精益物流系统控制

1. 拉动式生产系统

丰田生产方式实行拉动式生产（如图 1－13 所示），即根据市场需求，从产品装配出发，每道工序和每个车间按照当时的需要向前一道工序和车间领取物料，发出工作指令，前面的工序和车间完全按照后道工序和车间发出的指令进行生产。

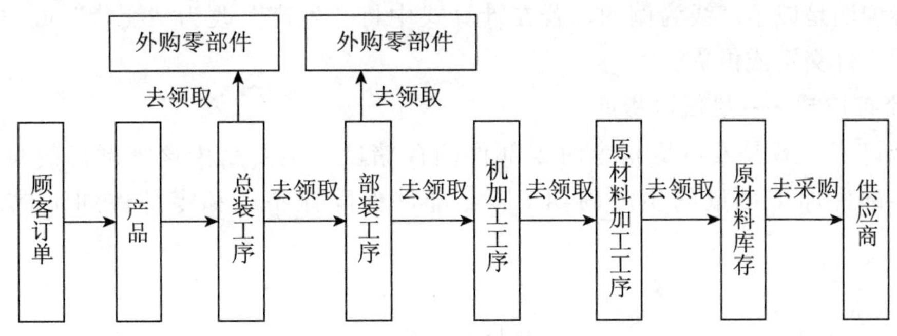

图 1－13 拉动式生产

TPS 根据预测严格组织生产，通过看板在工序间传递物料的需求信息，采取分散式的控制方式，利用看板的权威性将生产控制权下放到各工序。同时，TPS 实现按需准时生产，因为 TPS 的每道工序都是按其紧后工序的要求，在适当的时候，按需要的品种和数量生产，不会生产不需要的零部件。

2. 看板管理

丰田生产方式利用看板管理物料的移动。“看板”是一个纸卡，上面分别记载前道工序、后道工序、前道工序的存放位置、后道工序的存放位置、类别代码、产品名称、产品代码、车型、容器类型、每个容器的存放件数等。

1）看板管理原则

（1）不向后一道工序运送次品。

（2）必要时由后一道工序来领取。

（3）前道工序只按后一道工序的取货量进行生产。

（4）保持均衡生产，各工序均匀领取零部件。

（5）根据“看板”进行微量调整，对成品率低的产品稍多一点；对成品率高的产品，压到最小限度向前一道工序订货。

（6）不断优化减少看板数量，实现生产工序稳定化、合理化。

2）看板数量计算

依据产品种类（代号）或零件种类（代号）计算看板的必要张数。生产线的看板数量的计算公式为：

$$必要张数=\frac{每天最大产量\times（生产周期+生产前置期间+回收前置期间+安全库存）}{SNP}$$

式中：每天最大产量 Q——生产计划的产品数量（个）；

生产周期 T——自对生产线做生产指示到下次生产指示的间隔（天）；

生产前置期间 TSQ——自对生产指示到生产终结时间的间隔（天）；

回收前置期间 THQ——回收看板对前工序做生产指示的间隔（天）；

安全库存 ST——对不同的企业有不同的标准，是一个给定的值（天）；

SNP——附在垫板、拖车、纸箱、零件箱等移动单位中物品的收容数（个）。

上述说明是以生产线为例的，若在计算式中将“生产”改为“交货”或“供货”，亦适用于零件交货或供货。

3. 库存控制——最低订货点

最低订货点 S 是发订货指令时零部件的存储量，主要是由该零部件的每天消耗量 A、零部件加工批量的生产周期 P、零部件保险储备 I 和零部件加工批量 Q 决定，即

$$S=A\cdot P+I$$

$$且\ Q\geqslant S$$

减少零部件加工批量 Q 的前提是想方设法降低最低订货点 S，即缩短零部件生产周期 P 和零部件保险储备 I。P、I、Q 三者中最关键的是 P，降低 P，可以带动加工批量和保险储备的降低，且可以提高市场需求预测的精度、减少过量生产的可能、减少库存、增加企业应变能力即柔性。

本章小结

随着经济和社会发展日渐成熟，物流日益受人关注。本章首先从经济和社会环境变迁的角度，简要介绍物流概念及其发展演变，之后介绍物流学科知识体系的基本框架、研究对象及研究内容，进而探讨物流系统工程的概念、物流系统工程的技术和方法。供应链管理是物流系统发展的方向，通过业务重组和流程优化提高供应链的效率，可以降低成本，提高竞争能力。

阅读材料

为什么小天鹅和科龙把物流交给安泰达公司

1. 建立安泰达公司的原因

随着经济全球化的发展，竞争越来越激烈，小天鹅和科龙面临着深刻的转变。企业不仅需要提供有竞争优势的产品，而且需要提供及时完善的服务，而家电企业内部的制造成本越来越接近，及时、便捷、可靠有效的物流系统成为家电企业共同关注的热点。小天鹅公司是国内洗衣机行业的龙头企业，每年销量在 260 万台以上；科龙公司是国内冰箱行业的领头雁，每年销量在 200 万台以上。每年两家公司的物流成本将超过 4 亿元，占生产成本约 4%。小天鹅和科龙两家企业清楚地认识到，作为家电公司，既没时间也无专门技术去完成它们要做的每件事，若想提高市场竞争力，必须对物流系统进行供应链一体化改造，物流外包是行之有效地降低成本的手段。中远公司（COSCO）是中国综合物流行业的龙头企业，积极利用物流强项寻求与物流资源丰富的企业结成战略联盟。

三家企业具有拓展物流的共同愿望，经过协商决定组建第三方物流公司。2001 年 8 月 6 日，由中远集团下属的中远国际货运有限公司、香港远洋网络有限公司、广州经济技术开发区建设创业投资有限公司占有 60%股权，科龙集团、小天鹅集团各占有 20%股权，共同投资组建的广州安泰达物流有限公司正式挂牌成立，成为当时全国最大的家电物流平台。安泰达公司是独立于生产商、批发商、零售商的物流企业，利用自身专长整合客户的资源，为生产商、批发商、零售商提供专业化的第三方物流服务。

2. 安泰达公司的运营模式

1）安泰达公司的定位

安泰达公司以用户满意为目标，提供全过程、全方位的物流服务。它通过实物流动、实物存储、信息流动和管理协调，对供应链产品在各供应链参与者之间进行管理，以获得最大的运作效率和效益。安泰达公司的运作初期是先为小天鹅和科龙两家股东服务，然后为社会服务。安泰达公司在股份分置上为后续发展留有余地，包括吸收新的股东入股，逐步依靠自己良好服务发展壮大。公司物流以连锁为基础，提供区域范围内库存、仓储和运输等管理服务，采用网络系统将客户信息集中于总部。

2）安泰达公司的业务方针：高起点，高速度，模式创新

（1）安泰达公司脑力外包，借梯登高。安泰达公司的两家大股东分别分布于广东和江苏，同时分别在辽宁、吉林、湖北、浙江拥有自己的合作企业，产品流向全国。安泰达公司在继承COSCO核心物流技术的基础上，为了探索最佳的途径，决定借外脑，通过招标选定具有先进跨国物流重组经验的快步公司作为合作伙伴，一起制定科学的操作流程和管理流程，提高成品物流速度，降低物流成本。

（2）安泰达公司外包业务，提供综合物流代理业务。安泰达公司根据国内运输能力过剩、运输手段逐步完善的状况，不再进行固定资产的投资，而是采用委托代理的形式，输出自己成熟的物流管理经验和技术，为客户提供高质量的服务。公司核心能力是综合物流代理业务的销售、采购、协调管理和组织设计的方法与经验，注重业务流程创新和组织机制创新，不断拓展公司经营新的增长点。同时，安泰达公司坚持品牌经营、产品（服务）经营和资本经营相结合的系统经营，将企业的发展目标与员工、供应商、经营商的发展目标充分结合，重视员工和外部协作经营商的培训，协助其实现经营目标；建立和完善物流网络，分级管理，操作和行销分开；实行优先认股的内部管理机制，促进企业持续发展；组建客户俱乐部，为公司提供一个稳定的客户群。

3）安泰达公司的运营办法

一个平台：物流信息平台。

两个整合：仓储系统整合、运输系统整合。

三个流动：认真做好供应商、制造商、分销商和终端用户的物流、信息流和资金流工作，并进行有效的控制和管理，实现产品物流供应链的全过程价值和经营行为的最优化。

四个考核：努力做好到货率、经济性、信息性和安全性的考核，有效监控物流，确保客户利益。

4）安泰达公司的利润源

以品牌作为基础，向加盟者收取加盟费；通过物流连锁网络向企业提供第三方物流服务，利润产生于提供全程物流价格与内部控制实际分项成本（仓储、运输、配送）的差额；快速扩大企业的运作规模，提高业绩与融资能力，进一步增强公司的竞争力。

5）安泰达公司的发展方向

（1）规范化的运作。安泰达公司按照跟国际接轨的惯例，做到业务流程标准化、服务灵活化、成本降低、资源优化、现金流改进以及信息平台采用。

（2）配合供应链整合。科龙和小天鹅的供应链整合，从采购开始经过生产、分配、销售最后到达用户，不是孤立的行为，而是一定流量的环环相扣的“链”。安泰达公司在物流管理的基础上结合供应链管理，实现将物流和企业全部活动作为一个整体过程进行管理。

资料来源：骆温平．物流与供应链管理［M］．北京：电子工业出版社，2002.

1. 安泰达公司的组建整合有哪些主要优势资源？

2. 安泰达公司成立的立足点是什么？

3. 安泰达公司如何保障系统的运营？利润源是什么？

1. 简述物流发展史及中国物流发展阶段。

2. 如何看待物流学科理论框架？

3. 物流理论研究的主要假设包括哪些？

4. 如何理解物流六要素？

5. 什么是系统？系统的类别和特征有哪些？什么是系统工程？它的基本内容是什么？理论基础有哪些？

6. 以一个城市或一个学校或一个企业为对象，讨论其中存在哪些系统，各系统包括哪些要素，系统的结构有哪些，系统的功能有哪些？

7. 什么是物流系统工程？物流系统工程主要包括哪些内容？

8. 物流系统工程的理论基础有哪些？

9. 物流系统工程三维结构包括哪些内容？

10. 物流系统工程常见的技术和工具有哪些？

第二章　物流系统分析

章节知识框架

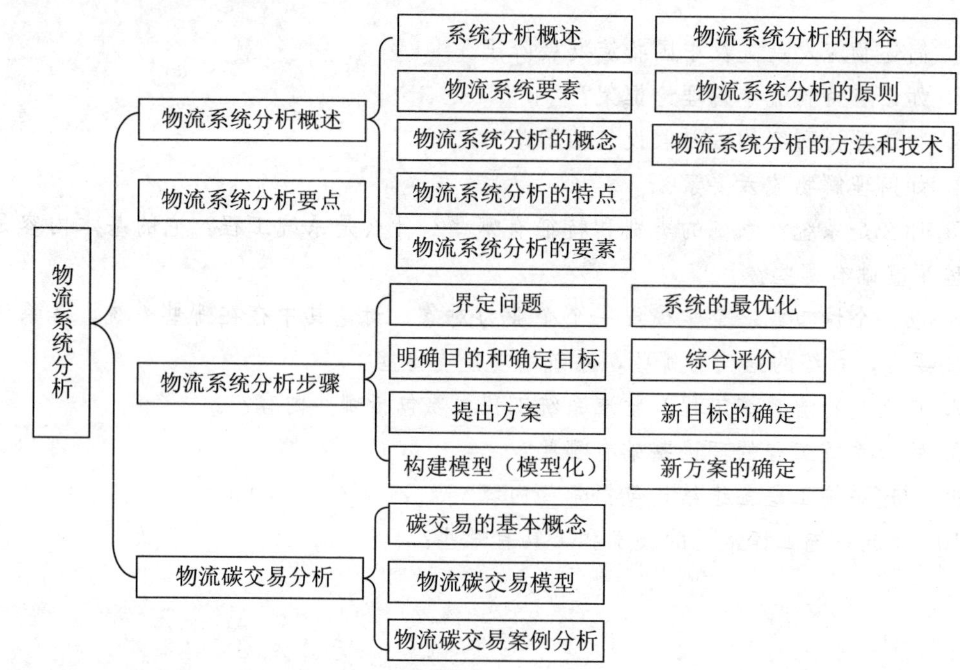

教学目标与要求

通过本章学习，了解系统分析的相关知识，明确物流系统分析的特点、要素、内容、原则、技术及方法，掌握物流系统分析的要点步骤。

第一节　物流系统分析概述

一、系统分析概述

1. 系统分析的概念

系统分析（system analysis）最早出现于 20 世纪 30 年代，当时主要是以管理问题为应用对象。随后，无论是研究已知的大系统问题，还是构建复杂的新系统问题，均广泛应用系统分析的方法。但是到目前为止，系统分析仍然缺乏一个严谨的、科学的、公认的定义。

系统分析可以从广义和狭义两方面进行了解。从广义方面看，系统分析可以作为系统工程的同义语；从狭义方面看，系统分析是作为系统工程的一个逻辑步骤，这个步骤是系统工程的核心内容。系统分析为系统工程进行规划、设计、优化、集成提供了一个有效的逻辑途径，它贯穿于系统工程的全过程。系统分析作为一种有目的、有步骤的探索过程，是研究问题的方法、解决问题的途径、优化的技术、决策的工具①。

2. 系统分析的目的

系统分析的目的，是通过对系统的分析，制定并比较各种备选方案的功能、费用、效益、可靠性、环境影响等各种技术经济指标，获得决策者进行决策所需要的数据、信息、知识、情报，为最优决策提供可靠的依据，以便获得最优系统方案。系统分析的目的如图 2-1 表示。系统分析的任务是通过分析，向决策者提供系统方案和评价意见、建立和优化系统的建议。

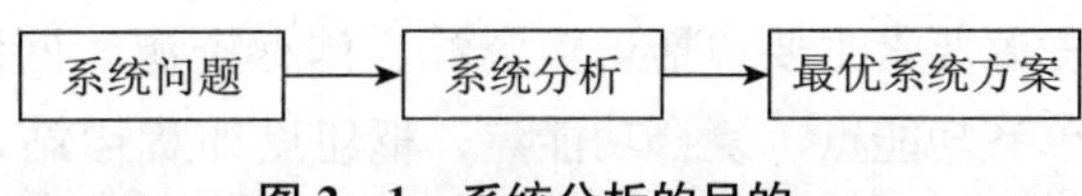

图 2-1　系统分析的目的

3. 系统分析的方法

系统分析的方法是采用系统的观点和方法，借助定性和定量的工具，对所研究的问题进行系统目标、系统结构和状态的分析，提出各种可行方案，并进行比较、评价和协调。

4. 系统分析的作用

系统分析的作用是建立系统不可缺少的一环。系统建立过程包括系统规划、系统设计和系统实施三个阶段，流程图如图 2-2 所示②。

在系统规划阶段，主要任务是定义系统的概念，明确建立系统的必要性、目的和目标，提出系统具备的环境条件和约束条件，界定系统范围。

在系统设计阶段，主要任务是对系统进行概略设计，制订各种替代方案，进行系统方案选择。系统分析涉及系统目的、替代方案、模型、功能、费用、效益、评价标准等。在系统分析的基础上确定系统设计方案，进而对系统进行详细设计。

在系统实施阶段，主要任务是对系统的关键项目进行测试和试验，进行必要的改进完善，然后正式投入运行。

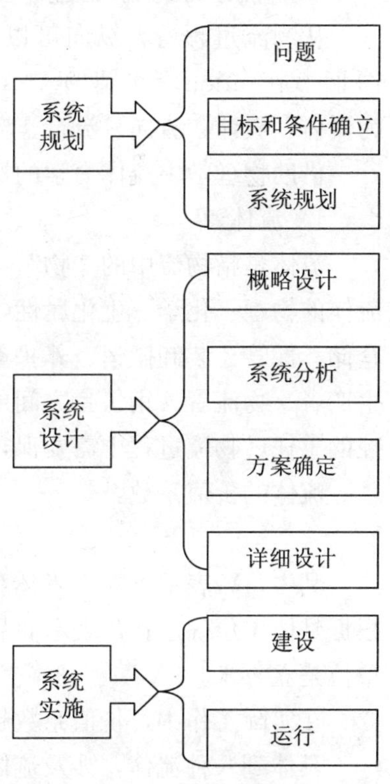

图 2-2　系统建立的程序

---

① 吴清一．物流学［M］．北京：中国物资出版社，2006.

② 孙红，冯红华，孙杨．现代物流管理基础［M］．上海：立信会计出版社，2006.

可见，系统分析在系统的建立过程中处于核心地位。系统分析发挥着承上启下的作用，向决策者提供达到目的、实现目标的各种途径，显示各种方案的成本和效益等各方面的结果，为选择和决策提供依据。

二、物流系统要素

认识物流系统，首先是要认识物流系统与其组成要素之间的关系。要素是系统组成的基本单元。物流系统的要素很多，根据不同的研究目的，物流系统要素可以分为流动要素、功能要素、支撑要素等。物流系统要素分为资源要素、网络要素。其中，资源要素主要包括运输资源、储存资源，网络要素包括点和线。物流点按照功能分为单一功能点、复合功能点、枢纽点如货运站、货运场等；物流线按照载体类型分为铁路线、公路线、水路线、航空线、管道线，按照线间关系分为干线和支线，按照流向分为上行线和下行线。

同时，物流系统的要素之间往往存在冲突与矛盾现象，解决这些相互冲突与矛盾现象必须对要素进行优化、协调与集成。

1. 物流系统的流动要素

从物流过程看，纵向可以分解为动素（element of movement)、动作（motion)、作业（operation)、作业环节（chain of operation)，即进行 EMOC 分析；横向可以分为流体、载体、流向、流量、流程、流速、流效等要素，即进行七要素分析。

借助物理学中流体力学的概念和分析方法，对物流系统的七个流动要素进行分析。

1）流体

流体是指物流中的“物”，即物质实体，具有自然属性和社会属性。自然属性是指流体的物理、化学、生化属性，物流过程中需要根据流体的自然属性进行检验、运输、仓储、保管、装卸搬运、养护等作用。社会属性是指流体的价值属性，以及采购者、生产者、物流者、销售者之间的各种关系，涉及国计民生的流体甚至承担国家宏观调控的重任，物流过程中需要保护流体的社会属性不受影响。

流体的价值系数：

$$V=P/T \text{ 或者 } V=P/C$$

其中，V 表示每立方米体积或每吨商品的价值，单位是元/立方米或元/吨，实际根据具体单位确定；P 表示商品价值；T 表示商品重量，单位是吨；C 表示商品体积，单位是立方米。

在实际工作中，价值系数越大的流体，物流过程越要精心。

具体到一种流体，涉及流体品种、规格、类别、包装类型、包装材料、包装单位、商品批次、托盘代码、运输包装（外包装）代码、中包装（内包装）代码、销售包装代码、商品性质、出厂日期、保质期、储存和运输条件、装载要求、对物流的其他要求等内容。因此，物流过程中，应优化流体的结构，倒逼商品结构调整和优化，甚至倒逼经营者优化商品生产和经营的品种结构。

2）载体

载体是指承载“物”即流体的基础设施和设备。物流载体一般分为两类：一类载体是指基础设施，涉及铁路、公路、水路、港口、码头、车站、机场等，大部分是固定的；一类载体是指设备，即以第一类载体为基础，直接承载并运送流体的设备及信息设备，涉及运输设备如车辆、船舶、飞机等，装卸搬运设备如叉车，储存设备如托盘，信息设备如条码系统，等等，大部分是可以移动的。具体物流过程中，载体的需求信息包括仓库、运输工具、其他设施设备需要量等。

载体特别是物流基础设施的状况直接决定物流的质量、效率和效益。物流载体的网络结构、点和线的布局、科技水平等影响物流园区、物流基地、物流中心、配送中心的选址，物流载体的信息化水平等影响载体的定位、跟踪、溯源，物流载体的自动化水平等影响载体运行的方式和速度，物流载体的标准化水平等影响载体集成和协调等。

3）流向

流向是指流体从起点到终点的流动方向。物流流向按照不同的标准，可以进行不同的分类：如分为正向和逆向，分为自然流向、计划流向、市场流向、实际流向。自然流向是指根据商品（物质）产销关系决定的流体流向，是一种客观需求。计划流向是指根据流体经营者的商品（物质）经营计划制订的流体流向，是从供应地流向需求地。市场流向是指根据市场供求规律由市场确定的流体流向。实际流向是实际物流过程中发生的流向。

对于一次具体的物流过程，流体流向可能存在一种或者多种。确定物流流向时，理想的流向是自然流向、计划流向、市场流向、实际流向一致，但是在实际中，计划流向和市场流向的前提条件不同，物流基础设施和设备等载体不同，导致实际流向与计划流向、市场流向、自然流向等存在偏差。因此，应研究物流基础设施和设备等载体的演变发展，掌握物流流向的变化规律，因地制宜配置流体、载体等物流资源，规划设计物流流向，降低物流成本、提高物流速度，提升物流绩效。

4）流量

流量是指通过载体的流体在一定流向上的数量表现。流量和流向不可分割，每种流向对应一定流量。流量可以分为自然流量、计划流量、市场流量、实际流量。结合流量本身的特点，流量分为理论流量和实际流量。按照流量处于物流过程的阶段，分为基本流量、供应链流量、上游流量、下游流量等。

理论流量是从物流系统理想化角度或者设计能力角度衡量可以承担的物流流量，根据统计指标的不同，分为按照流体统计的流量、按照载体统计的流量、按照流向统计的流量、按照发运人统计的流量、按照承运人统计的流量。

实际流量是实际发生的流量，也可以按照统计指标的不同，分为按照流体统计的流量、按照载体统计的流量、按照流向统计的流量、按照发运人统计的流量、按照承运人统计的流量。

基本流量包括商品总件数、总重量、总体积、每件重量、每件体积、每件进价、每件售价等信息。

供应链流量包括商品产量、销量、最高库存量、最低库存量、退货量、加工量、产品更新周期等信息。

上游流量包括订货量、最小订货件数、最小订货量、送货频率、库存量、库存时间、送货周期、最小送货量、退货量、包装物回收量、废弃物量、托盘及周转箱等周转量等信息。

下游流量包括下游订单数量、订货量、订货处理周期、送货频率、每次最低订货量、库存量、库存时间、退货量、包装物回收量、废弃物量、托盘及周转箱等信息。

在实际物流过程的一段统计期间内，在一个流向上的流量达到均衡几乎是不可能。因此，应从物流管理的角度，优化配置资源，采用合理的运行机制等消除物流流向和流量的不均衡。

5）流程

流程是指通过载体的流体在一定流向上行驶路径的数量表现，流程的分类与流向的分类基本类似，分为自然流程、计划流程、市场流程、实际流程，又可分为按照流体统计的流程、按照载体统计的流程、按照流向统计的流程、按照发运人统计的流程、按照承运人统计的流程。

流程涉及物流系统的节点、线路以及组合的网络。节点涉及仓库、配送中心、物流中心等，具体信息包括发货点、收货点、存储点、加工点、消费点等数量、地理分布、具体地址、联系人和联系方式、收货和发货手续、业务流程等。线路具体信息包括干线和支线、各条线路的距离和路况、影响运输的因素等。网络具体信息包括点的数量、点数量的优化、点和线的类型、点和线的最佳组合与搭配方式、网络上的运输和库存调度等。

6）流速

流速是指通过载体的流体在一定流程上的速度表现。流速信息包括订货处理周期、待运期、在途时间、送货周期等。一般的，流速快，节约物流时间，减少物流成本，提升物流价值。

7）流效

流效是指物流的绩效，包括效率（efficiency）和效益（effectiveness），流效信息包括服务、技术和成本。其中，物流服务信息涉及服务内容、服务方式、服务水平。物流成本涉及总成本、作业成本、网络的最小总成本、网络的最短时间、网络的最低损失等。物流技术涉及技术水平、设施设备水平、优化技术、系统各点间的最短路径、最大流量等。

2. 物流系统的功能要素

物流系统的功能要素是指物流系统所具有的基本能力，通过有效组合和协同基本能力，形成物流的总功能，进而方便、合理、有效地实现物流系统的总目标。一般的，物流系统的功能要素主要包括运输、储存（仓储）、装卸搬运、包装、流通加工、配送、信息处理。

1）运输

运输（transportation）是用专用运输设备将物品从一地点向另一地点运送。其中包括集货、分配、搬运、中转、装入、卸下、分散等一系列操作。运输环节可以创造物流流体的空间价值、场所价值和时间价值。物流运输包括公路运输、铁路运输、水路运输、航空运输、管道运输等基本方式。物流运输的管理，应选择直达运输、中转运输、整车运输、零担运输、甩挂运输、联合运输、多式联运等一种或多种组合的技术经济效果好的运输方式，合理确定运输路线，实现货物安全、准时、低成本的到达，减少环境污染，实现绿色低碳运输。

2）储存（仓储）

储存（storing）是保护、管理、储藏物品。仓储（warehousing）是利用仓库及相关设施设备进行物品的入库、存储、出库的活动。仓储环节可以创造物流流体的时间价值。物流仓储的管理，应合理确定库存物品种类及其数量，定位仓库的具体功能是以流通为主还是以储备为主，制订保管制度和工作流程，实施针对不同库存物品的不同管理策略，提高保管效率，降低损耗，加速库存周转和资金周转，实现绿色低碳仓储。

3）装卸搬运

装卸（loading and unloading）是指物品在指定地点以人力或机械实施垂直位移的作业。搬运（handling carrying）是指物品在同一场所内，对物品进行水平移动为主的作业。装卸搬运是物流活动中发生最频繁，消耗人力、占用设备但却不产生价值增值的环节。

装卸搬运是实现运输、仓储、包装、流通加工等物流活动之间有效衔接的活动。物流的装卸搬运的管理，应确定恰当的装卸搬运方式，最大可能减少装卸搬运次数，减少移动距离，合理配备和使用装卸搬运工具，减少作业强度，节约能源和动力，降低产品破损率，提高作业效率。

4）包装

包装（packaging）是为在流通过程中保护产品、方便储运、促进销售，按一定技术方法而采用的容器、材料及辅助物等的总体名称。也指为了达到上述目的而采用容器、材料和辅助物的过程中施加一定技术方法等的操作活动。物流包装的管理应综合考虑包装对保护和促销产品、提高装运率的作用，以及合理包装费用、方便包拆装、易于回收处理包装废弃物之间的平衡。

5）流通加工

流通加工（distribution processing）是物品在从生产地到使用地的过程中，根据需要施加包装、分割、计量、分拣、刷标志、拴标签、组装等作业的总称。流通加工可以在社会流通过程中进行，也可以在企业内部流通中进行，具有完善商品使用、提高商品附加价值的功能。物流流通加工的管理应满足客户多元化和物流效率化的需求，选择合适时间和地点进行流通加工。

6）配送

配送（distribution）是指在经济合理区域范围内，根据客户要求，对物品进行拣选、加工、包装、分割、组配等作业，并按时送达指定地点的物流活动。配送是直接面向最终消费者提供的物流服务功能，最终完成社会物流，实现资源配置的目的。配送与运输相比，配送更加关注它的顾客服务功能，是集经营、服务、社会化库存、分拣、装卸搬运于一身的物流活动。物流配送的管理应满足客户多样化、个性化的需求，方便、快捷、准时、低碳完成。

7）物流信息

物流信息（logistics information），或物流信息资源（logistics information resource），是反映物流各种活动内容的资料（含声音图像）、数据、知识、情报、文件的总称。物流信息主要产生于上述各项功能活动本身，也产生于商品交易活动和市场活动。物流信息管理包括对物流信息的需求分析、采集、传递、储存、加工、开发、分发、利用、共享、决策等活动，应树立信息是资源的理念，分析信息需求，建立信息渠道，制订信息目录，明确信息收集、汇总、统计、分发的范围和方式，构建集中和分级的信息系统，保障信息处理的及时、准确、可靠，提高管理的效率和效益。

物流的七项功能要素，必须综合加以考虑，以发挥协同作用。

3. 物流系统的支撑要素

物流系统是复杂的系统，处于更加复杂的经济社会系统中，与其他系统相互作用、相互影响，实现物流系统之目标、目的和功能，必须协调与其他系统的关系，需要诸多支撑要素。支撑要素主要包括法律法规、制度和政策、标准化。

1）法律、行政法规、部门规章

物流系统的运营，离不开法律法规的规范。法律法规，一方面限制和规范物流系统的活动，使之与更高一层的系统协调；另一方面保障物流系统的运行。国家立法、司法、执法、行政部门利用法律条文，按照法律权限，通过许可、认可等方式手段，对企业的进入和终止、经营范围和期限、产品和服务的数量和质量、投资、融资、会计、财务、价格等行为进行约束和禁止，以及保障合同的签订和执行、权益的分配、责任的认定等。例如，《中华人民共和国公司法》《中华人民共和国合同法》《中华人民共和国政府采购法实施条例》《中华人民共和国道路运输条例》《国内水路运输管理条例》《道路危险货物运输管理规定》《放射性物品道路运输管理规定》《道路运输从业人员管理规定》《国际道路运输管理规定》等。法律法规具有目标明确、执行强制、效果直接等优点。

2）制度和政策

制度有广义的解释与狭义的解释，广义的制度，又称体制，是指在一定条件下形成的政治、经济、文化等方面的体系，如政治制度、经济制度、社会制度等。狭义的制度，是指某个团体或单位制定的要求所有成员共同遵守的办事规程或行动准则，为完成目标和任务提供保证，如工作制度、财务制度等。制度能约束人际交往和市场交易中可能出现的机会主义行为和任意行为，引导人际交往和社会发展。政策是某个团体或者单位为了实现自己所代表的团体、组织、阶层的利益与意志，以权威形式标准化地规定在一定的历史时期内，应该达到的奋斗目标、遵循的行动原则、完成的明确任务、实行的工作方式、采取的一般步骤和具体措施。政策原则性强，制度灵活性大。政策是指导性质的，制度往往是强制的。

物流制度和政策是国家或政府为实现全社会物流的高效运行与健康发展而制定的公共政策，以及政府对全社会物流活动的干预行为的规定、规划、计划、措施，以及政府对全社会物流活动的直接指导等。物流制度和政策具有公共物品的属性，决定着物流系统的结构、组织及管理方式。完善的物流政策体系一方面可减少或降低物流的外部不经济，如交通拥挤、交通事故、噪声、空气污染等；另一方面可扶持与促进物流业的绿色低碳可持续发展，加速建设和完善物流基础设施，引导微观物流行为，提高微观物流效率。例如，2001 年的《关于加快我国现代物流发展的若干意见》、2009 年的《物流业调整和振兴规划》、2014 年的《物流业发展中长期规划（2014—2020 年）》等。

3）标准化系统

1983 年国际标准化组织发布的 ISO 第二号指南（第四版）定义“标准”是：“由有关各方根据科学技术成就与先进经验，共同合作起草，一致或基本上同意的技术规范或其他公开文件，其目的在于促进最佳的公众利益，并由标准化团体批准。”2000 年发布的 GB/T1. 1—2000 定义标准是：“为在一定的范围内获得最佳秩序，对活动或结果规定共同的和重复使用的规则、导则或特性文件。该文件经协商一致制定并经一个公认机构的批准。标准应以科学、技术和经验的综合成果为基础，以促进最佳社会效益为目的。”根据 WTO 的有关规定和国际惯例，标准是自愿性的，而法规或合同是强制性的，标准的内容只有通过法规或合同的引用才能强制执行。

标准化是为在一定的范围内获得最佳秩序，对实际的或潜在的问题制定共同使用和重复使用的规则的活动。标准化是一项制定条款活动；所指定的条款应具备的特点是共同使用和重复使用；条款的内容是现实问题或潜在问题；制定条款的目的是在一定范围内获得最佳秩序。这些条款将构成规范性文件，即标准化的结果是形成条款，一组相关的条款就形成规范性文件。如果这些规范性文件符合制定标准的程序，经过公认机构发布，就成为标准。标准是标准化活动的结果之一。标准化对象是国民经济的各个领域中，凡具有多次重复使用和需要制定标准的具体产品，以及各种定额、规划、要求、方法、概念等。标准化对象一般可分为两大类：一类是标准化的具体对象，即需要制定标准的具体事物；另一类是标准化总体对象，即各种具体对象的总和所构成的整体，通过它可以研究各种具体对象的共同属性、本质和普遍规律。标准化的直接目的通常有：适用性、相互理解、接口、互换性、兼容性、品种控制、安全性、环保性等。以“产品”标准为例，标准化的目的可以分为两大类：要通过标准化保证产品能够正常、方便地使用；保证产品或其生产过程不会对环境、人身等造成损害。标准分为强制性标准和推荐性标准。

物流标准化是统一整个物流系统的标准的过程，是以物流作为一个大系统，制定系统内部设施、设备、专用工具等各分系统的技术标准和系统内各分领域的工作标准；以系统为出发点，研究各分系统与分领域中技术标准与工作标准的配合性要求、物流系统与其他系统的配合性要求，实现物流大系统的标准统一。

中国的物流标准化由中国物流与采购联合会标准工作部、全国物流标准化技术委员会秘书处组织和协调，每年编制和更新《物流标准目录手册》。按内容分为基础性标准、公用类标准、专业类标准和标准化指导性文件等部分，每部分又按基础性标准、物流装备、物流技术、物流服务及管理、物流信息进行分类。物流标准化是物流业发展的基础，是保障物流各环节协调运行、发挥物流系统功能的手段，是提高物流效率的途径，是降低物流成本的支撑要素。

三、物流系统分析的概念

物流系统分析（Logistics System Analysis），是指根据物流系统的目的和目标要求，以整体利益为出发点，借助合适的分析方法和工具，分析构成系统的各级子系统、要素、结构、功能及其相互关系，以及系统与环境的相互关系，为拟订、优化、综合评价解决问题的各种方案奠定基础。理解物流系统分析，应注意如下几点。

（1）物流系统分析作为一种决策的方法和工具，主要是为决策人员提供直接判断、选择确定物流方案的数据、信息、知识和情报。

（2）物流系统分析将物流研究对象视为物流系统，目标是物流系统的整体最优化，力争构建数量化的目标函数。

（3）物流系统分析强调科学合理的逻辑推理步骤，分析物流系统各种问题应符合逻辑的基本原则和事物的发展规律，而非主观臆断和单纯经验。

（4）物流系统分析应用数学的基本知识和优化理论，比较各种替代方案。其中，不仅有定性的描述，而且有定量的描述，采用数学方法表现方案之差异。对于无法计量的定性因素，则运用直觉、判断、经验进行考虑和衡量。

（5）通过物流系统分析，在一定条件下充分挖掘物流系统之潜力，实现人尽其才、物尽其用。

通过物流系统分析，了解物流系统各部分的内在联系，把握物流系统行为的内在规律性，为新建和改造物流系统服务①。

四、物流系统分析的特点

1. 突出以整体为目标

物流系统的各个构成要素既相互联系又相互制约，分析必须以整体优化为目标。比如，在城市区域物流规划中，既要考虑需求，又要考虑供给；既要考虑节点、线路，又要考虑网络等；在公路站场选址时，既要考虑造价，又要考虑物流基础设施、能源消耗、环境污染、资源供给等因素；在企业物流系统布置设计中，既要考虑需求、工

① 倪志伟．现代物流技术［M］．北京：中国物资出版社，2006.

艺路线，又要考虑运输、储存、装卸搬运、设备选型等。在一个具体物流系统中，处于各个层次的子系统，均具有特定的目标和功能，只有彼此协调分工合作，才能实现物流系统的整体目标。

2. 明确以特定问题为对象

物流系统分析的目的在于寻求解决特定问题的最佳策略，以特定问题为对象。物流系统的问题涉及诸多不确定因素，物流系统分析正是针对这些不确定因素，研究解决问题的各种方案及其可能产生的结果。相同的物流系统分析解决不同的问题，不同的物流系统分析解决不同和相同的问题，形成不同的求解方法。

3. 强调以定量方法为根本

物流系统分析离不开科学的方法和工具，在许多情况下，需要有精确可靠的数据、信息、知识和情报通过数学模型来进行定量测算，作为决策之依据。物流系统分析人员必须具备一定的管理学和经济学知识，构建管理数学模型或经济数学模型支持决策。对于某些层次繁多、结构复杂的物流系统，若利用数学模型存在一定难度时，则需要借助结构解析法或计算机模型进行分析，切忌只凭想象、臆断、经验和直觉。

4. 重视价值判断

物流系统分析在分析事物历史和现状的基础上，往往还要进行未来一段时间的预测，或者以过去的事实状况作为样本，推测未来可能出现的趋势。实际数据、信息、知识和情报往往存在许多不确定的变量，加上客观环境不断变化，因此在物流系统分析时，需要凭借各种价值观念进行判断和优选，故物流系统分析人员应具有一定的经验、想象力和判断力等。

五、物流系统分析的要素

物流系统分析涉及的内容丰富，包括：明确物流系统期望达到的目的和目标；确定物流系统达到预期目的和目标所需的设施设备、技术条件和资源条件；测算和估计实现各种可行方案所需的资源、费用和产生的效益，构建各种替代方案模型，明确方案模型的技术条件、环境条件、资源条件、时间、费用、要素之间的关系；建立为选择最优化方案而制定的判别准则①。具体地，物流系统分析主要涉及以下六个要素。

1. 目的和目标

目的和目标是对物流系统的要求，是物流决策的出发点，也是物流系统分析的基础。为了及时、真实、准确地获得决定物流系统最优化方案所需的各种数据、信息、知识和情报，物流系统分析人员的首要任务应是充分了解和理解决策者的意图，明晰存在的问题，确定物流系统的目的和目标要求，界定物流系统的构成和范围。

2. 备选方案

为了实现物流系统目的和目标，必然存在若干个解决问题的可行的物流系统方案（备选方案）。备选的各种方案各有利弊，物流系统分析要解决的问题是选择一种最合

---

① 吴清一. 物流学［M］. 北京：中国物资出版社，2006.

理的方案。例如，企业生产制造物流系统，可以自营物流模式、第三方物流模式、自营和外包相结合的物流模式、第四方物流模式等多种物流方案，均能满足企业生产制造物料供应之需求，这些物流方案构成替代方案，而从中选择一种最优方案构成物流系统分析的任务。

3. 模型

模型是对实体物流系统本质的抽象描述，是物流系统方案的表现形式。物流系统模型可以将复杂的物流问题简化为便于处理的形式。无论是实体物流系统，还是抽象物流系统，都可以借助一定的模型获得物流系统规划设计所需的参数，明确各种制约条件，进而通过模型分析、计算和模拟，预测各种替代方案的性能、成本费用和效益，比较各种替代方案的优劣。

4. 成本费用和效益

成本费用和效益是分析和比较物流系统方案的重要指标。建设一个物流系统需要投资，建成的物流系统投入使用需要运维费用，因此物流系统必须产生效益。物流系统的各种备选方案的投入或消耗的所有资源折算成货币形式是成本费用，物流系统达到目的获得的效益或有效性折算成货币形式是效益。成本费用和效益的比较决定着各个备选方案的取舍，效益大于成本费用的物流方案一般是可取的，反之则不可取。

5. 评价准则

评价准则是物流系统目的和目标的具体化，是确定各种物流系统替代方案优先顺序的标准。借助评价准则对各个物流系统方案进行综合评价，确定出各方案的优先顺序。评价准则应既恰当合理又方便度量。一般地，评价准则根据物流系统的具体情况确定，其中成本费用与效益的比较是评价各个备选方案的基本手段。

6. 结论

结论是物流系统分析的结果，其形式包括报告、政策、建议或意见等。值得注意的是，结论不是提出主张和进行决策，而只是阐明问题与提出解决问题的意见和建议。

目的和目标、备选方案、模型、成本费用和效益、评价准则、结论构成物流系统分析的六个要素，根据各要素相互之间的协调和制约关系，构建物流系统分析结构，如图 2－3 所示。

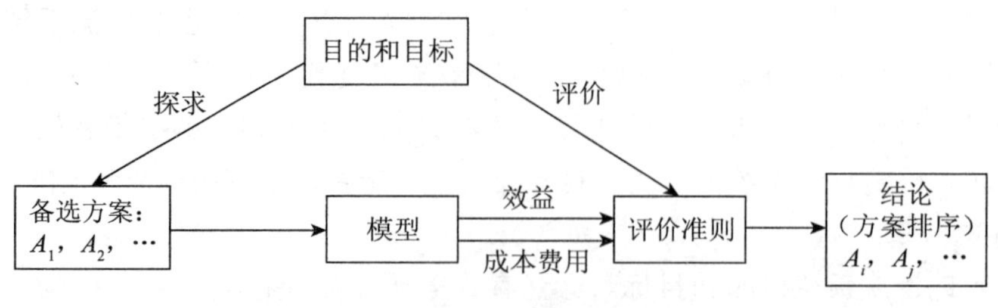

图 2－3　物流系统分析结构

六、物流系统分析的内容

物流系统分析的内容包括物流系统的要素分析、物流系统的目的分析、物流系统的结构分析、物流子系统分析等。物流系统分析的主要应用领域包括以下五个方面。

1. 物流规划计划的制订和实施

针对国际和国内经济社会发展现状和趋势，结合各种资源条件、数据和信息等方面，运用物流规划理论和方法制订若干方案，综合其他相关因素，遵循物流系统集成协同的规律，权衡物流系统的输入和输出，进而从若干方案中选择一个满意的规划计划方案付诸实施。例如，在规划全国物流园区时，根据各省市自治区国民经济和社会发展、物流业发展的状况和趋势，规划分析与之匹配的物流园区，涉及物流园区的布局和类型，如东部中部西部物流园区布局，综合服务型、商贸服务型、货运枢纽型、生产服务型、口岸服务型等物流园区类型。在规划城市区域物流业中长期发展时，根据城市区域地理位置、国民经济和社会发展、产业发展状况，规划分析国家铁路网、国家高速铁路、国家高速公路、国道和省道等物流通道以及物流枢纽、物流园区、物流基地、物流中心、配送中心的布局，物流重大项目和重大工程、物流公共信息平台等。在规划企业物流系统时，根据企业的发展计划分析与之匹配的物流系统，涉及改造和扩建企业的物流系统整体规划分析、企业3～5年甚至5～10年物流系统的规划与分析等。

2. 重大物流工程和项目的组织管理

针对物流工程和项目，运用物流系统理论和方法进行分析，协调计划和统筹安排各个组成部分，以确保工程和项目的各个环节密切配合，保质保量按期完成物流工程和项目，如重要公路、铁路、航道、码头、港口、飞机场、公路枢纽、火车站、物流中心、仓储基地等物流设施的选址、设计和建设。

3. 厂址选择和建厂规划

建设一个新工厂、物流中心、配送中心、转拨中心等，综合运用物流系统分析的理论和方法，对涉及的各种原材料和零部件的来源、技术条件、交通运输、市场状况、能源供应、办公及生活设施等客观条件与环境因素，进行技术上的先进性、经济上的合理性、建设上的可行性、环境上的承载量等方面的论证，进而选择最佳厂址位置和建设方案。

4. 生产布局和生产线布置

根据企业生产的产品和工艺特点，综合运用物流系统分析的理论和方法，对生产设施设备、原材料和零部件、作业人员等需要的空间和线路进行分配和安排，确定生产布局和生产线，固定企业内部的物流结构，使各种流体和载体相互间能有效地配合和安全地运行，以获得高的生产率和好的经济效益。

5. 工厂的采购、生产、销售调度

对于企业而言，采购物流、生产物流、销售物流需要密切配合。在采购物流调度方面，根据以产定销、以销定产的不同情况，确定流体的需求，运用零库存技术（zero-inventory technology）、电子订货系统（electronic order system，EOS）、越库配送技术（cross docking distribution technology）、供应商管理库存（vendor managed inventory，VMI）等，合理订货和进货。在生产物流调度方面，运用投入产出法，采用联合库存管理（joint managed inventory，JMI）、准时制物流（just-in-time logistics）等，分析产品的各种零部件的投入产出平衡及生产能力平衡，确定合理的生产周期、批量标准和在制品的储备周期，运用调度管理合理安排加工顺序和装配线平衡，实现准时生产和均衡生产。在销售物流调度方面，运用销售时点系统（point of sale，POS），自动补货（automatic replenishment），协同计划、预测与补货（collaborative planning，forecasting and replenishment，CPFR）等，根据销售预测或者订单情况，合理安排生产和采购，以经济合理的库存量确保生产正常进行，提高库存效率、提升物流效益。

七、物流系统分析的原则

1. 坚持以物流系统的目的和目标为中心

分析物流系统，必须紧紧围绕物流系统的目的和目标进行。在物流系统分析过程中，有时盲目追求新兴技术、节约投资费用、强调社会效益，不知不觉偏离物流系统的目的和目标，这是不合理的现象。实际上，越深入透彻地理解和掌握物流系统的目的和目标，越能在错综复杂的外部和内部环境情况下，分析物流系统之要素、结构和功能，为最终选择合理方案奠定基础。例如，城市共同配送的目的和目标是方便商品流通和居民购物、缩短车辆行驶时间、改善公共交通、保护城市环境等。

2. 坚持外部条件与内部条件相融合

物流系统是与社会环境密切联系的开放系统，不可避免受到外部政治、经济、社会、科技等多方面的影响，且随需求、供给、价格等因素的变化而变化。同时，物流系统受到内部物流各流动要素、功能要素的制约。因此，物流系统分析既要注意外部环境因素影响，又要注意内部环节协调配合，综合考虑系统内外的关联因素，确保物流系统的正常运营。例如，一个企业的生产物流系统，不仅受到产品品种、生产规模、工艺路线、技术特征、员工素质、组织构架、管理制度等内部因素的作用，而且受到消费者偏好、市场景气、经济动向、社会状况等外部环境因素的影响。

3. 坚持当前利益与长远利益、局部利益与整体利益相协调

分析物流系统，不仅需要考虑当前利益、局部利益，更要考虑长远利益、整体利益。若物流系统对于当前利益和长远利益均是最优，那么该方案一定是一个理想方案；若物流系统对于当前利益并非十分有利，但对于长远利益却非常有利，那么该方案是一个比较可取的方案；若该方案的当前利益和长远利益均无，则该方案不值得考虑。此外，如果某个方案能保证系统的整体利益和各个子系统的局部利益均最大化，那么该方案一定是一个理想方案。但在现实情况下，鱼和熊掌兼得的方案往往难求。究其原因，物流各个环节的相互作用、相互影响、相互制约以及系统要素结构之间存在效益背反现象，难以实现最优整体利益。因此，在进行物流系统分析时，应在保证整体

利益最大化的前提下，尽量使每一个子系统获得较大的利益。

4. 坚持定性分析与定量分析相结合

物流系统方案之优劣，定量分析、数量化指标的满足程度是评价的重要依据。例如，物流系统的成本效益目标、订单的完成率、配送的准时率、节能减排比例等目标必须借助定量指标分析。但是，物流系统的成本效益大小又不可避免受到经济因素、政治因素、制度政策、消费者行为、交通状况等因素的影响，有些因素难以通过构建定量模型进行分析。此时，物流系统分析必须依赖人的主观能动性，即借助分析人员的直观经验进行综合判断，也就是定性分析。因此，物流系统分析必须综合定性分析和定量分析。

八、物流系统分析的方法和技术

1. 数学规划法

数学规划法（mathematical programming method），是一种对物流系统进行统筹规划、寻求最优方案的数学方法。数学规划法具体包括线性规划（Linear Programming，LP）、整数规划（Integer Programming，IP）、动态规划（Dynamic Programming，DP）、排队论（queuing theory）和库存论（inventory theory）等，广泛应用于物流系统的运输、设施规划、计划优化、最优订货量、订货间隔、流程概率性等问题。其中，线性规划主要涉及两类问题：一类是某项任务确定后，如何统筹安排，以最少的人力、物力、财力等资源完成该项工作，即任务一定，资源最少；二类是确定的人力、物力、财力等资源，如何安排使用，实现完成任务最多，即资源一定，任务最大。整数规划主要涉及选择适当的厂（库）址、配送中心的位置等。

2. 网络技术法

网络技术法（network technology method），是以数理统计为基础，以网络分析为主要内容，以计算机为手段的计划管理方法，包括以时间控制为主的计划评审技术（PERT）和以成本控制为主的关键线路法（CMP）。网络技术以工作所需的时间为基础，采用表达工作之间相互联系的“网络图”反映整个物流系统，发现影响全局的关键，进而统筹安排、合理规划物流系统的各个环节，实现整体的规划和安排。物流网络实际上是图论中的一个“图”，“点”和“线”是主要组成要素，“点”是物在流动过程中的暂时停顿点，具体表现为仓库、车站、码头、货场、物流中心、配送中心、零售店等，“线”是“点”与“点”之间的联系，具体表现为联系两个点之间运输功能，以及运输线路、运输方式、运输量、运输成本等的综合。网络计划技术采用网络图描述物流活动流程的线路和点，在关键线路的前提下安排其他活动，协调相互关系，按时完成整个物流活动，广泛应用于物流运输、城市配送等方面。

3. 系统优化法

系统优化法（system optimization method），是指在一定约束条件下，求出使系统目标函数最优的解。一个物流系统函数模型包括许多参数，这些参数相互制约、互为条件，甚至受外界环境中不可控因素的影响。物流系统优化，是在不可控参数变化时，根据物流系统的目标，定期或不定期、有效确定可控参数的数值，使物流系统经常处于最优状态。系统优化法应用于物资调运的最短路径、最大流量、最小物流费用、物流网点合理选择、库存优化策略等方面，具体可以采用启发式方法如扫描法求配送线路近似最优。

4. 系统仿真法

系统仿真法（system simulation method，SSM），是利用模型对物流系统进行仿真实验，主要应用于物流系统的装备和工艺的规划布局和分析。其理论基础之一是系统动力学理论，主要特征是以实际观测系统的数据为依据，建立动态仿真模型，通过计算机模拟实验获得系统行为的描述，以改进和完善系统的目的。借助仿真软件，针对不同的物流方案构建相应的模型，通过设定不同的需求和生产能力，将物流系统置于虚拟环境中进行运行。通过观察物流系统可能产生的各种现象和结果，对各种物流方案进行分析和评价，发现物流方案可能存在的瓶颈环节，指导物流系统的规划设计和设施设备的配置。目前，物流仿真软件采用三维仿真技术，构建虚拟现实的三维场景，借助一定的软件环境驱动整个三维场景，响应用户的输入，根据用户的不同动作做出相应的反应，并在三维环境中加以显示。系统仿真广泛应用于采购物流、生产物流、销售物流特别是物流系统的设施设备配置。

5. 地理信息系统和卫星导航系统

地理信息系统（geographic information system，GIS），是以地理空间数据库为基础，在计算机硬件和软件构成的环境、平台、应用的支持下，运用系统工程、信息科学、地理科学的理论和方法，组织、分析、控制具有空间内涵的地理数据，以提供管理决策等所需信息的技术系统。物流 GIS 一般由空间和非空间数据、分析模型以及计算机软硬件组成。物流 GIS 的运作原理是由 GIS 软件从地理数据库上采集物流运作的相关信息，然后进行编辑、存储、处理、查询等逻辑分析与运用，最终确定在合适的位置设置配备合适的物流设施。物流 GIS 主要应用于运输路线的选择、仓库位置的选择、仓库容量的设置、装卸搬运设备的选型、运输车辆的调度、投递路线的选择等方面。目前，物流 GIS 系统已经由二维向三维可视地理信息系统过渡，通过结合三维可视化（visual）技术与虚拟现实（Virtual Reality，VR）技术和增强现实（Augmented Reality，AR）技术，实现“所见即所得”。卫星导航系统，能全天候、全天时为各类用户提供高精度、高可靠的定位、导航、授时服务，以及短报文通信。目前主要是美国全球定位系统（GPS）、俄罗斯格洛纳斯卫星导航系统（Glonass）、中国北斗卫星导航系统（Beidou Navigation Satellite System，BDS）等。

第二节　物流系统分析要点

物流系统分析，可以采用逻辑推理的方法对问题进行分析。在分析时，系统分析人员往往要通过追问一系列的“为什么”，直到问题得到满意的解答，如表 2－1 所示。

表 2-1　　物流系统分析的要点

项目	为什么	应该如何	采取什么对策
目的（Why）	为什么提出这个问题	应提什么问题	删除工作中不必要的部门
对象（What）	为什么从此入手	应做什么	
时间（When）	为什么在这时做	应在何时做	合并重复的工作内容
地点（Where）	为什么在这里做	该在何处做	
人（Who）	为什么由此人做	应由谁做	
方法（How）	为什么这样做	如何去做	使工作尽量简化

实际上，物流系统分析着重要解决“5W1H”问题。一旦接受开发某个物流系统的项目任务，则首先应设定问题，然后对问题进行分析，寻找解决问题的对策。如果此时根据拟定的要点进行自问自答，就容易抓住问题的重点，发现解决问题的关键。

（1）为什么要开发这个物流系统？即为什么做？（why）

（2）物流系统开发的对象是什么？即要做什么？（what）

（3）物流系统在什么时候和在什么样的情况下使用？即何时做？（when）

（4）使用物流系统的地点在哪里？即在何处做？（where）

（5）是以谁为对象的物流系统？即谁来做？（who）

（6）怎样做解决物流系统问题，即如何做？（how）

物流系统分析的不同阶段，所要解决的问题逐渐从宏观层面深入到微观层面，相应的“5W1H”模式的分析应根据各个阶段进行调整。

第三节　物流系统分析步骤

在实际工作中，物流系统分析要素和结构组成、平台功能、应用环境的不同，所采取的方法和手段也就存在差异，但是分析不同的物流系统应遵循一定的共同规律，每个物流系统或多或少由若干个典型的串联、并联、反馈组成的关联行为构成。物流系统分析步骤是由一系列的环节组成的，且形成循环往复的上升趋势，物流系统分析的具体步骤如图 2-4 所示。

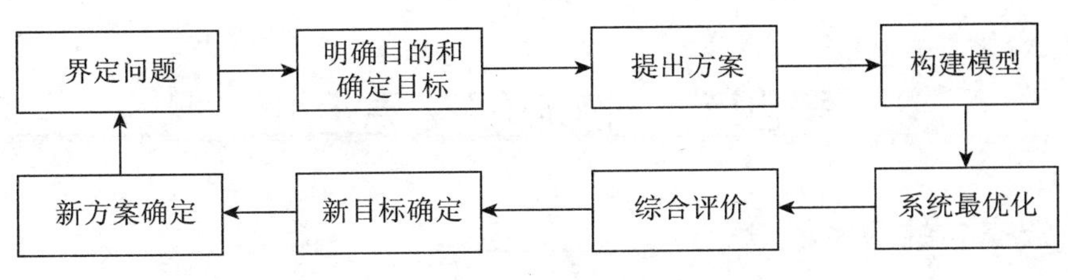

图 2-4　物流系统分析的具体步骤

1. 界定问题

系统分析要了解问题的背景，明确问题的属性，界定问题的范围。问题是系统在一定的外部环境和内部因素共同作用下产生的，不可避免地附带一定属性且存在范围界限，只有明确了问题的性质范围，系统分析才能明晰逻辑起点。通过研究问题的要素、要素间的相互关系、要素与环境的关系，进而确定问题边界。

2. 明确目的和确定目标

分析问题，必须明确物流系统目的，确定物流系统目标。目的一般比较抽象，目标可以通过一系列的指标来表示，指标是衡量目标达到的尺度。物流系统分析是围绕所提出的目标展开的，实现物流系统功能的目的离不开多方面因素的保障，则物流系统目标可能有多个。例如，一个物流系统的目标包括物料费用、服务水平等，需要以较低的物料费用获得较高的服务水平，确保物流系统整体绩效最优。

3. 提出方案

在界定问题和确定目标后，应借助观察、调查、实验、记录以及引用国内外信息资源等方式收集数据、信息、知识和情报等资料，找出已收集资料之间的相互关系，寻求解决物流系统问题的各种可行方案。

4. 构建模型（模型化）

分析物流系统，应构建模型，利用模型预测每一方案可能产生的结果，并根据其结果定量说明各方案的优劣与价值。模型的功能在于组织系统分析人员的思维，及时获取实际问题的指示或线索。模型是一种现实流程的近似描述，只要它说明了物流系统的主要特征，则可以认为是一个满意的模型。

5. 系统的最优化

系统的最优化是运用最优化的理论和方法，对若干可行方案的模型进行仿真和优化计算，求出各个方案的最优解。

6. 综合评价

根据最优化获得的解，同时考虑到各种有关的无形因素，如政治、经济、军事、科技、文化、人才等，对所有因素合并加以考虑研究，获得综合结论，以确定行动方针。

7. 新目标和新方案的确定

当物流系统运行一段时间后，又面临新的发展环境和趋势，这时应该重新确定物流系统的目标，进行新一轮物流系统的分析。通过循环往复，不断完善物流系统的功能，使其与内外环境相协调，促进物流系统整体发展。

第四节　物流碳交易分析

一、碳交易的基本概念

1. 碳排量

所谓碳排量，顾名思义，就是二氧化碳的排放量。随着全球气候变暖，二氧化碳的排放量必须减少，从而缓解人类的气候危机。中国建立碳市场应遵循五个原则：自愿原则、遵循客观规律原则、政府科学引导碳市场建设原则、统筹协调推进碳市场建设原则、循序渐进地建设碳市场原则。

2. 碳交易

碳交易（carbon emission permits trade）是指各国政府根据《京都议定书》减排承诺的前提，控制本国企业二氧化碳排放额度同时允许其进行交易，从而实现对二氧化碳排放总量的限制。对于碳排放的个体而言，在年初被分配一个碳排放初始配额，如果该个体一年的总碳排量在碳配额范围之内，则可以将剩余的碳配额进行交换或者拍卖；如果该个体一年的总碳排量超过年初分配的碳配额，超出的那部分碳排量必须先在经济市场上购得相应数量的碳排放权才可以排放，否则环境管理部门可以根据相关法律对其进行惩罚。对于一个城市、一个地区乃至一个国家来说，其交易过程和每个单独个体进行碳交易的过程大同小异，多则调配到其他地方，少则向其他地方购买，其作为商品交换的本质是不变的。

在市场经济中，交换商品是买卖双方的一种权利，将温室气体看作一种商品，温室气体排放权则可以作为商品在市场上进行交换，利用市场作为平台是减少温室气体排放的一种有效率的方法。由于人为地规定二氧化碳等温室气体的排放要受到限制，这使碳排放权成为一种稀缺资源，变得富有价值。当碳排放权变得有价，可以在世界上不同国家与国家之间、企业与企业之间进行有价交换，就能够流通起来。但是碳排放权在不同国家是不同的，主要是《京都议定书》中规定发达国家有责任进行减排任务，而发展中国家则没有这种责任。同时在不同国家中碳减排的成本也是不同的，发达国家的成本较发展中国家的成本要偏高，这主要是因为发达国家的技术发达，能源利用率较高，减排空间较小；而发展中国家不同，先进技术支持缺乏，能源结构也有待优化，能源利用率低，因此减排空间大，成本也较低。由此，发达国家会产生相应的需求，而发展中国家空间很大会产生很多的剩余，因此发达国家和发展中国家的碳交易供求关系就自然而然地形成了①。

碳交易是为促进全球温室气体减排，减少全球二氧化碳排量所采用的市场机制。1992 年联合国气候变化专门委员会通过谈判，给出标准的实施规范——《联合国气候变化框架公约》。之后《京都议定书》提出碳交易制度，把二氧化碳排放权作为市场上的一件商品，用来在不同碳排放企业、不同国家之间交易，这在一定程度上为全球减少和控制温室气体的排放起到至关重要的推动作用。

3. 碳交易的分类和交易方式

1）碳交易市场分类

从碳市场建立的法律基础上看，碳交易市场可分为强制交易市场和自愿交易市场。

① Wen Chuanyuan. Exploration on Comprehensive systems, Comprehensive Simulation Systems and Their Theories [C]. Proceedings of Asia Simulation Conference (the 6th International Conference on System Simulation and Scientific Computing), 2005: 49 - 57.

如果一个国家或地区政府法律明确规定温室气体排放总量，据此确定纳入减排规划中各企业的具体碳排放量，为了避免超额排放带来的经济处罚，排放配额不足的企业就需要向拥有多余配额的企业购买排放权，这种市场称为强制交易市场。企业基于社会责任、品牌建设、对未来环保政策变动等考虑，通过内部协议，相互约定温室气体排放量，并通过配额交易调节余缺，以达到协议要求，这种市场就是所谓自愿碳交易市场①。

2）我国碳交易方式

我国目前碳交易通常包括两种：清洁发展机制（Clean Development Mechanism，CDM）和自愿减排项目（Voluntary Emission Reduction，VER）。在 CDM 中，买家是《京都议定书》附件一中的发达国家，他们为了完成《京都议定书》中减排目标的承诺，通过提供资金与技术的方式，与发展中国家开展项目级的减排合作，然后购买项目产生的 CER，用于完成其承诺；发展中国家作为卖家，获得资金与技术，促进经济发展和环境保护，有利于实现可持续发展。在 VER 中，买家是富有远见有觉悟的企业或个人，他们自愿购买减排量来抵消自身的碳排量，以树立良好的社会形象，另外还有其他的目的，如银行通过购买来开发碳金融产品等；而卖家获得资金，可以用来实现自身的可持续发展等。在碳交易中，还有一类买家，是一些金融投资机构，他们通过低价购买减排量，然后高价转让，从而获得利润②。

4. 物流碳排量和物流碳交易

在《京都议定书》减排承诺的前提下，通过研究物流交易模型可以寻找减少物流行业碳排量的一种更好的解决办法，交易实施可以减少温室气体的排放，促进节能减排技术的发展，提高企业解决自身环境问题的积极性。

1）物流碳排量和碳交易概念

物流碳排量是指对物流领域内排放温室气体总量的一个简称。碳交易是指合同的一方通过支付另一方获得温室气体减排额，买方可以将购得的减排额用于减缓温室效应从而实现其减排的目标。在减排的温室气体中，二氧化碳的含量最高，所以碳交易以每吨二氧化碳为计算单位，“碳交易”的名字由此而来，该市场也就被称为碳交易市场③。物流碳交易是对物流行业碳排放个体的碳排量进行统计，并且允许个体间进行碳排放权的交易，从经济角度看是一个物流个体通过市场从另一个物流个体中购得所需要的碳排量的一种交易现象，从而达到保护环境，减缓空气污染的目的。

2）物流碳交易原理

碳交易基本原理是由环境部门根据环境容量制定逐年下降的碳排量总量控制目标，然后将碳排量总量目标通过一定的方式分解为若干碳排量配额，分配给各区域，碳排

① 文传源．系统、仿真系统及其理论［J］．系统仿真学报，2009，29（17）：89－91.

② E Jack Chen，Young M Lee，Paul L Selikson. A simulation study of logistics activities in a chemical plant ［J］. Simulation Modelling Practice and Theory，2002，10：235－245.

③ Simon J E Taylor，Steffen Strassburger，Stephen J Turner. The SISO CSPI PDG standard for COTS simulation package interoperability reference models ［C］. Proceedings of the 2008 Summer Computer Simulation Conference，2008：1－10.

量配额被允许像商品那样在市场上进行买卖，调剂余缺。物流碳交易是在研究碳交易的基础上，把研究范围进一步精确到物流领域范围，研究结果适用于所有物流领域。比如，对于一个物流企业来说，物流碳交易是本企业与其他物流机构之间进行碳配额交易的过程，其中计算物流碳排量是进行物流碳交易的基础和前提条件。

二、物流碳交易模型

1. 物流碳排量模型

设定的计算边界不同，会导致碳排量的计算结果有所不同。下面从原材料的角度引入碳排量量化模型，通过碳排量量化模型计算物流过程中的碳排量分两步：

第一步，计算单位原材料的引入碳排量，按式（2－1）计算：

$$EF_i = EF_{ih} + EF_{iy} \tag{2-1}$$

式中：EF_i——单位 i 类原材料的引入碳排量；

EF_{ih}——单位 i 类原材料的内含碳排量；

EF_{iy}——单位 i 类原材料的运输碳排量。

第二步，计算单位 i 类原材料的运输碳排量，按式（2－2）计算：

$$EF_{iy} = E_{i运} \cdot EF_{i燃} \cdot H_i \tag{2-2}$$

式中：$E_{i运}$——i 类原材料运输方式的单位能耗（表 2－2）；

$EF_{i燃}$——i 类原材料运输燃料燃烧的有效二氧化碳排放因子（表 2－3）；

H_i——i 类原材料的运输距离。

表 2－2　　不同运输方式的单位能耗

运输方式	单位运输能耗［兆焦/（吨・公里）］
公路运输（汽油车）	3.038
公路运输（柴油车）	2.055
内陆水运	0.468

表 2－3　　部分燃料的有效二氧化碳排放因子

燃料类型	缺省碳含量（千克/吉焦）A	缺省二氧化碳因子 B	有效二氧化碳排放因子（千克/太焦）		
			缺省值 $C=(A \cdot B \cdot 44/1.2)\times10^2$	95%置信区间	
				较低	较高
车用汽油	18.9	1	69300	67500	73000
柴油	20.2	1	74067	72600	74800

2. 物流碳交易模型

通过对碳配额的确定、分配、交易、完成等方面描述模型，从构成层次上可以将模型分为：交易所，国家环境部门，需要限制碳排量的企业，银行基金等金融机构四个部分，这四个部分通过 EUA 或者其衍生品进行交易，模式如图 2－5 所示。模型以碳排量交易所为中心建立碳排量交易市场，分配不同企业碳排量初始配额时候应考虑：预测排放、地区特征、部门排放标准和历史排放等因素。但是初始配额的标准并非一成不变，它是受以上因素的影响动态变化的，为了保障减排总目标的完成，相关环保部门应该及时收集相关数据，根据情况变化相应改变企业的初始碳配额。此外，对于交易的碳排量配额也须符合相关标准，此配额必须是某企业通过技术革新后，使得企业能够在运营过程中减少碳排量，从而在初始配额不变的前提下能够有富余的碳配额。同时，该企业或区域还应向环保部门提交详细报告证明有技术和能力持续地减少企业碳排量。各省、自治区和直辖市将被依次分配初始配额，由地方政府主管部门再分配给排放污染的企业（污染源）。

模型采用如下规则分配碳配额：

企业初始碳配额＝［企业上年实际总碳排量×（地区分配总碳排量－其他）］/地区上年实际总碳排量[①]

其他代表银行和金融机构用于拍卖的部分碳配额，一般为总碳配额的 10％，余下的 90％总碳配额用上述公式进行无偿分配，企业可以根据需要获得拍卖的部分。

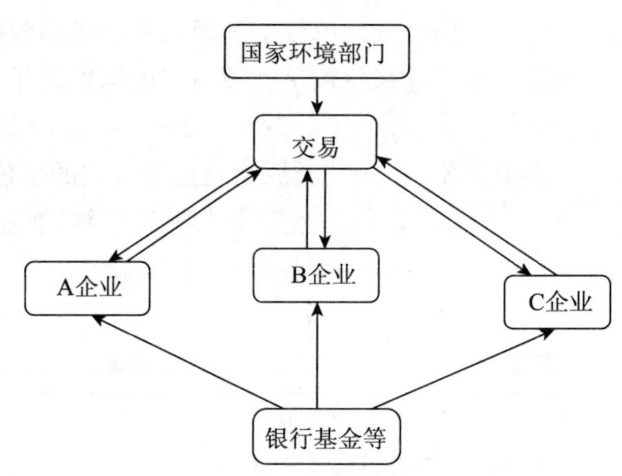

图 2－5　碳交易模式

企业获得全年碳配额后，自行组织生产、节能减排等工作，当企业用不完规定的碳配额，可以通过碳排量交易所将自己多余的碳配额卖出，当企业自己无偿碳配额不足时，可以通过碳排量交易所或者银行基金等金融机构买进自己所需的碳配额。对于 EUA（欧盟碳排放配额）的定价，可以设定一个接近国际标准的最低碳交易价格，低于最低碳交易价格，则国家主管部门对交易当事人双方已签名的转让证明书不予记录，交易就不会发生效力。

企业超额的碳排量在年终将受到惩罚，超额单位碳排量的罚款价格应该超过市场上流通的单位碳排量价格。对于严重超标的企业做出限制其贷款、吊销执照等处罚。

三、物流碳交易案例分析

1. 案例背景概述

菜市场中车辆运输、照明灯使用、工作人员在工作过程中均会产生碳排放，其

① Wen Chuanyuan. Exploration on Comprehensive systems, Comprehensive Simulation Systems and Their Theories [C]. Proceedings of Asia Simulation Conference (the 6th International Conference on System Simulation and Scientific Computing), 2005: 49－57.

中以车辆运输的碳排量占绝大部分，因此以市场中车辆运输的碳排量替代整个市场的碳排量来进行研究。假设 HF 市每天小型菜市场销售的蔬菜水果都是来源于 ZGD 批发市场，而 AHDXXQ 菜市场里面每天有 22 家小型卖主到 ZGD 进行蔬菜的采购，平均每天的采购量为 200 千克。从 AHDXXQ 到 ZGD 的开车距离为 19.5 千米，批发蔬菜的往返距离是 39 千米。经过调查，AHDXXQ 菜市场的运菜车辆有 6 辆，具体车辆信息见表 2-4。

表 2-4　　所用车辆信息

	HFC1021FA 凌铃（4 辆）	CA1032K2L2-3A 载货汽车（2 辆）
生产企业	安徽江淮汽车股份有限公司	中国第一汽车集团哈尔滨轻型车厂
车辆型号	HFC1021FA	CA1032K2L2-3A
发动机型号	LJ465Q-2AE	SD4BW70-3R
排量（立方厘米）	998	2545
整车整备质量（千克）	1240	2020
车辆种类	轻型货车 N1 类	轻型货车 N1 类
燃料类型	汽油	柴油
额定功率（千瓦）	42.5	70
最大设计总质量（千克）	2237	3335

模型在菜市场蔬菜供给量满足顾客需求和燃油消耗量满足企业最高限制的条件下，根据不同车型的碳排量，以菜市场碳排量最小化为目标建立模型，求得符合条件的最佳车辆配比组合。

在得到每个个体的碳排量的基础上，可以进一步研究碳交易模型的计算。在碳交易的环境下讨论各企业间的碳排量交易问题。以 AHNYDX 菜市场、AHDXXQ 菜市场、HFGYDX 菜市场与 ZGD 的蔬菜运输交易为背景，按公式计算出三市场的碳排量，根据自身无偿或有偿分配碳配额进行交易。假设 HF 市每天小型菜市场销售的蔬菜水果都是从 ZGD 批发，从 AHDXXQ、AHNYDX、HFGYDX 到 ZGD 的开车距离分别为 19.5 千米、6.5 千米、17.3 千米，批发蔬菜的往返距离分别是 39 千米、13 千米、34.6 千米。经调查，AHDXXQ 菜市场、AHNYDX 菜市场、HFGYDX 菜市场的运菜车辆均为：安徽江淮汽车股份有限公司出产的 HFC1021FA 凌铃和中国第一汽车集团哈尔滨轻型车厂出产的 CA1032K2L2-3A 载货汽车，属于轻型货车 N1 类。调查显示 AHDXXQ、AHNYDX、HFGYDX 到 ZGD 一年平均运输次数（往返）分别为 201 次、251 次和 290 次。

A：AH 省 HF 市巢湖路 ZGD 农产品批发市场

B：AH 省 HF 市九龙路 AHDXXQ 菜市场

C：AH 省 HF 市翡翠路 HFGYDX 菜市场

D：AH 省 HF 市长江西路 AHNYDX 菜市场

2. 物流碳排量案例分析——以 AHDXXQ 菜市场为例

以 AHDXXQ 菜市场的碳排量进行模型的计算。ZGD 到 AHDXXQ 菜市场的距离为 19.5 千米，AHDXXQ 菜市场的运菜车辆有 4 辆，车型均为：安徽江淮汽车股份有限公司出产的 HFC1021FA 的凌铃，属于轻型货车 N1 类。根据车型，在中国汽车燃料消耗量网站上可以查到这种车型在市区工况为 9.9 升/100 千米，市郊工况为 5.6 升/100 千米，综合工况为 7.2 升/100 千米。

1）一辆小型车分散批菜的碳排量

通过前面介绍的物流碳排量计算模型可以将汽车的耗油量转换成汽车的碳排量数据，过程如下：

从 AHDXXQ 到 ZGD 的行车路线既经过市区也经过郊区，选择此种型号汽车的耗油量时应该选择综合情况下的耗油量，因此此种汽车的耗油量（P）定为 7.2 升/100 千米，已知汽油的热值（q）为 46 兆焦/千克，汽油的密度（ρ）为 0.71 克/毫升。

根据 $$EF_{iy}=E_{i运}\cdot EF_{i燃}\cdot H_i$$

式中：$E_{i运}$—— 运输蔬菜的单位能耗；

$EF_{i燃}$——运输蔬菜的运输燃料燃烧的有效二氧化碳排放因子（见表 2-3），此型号汽车使用汽油；

EF_{iy}——运输蔬菜的运输碳排量；

H_i——运输蔬菜的运输距离；

N——运输蔬菜的车辆数量。

参考表 2-2 和表 2-3，由上面的案例给出的信息可以得到：

$EF_{i燃}=$ 69300（千克/太焦）$=6.93\times10^{-2}$（千克/兆焦）

$\rho=0.71$（克/毫升）$=0.71\times10^{-3}$（千克/毫升）

$q=46$（兆焦/千克）

$P=7.2$（升/100 千米）$=7.2\times10^{3}$（毫升/100 千米）

$H_i=39$（千米）

$N=4$（辆）

因此每 100 千米该型号汽车产生的热量为：

$E_{i运}=q\times P\times\rho$

$=46$（兆焦/千克）$\times7.2\times10^{3}$（毫升）$\times0.71\times10^{-3}$（千克/毫升）

$=235.152$（兆焦）

每千米 1 辆小型凌铃汽车产生的碳排量为：

$EF_{iy}=N\cdot E_{i运}\cdot EF_{i燃}\cdot H_i/100$

$=1\times235.152$（兆焦）$\times6.93\times10^{-2}$（千克/兆焦）$\times39\div100$

$=16.30$ 千克$\times39\div100$

$=6.36$ 千克

所以采用 1 辆小型凌铃汽车每天从 ZGD 批菜到 AHDXXQ 菜市场的碳排量为 6.36 千克。

2）一辆大型车集中批菜的碳排量

如果将小型车换成中国第一汽车集团哈尔滨轻型车厂出产的大型 CA1032K2L2－3A 载货汽车，统一批菜的碳排量计算过程如下。

ZGD 到 AHDXXQ 菜市场的往返距离为 39 千米，集中批菜采用统一的中国第一汽车集团哈尔滨轻型车厂出产的 CA1032K2L2－3A 大型载货汽车。根据车型，在中国汽车燃料消耗量网站上可以查到这种车型在市区工况为 12.3 升/100 千米，市郊工况为 9.1 升/100 千米，综合工况为 10.3 升/100 千米，汽油的热值（q）为 46 兆焦/千克，汽油的密度（ρ）为 0.71 克/毫升。

同样的，根据 $EF_{iy}=E_{i运}\cdot EF_{i燃}\cdot H_i$ 和由上面的案例给出的信息可以得到：

$EF_{i燃}=$ 69300（千克/太焦）$=6.93\times10^{-2}$（千克/兆焦）

$\rho=0.71$（克/毫升）$=0.71\times10^{-3}$（千克/毫升）

$q=46$（兆焦/千克）

$P=10.3$（升/100 千米）$=10.3\times10^{3}$（毫升/100 千米）

$H_i=39$（千米）

$N=1$（辆）

因此每 100 千米该型号汽车产生的热量为：

$E_{i运}=q\times P\times\rho$

$=46$（兆焦/千克）$\times10.3\times10^{3}$（毫升）$\times0.71\times10^{-3}$（千克/毫升）

$=336.398$（兆焦）

每千米 1 辆该型号汽车产生的碳排量为：

$EF_{iy}=N\cdot E_{i运}\cdot EF_{i燃}\cdot H_i/100$

$=1\times336.398$（兆焦）$\times6.93\times10^{-2}$（千克/兆焦）$\times39\div100$

$=23.31$ 千克 $\times1\times39\div100$

$=9.09$ 千克

所以采用 1 辆大型 CA1032K2L2－3A 载货汽车每天从 ZGD 批菜到 AHDXXQ 菜市场往返一次的碳排量为 9.09 千克。

3）碳排量最少的多车辆最优配比

以碳排量最小为目标函数，蔬菜需求量和燃油消耗量的价格为约束条件建立简单线性规划，设目标总碳排量为 Z，小型凌铃车 X 辆，大型 CA1032K2L2－3A 载货汽车 Y 辆，根据计算出的碳排量和载重量、燃油价格等条件建立目标和约束。假设 C_1、C_2 分别为小型凌铃车、大型 CA1032K2L2－3A 载货汽车每天从 ZGD 批菜到 AHDXXQ 菜市场往返一次的碳排量，T_1、T_2 分别为小型凌铃车、大型 CA1032K2L2－3A 载货汽车的载重量 $T_1=0.867$ 吨，$T_2=0.991$ 吨。假设 AHDXXQ 菜市场每天的蔬菜需求量为 $T=4.4$ 吨。ZGD 到 AHDXXQ 菜市场的距离 $S=19.5$ 千米，93 号汽油价格 $K=7.08$ 元/升。假设一次往返燃油费用不能高于 $M=55$ 元。小型凌铃车、大型 CA1032K2L2－3A 载货汽车的综合工况分别为 P_1、P_2。线性规划如下：

$$\min Z=C_1X+C_2Y \tag{2-3}$$

$$\text{s.t. } T_1X + T_2Y \geqslant T$$

$$S \times P_1 \times K \times X + S \times P_2 \times K \times Y \leqslant M$$

将上文数据代入式（2-3）得

$$\min Z = 6.36X + 9.09Y$$

$$\text{s.t. } 867X + 991Y \geqslant 4400$$

$$19.5 \times 0.072 \times 7.08 \times X + 19.5 \times 0.103 \times 7.08 \times Y \leqslant 55$$

利用 LP 问题求解软件解得，最优 X、Y 分别为 4、1。目标函数 Z 最优解为 34.29 千克。

通过碳排量的模型及线性规划问题的计算，可以看出，每天采用小车单独批菜和采用大车统一批菜的碳排量并不相同。在企业追逐利益最大化的条件下，企业选择四辆小车、一辆大车来运输蔬菜。企业可以根据自己特定的情况自行增加删减约束条件，也可以增加除碳排量以外的其他目标，根据不同约束条件，建立多目标线性规划。

因此在减少 AHDXXQ 菜市场的碳排量的基础上，选择四辆小车与一辆大车联合运输的方式更能减少碳的排放量，减少对环境的污染程度。

3. 物流碳交易案例分析——以 ZGD 批发市场为例

根据前面的公式和案例中距离、车辆型号、运输次数等已知数据，可以算出 AHDXXQ 菜市场、AHNYDX 菜市场、HFGYDX 菜市场 2012 年全年运输部分碳排量分别为 1.22 吨、0.85 吨和 4.9 吨。

根据前面提到碳交易模型，首先计算出分配给各市场的碳配额，国家排放配额的初始分配方案。由国家环保局或其他专门的环境部门（如国家气候变化委员会）制订排放配额的国家初始分配方案，对初始分配原则，分配方式，各省、自治区、直辖市的初始份额进行明确的规定，初始排放配额的分配通常采取自上而下的方式，先分配给各省、自治区和直辖市，由地方再分配给提交排放配额申请并获得认定的排放企业。配额的初始分配应考虑地区特征、历史排放、预测排放和部门排放标准等因素。初始分配方式包括拍卖、招标和无偿分配。排放权的初始分配的公平性是排放配额分配与管理制度制定与实施应遵循的根本原则。

根据公式：企业初始碳配额＝［企业上年实际总碳排量×（地区分配总碳排量－其他）］/地区上年实际总碳排量。假设 HF 地区 2013 年总碳配额为 100 万吨，其中有 10%用于拍卖等用途，HF 地区实际碳排量总量为 110 万吨，则 AHDXXQ 菜市场、AHNYDX 菜市场、HFGYDX 菜市场得到的初始配额分别为 1.00 吨、0.85 吨、4.01 吨。由于配额明显低于上年的实际碳排量，所以企业需要在碳交易所购买余下的碳排量。

调查显示 AHDXXQ 菜市场、AHNYDX 菜市场、HFGYDX 菜市场三市场由于自身规模不同与 ZGD 运输往返次数不等，平均一年要从 ZGD 运输蔬菜的次数分别为 201 次、251 次、290 次，则根据前面公式可得到在同等条件下 2013 年碳排量为 1.83 吨、0.76 吨、4.68 吨，则 AHDXXQ 菜市场需要购进 0.83 单位的碳配额，AHNYDX 菜市场可以卖出0.09单位的碳配额，HFGYDX菜市场需要购进0.67单位的碳配额。三菜市场可以在拍卖时拍得所需碳配额，也可以在交易所的见证下与其他企业进行交易。碳交易市场有两种交易形式：拍卖和协商。拍卖平台的操作方式和外部商业机构设计的竞价交易系统功能相同，采用市场定价；协商是指买卖双方在平等自愿的基础上达成买卖协议，即一方同意以一定的价格将一定量的碳排量权转让给另一方。整个交易市场由政府进行监督和控制，对参与交易的个体设置处罚奖惩机制。在企业获得排放配额后，按照规定完成排放配额目标的企业可继续申请下一年度的排放配额，超排的单位必须按照超排的处罚制度接受处罚，实际排放量低于其拥有的排放配额的单位可以将剩余配额进行有偿转让，转让通过碳交易所管理账户进行，从而获取相应的收益。

本章小结

本章从物流系统分析的四个方面入手，首先简要地阐述概念、特征和要素，之后考察物流系统分析的要点，然后一一具体说明物流系统分析的步骤，分别是界定问题、明确目的和确定目标、提出方案、构建模型、系统最优化、综合评价、新目标和新方案的确定，最后对物流碳交易进行了分析。

阅读材料

徽商·速派得的合肥同城物流配送服务平台

1. 项目概况

徽商·速派得项目是徽商物流公司依托北京速派得的技术和运营体系搭建的合肥同城物流配送服务平台。“徽商·速派得”项目是合肥市商务局试点的城市共同配送项目，利用速派得App具有配载优化、线路优化、安全快捷支付的优势，结合徽商物流的客户资源和配送中心，开展合肥城市共同配送。平台通过对小批量、多批次的城市配送服务需求快速反应，为干线物流公司、商贸企业、电商平台和其他配送需求方解决最后一公里难题以及提供快捷、实惠、标准的同城快运服务。徽商物流公司着重从项目设施空间布局、配送体系建立、信息平台运作、政策把控四个方面进行细化和优化，加快推进合肥市城市共同配送体系建设。

2. 业务内容

徽商·速派得项目提供整车配送、按需配送、小件配送、点对点配送，以及包装、装卸、上楼、代收货款、代收回单、按方付费、运单自动投保等增值服务。赢利方式主要有两种：一是批发零售，就是买下货车的容量再零售给货主；二是中介费，就是收取帮助货车找到货主的佣金。

3. 共同配送运作模式

速派得的具体运作模式：速派得先收集货主的需求，再通过中央调度系统按照距离远近和货物大小把需求分配给货车，货车按照速派得提供的路线接货送货。

(1) 配送需求方通过 App、微信平台、官网或电话预订提交订单，客户可选择整车配送、按需配送、支付方式，订单中包括详细订单信息。

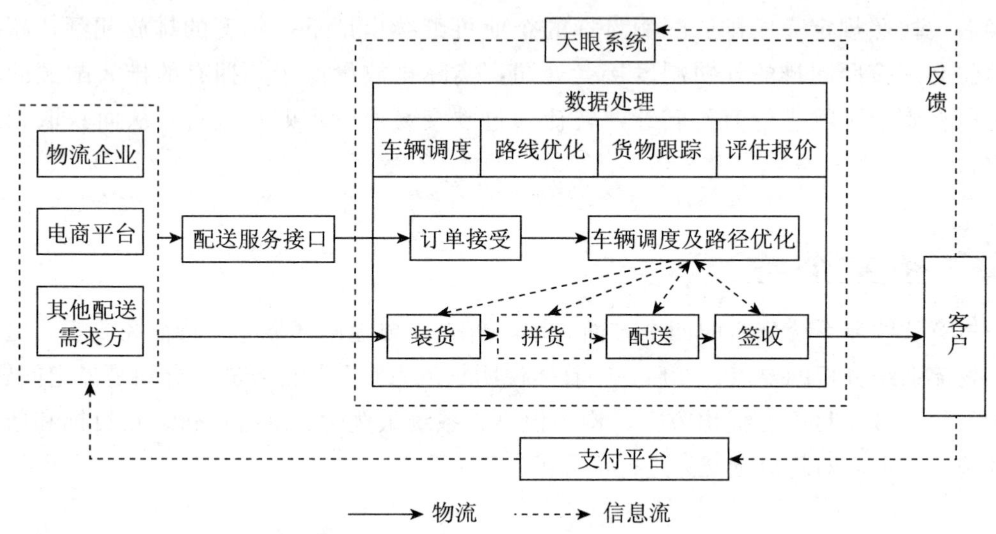

图 2-6　徽商·速派得共同配送模式

(2) 订单发送到系统，系统对货物信息、配送时间、配送末端位置等进行分析评估，形成差异化报价并反馈给客户。

(3) 客户确认预付或到付，订单确认。

(4) 货运订单一经确认，运输需求反馈到系统，由系统根据货运需求时间自动判断最适合的社会车辆，按照货物信息与车辆信息进行匹配，进行车辆调度和路径优化；在发送需求给司机的同时，计算司机达到目的地最适合的路线和时间；同时向客户提供货物跟踪功能服务。

(5) 车辆司机按照系统调度到发货地接货，并提供包装、装货等服务。

(6) 司机进行配送，中途按照系统路径优化状况可再次接货进行拼货，实行整货配送。

(7) 客户签收货物并与司机结算运费（到付）。

(8) 司机反馈签收信息，进行评价；系统收集评价信息，改进配送或培训司机。

说明：

订单信息：包括发货人信息（发货时间、发货地址、发货人姓名、发货人号码），收货人信息（收货地址、收货人姓名、收货人手机号码）和货物信息（货物体积、货物数量、简单货物描述）。

客户下单方式：官网预订、电话预订、微信下单、App 软件。

车辆：个体司机车辆或合作物流公司的车辆，司机提前注册徽商·速派得货运平台，后需经过正规培训学习司机端的操作。

结算方式：到付或预付。

4. 客户案例

（1）KA客户即长期合作的重要性客户。以美菜网为例：

①美菜网22点到24点将订单发到速派得，速派得反馈确认订单。

②针对美菜网这样的长期合作客户，系统中具有一个“核心运力池”，池中汇集固定数量的长期合作的车辆以及固定网点的优化路线。系统根据每天的订单，将订单量和各网点的地址匹配货源与车辆，进行配送。第二天早上10点之前全部送达。

③完成配送后，司机返程可根据系统匹配，就近接货，沿途拼货，避免空驶。

（2）其他零散客户或个人、物流外包客户。对于零散客户，个体司机就近接货，物流外包客户则是点对点或从中转仓提货。

客户通过App、官网、电话或微信填写货物信息下单，可以选择预付或到付订单。下单后，订单随后反馈到系统，一个小时后，已注册司机可就近接单，按照约定时间上门验货、取货，司机现场给收货方打电话确认信息及到达时间，到达后，收货人根据手机收到的系统验证码签收。

问题与讨论

1. 徽商物流和速派得如何进行合作？

2. 城市共同配送模式主要有哪些？

3. 速派得的共同配送模式系统特点是什么？

4. 徽商物流和速派得的城市共同配送的利润点是什么？还能提供哪些增值服务？

复习思考题

1. 什么是物流系统分析？

2. 物流系统分析需要考虑哪些方面要素？

3. 简述物流系统分析的步骤。

4. 比较几种常用的物流系统分析方法。通过分析它们彼此之间的优缺点，结合实际你能否提出更适合的方法？

第三章 物流系统建模与仿真

章节知识框架

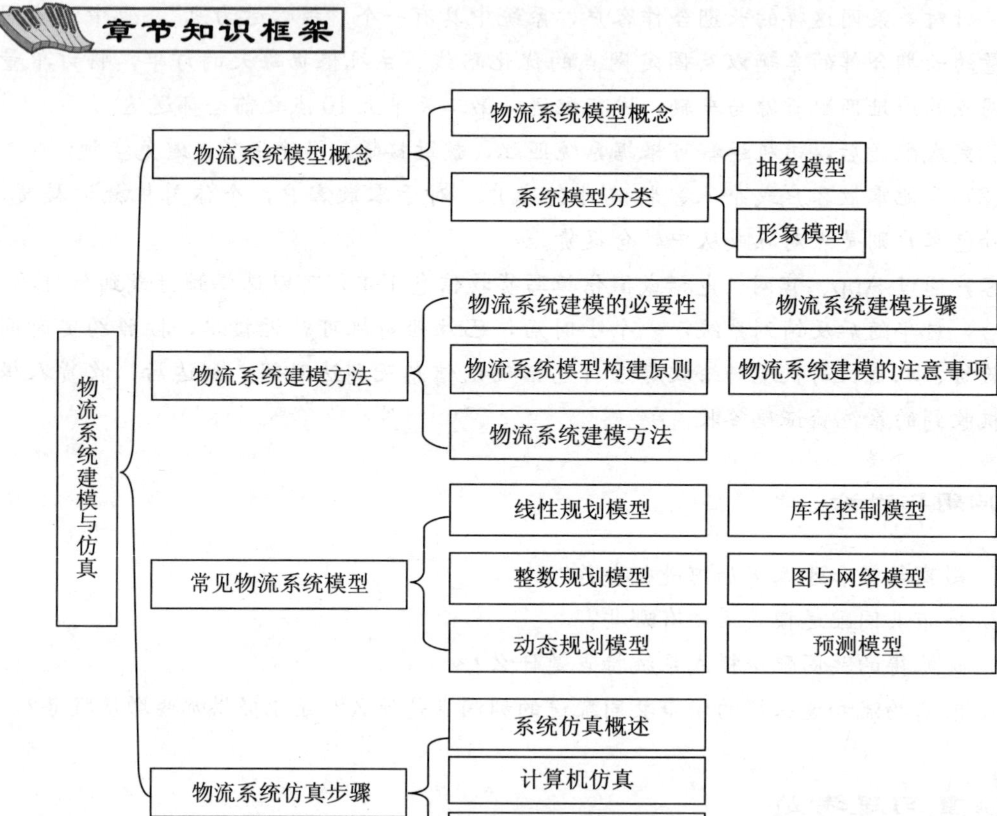

教学目标与要求

通过本章学习，了解物流系统建模与仿真的相关知识，明确物流系统模型的概念及分类，掌握物流系统建模方法、常见的物流系统模型、物流系统仿真的要点步骤。

第一节 物流系统模型概念

物流系统的规划、设计、实施和应用，需要定性和定量地分析物流系统的功能与特征，模型是定量分析物流系统的有效工具。一般地，模型比实体简洁，模型要素只涉及实体的主要要素；模型方法可以在较短时间内发现系统变化规律，即把改变参数值的不同方案与系统评价目标联系起来，找出目标函数与各要素变量和约束条件间的基本规律，而现实物流系统则需要较长时间才可能发现其变化状况。

一、物流系统模型的概念

模型是对真实对象及其关系中有用的和令人感兴趣的特性的抽象，是对系统本质特征的描述。模型可以表现实际系统的各组成要素及其相互间的因果关系，反映实际系统的特征，但又高于实际系统，具有同类系统的共性。从某种意义上说，模型是系统的代表，也是对系统的简化。同时，模型应足够详细，以便通过模型仿真获得实际系统的有用结论。利用物流模型分析、构建、改进、优化物流系统，可以揭示不同类型和层次的复杂物流系统的基本规律。

建立物流系统模型，对物流系统进行抽象或仿真，描述系统各要素间的相互关系和相互作用，通过改进优化模型，可以进一步认识、理解、掌握物流系统的真实情况。同时，模型可以用于研究一系列具有同类性质的物流系统的共同特征，比较它们的优劣，确定某一物流系统的类别，判断修正某一物流系统的反常行为。一般地，物流系统模型具有以下性质。

1. 相似性

模型与所研究物流系统在属性上具有相似的特性和变化规律，即真实系统与模型之间具有相似的物理属性或数学描述。

2. 简洁性

在模型构建过程中，忽略一些次要因素和不可测量变量的影响，实际模型是一个简化的近似模型。只要满足实用的目的，模型越简单越好。

3. 多样性

对于由许多实体组成的系统，因为其研究目的不同，决定所要收集的与系统有关的信息也不同，所以用来表示系统的模型并非唯一的。由于不同的系统分析人员所关心的是系统的不同方面，或者由于同一系统分析人员要了解系统的各种变化关系，对同一个系统可以产生不同层次的多种模型。

物流系统模型化是将系统各个组成部分的特征及变化规律数量化，组成部分之间的关系方程式化。物流系统模型化，是物流合理化的重要前提①。通过物流系统模型化，有利于认识物流过程，有利于说明物流系统要素的结构关系和演化状况，有利于简化现实物流系统或新物流系统的分析过程，为应用计算机和网络进行分析和管理提供条件，提高物流系统分析的效率和效益。

二、系统模型分类

从不同角度观察系统模型，可以得到不同的分类方法。按照模型的形式，可以划

---

① 马汉武．设施规划与物流系统设计［M］．北京：高等教育出版社，2005.

分为抽象模型和形象模型；按照模型变量的性质，可以划分为动态模型和静态模型、连续模型和离散模型、确定模型和随机模型等；按照模型的规模，可以划分为宏观模型、中观模型、微观模型；按照模型的用途，可以划分为工程用模型、科研用模型、管理用模型等。图 3－1 是模型的一般分类。

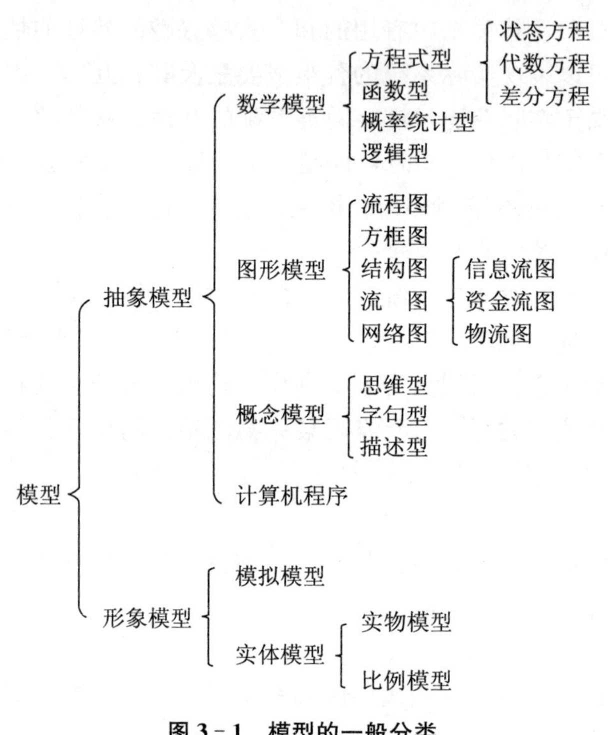

图 3－1　模型的一般分类

1. 抽象模型

抽象模型没有具体的物理结构，是采用数字、字符或运算符号表示的式子、图形或表格，抽象模型可细分为数学模型、图形模型、概念模型和计算机程序等。

1）数学模型

数学模型是运用数学理论描述刻画系统，建立相应的数学表达式。例如利用集合论、群论、拓扑论、模糊数学等描述系统的层次、子层次、子系统、要素；运用数理统计和概率论、线性规划、决策理论、排队论等分析系统的数据，描述系统的行为特征或变化规律。数学模型还可以划分为方程式型模型、函数型模型、概率统计型模型、逻辑型模型。方程式型模型是通过建立含有未知数的方程的数学模型，如静态投入—产出模型；函数型模型是建立自变量和因变量之间的函数关系的数学模型，如柯布—道格拉斯生产函数；概率统计型模型是利用已有的数据按概率统计的方法建立的模型；逻辑型模型是采用逻辑变量按逻辑运算方法建立的模型。

2）图形模型

图形模型是采用少量的文字、简明的数字、不同形式的直线和曲线所构成的模型，能直观、生动、形象地表示现实系统的本质和规律。图形模型进一步可以分为流程图、方框图、结构图、流图、网络图等。

（1）流程图。反映某种实体的流转过程，如生产流程图。

（2）方框图。一个系统由许多子系统组成，用方框图代表系统能简化说明问题。

（3）结构图。分析系统要素之间结构层次、空间分布、逻辑联系等，如管理决策的层次结构、节点的空间分布、企业的组织结构等。

（4）流图。分为信息流图、资金流图和物流图。信息流图反映物流信息的来龙去脉，资金流图反映物流成本、费用、收入等内容，物流图反映物流的流向、流量、流程等，对研究物流设施布局、费用核算、运输工具选择等具有重要作用。

（5）网络图。

3）概念模型

概念模型是通过人们的经验、知识和直觉形成的模型。概念模型往往最为抽象，是在缺乏充足资料情况时，根据一些分散的资料，结合主观的想象建立初始模型，再逐渐扩展而成，具体形式可以是思维型、字句型或描述型。

4）计算机程序

计算机程序能代表某一系统，由于计算机程序必须输入计算机才能运行，因此它又是“模拟器”的一部分。例如，克莱顿·希尔模型，是一种采用逐次逼近法的模拟模型，用来处理企业物流策略的方法；模型的目标包括最好的服务水平、最少的物流费用、最快的信息反馈；模型决策变量包括物流中心的数目、物流中心的收货和发货时间分布、用户的服务水平、库存分布、系统优化等。

2. 形象模型

形象模型具有物理结构的特点，又称物理模型，分为模拟模型和实物模型。

1）模拟模型

模拟模型虽然和原系统的物理要素不同，但动作相似，故该种模型又称为“模拟器”。当两个系统的性质相同时，可以采用便于分析或计算的系统作为研究另一系统的模型。模拟模型是采用一定的物理方式表现真实系统，但又区别于真实系统。例如，物流系统采用带有指示灯的电路显示物流系统中各种设施、设备、流体的运行状况，在电路中改变电压、电流和电容比在机械运动中改变速度、力和质量简单，则在模型中采用电路中的电压、电流和电容模拟物流系统中各种机械运动的速度、力和质量的关系。

2）实物模型

实物模型是将现实系统放大或缩小后的模型。实物模型与现实系统基本相似，如物流园区规划模型、港口实验模型、自动化仓库建造模型等。

无论何种模型，都包含三类要素：第一类是影响可以忽略不计的要素；第二类是虽对模型有影响但非模型描述范围的要素，属于环境的外部要素，视为模型的外生变量（exogenous variables），或者称为参数或输入变量（input variables），或者称为自变量（independent variables）；第三类是模型需要研究的要素，即描述模型行为的要素，称为内生变量（endogenous variables），或者称为输出变量（output variables），或者称为因变量（dependent variables）。

第二节 物流系统建模方法

物流系统模型是对物流系统的主要要素和结构的特征及其相互关系和变化趋势的一种抽象描述。物流系统模型反映物流系统的本质特征，用于描述物流系统要素之间的相互关系、系统要素与外部环境要素的相互作用等。

一、物流系统建模的必要性

模型法是在对现实系统进行抽象的基础上，把它们再现为某种实物的、图表的或数学的模型，再通过模型对系统进行分析和比较，最终得出结论。使用物流系统模型具有必要性，满足建设物流系统的需要，节约经济成本，考量时间长短，提高分析系统的灵活性。

二、物流系统模型构建原则

物流系统的复杂性决定物流系统模型构建的复杂性。建立一个简明、适用的物流系统模型，可以为物流系统的分析、评价和决策提供可靠的依据。但是，构建物流系统模型，尤其是抽象程度高的系统数学模型，是一种创造性劳动，既是一种技术，也是一门艺术。物流系统模型构建一般必须遵循如下的原则。

1. 准确性

模型必须反映现实系统的规律和特征。模型包括各种变量和常量的数据、公式、图表，一旦确定模型，则根据数据、公式、图表分析模型和求解模型，常量数据必须准确，公式和图表必须正确，具有科学根据，合乎科学规律。

2. 可靠性

模型必须具有一定的可靠性。如果一个模型不能在本质上反映系统实际，或者在某些关键要素和结构上可靠性不高，则存在潜在风险。

3. 简明性

模型必须有简单明了的表达方式。一个实际系统可能是十分复杂的，模型作为实际系统的简化，倘若很复杂或者要素太多，则构造和求解模型的成本太大，模型难以发挥应有的作用。

4. 实用性

模型必须尽量标准化、规范化。在建立一个实际物流系统的模型时，如果存在类似的模型，或者拥有标准化、规范化的模型，则优先考虑借鉴现有模型，若合适则尽量采用现成模型，既节省建模时间和精力、又节约建模成本费用。

5. 反馈性

建模不是一蹴而就的事，需要不断反馈改进。初始建模时可以设计得粗一些，参数和变量不宜太多，但灵敏度问题值得关注，即关注哪些参数或变量的变化特别敏感影响模型；然后逐步改进和完善结构，逐渐增加参数和变量，提高模型的精度，如此反复循环，最后达到满足一定精确度的要求。

三、物流系统建模方法

构建物流系统模型，应该从建模目的出发，全面考察物流系统的状况，尽可能多地收集相关数据、信息、知识、情报，提出拟解决的问题和重点要解决的问题，明确构建模型的基本观点。遵循基本观点对系统进行分析，简化系统，找出系统中与拟解决问题有关的要素以及要素之间的相互关系。众所周知，要素之间是相互依赖、相互制约、相互促进的矛盾关系，采用变量和参数表示要素，使要素间的关系转化为变量间的关系。一个系统的认识过程是由粗到细、由浅入深的过程，可以先选择部分变量或参数进行讨论分析，再逐步增加变量，一步步地筛选出对拟解决问题起关键作用的变量，分析参数与系统变化状态的内在联系，运用数学和其他方法刻画变量之间的关系。实际上，构建一个合适的物流系统模型既需要综合运用各种科学知识，又需要充分发挥人的主动性和创造性，针对不同的系统对象，或苦思冥想构建新模型、或巧妙利用已有模型、或移植改造已有模型。从某种意义上说，构建系统模型是一种艺术，不存在一种“放诸四海皆准”的现成的、通用的具体方法。这里提供几种构建物流系统模型的启发思路和思考方法。

（1）优化方法。该方法运用线性规划、整数规划、非线性规划等数学规划技术，描述物流系统的数量关系，以获得最优决策。由于大型物流系统复杂，构建整个系统的优化模型一般比较困难，加之采用计算机求解大型优化问题的时间太长和费用成本太高，因此优化模型常用于物流系统的局部，而且往往是结合其他方法求物流系统的次优解。

（2）模拟方法。该方法运用数学公式、逻辑表达式、图表、坐标等抽象概念表示实际物流系统内部状态和输入输出之间的关系，通过计算机对模型进行仿真，收集设计或改善物流系统的数据、信息、知识和情报。虽然模拟方法在模拟构造、程序调试、数据整理等方面的工作量较大，但物流系统结构复杂，不确定因素多，模拟方法具有描述和求解问题能力的优势，使得其成为物流系统建模的一种主要方法。

（3）启发式方法。该方法运用经验法则降低优化模型的数学精确程度，通过模拟人的跟踪校正过程求得物流系统的满意解。启发式方法能同时满足详细描绘问题和求解问题需要，但其缺点是难以知道何时已经求得好的启发式解，启发式方法主要适用于优化方法不必要或不实用的场合。

此外，还有其他建模方法，如用于预测的统计分析法、灰色系统法、神经网络方法，用于评价的加权函数法、功效系统法、模糊数学方法等。下面具体说明一些方法应用。

1. 推理分析法

若物流系统的内部要素和结构、特性较清晰，系统较简单，可以直接利用已知的公理、定律、定理和法则，经过分析和推理，得到系统模型，此法称为推理分析法，又称直接分析法。

例 3－1 设计体积为定值 V 的长方体水果包装箱，底面长∶宽＝a∶b＝2∶1，欲节省包装材料，可以采取何种措施？（下料问题）

解： 该问题是物流流通加工中典型的下料问题，抽象数学问题描述如下：要使长方体表面积 S 最小，各边边长应取为多少？

设 x，y，z 分别为长方体的长、宽、高，则 $V=xyz$，且 x∶y＝2∶1

得：$y=x/2$，$z=V/[x(x/2)]$

表面积：$S=2xy+2xz+2yz$

$=2x(x/2)+2z(x+y)$

$=x^2+2\{V/[x(x/2)]\}(x+x/2)$

令：$f(x)=x^2+2\{V/[x(x/2)]\}(x+x/2)$

实际问题经过数学抽象后，转化为求解 $S=f(x)$ 的一元函数的最小值问题。应用微积分中的求函数极值的方法，确定当 $x=(3V)$ 1/3 时表面积最小，进而确定 y 与 z 的数值，解决问题。变量 V 是设计和构建模型时不可控制的要素，称为不可控变量；相反 x，y，z 称为可控变量，是设计和构建模型时可以控制的要素。

例 3－2 某连锁超市公司拟新建一个配送中心仓库，向 S_i（$i=1$，2，…，6）个连锁商店配货。新的配送中心仓库到各个门店的物流费用与物流运输量和物流运输距离的乘积（以吨公里表示）成正比例，已知各个门店的商品需求量为 M_i（$i=1$，2，…，6），问：如何确定新配送中心仓库的位置，使总物流费用 C 最小？（最佳配送中心仓库选址问题）

解： 该问题是物流最佳配送中心选址问题。如图 3－2 所示，图中 $S_i(X_i, Y_i)$（$i=$1，2，3，4，5，6）分别表示 6 个门店的直角坐标位置，M_i（$i=1$，2，3，4，5，6）表示 6 个门店的商品需求量，$K(X, Y)$ 表示选址的新配送中心仓库的位置。

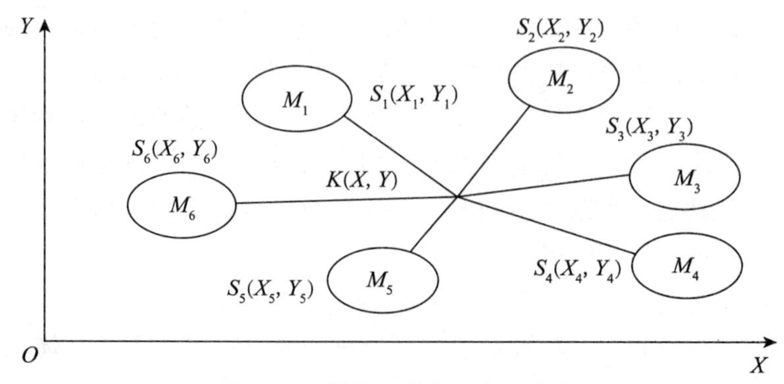

图 3－2 最佳配送中心仓库选址

设比例系数为 1，根据数学中的最小二乘法，建立数学模型公式：

$$C=\sum_{t=1}^{6}M_i\sqrt{(X-X_t)^2+(Y-Y_t)^2}$$

其中，C 表示总物流运输费用，求 C 最小值时点 K 的坐标（X，Y）。

求解上述最小值点的坐标，具体采用微积分中求二元函数极值的方法，一般只能求得近似解。但此例可以借鉴物理模型中求重心的方法，确定新配送中心仓库的位置。具体方法如下：

设置一块平面木板，在其表面建立坐标系，如图 3－2 所示 XOY 平面，将各门店的位置按坐标准确标记于木板上。在 S_i（X_i，Y_i）（$i=1$，2，3，4，5，6）点处分别钻 1 个孔，再找 6 根绳子，一端分别系上重量为 M_i 的重物，另一端分别穿过每一个小孔后，系在同一个金属圆环上；给绳子抹上油，以减小绳与木板之间摩擦力，则圆环在各重力作用下的平衡位置，就是 K（X，Y）的位置，即新配送中心仓库应选定的坐标位置。

2. 统计分析法

若对物流系统内部要素、结构和特性模糊，但已有或可以通过调查获得物流系统功能的数据信息，则通过数据分析构建数学模型。比如，要提高物流服务产品的质量，而影响服务产品质量指标的要素很多，有的可控，有的不可控，要素与理想质量指标之间的关系不清楚，可以采用回归分析的数学方法，筛选要素建立初步模型。以模型为基础，通过深入数据分析，确定筛选出的要素之间的联系及其与质量指标之间的关系，一步步提高系统模型的质量。例如，某第三方物流公司要提高配送质量，经过多次调查发现影响配送质量的两个主要可控变量 X 和 Y，利用相关数据构造回归方程，建立初步模型，再运用优选法优化和确定 X 与 Y 的值，进而提高配送质量。

3. 实验分析法

若对物流系统内部要素、结构和特性模糊，但可以对系统进行实验操作，通过实验发现矛盾和分析矛盾，确定关键变量和参变量，构建一个初步实验模型，进而一步步改进完善。若建立系统的计算机程序模型，通过程序模型的反复运算，结合输入输出数据分析，循序渐进辨识系统，逐步弄清系统的本质特征，进而改进完善系统，获得满意的结果。

例 3－3　ABC 第三方物流公司市场部的物流营销系统常常采用广告策略宣传物流服务产品，效果明显。当广告费增加时，业务收入成正比例递增，见图 3－3 中线条①。但是，当市场营销系统分析人员在深入研究企业物流服务产品广告费用与业务收入之关系时发现，广告费用并非始终与业务收入成正比例：当物流服务产品广告费用达到一定额度后，业务收入并非随之增加，而是出现一个平台阶段，见图 3－3 中线条②。此时无论如何增加广告费用，业务收入都不再增长，而是始终维持在一定水平。这时，系统分析人员认识到，本企业的物流服务产品和市场上任何产品一样，符合一条心理学的刺激反应规律：推销员老是喋喋不休地介绍一种产品，顾客因逆反心理而不愿购买。结论：每种产品必然有一个最佳广告费用即最佳广告宣传额度；超出此额度，广告宣传过量，结果适得其反，业务收入下降，见图 3－3 中线条③。如何把握该尺度，做到既省钱又获得最佳效果？系统分析人员依据先前资料，难以确定最佳广告费用数量。经 ABC 第三方物流企业领导层研究决定，在企业现有 100 个目标城市市场中，依据物流服务产品使用者的不同特点，选取 36 个目标城市市场进行实验，逐步发现针对使用者的不同特点应该投入的最佳广告费用数量，大致确定企业最佳广告费用之范围，通过不断改进，构建一个效率更高的营销系统。

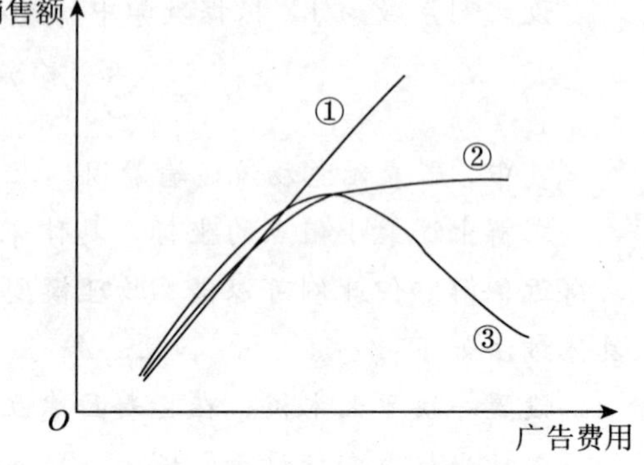

图 3－3　物流服务产品广告宣传费用与业务收入的关系

4. 人工实现法

若物流系统内部要素、结构和特性模糊，系统结构又十分复杂，既无足够的数据，又无法对系统进行实验，则只能人为地逐步构建模型。首先，投入人工形成一个实际物流操作系统，通过适当简化归类，构造一个人工实现试验情况。其次，将复杂的人工实现试验情况，分解成若干个局部小系统，通过小系统的相关事件了解情况，摸清底细，经反复试验得到局部模型。最后，返回到第一次投入人工形成的实际操作系统，依据局部模型，结合实际情况补充修改，使之形成更接近物流系统的内在规律、更能体现物流系统的本质特点的实际操作系统。如此循环反复，直到获得具有一般性和满意度的指导实际系统的系统模型为止。如图 3－4 所示。

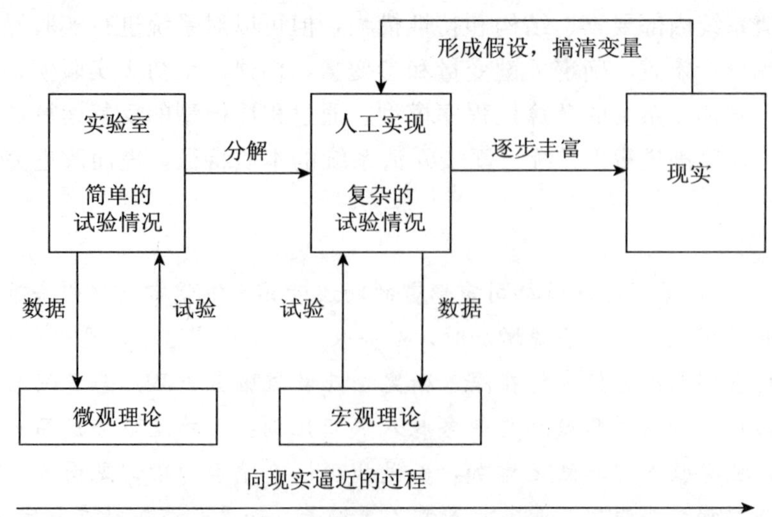

图 3－4　人工实现法建模流程

5. 主观想象法

若对物流系统内部要素、结构和特性模糊，既无足够数据，又不能通过系统做实验，且无法借助人工具体实施。此时，可以采用“主观想象”的方法，凭直觉经验先入为主地构想一个模型。例如，对未来10年后的全球物流和经济互动系统提出构想，以更好地把握目前物流发展。首先，主观地设想若干情境，构造一个简单的模型，据此推导若干结论；然后邀请有关专家进行讨论，产生新的构想，反过来修正模型。如此反复多次，随着人们对未来全球物流系统认识的深化，模型逐渐逼近一个真实系统。又如，空天物流系统、全球物流业与制造业联动系统、抗震救灾物流系统、能源物流系统、绿色物流系统等复杂的巨物流系统，要素繁多且高度不确定，人们想通过构建模型分析它们的发展状况和演变规律，或构建模型描述它们的未来状况，此时往往采用主观想象法构建初步模型。

6. 混合法

复杂物流系统模型的构建常常需要综合运用上述多种方法，才能获得满意的结果，这种混合使用上述方法的方法称为混合法。

四、物流系统建模步骤

虽然不同情境条件下的建模方法不同，但是建模的全过程始终离不开了解实际系统、掌握真实状况、抓住主要要素、明确变量关系、构造系统模型、反馈使用效果、不断修改完善以逐步逼近实际。构建物流系统模型可以归纳为如下几个步骤①：

（1）明确问题，掌握真实状况。准确、清晰地了解系统的规模、目的和范畴以及判定准则，确定输入输出变量及其表达式。对于具体的物流模型而言，应根据物流相关理论知识，假定结构方程，确定变量关系。

（2）采用多种信息途径，收集加工信息。通过多种信息源，使用多种信息工具，收集真实可靠的数据、信息、知识和情报，全面把握信息，按照标准对信息进行分类，概括出本质内涵，分清主次变量；挑选已研究或成熟的经验知识或实例作为基本信息，供新模型选择和借鉴。

（3）确定各要素之间的关系。确定主要要素之间的相互关系，列出必要表格、采用数学语言、绘制图形和曲线等加以描述。

（4）构造系统模型。根据系统的特征和服务对象，构造一个能反映所研究物流系统的要素数量变化的数学模型。这个模型可能是初步的、简单的。

（5）求解系统模型。采用解析法或数值法求解模型最优解。对于较复杂的模型，有时需绘制框图和编制计算机程序求解。

（6）检验模型的正确性。验证模型是否在一定精确度的范围内正确地反映研究问题。必要时必须进行反复修改，如增减若干变量，调整变量性质或变量间的关系以及约束条件等，使模型进一步符合实际，满足在可信度范围内可解、易解的要求后投入

① 马汉武．设施规划与物流系统设计［M］．北京：高等教育出版社，2005.

使用。

对模型的要求：首先，应该能反映原系统在某一个方面的基本属性，抓住主要要素；其次，模型结构比较简练，适当处置无关大局的次要要素，使模型易于理解，易于分析计算；再次，模型能够与其他模型易于衔接；最后，模型的详尽程度与信息、数据、知识、情报的来源、精度等相匹配。

简言之，物流系统建模程序如下：

第一步，明确系统的目的、目标与功能；

第二步，选择变量与参量；

第三步，建立粗模型；

第四步，将系统划分成子系统；

第五步，建立子系统模型；

第六步，建立衔接与关联部分模型；

第七步，归纳并建立系统总体的细模型；

第八步，通过仿真等手段进行检验，发现问题再重复进行上述各步骤，直到满意为止。

五、物流系统建模的注意事项

物流系统建模时，除了应遵循的原则、方法和步骤外，还要注意如下事项：建模工作必须紧紧围绕建模目的，正确处理模型的简单化和高精度的矛盾，验证模型必不可少，高度重视系统建模中人的因素。

第三节　常见物流系统模型

常见的物流系统包括生产布局、配送中心选址、物料搬运系统流程分析、库存控制、运输路线规划、物资调运、多式联运、流通加工、排队服务、回收物流、节能减排、物流量预测等。针对物流系统的具体问题，可以选择合适的数学模型，常见的物流系统模型如下。

一、线性规划模型

线性规划问题特征是：

（1）每个问题采用一组决策变量（x_1，x_2，…，x_n）表示某一方案，这组决策变量的值代表一个具体方案，这些变量取值一般非负；

（2）存在一定的约束条件，约束条件采用一组线性等式或不等式表示；

（3）一个明确要求达到的目标，目标可以采用决策变量的线性函数（目标函数）表示，根据问题的不同，要求目标函数实现最大化或最小化。

线性规划的数学模型形式为：

目标函数

$$\max\ (\min)\ z = c_1x_1 + c_2x_2 + \cdots c_nx_n$$

满足约束条件

$$\begin{cases} a_{11}x_1 + a_{12}x_2 + \cdots + a_{1n}x_n \leqslant (=, \geqslant)\ b_1 \\ a_{21}x_1 + a_{22}x_2 + \cdots + a_{2n}x_n \leqslant (=, \geqslant)\ b_2 \\ \cdots\cdots\cdots\cdots \\ a_{m1}x_1 + a_{m2}x_2 + \cdots + a_{mn}x_n \leqslant (=, \geqslant)\ b_m \\ x_1, x_2, \cdots, x_n \geqslant 0 \end{cases}$$

物流系统中的运输问题、装卸任务分配问题、配送问题都可用线性规划法建模和求解。运输问题的一般描述：将物品从 m 个起运地运到 n 个目的地。已知由 i 地运到 j 地的单位运费是的 C_{ij}，假定运费与两地间的运量成正比。设 a_i 表示 i 站的供应量，b_j 表示 j 地的需求量。当用 x_{ij} 表示从 i 站到 j 地的需求量。

目标函数

$$Z = \min \sum_{i=1}^{m} \sum_{j=1}^{n} c_{ij} x_j$$

$$\sum_{j=1}^{n} x_{ij} = a_i, i = 1,2,\cdots,m$$

约束条件

$$\sum_{i=1}^{m} x_{ij} = b_j, j = 1,2,\cdots,n$$

$$x_{ij} \geqslant 0,\ i=1, 2, \cdots, m;\ j=1, 2, \cdots, n$$

如果 $\sum_{i=1}^{m} a_i = \sum_{j=1}^{n} b_j$，即总供给等于总需求，则为平衡运输问题，否则为不平衡运输问题。对于不平衡运输问题，可以通过适当的处理，使之转化为平衡运输问题。

二、整数规划模型

整数规划问题是一类特殊的线性规划问题，即现实问题的答案要求是整数，如安排员工的数量、选址的个数、设备的台数等。选址问题是物流系统生产力布局和规划设计的重要问题，如分厂设置、配送中心分布、配送站选择等涉及选址问题，根据选址的复杂程度分为单一地址选择问题和多地址选择问题。

1. 单一地址选择

建立一个物流中心，应合理选择地址。假设地址候选地点有 s 个，分别用 D_1，D_2，…,D_s 表示：原材料、燃料、零配件的供应地有 m 个，分别用 A_1，A_2，…，A_m 表示，其供应量分别用 P_1，P_2，…，P_m 表示；产品销售地有 n 个，分别用 B_1，B_2，…，B_n 表示，其销售量用 Q_1，Q_2，…，Q_n 表示。选址问题是从 s 个候选地址中选取一个最优位址，使物流费用最低。设 c_{ij} 表示从 A_i 到 D_j 的每单位量的运输成本，d_{jk} 表示从 D_j 到 B_k 的每单位量的运输成本。引进变量：

$$X=\{x_1, x_2, \cdots, x_n\}$$

其中，$x_j=\begin{cases}1，表示在 D_j 建设物流中心\\0，表示不在 D_j 建设物流中心\end{cases}$

则选址问题表述为：

约束条件

$$z=\min\sum_{j=1}^{s}\left(\sum_{i=1}^{m}c_{ij}P_i+\sum_{k=1}^{n}d_{jk}Q_k\right)x_j$$

$$\sum_{j=1}^{s}x_j=1$$

这是一个线性规划问题，求解 z 的最小值，得到 z 算式值的最小值对应的下标为 r，取 $x_r=1$，其他 $x_j=0$，得到最优解，D_r 是最优物流中心。但是，计算目标函数需要许多参数，包括原材料、燃料、半成品的供应地和供应量、产品的销售地和销售量、运输条件和费用等，必须准确掌握这些参数，才能得到目标函数解值。

2. 多址选择问题

若有 m 个工厂的产品，经物流中心发送到 n 个地区，拟建立若干个物流中心。候选地点有 s 个，问题是如何从 s 个候选地点中选择若干个地点建设物流中心，使物流费用达到极小。

设 a_i 表示工厂 i 的供应量，b_k 表示客户 k 的需求量，c_{ij} 表示从工厂 i 到仓库 j 的单位运输成本，d_{jk} 表示从仓库 j 到用户 k 的单位运输成本，w_j 表示物流中心 j 的变动成本系数。在考虑变动成本时，引入指数 p，满足条件 $0<p<1$，考虑规模经济，物流中心 j 的变动成本为 $w_jZ_j^p$，其中 Z_j 表示物流中心 j 的产品物流量。如果不考虑规模经济，可令 $p=1$。引入以下变量：

x_{ij} 表示工厂 i 到仓库 j 的运量，y_{jk} 表示物流中心 j 到客户 k 的运量，对于平衡的选址问题，每个物流中心的总进货量等于总出库量，则有：

$$Z_j=\sum_{i=1}^{n}x_{ij}=\sum_{k=1}^{m}y_{ik}$$

总物流成本函数可表示为

$$Z=\min\sum_{j=1}^{s}\left(\sum_{i=1}^{m}c_{ij}x_{ij}+\sum_{k=1}^{n}d_{jk}y_{jk}+w_jZ_j^p\right)$$

约束条件

$$\sum_{j=1}^{n}x_{ij}=a_i, i=1,2,\cdots,m$$

$$\sum_{j=1}^{m}y_{jk}=b_k, k=1,2,\cdots,n$$

$$x_{ij}\geqslant 0，y_{jk}\geqslant 0$$

3. 指派问题

在物流系统工程活动过程中，如何将有限的资源（人力、物力、财力等）指派给多项任务或工作，以达到降低成本或提高效益的目的。指派问题是运输问题的一种特例，条件是运出的地点数等于运入的地点数，运出的运量等于运入的运量，而且一个运出点的物料只允许来源于一个运入点。例如一个工厂有 m 个车间生产 m 种不同的产品，由 m 个仓库来分别存储这些产品。设 c_{ij} 是把第 i 个车间的全部产品运往第 j 个仓库的运费，则总运费最低的数学模型为：

$$Z = \min\sum_{i=1}^{m}\sum_{j=1}^{m} c_{ij} x_{ij}$$

约束条件为

$$\sum_{i=1}^{m} x_{ij} = 1, i = 1,2,\cdots,m$$

$$\sum_{i=1}^{m} x_{ij} = 1, j = 1,2,\cdots,m$$

其中，$x_{ij}=1$ 或 0，即当第 i 个车间的产品指派到第 j 个仓库时 $x_{ij}=1$，否则 $x_{ij}=0$。

三、动态规划模型

在物流系统工程活动中，往往需要对过程进行综合决策，将过程划分为若干个互相连接的阶段，在每个阶段进行决策，使整个过程达到最佳效果。但是，各个阶段决策的选择不是任意确定的，它既依赖于当前的状态，又影响后续的发展，前一阶段的决策影响后一阶段的状态，这种序列的决策过程是在变化状态中产生出来的，称作“动态”决策。利用动态规划可以解决最短路径问题、装卸问题、库存问题、配送车辆分配问题等。

装卸员工的调配问题：为了减少汽车的空驶里程，提高汽车的里程利用率，零担物流汽车运输往往采用循环运输的组织方式。每辆汽车从物流中心出发，中途依次经过若干个装卸点；由于每个装卸点装卸货物不同，需要的装卸员工数量也不同。例如，某物流中心每天有 n 辆汽车经过 m 个点组织循环运输。在 A_i 点装货需要 P_i 个员工；在 A_j 卸货需要 P_j 个员工。若满足上述要求的装卸员工固定于每个点上，则需要 $\sum_{i=1}^{m} P_i$ 个员工，如果汽车数量太少，装卸员工大部分时间空闲无事可做，人员闲置造成浪费；如果装卸员工不固定到点，而是跟车，倘若跟车员工数量太多，有些点不需要，会造成浪费；倘若跟车员工数量太少，可能某些点不能及时完成装卸任务。那么，究竟需要安排多少人跟车、多少人固定到点，使装卸员工的数量最优？

考虑每个点所需要人数与各点的顺序无关，则假设 $P_1 \geqslant P_2 \geqslant P_3 \cdots \geqslant P_m$，设 X 表示跟车员工数量，存在某一个整数 k，使 $P_k \geqslant X \geqslant P_{k-1}$，则循环运输需要的装卸员工数量为：

$$F(x) = \sum_{s=1}^{k}(ps - x) + nx = \sum_{s=1}^{k} ps + (n-k)x$$

四、库存控制模型

库存（inventory）是指一切目前闲置的，用于未来的，有经济价值的资源。库存具有防止生产中断、稳定经营、节省订货费用、改善服务质量、防止短缺的作用。但是，库存也存在一定的不足，如占用资金，产生成本，掩盖一些生产经营的问题。根据物料需求的特性，库存控制模型可以分成独立需求库存控制模型和派生需求库存控制模型。派生需求库存控制可以通过 ERP 中的物料清单 BOM 求得，独立需求库存控制模型又分为确定型库存控制模型和随机库存控制模型。

（1）确定型库存模型。确定型库存模型分为周期性检查模型和连续性检查模型。周期性检查模型主要有六种，分不允许缺货瞬间到货、不允许缺货延时到货、允许缺货瞬间到货、允许缺货延时到货、实行补货瞬时到货、实行补货延时到货等。

连续性检查模型需要确定订货点和订货量两个参数，即解决（Q，R）策略中两个参数的设定问题。连续性库存检查模型主要有六种：不允许缺货、瞬时到货型；不允许缺货、延时到货型；允许缺货、瞬时到货型；允许缺货、延时到货型；补货、瞬时到货型；补货、延时到货型。

（2）随机型库存模型。随机型库存模型主要解决的问题是：确定经济量或经济订货期，确定安全库存量，确定订货点和订货后最大库存量。随机型库存模型也分为连续性检查和周期性检查两种情形。当需求量、提前期同时为随机变量时，库存模型较为复杂。

不管独立需求库存控制还是派生需求库存控制，都要达到以下目的：优化库存成本，平衡生产与销售计划且满足一定的交货要求，避免不必要的库存，避免需求损失和利润损失。因此，库存控制要解决三个主要问题：确定库存检查周期，确定订货量，确定订货点即何时订货。

五、图与网络模型

图与网络模型应用于物流系统，主要可以研究运输和配送最短路径问题、快递问题、循环取货问题、逆向物流问题、交通网络的合理分布问题、最大流问题、最小费用最大流问题、北斗导航系统基站配置问题等。

六、预测模型

预测是拟定发展战略、编制规划、制订计划的基础，物流系统中的运输、存储、装卸搬运、包装、配送等各项业务活动的计划制订都是以预测数据和信息为基础，预测的准确与否直接影响计划的可行性。同时，预测是决策的依据，正确的决策取决于可靠的预测。物流系统预测的内容涉及面广泛，凡是影响物流系统活动的诸要素都是预测对象，如物流系统的人力、物力、财力以及资源、采购、销售、交通等状况都可以是预测的内容。

预测主要分定性预测和定量预测，定性预测使用专家意见和特殊信息等来预测未来，定性预测可以考虑也可以不考虑过去情况。定量预测一般采用预测模型，常用的预测模型有时间序列模型和因果关系模型等。时间序列通过信息的历史模式和模式变化来推测未来，因果关系使用特定变量的信息分析事件与预测活动之间的关系。

此外，物流系统还使用决策模型、投入产出模型、神经网络模型等，对物流系统进行优化和评价。

第四节　物流系统仿真步骤

一、系统仿真概述

系统仿真，又称为系统模拟，是以控制论、相似理论、信息资源管理和计算机科技等理论为基础，以计算机和其他专用物理设施设备为工具，利用系统模型对真实或假设的系统进行实验，并借助于专家经验、统计数据和资料信息分析实验结果，进而辅助决策的一门综合性的实验性学科。系统仿真方法广泛适用于诸多领域，涉及机械、化工、电力、电子、交通、物流、管理、经济、政治等系统。

系统仿真根据计算机的类别，可以分为模拟仿真、数字仿真和混合仿真；根据系统的特性，可以分为连续系统仿真、离散时间系统（采样系统）仿真和离散事件系统仿真；根据仿真时钟与实际时钟的关系，可以分为实时仿真、欠实时仿真和超实时仿真等；根据系统模型的不同，可以分为物理仿真和数学仿真类。物理仿真是指对与真实系统相似的物理模型进行试验的过程，如用电路系统模拟机械振动系统属于物理仿真。数学仿真是指对真实系统的数学模型进行试验的过程，数学仿真又可分为解析仿真和随机仿真。解析仿真是利用已建立的数学模型，通过解析方法求出最佳的决策变量值，从而优化系统。但是，在许多情况下，常常因问题本身的随机性质，或因数学模型的复杂性，采用解析方法难以甚至根本无法求得问题的最优解，则必须借助于随机仿真。因此，除非特别说明，系统工程的仿真主要是指随机仿真。

系统仿真的目的，主要有以下三点。

（1）在建立一个真实系统之前，必须对于假定系统特别是复杂性的大规模系统的行为进行预测和评价，仿真目的是通过仿真运行获得必要的技术经济数据，避免决策的重大失误。比如设置城市高速公路出入口通道数，通过仿真获得物流和客流流量与出入口通道数、通行时间之间关系数据，辅助决策出入口通道数量。

（2）在建立一个真实系统之前，或者已经存在的真实系统，仿真目的是比较各种备选方案，使设计更合理、组织更周密。比如规划建设农产品冷链物流中心前，通过仿真比较各个方案，从中选优。

（3）基于真实系统基础的仿真，仿真目的是为了进一步验证系统的功能，以便持续改进。比如在交通物流信息系统上进行实验，采用模拟方法可以获得满意结果且花费较小。

简言之，系统仿真的目的，是在人为控制的环境和条件下，通过调整系统的输入、输出或系统模型的特定参数或变量，观察系统或模型的响应，进而预测系统在真实环境和条件下的行为、性质和功能等。

二、计算机仿真

计算机仿真是现代数学方法、数理逻辑、语言形式化、人工智能与计算机科技相结合的产物，是目前软技术的主要方法与手段。计算机仿真可以将数学难以描述的规则、思维方法、逻辑判断与分析，转换成计算机程序语言，借助控制论的信息、调节和反馈技术，进行功能的、动态的描述，再通过计算机的数学与逻辑运算，获得需要的信息。

随着计算机的普及发展，计算机仿真方法在物流系统工程中的应用越来越普遍，具体应用于如下方面。

（1）计算机仿真应用于难以获得解析解的物流系统模型。

（2）计算机仿真应用于物流系统的可行性分析。

（3）计算机仿真应用于物流系统的优化。应用计算机仿真手段，对控制与决策中的多个物流方案进行多次运行，按照既定的目标函数对不同的决策方案进行分析比较，从中选择最优物流方案，辅助决策。

（4）计算机仿真应用于物流系统运行机制的分析。

（5）计算机仿真应用于物流系统战略的研究。

通过构建物流系统的仿真模型，扩展物流系统研究的边界，有助于描述物流系统的各种现象和本质，加深物流系统的理解和分析。

物流系统仿真方法按照实际物流系统的构成，采集系统各类信息，建立动态模型并做出改善。仿真模型不仅能体现物理特征和逻辑特征，还能直接展现完善后运行情况。

传统生产系统由输入、转换、输出和反馈四部分组成，相互影响，相互制约。输入的是人、财、物和资源，转换是整个产品的形成过程，输出的是产品、劳务和信息，反馈是把输出端的信息传递到输入端与转换部分，与输入信息比较，让管理人员及时掌握生产运行状况，见图 3－5。

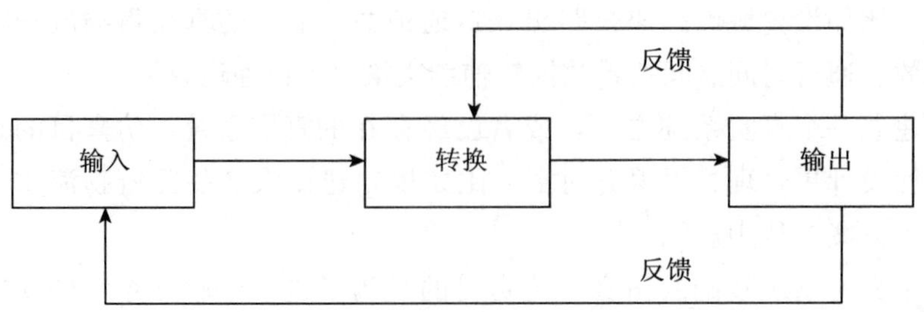

图 3－5　传统生产系统构成

现代生产系统还应包括供应商和用户，见图 3－6。可见，现代生产系统包括六个部分：供应商、投入、转换、产出、用户和管理。其中供应商和用户与生产制造企业之间只存在委托与被委托关系，并不直接参与企业生产，但供应商能否准时交付质量合格的原材料或零部件，对企业的生产活动影响很大。

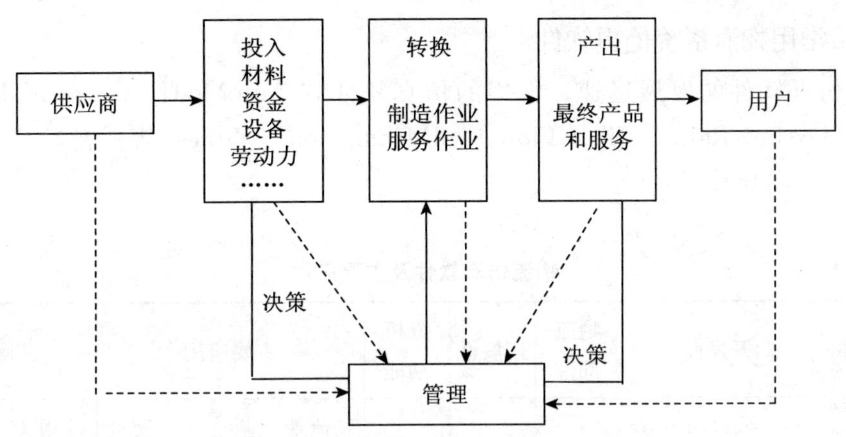

图 3-6　现代生产系统构成

（一）系统仿真模型及分类

物流系统仿真包括三个基本要素和三种基本活动，如图 3-7 所示。

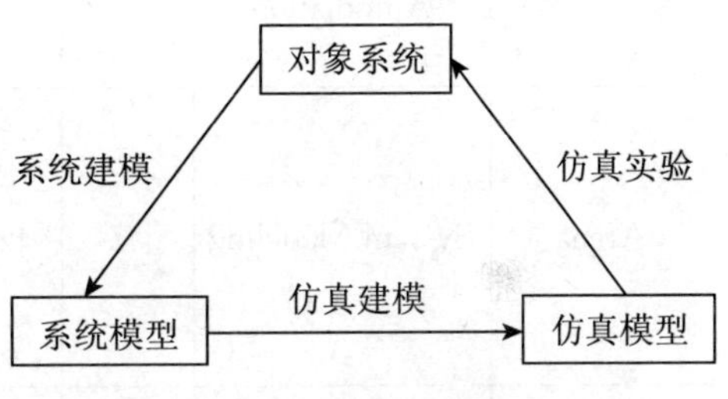

图 3-7　系统仿真要素及相互关系

按照物流系统模型类型不同，系统仿真分为物理仿真、数学仿真、物理-数学仿真。按照不同实体，系统仿真分成离散事件系统仿真和连续系统仿真。连续系统是指系统状态随着时间的推移而不间断地改变，离散事件系统是指系统状态分布随时间点的变化，没有确切规律可循。物流系统仿真分类如表 3-1 所示。

表 3-1　　系统仿真分类表

系统仿真分类		
按系统模型类型		按研究对象分类
物理仿真		连续系统仿真
数学仿真	模拟仿真	
	数字仿真	离散事件系统仿真
	混合仿真	
物理-数学仿真		

生产物流系统存在诸多不确定性因素，直接实施真实系统成本较大，并且一旦现实系统建立完成，在一段很长的时间周期内无法更改。因此，在建立实际生产物流系统前，应用仿真技术构建实际生产物流系统模型，找出不科学的设计，并对方案进一

步模拟，得到可实施的优化方案，可以减少资金、人力、时间成本，决策者根据仿真的结果，在备选方案中选择最可行的方案建立实际生产物流系统。

（二）常用物流系统仿真软件

物流仿真软件的发展迅速，常用的仿真软件有 AutoMod、Arena、eM－Plant、Extend、Flexsim、RaLC 、ShowFlow 、SIManimation、Witness 等，表 3－2 是对上述各软件进行简单比较。

表 3－2　　物流仿真软件及主要应用

仿真软件	开发商	物流部件	拓展性	分析功能	主要应用	易操作性
Flexsim	Flexsim Software Production	有	较好	较强	物流业、制造业、交通等定制模型	可用 C＋＋语言创建和修改对象
AutoMod	Brooks Automation	有	较好	强大	制造系统、仓储系统、企业内部物流、港口、车站、配送中心等	需要编制程序进而制作流程
Arena	System Modeling	有	较好	强大	供应商管理、库存管理、制造过程、分销物流、商务过程以及客户服务等	客户能得到免费的参考资料以及服务
eM－Plant	Tecnomatix	丰富	较好	强大	面向大型制造业领域的仿真群	较复杂
Extend	Imagine That	一般	最好	较强	工厂设计和布局、物流、生产制造、认知建模、运营管理、环境保护	用户需有行业经验，具备编程知识
RaLC	日本人工智能服务株式会社	有	一般	一般	专业面向物流，物流行业和工业工程领域	建模简单直观，短时间内可熟练掌握
ShowFlow	Incontrol Simulation Software	有	较好	较强	为制造业和物流业提供产量，确定瓶颈位置，校验制造系统设计的合理性	功能简练，操作简单
SIManimation	3i 公司	有	一般	一般	制造、物流、配送等曲线拟合、线路优化等集成化物流仿真	基于图像的仿真语言，建模简单

（三）Flexsim 仿真软件

Flexsim 是 Flexsim Software Production 公司利用 OpenGI 技术开发的一个商业化仿真离散事件软件，是采用三维 VR（虚拟现实）技术的仿真软件。Flexsim 软件主要功能及建模结构如图 3－8 所示。

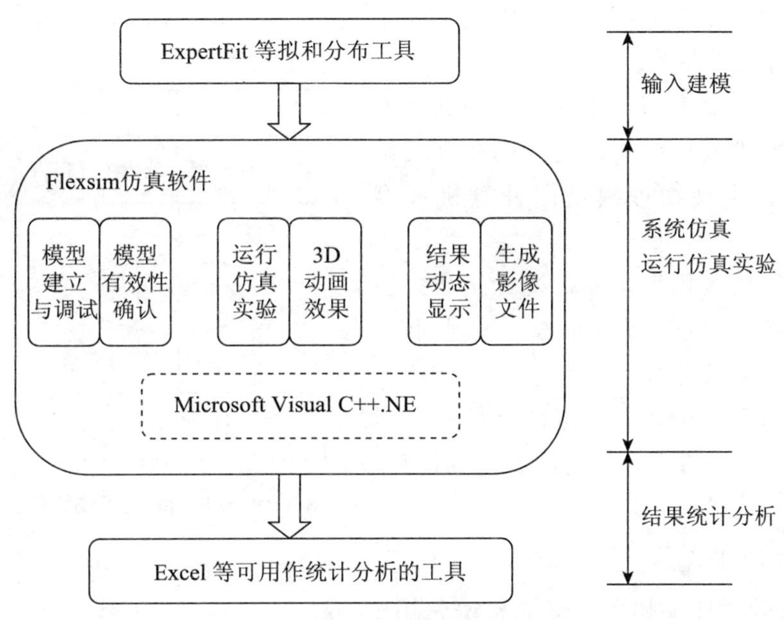

图 3－8　Flexsim 主要功能和建模结构

Flexsim 软件能够完成与 Excel、Expertfit 的连接，运用 Expertfit 拟合输入的数据，通过 Excel 实现与仿真模型之间的数据交换。

Flexsim 仿真软件主要具有如下特点：

（1）面向对象技术建模；

（2）3D 图形显示功能；

（3）建模和调试简单方便；

（4）模型扩展性好且开放性强。

生产系统根据物料的流动方向、信息的流动方向以及它们之间相互作用，可以分成生产管理系统、生产过程系统、生产价值系统。Flexsim 应用于生产物流系统仿真，包括：生产管理系统的生产计划、库存管理、生产控制以及产品的市场预测与分析等；生产过程系统的生产工艺过程规划、工件轨道可视化等；生产价值系统的风险分析、经济价值分析、产量增加、成本降低、协助投资决策等。可视化仿真作为一种先进的生产模式，成为“热门”应用研究领域，如企业流程再造（business proeess re-engineering）、可视化仿真优化、虚拟组织（virtual organization）的建立与管理可视化仿真决策、模拟决策敏捷供应链（agile supply chain）管理等。

Flexsim 仿真过程一般有如下六个方面，如图 3－9 所示。

（1）描述问题，确定仿真目标。按照真实状况描述问题，明确仿真目标。

（2）收集相关材料，构建物理模型。收集生产结构以及工艺流程资料，以便于建立仿真实体及相互关系等。

（3）建立仿真模型。依据收集到的数据信息，明确物理模型中实体之间的相互关系和实体参数，实现物理模型向计算机模型转化。

（4）运行仿真模型，分析统计报告。多次运行仿真模型，分析统计报告，发现问题，研究生产线平衡状况。

（5）模型优化分析。根据仿真目标针对瓶颈问题提出改进方案，运行改善后的模型，比较分析后确定最优方案。

（6）总结仿真结果。

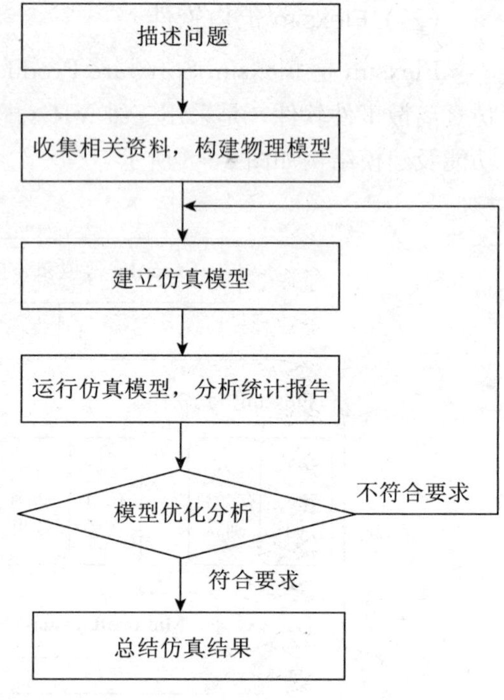

图 3－9　Flexsim 生产物流仿真优化过程

（四）L 公司压缩机生产物流系统分析

1. L 公司背景

L 公司 2009 年 12 月成立于合肥，共投资 14.8 亿元，占地面积约 35.3 万平方米。一期工程于 2009 年 12 月 28 日正式建设，2010 年年底投入生产运营，年产压缩机 600 万台，创造当年生产、当年盈利的业内最好成绩。现有产品如表 3－3 所示。

表 3－3　现有产品　单位：万台

产品名称	C－39 空调压缩机	C－44 空调压缩机	C－48 空调压缩机	C－55 空调压缩机
年产量	150	150	150	150

根据公司发展规划，L 公司拟投资 5097 万元进行扩建，改造占地 13608 平方米的配套物料和粗加工区域，将珠海龙山一期的空调压缩机生产线搬迁至合肥，使其具备 270 万台/年的新型节能环保家用空调压缩机产能。扩建项目产品方案如表 3－4 所示。

表 3－4　扩建项目产品方案　单位：万台

产品名称	C－39 空调压缩机	C－44 空调压缩机	C－48 空调压缩机	C－55 空调压缩机
年产量	70	70	70	60

2. L公司压缩机生产物流分析

（1）生产物流简介。L公司压缩机采用流水线方式生产，待加工件根据已定工艺流程，按顺序加工，产品在每个工位停留时间固定，即按照生产节拍进行生产。生产节拍（takt time，takt是一个德语，原意是乐队的指挥棒），又称客户需求周期、产距时间，是指在一定时间长度内，总有效生产时间与客户需求数量的比值，是客户需求一件产品的市场必要时间；或者说，生产节拍是指生产一个产品所需的时间，一天的工作时间除以一天所生产产品的数量。节拍生产具有如下特点：①工位专业化程度比较高，在各个点完成规定工序；②工位一般呈几何链条排布，且待加工产品只能按照规定工序顺序加工，不能逆流向上；③生产过程具有密闭性，通常一个工段的工序在一条生产线上进行加工；④生产是连续且具有节奏性，待加工产品在每一个工位停留固定时间，保证整条生产线同步进行；⑤节拍生产能够保证各工序之间协调，保证物料供给平衡。流水线生产方式能够有效提高生产效率，保证生产线平衡，保持产品质量稳定，且生产管理较简单；但是，流水线生产方式灵活性较差，不能根据需求变化快速调整。

L公司压缩机生产主要分为泵体车间、电机车间、冲压车间和总装车间四个车间，前三个车间负责零部件加工，总装车间负责将各零部件组装成压缩机成品。L公司厂区物流路线如图3－10所示。

（2）压缩机生产工艺流程。L公司压缩机总体生产工序见图3－11，气缸精加工工艺流程见图3－12，压缩机装配工艺流程见图3－13。

（3）压缩机生产运作流程。L公司运作系统从上到下主要包括管理层、控制层、执行层三部分。管理层是对企业的日常运作进行管理，控制层是控制生产计划和生产成本，执行层是直接从事与生产相关的部分，主要包括生产部门和采购部门等。其生产运作流程见图3－14。

为了避免盲目生产，减轻产品积压，L公司一般是根据客户（格力公司为主）的订单要求安排生产，客户需求是整个企业生产流程系统的主要对象，整个企业根据需求展开各项作业。销售部负责获取客户需求并把需求信息传送给生产部；生产部按照客户要求制订生产计划，并确定生产所需原材料等各项需求；采购部门结合库存状况列出物料需求清单（BOM），实施采购活动；采购的原材料到达加工车间后，进行生产压缩机作业。零部件加工是整个生产过程中的主要部分，是将原材料毛坯件精加工成为装配用零部件。将加工好的各类零部件与外购件组装成压缩机整体，并对成品进行总体测试，不合格的压缩机进行返修或重新装配，合格的压缩机成品进行包装，暂存于成品仓库，等待销售运营部门的调度，交付给客户，完成订单。

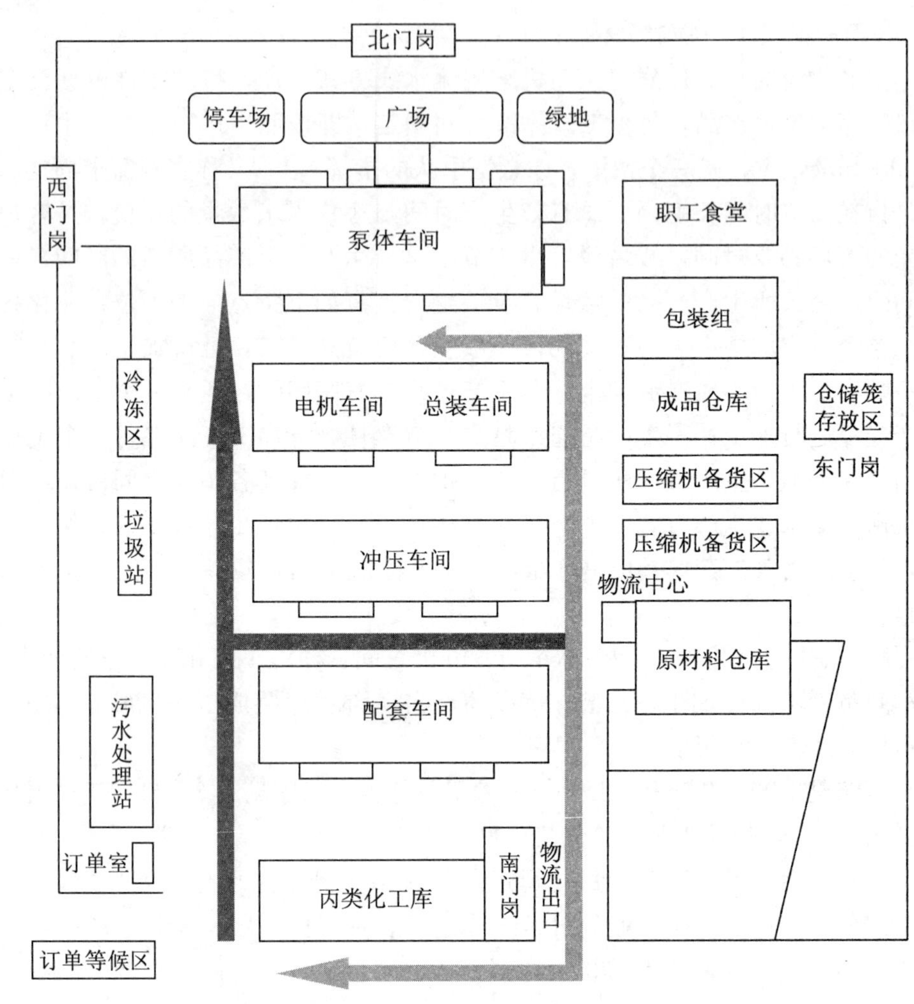

图 3－10　L 公司厂区物流路线

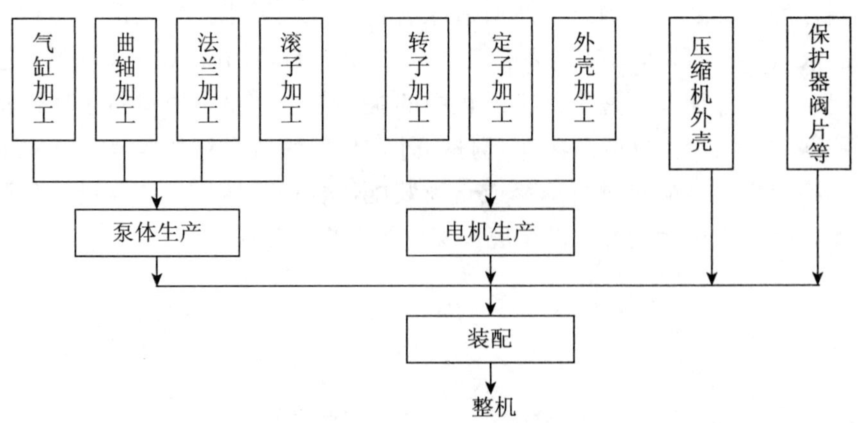

图 3－11　压缩机总体生产工序

精磨两平面
精磨划片槽
精磨内圆
气缸半精件
去毛刺
返修去毛刺
防锈入库
缺陷零件
装配车间
互检送装配
交接清洗
工序起点（或停顿）
一般工序
关键工序控制点
工序流向

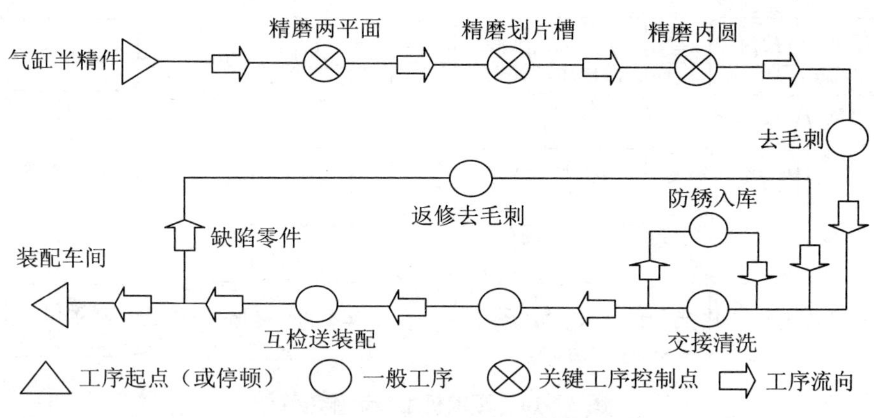

图 3－12　气缸精加工工艺流程

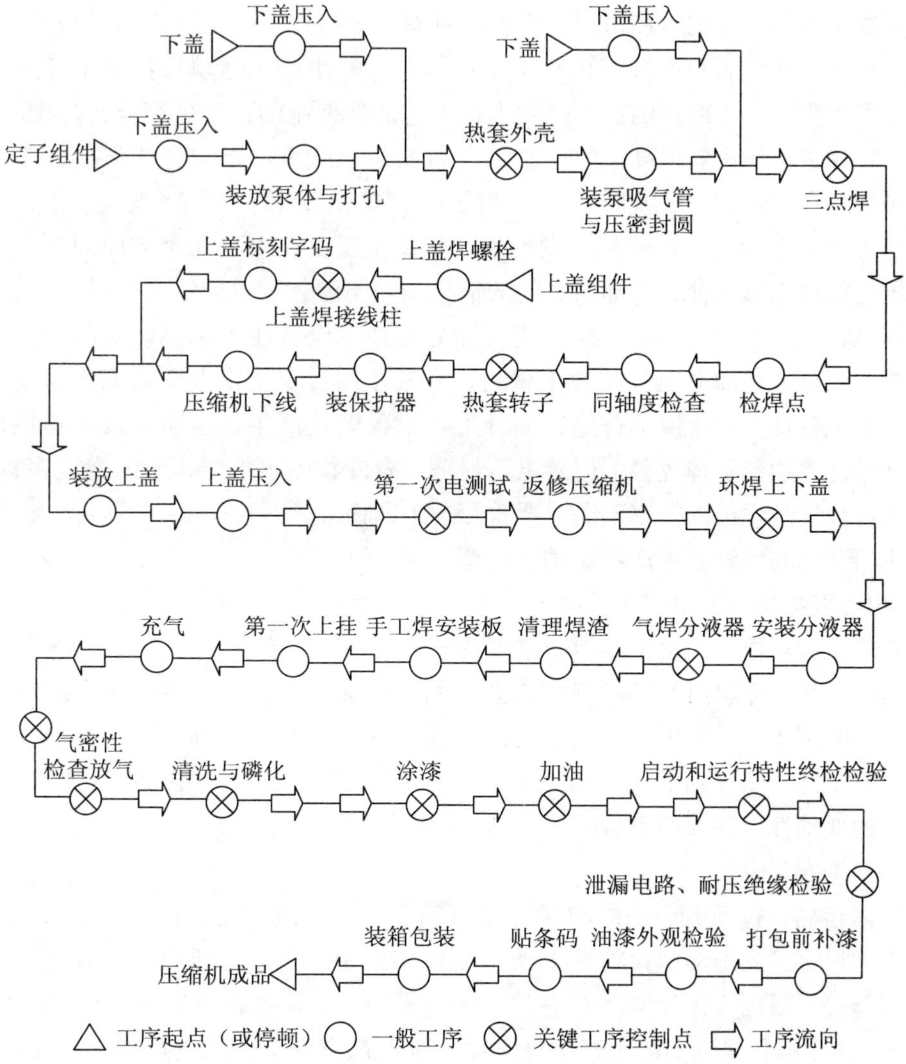

下盖压入
下盖
下盖压入
下盖
下盖压入
定子组件
热套外壳
装放泵体与打孔
装泵吸气管
与压密封圆
三点焊
上盖标刻字码
上盖焊螺栓
上盖组件
上盖焊接线柱
压缩机下线
装保护器
热套转子
同轴度检查
检焊点
装放上盖
上盖压入
第一次电测试
返修压缩机
环焊上下盖
充气
第一次上挂
手工焊安装板
清理焊渣
气焊分液器
安装分液器
气密性
检查放气
清洗与磷化
涂漆
加油
启动和运行特性终检检验
泄漏电路、耐压绝缘检验
装箱包装
贴条码
油漆外观检验
打包前补漆
压缩机成品
工序起点（或停顿）
一般工序
关键工序控制点
工序流向

图 3－13　压缩机装配工艺流程

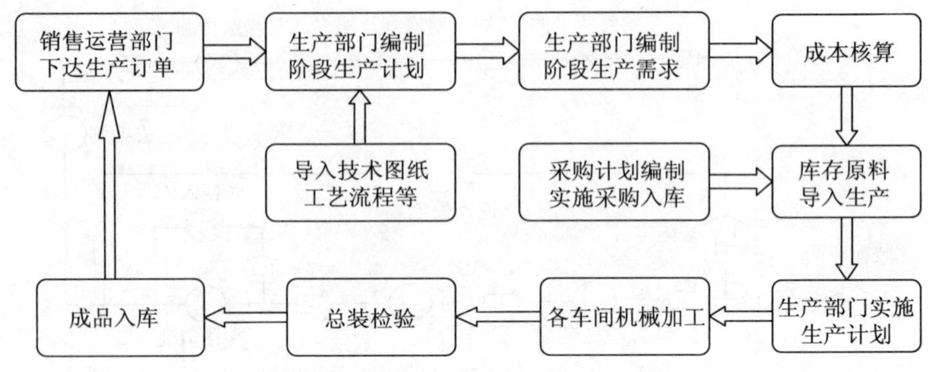

图 3-14 压缩机生产运作流程

3. L 公司生产物流系统中存在的问题

经过数次调研，发现压缩机厂生产物流具有以下特点：①生产部门承载载荷过重：90%以上产品生产任务和资源都聚集于生产部门；②生产工艺单一：完全按照压缩机生产工艺安排生产，零部件的流动受到生产工艺的严格制约；③生产设备分配不均衡：部分设备较先进，作业效率高，但也有部分机器老化严重，影响整体作业效率；④作业单位布置存在不足：如一些联系较密切的作业单位距离较远，加重搬运负担。

归纳 L 公司压缩机生产流程，发现生产物流主要存在以下几个方面问题：①企业内部系统化管理不够完善；②部门之间的信息交流不够；③供应链的自动化、信息化、网络化较低；④生产设备负载分配失衡，部分粗加工设备使用率高，负载率高，机器老化严重，而部分精加工设备闲置率偏高。究其原因，专业化生产物流方面专业人才缺乏，计算机管理生产物流不普遍，部分生产设备老化严重，运输路线不够科学，虽然公司开始注重物流管理改善，但效果不显著，仓库物流水平低，出入库程序较烦琐，零部件摆放较散乱，出库效率不高，严重影响生产物流。

4. 基于 Flexsim 建立生产物流仿真模型

1）构建气缸精加工段仿真模型

（1）建立物理模型。根据实地观察以及气缸精加工工艺流程图（见图 3-12）可知该工段是将毛坯（原材料）经过精磨、去毛刺、清洗、检验等工序后作为压缩机组装零部件送入装配车间，其中防锈入库工段是指将即将下线的气缸型号与其他零部件进行配比，多余部分防锈后暂时存放仓库，此工序与当天排产其他工序生产状况相关，具有很大的变动性，此模型不做考虑。构建物理模型如图 3-15 所示。

（2）模型布局设计。

①实体布局。打开 Flexsim7.3.4 中文版仿真软件，进入建模环境，依次建立每个工段的实体模型。先拖动原材料发生器到建模窗口中，之后是暂存区、处理器、传送带、吸收器等。根据实体和实际对应关系构建模型，实体数量分别为：1 个发生器、2 个暂存区、1 个操作员（实际生产中每个加工机器都有一个工人进行操作）、11 个处理器、12 个传送带、1 个吸收器。它们分别代表不同的部门或车间，见表 3-5。

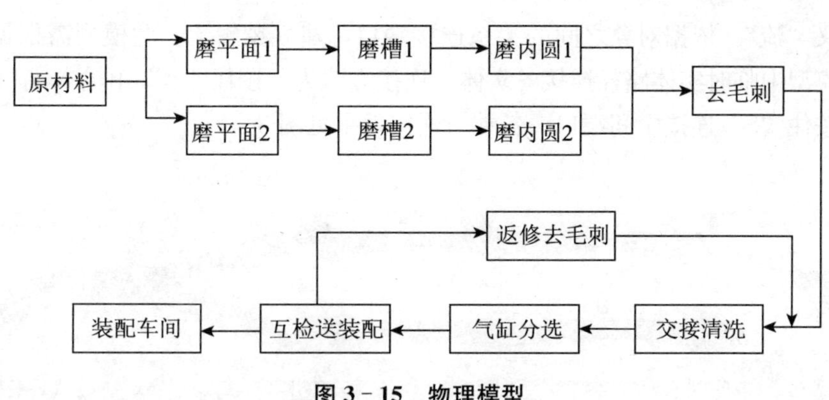

图 3-15　物理模型

表 3-5　　实际生产系统元素与仿真模型实体对应关系

序号	生产元素	实体名称
1	原材料进入	发生器
2	员工	操作员
3	原材料暂存区	暂存区 1
4	各个加工工序	磨平面，磨槽，磨内圆，去毛刺，交接清洗，气缸分选，互检送装配，返修去毛刺
5	气缸成品暂存区	暂存区 2
6	送装配车间	吸收器
7	实体流向	传送带

将上述实体一次放入工作框中，根据实际情况进行大小、位置、角度调整后仿真模型实体布局如图 3-16 所示。

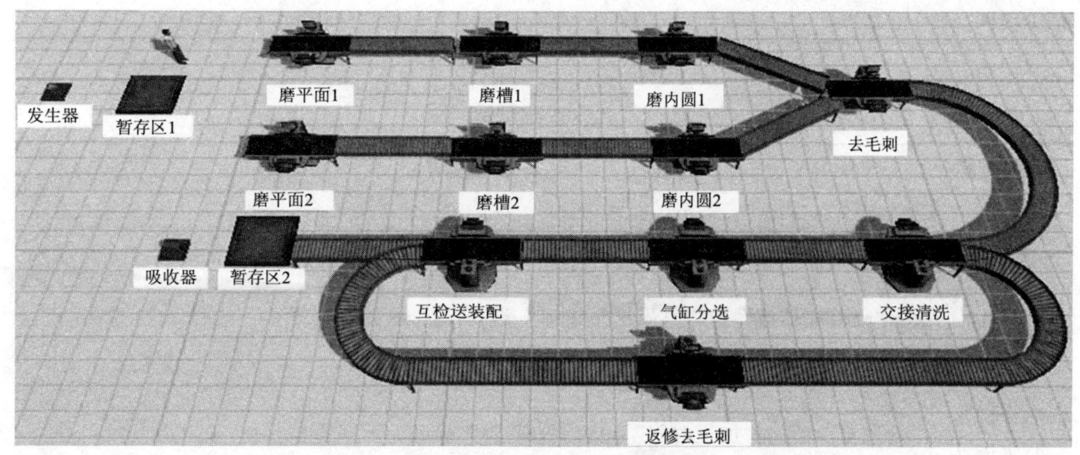

图 3-16　实体布局效果

②定义“流”。依据对象之间的关系连接端口，建立逻辑流。此模型需根据图 3－15 所示物理模型中临时实体路径连接各实体。连接方法为：按住“A”由输入端口连接到输出端口；按住“S”连接中间端口，各端口连接效果见图 3－17。

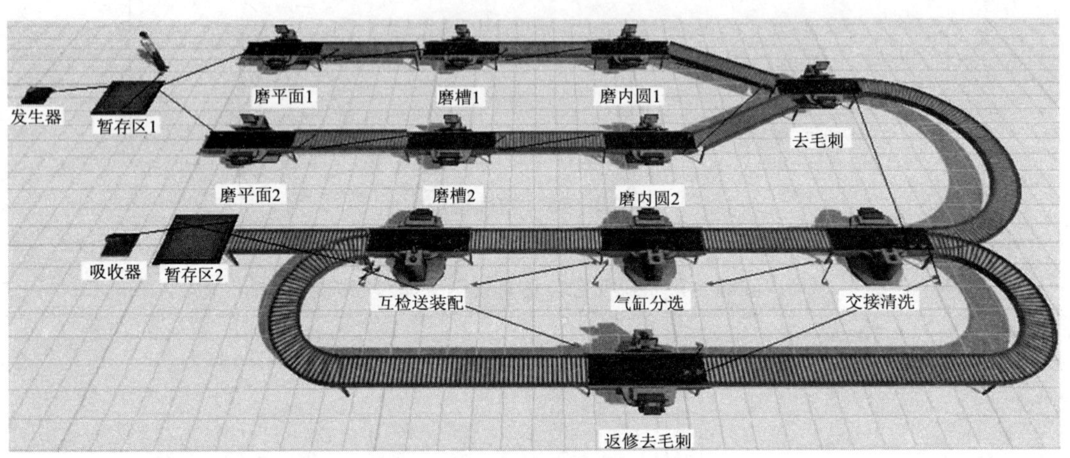

图 3－17　各端口连接效果

（3）主要实体属性及参数设置。仿真模型之所以能反映生产线的实际情况在于模型中使用的数据和实际状况一致，这种一致性除了体现在实体放置顺序、实体流顺序之外，还体现在对象所体现的功能，这就需要对各实体进行参数设置。根据实地观察得知各加工工序加工时间如表 3－6 所示，因此对模型涉及实体参数设置如表 3－7 所示。

表 3－6　　加工工序加工时间

加工工序	磨平面	磨槽	磨内圆	去毛刺	交接清洗	气缸分选	互检送装配
加工时间（秒）	18	24	24	18	12	10	12

表 3－7　　实体参数设置

实体名称	参数设置
发生器	①“发生器”窗口“到达时间间隔”设置“exponential（0，20，0）” ②“触发器”窗口“离开触发”添加“设置实体颜色- colored（object）”
暂存区 1	①“临时实体流”窗口“发送至窗口”选择“循环” ②勾选“使用运输工具- centerobject（current，1）”
磨平面 1 磨平面 2	“处理器”窗口“加工时间”设置“18”

续　表

实体名称	参数设置
磨槽 1 磨槽 2	“处理器”窗口“加工时间”设置“24”
磨内圆 1 磨内圆 2	“处理器”窗口“加工时间”设置“24”
去毛刺	“处理器”窗口“加工时间”设置“18”
交接清洗	①“处理器”窗口“加工时间”设置“12” ②“常规”窗口“旋转—Z”设置“180”
气缸分选	①“处理器”窗口“加工时间”设置“10” ②“常规”窗口“旋转—Z”设置“180”
互检送装配	①处理器”窗口“加工时间”设置“12” ②“临时实体流”窗口“输出—发送至端口”选择“按百分比—直接编辑此触发器的代码” ③“常规”窗口“旋转—Z”设置“180”
返修去毛刺	①“处理器”窗口“加工时间”设置“18” ②“触发器”窗口“离开触发”添加“设置实体颜色- colored（object)”
暂存器 2	①“暂存区”窗口勾选“成品操作”，“目标批量”设置“100” ②“常规”窗口“旋转—Z”设置“180”
吸收器	“常规”窗口“旋转—Z”设置“180”

个别参数设置解释说明：

①互检送装配工序是将对加工好的气缸进行合格性检验，合格产品进入装配车间，不合格产品进行“返修去毛刺”工序继续加工。通过与工作人员交流了解到不合格率为 5%，因此选择按百分比分别输出至“暂存区 2”端口和“返修去毛刺”端口。为区别达标产品和次品，在此模型中将达标产品用绿色表示，次品用蓝色表示。此处仅用 Flexsim 自带参数不能实现，需应用 C++语言进行代码编辑。

②为体现返修去毛刺后产品合格，临时实体流与前面一致，所以将“返修去毛刺”处理器的离开触发设置为红色。

③尊重生产实际，一般累积 100 件后送入装配车间备用，因此设置暂存区 2 成批操作，目标批量为 100。

2）仿真模型运行

设置好各实体参数之后将该模型进行运行，为保证报告更加真实，按“重置”键清零，之后再按“运行”键。模型运行状态如图 3-18 所示。

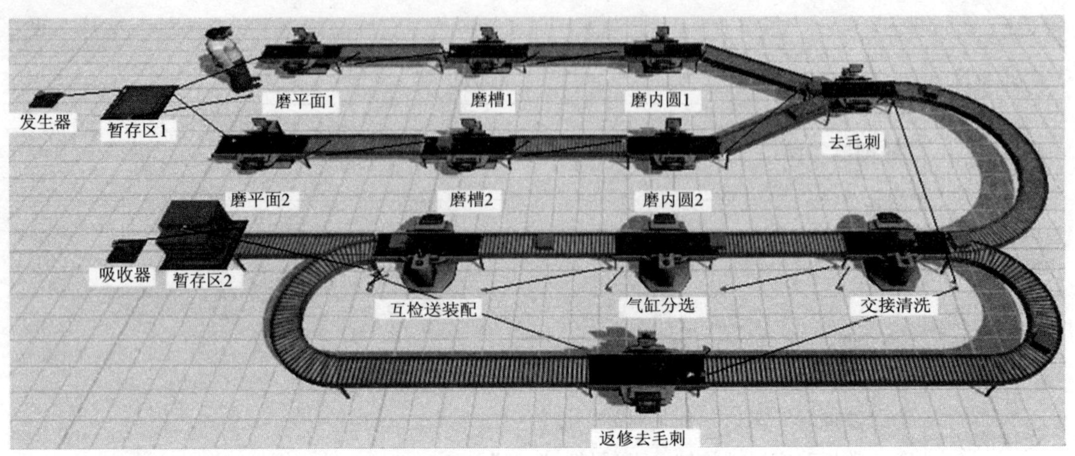

图 3-18 模型运行状态

由图 3-18 可看到合格品呈绿色暂存在暂存区 2，不合格品呈蓝色流向“返修去毛刺”工序，经处理后变为红色回到正常工序中，实现预设效果。

3）仿真模型验证与分析

检验仿真模型是否准确反映实际情况在仿真过程中是非常必要的。仿真系统的输出结果能否与实际系统运行特征保持一致是验证模型能否用于分析生产物流系统的关键。若模型没有真实地反映生产系统，任何统计分析和改进都是没有价值的。通过 Flexsim 模拟 L 公司生产物流系统的一部分，根据一定时间的运行报告验证所建模型能否反映实际系统。

按照每周工作 5 天，每天 8 小时，模型运行一周即 144000 秒，运行结果生成表 3-8 标准统计报告和表 3-9 状态统计报告，如下所示。

表 3-8　　Flexsim 标准统计报告

Time（时长）	144000.1928					
Object（项目）	Class（类别）	Stats input（统计输入）	Stats output（统计输出）	Stats staytimemin	Stats staytimemax	Stats staytimeavg
发生器	Source（资源）	0	7170	0	0	0
暂存区 1	Queue（队列）	7170	7170	2.466	84.2	9.988599
操作员	Operator（操作员）	7170	7169	2.809	3.2	3.005664
磨平面 1	Processor（过程）	3585	3584	18	18	18
磨平面 2	Processor（过程）	3584	3584	18	18	18
传送带 1	Conveyor（传送带）	3584	3584	5	5	5
传送带 2	Conveyor（传送带）	3584	3584	5	9.64	5.29886

续　表

Time（时长）	144000.1928					
Object（项目）	Class（类别）	Stats input（统计输入）	Stats output（统计输出）	Stats staytimemin	Stats staytimemax	Stats staytimeavg
磨槽1	Processor（过程）	3584	3583	24	24	24
磨槽2	Processor（过程）	3584	3583	24	24	24
传送带3	Conveyor（传送带）	3583	3583	5	5	5
传送带4	Conveyor（传送带）	3583	3583	5	281	9.768281
磨内圆1	Processor（过程）	3583	3583	24	24	24
磨内圆2	Processor（过程）	3583	3582	24	72	24.674015
传送带6	Conveyor（传送带）	3582	3573	5.5	516	107.83113
传送带5	Conveyor（传送带）	3583	3582	5.5	23.5	13.761898
去毛刺	Processor（过程）	7155	7154	18	18	18
交接清洗	Processor（过程）	7531	7531	12	12	12
传送带8	Conveyor（传送带）	7531	7531	5	5	5
气缸分选	Processor（过程）	7531	7530	10	10	10
传送带9	Conveyor（传送带）	7530	7530	5	5	5
互检送装配	Processor（过程）	7530	7529	12	12	12
传送带10	Conveyor（传送带）	7150	7150	5	5	5
暂存区2	Queue（队列）	7150	7100	0	2453	993.05528
吸收器	Sink（水槽）	7100	0	0	0	0
传送带11	Conveyor（传送带）	379	379	15.85	21.9	15.869813
返修去毛刺	Processor（过程）	379	378	18	18	18
传送带12	Conveyor（传送带）	378	378	17.35	29.3	22.643259
传送带7	Conveyor（传送带）	7154	7153	14.14	38.1	14.508279

表3-9　　Flexsim状态统计报告

Time(时长)	144000.1928						
Object（项目）	Class（类别）	idle（闲置率）	processing（加工率）	blocked（阻塞率）	generating（生成率）	empty（空闲率）	collecting（收集率）
发生器	Source（资源）	0.00%	0.00%	0.00%	100.00%	0.00%	0.00%
暂存区1	Queue（队列）	0.00%	0.00%	0.00%	0.00%	67.75%	0.00%
操作员	Operator（操作员）	70.90%	0.00%	0.00%	0.00%	0.00%	0.00%

续 表

Time(时长)	144000.1928						
Object（项目）	Class（类别）	idle（闲置率）	processing（加工率）	blocked（阻塞率）	generating（生成率）	empty（空闲率）	collecting（收集率）
磨平面 1	Processor（过程）	55.20%	44.80%	0.00%	0.00%	0.00%	0.00%
磨平面 2	Processor（过程）	55.20%	44.80%	0.00%	0.00%	0.00%	0.00%
传送带 1	Conveyor（传送带）	0.00%	0.00%	0.00%	0.00%	87.56%	0.00%
传送带 2	Conveyor（传送带）	0.00%	0.00%	0.74%	0.00%	86.81%	0.00%
磨槽 1	Processor（过程）	40.28%	59.72%	0.00%	0.00%	0.00%	0.00%
磨槽 2	Processor（过程）	40.28%	59.72%	0.00%	0.00%	0.00%	0.00%
传送带 3	Conveyor（传送带）	0.00%	0.00%	0.00%	0.00%	87.56%	0.00%
传送带 4	Conveyor（传送带）	0.00%	0.00%	3.68%	0.00%	84.26%	0.00%
磨内圆 1	Processor（过程）	40.28%	59.72%	0.00%	0.00%	0.00%	0.00%
磨内圆 2	Processor（过程）	38.62%	59.70%	1.68%	0.00%	0.00%	0.00%
传送带 6	Conveyor（传送带）	0.00%	0.00%	66.98%	0.00%	27.30%	0.00%
传送带 5	Conveyor（传送带）	0.00%	0.00%	20.55%	0.00%	65.76%	0.00%
去毛刺	Processor（过程）	10.57%	89.43%	0.00%	0.00%	0.00%	0.00%
交接清洗	Processor（过程）	37.24%	62.76%	0.00%	0.00%	0.00%	0.00%
传送带 8	Conveyor（传送带）	0.00%	0.00%	0.00%	0.00%	73.85%	0.00%
气缸分选	Processor（过程）	47.71%	52.29%	0.00%	0.00%	0.00%	0.00%
传送带 9	Conveyor（传送带）	0.00%	0.00%	0.00%	0.00%	73.85%	0.00%
互检送装配	Processor（过程）	37.26%	62.74%	0.00%	0.00%	0.00%	0.00%
传送带 10	Conveyor（传送带）	0.00%	0.00%	0.00%	0.00%	75.17%	0.00%
暂存区 2	Queue（队列）	0.00%	0.00%	0.00%	0.00%	1.06%	98.94%
吸收器	Sink（水槽）	0.00%	0.00%	0.00%	0.00%	0.00%	100.00%
传送带 11	Conveyor（传送带）	0.00%	0.00%	0.00%	0.00%	95.83%	0.00%
返修去毛刺	Processor（过程）	95.27%	4.73%	0.00%	0.00%	0.00%	0.00%
传送带 12	Conveyor（传送带）	0.00%	0.00%	1.39%	0.00%	94.11%	0.00%
传送带 7	Conveyor（传送带）	0.00%	0.00%	1.83%	0.00%	28.69%	0.00%

节拍时间指生产单个产品需要用的时间，即运行速度。

节拍时间＝总运行时间/运行时间内所有产量

上述生产线的节拍时间＝144000 秒/7150 个＝20.14 秒/个。

从状态统计报告中抽取设备处理器部分具有代表性的指标作为关键指标分析，找出生产过程中的瓶颈工序（发生器、暂存区、操作员、传送带和吸收器只起到发生、衔接和接收作用，在此不作分析）。

闲置率越高说明该工序时间较为宽松，空闲率越低说明作业较为紧张；处理率高说明工序较饱和，反之加工率低说明机器利用率低。由图 3－19 可看出各工序闲置率和加工率参差不齐，其中磨平面、磨槽、磨内圆、交接清洗、气缸分选以及互检送装配较接近，而去毛刺工序机器闲置率过低，机器加工率接近 90%，与之相反返修去毛刺工序机器闲置率超过 90%，所以此两处为整个生产线不合理之处，需要优先改进。

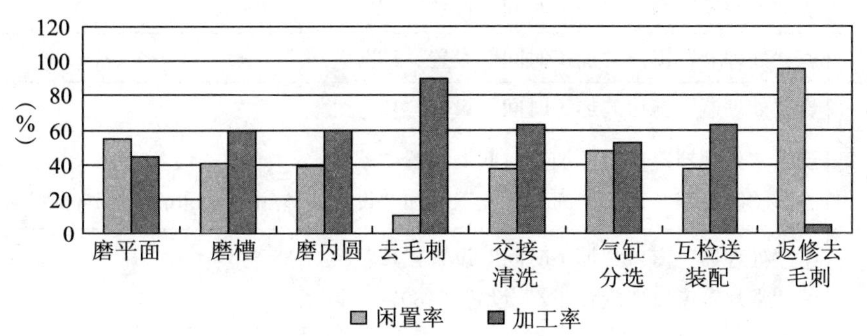

图 3－19　各工序加工设备空闲率与处理率对比

5. 仿真模型优化

（1）优化思路。L 公司生产模式为 MTO（按订单生产）模式，主要满足其母公司对空调压缩机的需求，并且其订单具有型号多变的特点。国外有学者将一般产品分为功能型产品（Functional Products）和创新型产品（Innovative Products）。功能型产品具有需求稳定可以预测的特点，往往是大批量的生产模式；而创新型产品具有需求变化快，种类繁多且更新较快的特点。功能型产品应当匹配效率性供应链（Efficient Supply Chain），注重在满足产品要求情况下尽量降低费用；而创新型产品应当匹配反应型供应链（Responsive Supply Chain），注重面对需求不确定性能够快速响应，高效且具有灵活性。L 公司的压缩机种类多需求不确定性较大，可以将其归为创新型产品，因此与之相配的应为反应型供应链，要求反应迅速高效。作为供应链系统的一部分，对生产物流系统的优化应着重提高其生产效率，提高生产中设备或人员操作的利用率，即在本模型中应尽量降低节拍时间。

具体到气缸精加工段，因为设备布局不科学，加工过程中各工序的节拍差异较大，致使生产线不平衡，节拍时间较大。为了使衔接更顺畅，生产更流畅，需调整布局，使得生产线平衡，节拍时间降低。

（2）优化模型。根据上述改进思想，对前面仿真模型作出如下改善：改变“返修去毛刺”传送带布局，将两台机器都用于“去毛刺”工段，这样既提高“返修去毛刺”机器利用率，又提高“去毛刺”设备的作业节拍，提高整条生产线作业效率。为简化模型，在此仅用一个处理器代表每个工段，将原有两个机器的工段的处理时间降为原来的一半，优化后实体参数修改部分如表 3-10 所示，模型运行效果如图 3-20 所示。

表 3-10　　实体参数设置

实体名称	参数设置
发生器	☆①“发生器”窗口“到达时间间隔”设置“exponential（0，12，0）” ②“触发器”窗口“离开触发”添加“设置实体颜色-colored（object）”
暂存区 1	☆“临时实体流”窗口“发送至窗口”选择“第一个可用”
磨平面	☆“处理器”窗口“加工时间”设置“9”
磨槽	☆“处理器”窗口“加工时间”设置“12”
磨内圆	☆“处理器”窗口“加工时间”设置“12”
去毛刺	☆①“处理器”窗口“加工时间”设置“9” ☆②“触发器”窗口“离开触发”添加“设置实体颜色-colored（object）”
交接清洗	①“处理器”窗口“加工时间”设置“12” ②“常规”窗口“旋转—Z”设置“180”
气缸分选	①“处理器”窗口“加工时间”设置“10” ②“常规”窗口“旋转—Z”设置“180”
互检送装配	①“处理器”窗口“加工时间”设置“12” ②“临时实体流”窗口“输出—发送至端口”选择“按百分比—直接编辑此触发器的代码” ③“常规”窗口“旋转—Z”设置“180”
暂存器 2	①“暂存区”窗口勾选“成品操作”，“目标批量”设置“100” ②“常规”窗口“旋转—Z”设置“180”
吸收器	“常规”窗口“旋转—Z”设置“180”

注：前面有☆符号表示相对原模型有修改。

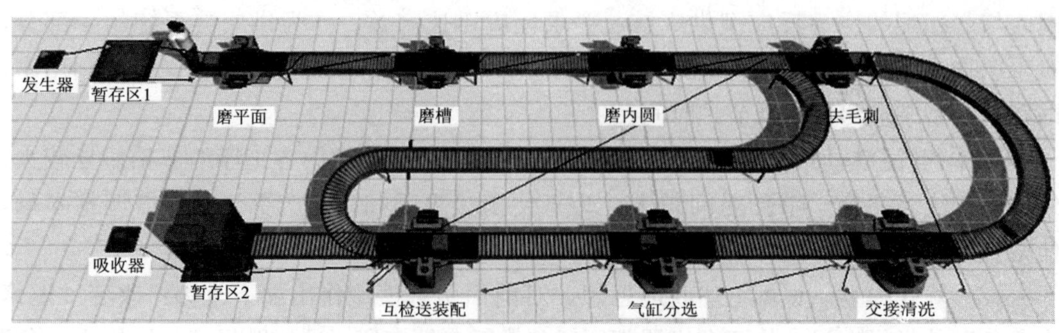

图 3-20　优化后模型运行效果

同样运行144000秒生成表3－11优化后标准统计报告和表3－12优化后状态统计报告。

表3－11　　Flexsim优化后标准统计报告

Time（时长）	144002.048494					
Object（项目）	Class（类别）	Stats input（统计输入）	Stats output（统计输出）	Stats staytimemin	Stats staytimemax	Stats staytimeavg
发生器	Source（资源）	0	11898	0	0	0
暂存区1	Queue（队列）	11898	10939	0.994857	11421.64	5566.978
操作员	Operator（操作员）	10939	10939	2.051986	2.066242	2.066241
磨平面	Processor（过程）	10939	10938	9	9	9
磨槽	Processor（过程）	10938	10937	11	11	11
传送带1	Conveyor（传送带）	10938	10938	5	5	5
传送带2	Conveyor（传送带）	10937	10937	5	5	5
磨内圆	Processor（过程）	10937	10936	11	11	11
传送带3	Conveyor（传送带）	10936	10935	5	12.93772	5.428041
去毛刺	Processor（过程）	11515	11515	8	8	8
交接清洗	Processor（过程）	11514	11513	11	11	11
传送带4	Conveyor（传送带）	11515	11514	14.13717	40.69674	15.60521
传送带5	Conveyor（传送带）	11513	11513	5	5	5
气缸分选	Processor（过程）	11513	11512	10	10	10
传送带6	Conveyor（传送带）	11512	11511	5	5	5
互检送装配	Processor（过程）	11511	11510	11	11	11
传送带7	Conveyor（传送带）	10930	10930	5	5	5
暂存区2	Queue（队列）	10930	10900	0	1329.432	651.5016
吸收器	Sink（水槽）	10900	0	0	0	0
传送带8	Conveyor（传送带）	580	580	27.56637	40.56637	28.74417

表3－12　　Flexsim优化后状态统计报告

Time(时长)	144002.048494						
Object（项目）	Class（类别）	idle（闲置率）	processing（加工率）	blocked（阻塞率）	generating（生成率）	empty（空闲率）	collecting（收集率）
发生器	Source（资源）	0.00%	0.00%	0.00%	100.00%	0.00%	0.00%
暂存区1	Queue（队列）	0.00%	0.00%	0.00%	0.00%	0.06%	0.00%
操作员	Operator（操作员）	68.38%	0.00%	0.00%	0.00%	0.00%	0.00%

续　表

Time(时长)	144002.048494						
Object（项目）	Class（类别）	idle（闲置率）	processing（加工率）	blocked（阻塞率）	generating（生成率）	empty（空闲率）	collecting（收集率）
磨平面	Processor（过程）	31.63%	68.37%	0.00%	0.00%	0.00%	0.00%
磨槽	Processor（过程）	16.45%	83.55%	0.00%	0.00%	0.00%	0.00%
传送带 1	Conveyor（传送带）	0.00%	0.00%	0.00%	0.00%	62.02%	0.00%
传送带 2	Conveyor（传送带）	0.00%	0.00%	0.00%	0.00%	62.02%	0.00%
磨内圆	Processor（过程）	16.46%	83.54%	0.00%	0.00%	0.00%	0.00%
传送带 3	Conveyor（传送带）	0.00%	0.00%	3.25%	0.00%	58.78%	0.00%
去毛刺	Processor（过程）	36.03%	63.97%	0.00%	0.00%	0.00%	0.00%
交接清洗	Processor（过程）	12.05%	87.95%	0.00%	0.00%	0.00%	0.00%
传送带 4	Conveyor（传送带）	0.00%	0.00%	11.04%	0.00%	0.05%	0.00%
传送带 5	Conveyor（传送带）	0.00%	0.00%	0.00%	0.00%	60.02%	0.00%
气缸分选	Processor（过程）	20.06%	79.94%	0.00%	0.00%	0.00%	0.00%
传送带 6	Conveyor（传送带）	0.00%	0.00%	0.00%	0.00%	60.03%	0.00%
互检送装配	Processor（过程）	12.07%	87.93%	0.00%	0.00%	0.00%	0.00%
传送带 7	Conveyor（传送带）	0.00%	0.00%	0.00%	0.00%	62.05%	0.00%
暂存区 2	Queue（队列）	0.00%	0.00%	0.00%	0.00%	1.10%	98.90%
吸收器	Sink（水槽）	0.00%	0.00%	0.00%	0.00%	0.00%	100.00%
传送带 8	Conveyor（传送带）	0.00%	0.00%	0.47%	0.00%	88.79%	0.00%

节拍时间＝144000 秒/10930 个＝13.17 秒/个

（3）优化前后对比分析。

①周产量对比。原模型运行一周产量为 7150，优化后周产量为 10930，周产量上升 34.61%，如图 3－21 所示。

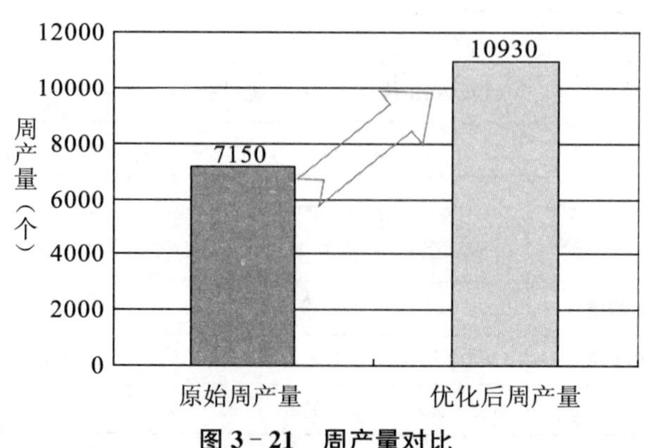

图 3－21　周产量对比

②生产节拍对比。原模型生产节拍时间为20.14秒，优化后生产节拍时间为13.17秒，如图3－22所示。

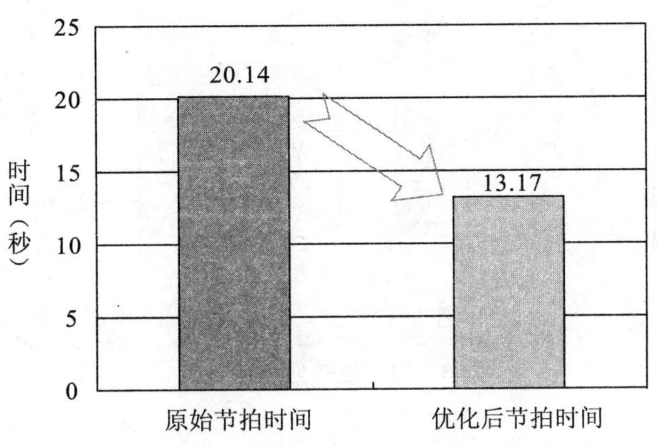

图3－22　生产节拍对比

③设备利用率对比。为方便比较分析取表3－9和表3－12中的idle（闲置率）和processing（加工率）指标，组合生成新表3－13。

表3－13　　　　优化前和优化后设备利用率对比

Time(时长)：144000	优化前	优化后	优化效果	优化前	优化后	优化效果
Object（项目）	idle（闲置率）	idle（闲置率）	idle（闲置率）	processing（加工率）	processing（加工率）	processing（加工率）
磨平面	55.20%	31.63%	－23.57%	44.80%	68.37%	23.57%
磨槽	40.28%	16.45%	－23.83%	59.72%	83.55%	23.83%
磨内圆	38.62%	16.46%	－22.16%	59.70%	83.54%	23.84%
去毛刺	10.57%	36.03%	25.46%	89.43%	63.97%	－25.46%
交接清洗	37.24%	12.05%	－25.19%	62.76%	87.95%	25.19%
气缸分选	47.71%	20.06%	－27.65%	52.29%	79.94%	27.65%
互检送装配	36.63%	12.30%	－24.33%	63.37%	87.70%	24.33%

由图3－23、图3－24可知，优化后设备整体处理率上升，闲置率下降，有效调节设备利用率低的情况。

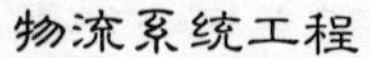

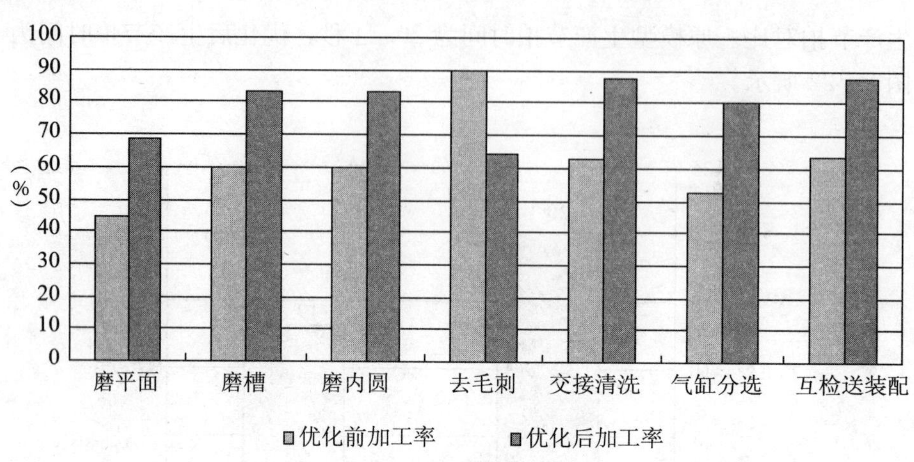

图 3-23 设备处理率对比

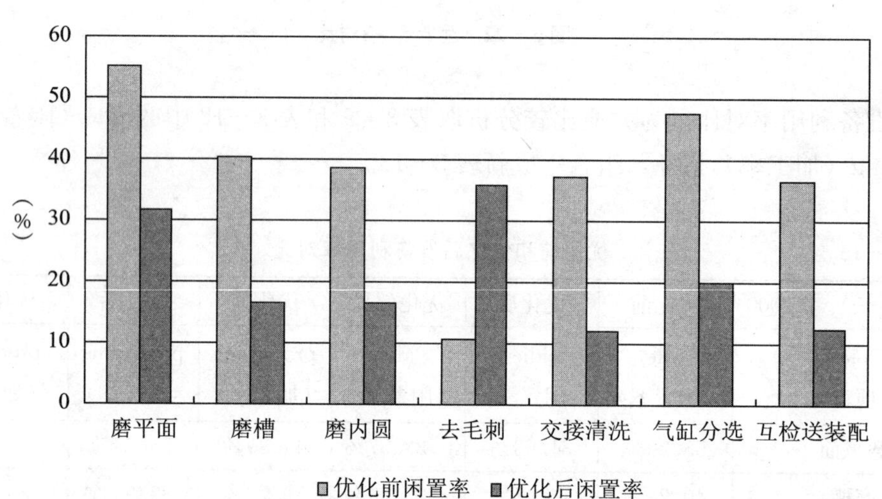

图 3-24 设备空闲率对比

三、系统仿真的一般步骤

物流系统仿真的一般步骤如图 3-25 所示，包括一组典型的、完整的仿真步骤以及各步骤间的关系。

第一步，定义问题；

第二步，拟定目标和定义系统绩效指标；

第三步，描述系统和列出假设；

第四步，罗列可替代方案；

第五步，收集数据和信息；

第六步，建立计算机仿真模型；

第七步，验证和确认模型；

第八步，运行可替代仿真实验；

第九步，分析输出；

第十步，提出建议且归档。

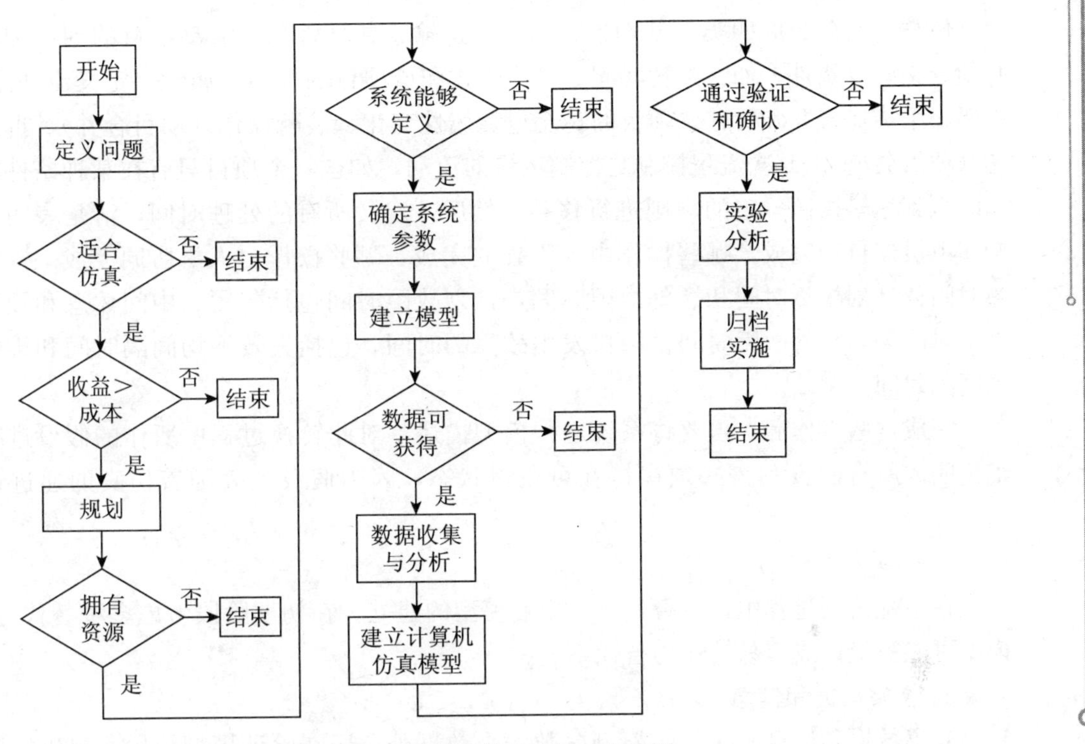

图 3－25　物流系统仿真的一般步骤

综合上述实例，归纳值得注意的问题，仿真研究不是简单遵循十步的排序，有些项目在获得系统的内部细节信息后，可能要返回到先前的步骤进行循环。同时，验证和确认需求贯穿于仿真工作的每一步骤。

1. 定义问题

先定义问题，再拟定目标，最后构建一个解决问题的模型。在定义问题阶段，对于假设要小心翼翼，防止做出错误的假设。作为仿真的一条基本原则，定义问题的表述应越简明越好，详细考虑问题产生的可能原因。

2. 拟定目标和定义系统绩效指标

目标是一个仿真项目所有步骤的导向。系统定义必须基于系统目标，目标决定如何做出假设、收集哪些数据和信息。目标必须清晰、简明和切实可行，如目标被描述为“通过增加机器或延长工时，能够获得更多的利润吗”。定义目标，必须详细说明衡量系统目标能否实现的绩效指标，如每小时的产出率、人力资源利用率、平均排队时间、最大队列长度等。同时，列出仿真结果的先决条件，如充分利用现有设备，或限制最高投资额，或不能延长产品订货提前期等。

3. 描述系统和列出假设

系统时间被划分成处理时间、运输时间和排队时间。任何一个物流系统，必须明确地定义建模要素：资源、流动项目（产品、顾客或信息）、路径、流程控制、处理时间、资源故障时间等。

仿真将资源分成四类：处理器、队列、运输、共享资源。流动项目的到达和预载必须定义必要条件，如：到达时间、到达模式和该项目的类型等属性。定义流动路径，需要详细描述合并和转移。项目的转变包括属性变化、装配操作（项目合并）、拆卸操作（项目分离）。其次流程控制是控制项目的流动，如：一个项目只有在某种条件或某一时刻到达时按照一定的规则进行移动。然后，定义所有的处理时间，清楚表明哪些操作由机器自动完成，哪些操作由人工独立完成，哪些操作由人机协同完成。资源故障时间分计划故障时间和意外故障时间，计划故障时间包括午餐、中间休息和预防性维护时间等，意外故障时间是随机发生故障的时间，包括失效平均间隔时间和维修平均间隔时间。

完成这些工作后，需要将系统进行模型描述，对此转换过程中所作的假设进行详细说明。所有假设列表必须保持在可获得状态，因为假设列表随着仿真的递进逐步增长。

4. 列举可替代方案

在系统仿真过程中，可替代方案影响模型的建立。在初期阶段考虑多种替代方案，模型可能被设计成容易转换为替代系统。

5. 收集数据和信息

收集数据和信息，除了为模型参数输入数据外，还在验证模型阶段，提供实际数据与模型性能数据进行比较。有些数据可以通过历史记录、经验和计算得到，为模型输入参数提供基础；有些数据可能没有现成的记录，通过测量收集数据，有些数据采用估计方法获得，估计值可以通过少数快速测量或者通过咨询熟悉系统的专家获得。使用较粗糙的数据，根据最小值、最大值和最可能取值定义一个三角分布，比仅采用平均值进行仿真的效果要好。若需要可靠数据时，则需要花费较多时间收集和统计大量数据，以定义能够准确反映现实的概率分布函数。

6. 建立计算机仿真模型

首先构建小的测试模型以证明复杂物流系统的建模是合适的。一般建模过程呈阶段性的特点，在进行下一阶段建模前，验证本阶段的模型工作正常，在建模过程中运行和调试每一阶段的模型，而非直接将整个系统模型全部构建，然后进行系统仿真。可能对同一现实系统构建多个计算机仿真模型，而每个模型的抽象程度不同。

7. 验证和确认模型

验证是确认模型功能是否符合设想的系统功能，模型是否同设想构建的模型相吻合，如物流的流向、流速、流量、流程、流效是否合理等。确认涉及的范围更广，如模型反映现实系统正确性如何，模型仿真结果的可信度如何等。

验证可以采用多种技术进行：第一种验证技术，是在仿真低速运行时，观看动画和仿真钟是否同步运行，以便发现流体的物流流程及其处理时间方面的差异。第二种验证技术，是在模型运行过程中，通过交互命令窗口，显示动态图表询问资源和流体的属性和状态。通过“步进”方式运行模型，动态查看物流轨迹，可以帮助调试模型。为了发现调试模型中是否存在某种特定问题，推荐使用同一随机数列，以保证仿真结果的变化是由模型修改引起的，非常有益于有些简单假设的模型，能够方便计算或预测系统性能。

确认是指确定建立模型的可信度，但是尚没有一种技术可以对模型的结果进行100%的肯定，只能尽量保证模型的行为同现实情况不抵触。假如一个模型在输入正确数据后，其输出满足预期的目标，那么它是好的，模型只需在必要范围内有效就可以了，总是在模型结果的正确性与获得这些结果所花费的费用之间进行权衡。

判断模型的有效性主要考虑以下几个方面。

①模型性能测度是否同真实系统性能测度匹配?

②若没有可供对比的现实系统，则将仿真结果同近似现实系统仿真模型的运行结果进行对比。

③利用系统专家的经验和直觉假设复杂物流系统特定部分模型的运行状况。对每个任务，在确认模型的输入和假设是正确的、性能测度是可以测量前，需要对模型各部分进行随机测试。

④模型的行为是否与理论相一致？确定结果的理论最大值和最小值，然后验证模型结果是否位于两值之间。为了了解模型在改变输入参数值后，其输出性能测度的变化方向，通过逐渐增大或减小其输入参数，来验证模型的一致性。

⑤模型是否能够准确地预测结果？对正在运行的模型进行连续的有效性验证。

⑥是否有其他仿真模拟器模拟该模型？若有，可以将已有模型的模拟结果同设计模型的运行结果进行对比。

8. 运行可替代仿真实验

当系统具有随机性时，需要对仿真实验进行多次运行，原因是随机输入导致随机输出。若可能，第二步计算已经定义的每一性能测度的置信区间。在选择仿真运行长度时，必须考虑启动时间、资源失效可能间隔时间、处理时间或到达时间的节假日或季节性的时间差异，或其他需要系统运行足够长时间才能出现效果的系统特征变量。

9. 分析输出

输出结果往往是报表、图形和表格，同时采用统计技术分析不同方案的仿真结果。一旦得出结论，应根据模拟目标解释结果，并提出实施或优化方案。特别是，可以使用结果和方案的矩阵图进行比较分析。

10. 提出建议且归档

在分析模型仿真结果的基础上，提出对决策者有价值的参考建议，并以文字报告形式具体表现出来。最后构建和补充文件的数据库和知识库，为进一步智能化仿真积累知识，完善物流系统，使之能处理越来越复杂的问题。

本章小结

本章从物流系统模型的概念入手，首先简要地阐述概念和分类，其次分析物流系统建模的原则，再次具体说明物流系统建模的方法和常见的物流模型，最后分析物流系统仿真的步骤。

阅读材料

基于 Flexsim 的某生产线物流仿真优化

1. 问题描述

某公司的总装配车间装配流水线主要生产 40 吨级及以上的挖掘机。挖掘机的基本构造分工作装置、上车部分和下车部分三大块，其中工作装置主要部件有铲斗、铲斗油缸、斗杆、斗杆油缸、动臂和动臂油缸；上车部分主要部件有回转机构、液压油箱、燃油箱、液压泵、主控阀、配重、蓄能器、发动机、散热器和驾驶室；下车部分主要部件有托链轮、引导轮、支重轮、驱动轮、X 架、履带、中心回转支承、胀紧装置和行走机构。总装车间流水线据此分为三部分共 16 道工序，确定生产物流系统仿真目标有三：一是提高装配效率；二是提高机器设备使用效率；三是生产流水线工序能力平衡。

2. 数据收集

通过观察装配流水线，了解装配工序的前后关系、每道工序的等待时间和装配时间、每道工序需要的员工人数和机器数量，甚至是每道工序的故障率及解决故障耗时等，得表 3 - 14。

表 3 - 14　　挖掘机装配线各道工序资料

序号	工序名称	等待时间（秒）	加工时间（秒）	员工人数	机器数量
U1	布线布管	21	169	2	1
U2	液压件装配	34	152	2	1
U3	发动机总装	25	158	2	1
U4	油箱装配	14	182	2	1
U5	回油系统装配	23	139	2	1
U6	覆盖件总装	0	187	4	1

续　表

序号	工序名称	等待时间（秒）	加工时间（秒）	员工人数	机器数量
U7	机顶罩装配	0	158	2	1
U8	驾驶室分装	0	126	1	1
U9	驾驶室总装	44	139	1	1
D1	支重轮、托链轮装配	0	162	2	1
D2	导向轮、驱动装置装配	18	182	2	1
D3	回转支承、履带安装	5	175	4	1
S1	合车	3	182	4	1
S2	配重、工作装置装配	11	154	4	1
S3	斗杆、铲斗总装	11	179	4	1
S4	下线	11	179	4	1

3. 建立仿真模型

首先，根据表 3-14 确定各个环节及其先后顺序，从 Flexsim 的对象库中将 16 个对象拖拽至模型窗口，构建模型布局。其次，定义物流流程，连接对象形成一个整体，如图 3-26 所示。最后，编辑对象参数，使仿真模型使用数据和现实生产线一致，具体设置如表 3-15 所示。

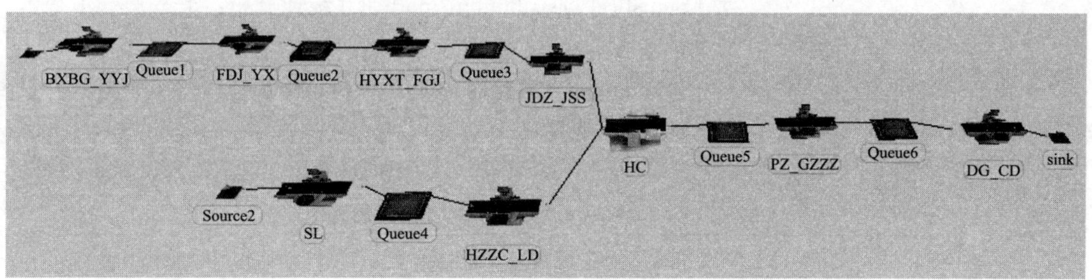

图 3-26　生产装配线仿真模型（二维）

表 3-15　模型对象参数设置

工序名称	模型名称	参数设置
配送部	Source1	①source（资源）选项中 Inter _ Arrivaltime（间隔时间）设置 Statistical Distribution：normal（统计分布：正态）(10140，300，0)；②Triggers（触发器）选项中 OnExit（退出口）设置 set color (colorblack)［设置颜色（黑色）］
布线布管液压件装配	BXBG _ YYJ	Processor（处理器）选项中 Process Time（处理时间）设置 Statistical Distribution：normal（统计分布：正态）(10140，300，0)

续 表

工序名称	模型名称	参数设置
发动机装配 油箱装配	FDJ _ YX	Processor（处理器）选项中 Process Time（处理时间）设置 Statistical Distribution：normal（统计分布：正态）（10920，300，0）
回油系统 覆盖件总装	HYXT _ FGJ	Processor（处理器）选项中 Process Time（处理时间）设置 Statistical Distribution：normal（统计分布：正态）（11220，300，0）
机顶罩装配 驾驶室装配	JDZ _ JSS	Processor（处理器）选项中 Process Time（处理时间）设置 Statistical Distribution：normal（统计分布：正态）（9000，300，0）
6 个暂存区	Queue	Queue（队列）选项中 Maximum Content（最大容量）设置 10.00
配送部	Source2	①source（资源）选项中 Inter _ Arrivaltime（间隔时间）设置 Statistical Distribution：normal（统计分布：正态）（10920，300，0）； ②Triggers（触发器）选项中 OnExit（退出口）设置 set color（colorred）［设置颜色（红色）］
四轮装配	SL	Processor（处理器）选项中 Process Time（处理时间）设置 Statistical Distribution：normal（统计分布：正态）（10920，300，0）
回转支承、 履带安装	HZZC _ LD	Processor（处理器）选项中 Process Time（处理时间）设置 Statistical Distribution：normal（统计分布：正态）（10500，300，0）
合车	HC	①Processor（处理器）选项中 Process Time（处理时间）设置 Statistical Distribution：normal（统计分布：正态）（10920，300，0）； ②Combiner（组合器）选项中 Combine Mode（组合方式）设置 Join（连接）； ③Triggers（触发器）选项中 On Exit（退出口）设置 set color（coloryellow）［设置颜色（黄色）］
配重 工作装置装配	PZ _ GZZZ	Processor（处理器）选项中 Process Time（处理时间）设置 Statistical Distribution：normal（统计分布：正态）（9240，300，0）
斗杆 铲斗总装	DG _ CD	Processor（处理器）选项中 Process Time（处理时间）设置 Statistical Distribution：normal（统计分布：正态）（10740，300，0）
下线	Sink20	不设置

4. 输出仿真结果

设计流水线仿真运行 30 天即 2592000 秒，具体设置 Stop Time（终止时间）为 2592000，再设置 Run Speed（运行速度）值越高越好，点击“Run（运行）”运行，通过菜单栏 Statistics（统计）项下 Repots and Statistics（报告和统计）选项，选择 Summary Report（汇总报告）和 State Report（状态报告）生成标准统计报告和状态统计报告。节拍时间是指生产一个产品所要花费的时间，即节拍时间＝有效工作总时间 / 工作时间内所有有效产量；生产线的节拍时间＝43200 分钟 / 225 台＝192 分钟/台；设备空闲率 ＝ 设备处于空闲状态的时间 / 设备工作总时间；设备处理率 ＝ 设备处于工作状态的时间 / 设备工作总时间；平均加工时间 ＝ 设备加工每件产品时间总和 / 加工产品数，其中输出指标值见表 3－17。

1）装配流水线优化仿真模型

优化生产线是为实现将各道工序的作业量平均化，让每道工序的机器拥有高处理率、低空闲率，让每道工序的员工和机器的工作时间差不多，最终实现生产线平衡，产能最优。采用 IE 方法，设定优化目标：物料配送准时准确，不影响生产；各工序工作时间普遍缩短 20%；瓶颈工序时间约等于节拍时间；生产线平衡。再设定参数，见表 3－16，进行优化。重新设置参数的仿真模型 Stop Time 值为 2592000 秒运行仿真，输出仿真报告，其中指标值见表 3－17。

表 3－16　　优化后模型对象参数设置

工序名称	模型名称	参数设置
配送部	Source1	①source（资源）选项中 Inter _ Arrivaltime（间隔时间）设置 Statistical Distribution：normal（统计分布：正态）(8312，200，0)；②Triggers（触发器）选项中 OnExit（退出口）设置 set color (colorblack)［设置颜色（黑色）］
布线布管液压件装配	BXBG _ YYJ	Processor（处理器）选项中 Process Time（处理时间）设置 Statistical Distribution：normal（统计分布：正态）(8312，200，0)
发动机装配油箱装配	FDJ _ YX	Processor（处理器）选项中 Process Time（处理时间）设置 Statistical Distribution：normal（统计分布：正态）(8436，200，0)
回油系统覆盖件总装	HYXT _ FGJ	Processor（处理器）选项中 Process Time（处理时间）设置 Statistical Distribution：normal（统计分布：正态）(8476，200，0)
机顶罩装配驾驶室装配	JDZ _ JSS	Processor（处理器）选项中 Process Time（处理时间）设置 Statistical Distribution：normal（统计分布：正态）(8200，200，0)
配送部	Source2	①source（资源）选项中 Inter _ Arrivaltime（间隔时间）设置 Statistical Distribution：normal（统计分布：正态）(8436，200，0)；②Triggers（触发器）选项中 OnExit（退出口）设置 set color (colorred)［设置颜色（红色）］
四轮装配	SL	Processor（处理器）选项中 Process Time（处理时间）设置 Statistical Distribution：normal（统计分布：正态）(8436，200，0)
回转支承、履带安装	HZZC _ LD	Processor（处理器）选项中 Process Time（处理时间）设置 Statistical Distribution：normal（统计分布：正态）(8400，200，0)

续 表

工序名称	模型名称	参数设置
合车	HC	①Processor（处理器）选项中 Process Time（处理时间）设置 Statistical Distribution：normal（统计分布：正态）（8436，200，0）；②Combiner（组合器）选项中 Combine Mode（组合方式）设置 Join（连接）；③Triggers（触发器）选项中 On Exit（退出口）设置 set color (coloryellow)［设置颜色（黄色）］
配重工作装置装配	PZ _ GZZZ	Processor（处理器）选项中 Process Time（处理时间）设置 Statistical Distribution：normal（统计分布：正态）（8292，200，0）
斗杆铲斗总装	DG _ CD	Processor（处理器）选项中 Process Time（处理时间）设置 Statistical Distribution：normal（统计分布：正态）（8492，200，0）
下线	Sink20	不设置
6 个暂存区	Queue	Queue（队列）选项中 Maximum Content（最大容量）设置 10.00

2）装配流水线优化前后指标对比

根据挖掘机装配生产线的综合性，从经济性指标和技术性指标两个方面确定评价指标。其中，经济性指标以装配日产量和时间节约经济效益进行计算。原始装配线装配日产量：Q0 日产 ＝原始仿真输出量（台）/ 仿真时间（天）＝ 225（台）/ 30（天）＝7.5（台/天）；优化后装配线日产量：Q1 日产＝优化后仿真输出量（台）/ 仿真时间（天）＝ 296（台）/ 30（天）＝9.7（台/天）；装配线日产量优化后比优化前提高 30.67％。时间节约效益，原始瓶颈工序的工作时间为 11273 秒，优化后瓶颈工序工作时间为 8603 秒，同比下降 23.68％，整个装配流水线工作时间同比下降 19.49％。技术性指标采用生产节拍、设备处理率、设备空闲率进行分析。原始装配线生产节拍：T0 节拍 ＝有效工作总时间 / 工作时间内所有有效产量＝43200（分钟）/ 225（台）＝192（分钟/台）；优化后装配线生产节拍：T1 节拍 ＝有效工作总时间 / 工作时间内所有有效产量＝43200（分钟）/ 296（台）＝146（分钟/台）；优化后装配节拍时间比优化前装配时间减少 24％。装配线各道工序设备处理率均提高，其中工序 JDZ _ JSS（机顶罩装配和驾驶室装配）由 78.84％提高到 94.67％，增幅较大。设备空闲是对资源的浪费，原始的装配线上工序机顶罩驾驶室装配和配重工作装置装配的设备空闲率都非常高，经过改进分别由 19.19％降低至 1.37％、19.23％降低至 3.44％，有效减少设备浪费现象。

表 3-17　　优化前后指标对比

对象	优化前后平均工作时间对比		优化前后设备处理率对比		优化前后设备空闲率对比	
	原始平均工作时间（秒）	优化后平均工作时间（秒）	原始设备处理率	优化后设备处理率	原始设备空闲率	优化后设备空闲率
BXBG_YYJ	10359.245931	8312.0399	96.44%	98.35%	1.48%	1.65%
FDJ_YX	10923.057197	8434.011	99.24%	99.24%	0.76%	0.76%
HYXT_FGJ	11192.777584	8489.3872	98.82%	99.05%	1.18%	0.95%
JDZ_JSS	9187.234109	8539.9377	78.84%	94.67%	19.19%	1.37%
SL	10955.679515	8425.3047	98.24%	98.33%	1.76%	1.67%
HZZC_LD	11272.768156	8603.4916	92.46%	96.94%	0.82%	0.64%
HC	10946.325028	8520.8949	95.76%	97.16%	4.12%	1.92%
PZ_GZZZ	9259.674195	8417.2906	80.77%	96.56%	19.23%	3.44%
DG_CD	10692.65378	8409.8804	92.95%	96.14%	7.05%	3.86%

通过挖掘机装配流水线的原始仿真和优化仿真，可见采用 IE 方法和物流方法优化后的装配线日产量提升，节拍时间缩短，装配线各道工序生产能力均衡，各工序设备利用率提高，所以改进方案可行。

资料来源：汪传雷，李磊，刘宏伟．基于 FLEXSIM 的某生产线物流仿真优化［J］．物流技术，2011（8）：58-60.

1. 系统仿真的基础是什么？
2. 如何构建系统仿真模型？
3. 系统优化的指标有哪些？

1. 试述物流系统的建模方法及其步骤？
2. 常见的物流系统模型有哪些？分别适用何种情境？
3. 试述物流系统仿真方法及其步骤？
4. 垃圾回收物流系统建模与仿真

A 城市甲社区下辖 7 个居民小区，每个居民小区设置一个固定垃圾投放处，两个垃圾箱分别投放完全废弃垃圾和可回收利用垃圾；每天由专门的垃圾处理和利用公司指派垃圾运输车收集垃圾，将垃圾从居民小区运送至中转站，再由中转站运至目的地——垃圾处理中心。

（1）如何设计物流系统，能够使垃圾收集系统在满足时间约束、容积约束、载重约束的条件下，使系统的物流总成本最小。通过对多种系统配置方案（收集方式、车辆载重、人员配置等）的建模仿真，寻求达到最低总成本的系统配置。

（2）垃圾回收系统可以分解为两个子系统，一个为从居民小区回收至中转站，另一个为从中转站回收至处理中心。两个子系统具有一定的相似性，是从固定点收集垃圾物料，在车辆容积限制、载重约束、工作时间限制下，采用最短路径完成运输任务。

第四章　物流系统评价与决策

章节知识框架

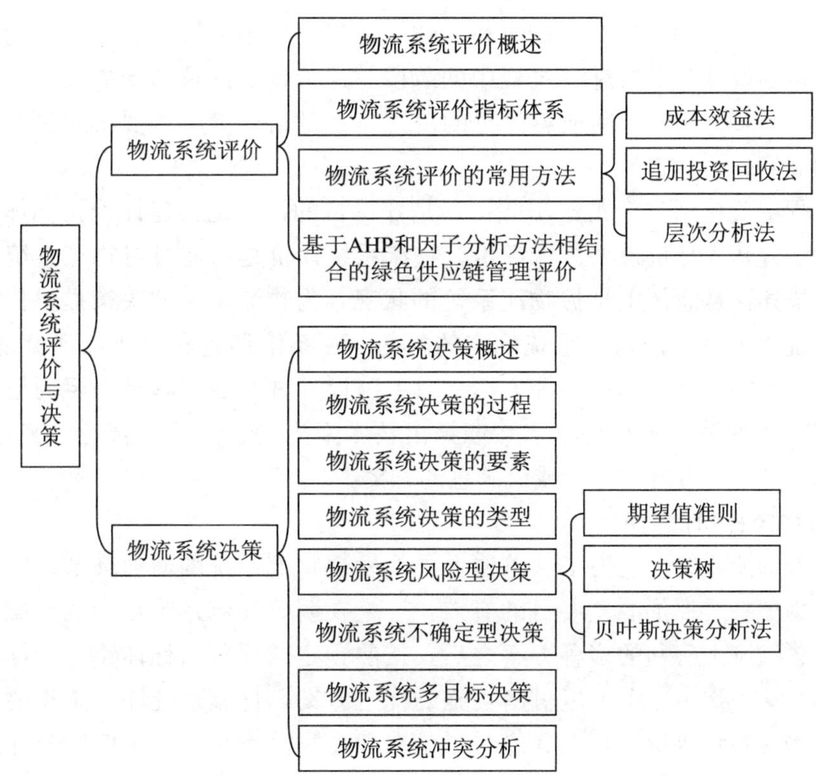

教学目标与要求

通过本章学习，了解物流系统评价的目的、原则和基本步骤，理解物流系统评价的指标体系，掌握物流系统评价常用的方法、物流系统决策的过程、类型以及风险型决策。

第一节　物流系统评价

一、物流系统评价概述

评价是根据明确的目标来测定对象系统的属性，并将这种属性变为客观定量的价值或主观效用的行为过程。系统评价是全面评价系统的价值，价值是评价主体根据其效用观点对于评价对象满足某种需求的认识，与评价主体、评价对象所处的环境状况密切相关。系统评价问题是由评价对象（What）、评价主体（Who）、评价目的（Why）、评价时间（When）、评价地点（Where）、评价方法（How）等要素（5W1H）构成的问题复合体。评价对象是指接受评价的事物、行为或对象系统，如物流园区布局、物流企业投资、物流运输方案、物流标准化项目、绿色物流等。评价主体是指评定对象系统价值大小的个人或者集体，经济学的效用理论认为评价主体的个性特点及其情境，是决定系统评价结果的重要因素。评价目的是系统评价所要解决的问题和所能发挥的作用，如行为解释、问题分析、优化方案、决策支持等。评价时间是指系统评价在系统规划设计开发实施全过程中的阶段。评价地点涉及两个方面：一是指评价对象所涉及的及其占用的空间或者评价的范围，二是指评价主体观察问题的角度和高度或评价的立场。

评价过程主要包括三个关键步骤：一是评价目的，二是构建评价指标体系，三是选择评价方法并建立评价模型进行评价。物流系统评价是指通过对物流系统进行综合调查和整体描述，从总体上把握物流系统的状况，为物流系统的决策提供依据。或者说，物流系统评价是根据物流系统确定的目的，在系统调查和可行性研究的基础上，主要从技术、经济、环境和社会等方面，对系统设计方案能够满足需要的程度与为之消耗和占用的各种资源进行评审，并选择出技术上先进、经济上合理、实施上可行、安全上可靠、环境上友好的最优或最满意的方案。

1. 物流系统评价的目的

综合评价物流系统，是为了从总体上寻找发现物流系统的薄弱环节，明确物流的改善方向。物流系统评价的主要目的有二：一是在明确物流系统目标的基础上，提出技术上可行、经济上有利的多种方案之后，按照预定的评价指标体系，详细评估这些方案的优劣，从中选出一个可以付诸实施的优选方案。物流系统评价工作的好坏直接关系到选择物流系统决策的正确程度。二是在建立物流系统后，定期绩效评价必不可少。通过对物流系统的评价，可以判断物流系统方案是否达到了预期的各项性能指标，环境变化对系统提出了哪些新的要求，能否在满足特定条件下实现物流系统的预定目的，以及把握系统改进的方向，寻找主要的改善点，推进系统持续改善等。

2. 物流系统评价的原则

物流系统评价是一项复杂的工作，必须借助科学和技术的成果，采用科学的方法进行客观、公正、公平的评价。评价主要是由人来进行的，评价方案及指标选择也是由人来完成的，必须考虑每个人的价值观在评价中的影响。物流系统评价应遵循如下原则。

1）评价的客观性

评价必须客观地反映实际，使评价结果真实可靠。只有客观地评价，才能更好地把握物流系统状况，确定改善方向；评价的目的是决策，评价的质量影响决策的正确性。也就是说，必须弄清评价资料是否全面、可靠、正确，防止评价人员的主观倾向性，应该注意集中各方面专家的意见，并且考虑评价人员组成的代表性。

2）方案的可比性

替代方案必须保证实现物流系统的基本功能具有可比性和一致性。对各个方案进行评价时，评价的前提条件、评价的内容应一致，对每一项指标进行比较，个别方案功能突出、内容创新，也只能说明其某些方面，而不能代表其他方面。

3）指标的系统性

评价指标必须反映物流系统的目标，应包括物流系统涉及的各个方面，坚持定量指标和定性指标相结合，以防止评价可能出现片面性。由于物流系统目标往往是多元的、多层次的、多时序的，因此评价指标体系也可能是一个多元的、多层次的、多时序的有机整体。

4）充分考虑物流系统存在的“效益背反”现象

物流系统广泛存在“效益背反”现象，即物流系统的不同主体和不同活动之间可能在目标、功能、运作上存在着冲突，如运输和仓储两项作业在成本降低的目标上可能存在冲突等。因此，评价物流系统，应明确物流系统评价的目标，选择适当的考核指标对物流系统整体进行评价。

3. 物流系统评价的基本步骤

物流系统评价要根据物流系统目标所规定的一组评价指标，确定评价项目，制定评价准则，实施评价过程。具体地，物流系统评价涉及两大类，一类为单项指标比较评价，另一类为综合评价。单项指标比较评价是指在多个方案中某些指标基本相同，只有某项主要指标不同，此时可以比较该项主要指标的优劣情况进而取舍方案。例如，当方案的技术水平基本相同时，可以进行方案的经济比较，根据经济效益的高低来评价方案的优劣；当经济效益基本相同，而技术先进性差别较大时，可以根据技术水平的高低来评价方案的优劣。任何物流系统，受影响的因素繁多，涉及面广泛，只利用单项指标比较评价来进行择优决策往往存在不足，需要全面地、综合地对所涉及方案的技术、经济、环境、社会等方面确定评价指标体系，利用综合评价对方案进行评价与择优。

按照一定的物流系统评价流程，即正确执行物流系统评价的步骤是有效进行系统评价的保证。一般地，物流系统评价步骤如下。

1）明确系统目标

根据物流系统目的，通过反复调查，明确建立此物流系统的目标以及为完成目标所考虑的具体事项，熟悉其可能的方案，分析和讨论考虑的各个要素。

2）分析系统要素

根据物流系统评价的目标，集中收集有关的资料、数据信息、情报和知识，对组成物流系统的各个要素即物流系统本身的性能特征进行全面分析，找出评价的要素项目。

3）确定评价指标体系

指标是衡量系统目标的具体标志。对于所评价的物流系统，必须建立能衡量和对照各个方案的同一尺度即评价指标体系。物流评价指标体系必须科学地、客观地、尽可能全面地考虑各种因素，包括组成物流系统的主要因素及系统的性能、成本、费用、效益和效率等方面的内容，以便明确地对各个方案进行对比和评价，并对不足方面提出相应的对策建议。物流评价指标体系的选择由评价系统的目标和特点来决定，指标体系可以在资料、文件、报告等的分析基础上得到，它是由若干个单项评价指标组成的整体，应能反映出所要解决物流问题的各项目标要求。

4）制定评价结构和评价准则

在评价过程中，必须对所确定的指标进行定量化处理。当指标本身是定量的数字，则无须更多的处理；当指标是定性指标时，需借助模糊数学的理论与方法等进行相应的处理。每一个上层指标可能是几个具体下层指标的综合，要根据指标体系与系统特性来确定评价结构。同时，由于各指标的评价尺度不同，不同的指标往往难以统一比较，必须将指标进行规范化，制定出评价准则，根据指标所反映要素的状况，确定各指标的结构和权重。

5）确定评价方法

物流系统在各个不同阶段涉及多个方案的评价，其评价方法需要根据对象的具体不同要求而有所不同。总体来看，在确定评价方法时，需要考虑的因素主要包括系统目标、系统分析结果、成本费用以及效益和效率测定的方法等。

6）单项评价

单项评价是对系统的某一方面进行详细评价，以突出系统的特点。单项评价不能解决最优方案的判定问题，只有综合评价才能解决方案择优的问题。

7）综合评价

按照评价标准，在单项评价的基础上，从不同的角度或维度，对物流系统进行全面评价。综合评价是利用模型和各种资料、数据、信息、情报和知识，采用技术经济的观点，对比各种可行方案，从系统整体出发，综合分析问题，选择适当且可以实现的优化方案。

二、物流系统评价指标体系

1. 物流系统评价指标体系概述

物流系统固有的复杂性，且不同物流系统千差万别，同一系统在不同的环境条件，其评价目的也不一样，制订物流系统评价指标体系往往存在一定的困难。一般地，指标范围越宽，指标数量越多，则方案之间的差异越明显，越易判断和评价，但是确定指标的维度和指标的重要程度也越困难。因此，在确定指标体系时，不仅要考虑指标体系能否全面地、客观地反映系统评价目的和目标的要求，而且需要考虑指标体系是否有可以利用的指标、指标的重要性、指标的层次性等，以方便建模和数据处理。

制定指标评价体系需要在全面分析的基础上，拟定指标草案，常使用文献法和德尔菲法等，通过广泛征求专家意见、反复交换信息、统计处理和综合归纳等，最后确定系统的评价指标体系。例如，在确定物流系统规划的评价指标体系时，需要考虑如下内容：一是政策性指标，包括国家的法律法规、政府的方针政策、区域经济社会发展的规划与要求等，这一点对于宏观层面的物流系统尤其重要；二是技术性指标，包括系统所使用设施设备的性能、寿命、可靠性、安全性、柔性与灵活性等；三是经济性指标，包括各个方案的成本费用、效益效率、建设周期与回收期等；四是社会性指标，包括增加社会福祉、促进经济社会发展、吸纳就业、影响环境污染和生态保护等；五是资源性指标。

2. 物流系统评价指标体系的选择

不同物流系统的目的千差万别，不同物流系统的结构各不相同，执行的物流服务功能也存在很大的差别，导致物流系统的评价对象、评价标准、评价指标、评价方法以及评价过程也可能多种多样。一般来说，物流系统的评价指标应具备如下三个必要条件。

（1）可得性。任何指标应具有相对稳定性，可以通过一定途径、一定方法获得。物流系统往往是错综复杂的，并非所有指标都容易得到。特别是若组织自身管理和核算基础工作薄弱，会导致许多重要的指标难以把握。这些容易变化、难以把握的指标不应列入评价指标体系。

（2）可比性。不同方案之间的同一项指标应具有可比性，指标的可比性包括在不同的时间、不同的地点、不同的范围进行比较。

（3）定量性。评价指标应该是可以进行量化描述的，定量指标方便建立模型进行数学处理。当然，物流系统的评价指标不可避免地会有一些定性指标。对于缺乏数据的指标，要么弃之不用，改用其他相关可量化的指标；要么利用征询专家意见等方法，进行软数据的硬化。

3. 物流系统的一般评价指标

物流系统的一般评价指标体系可以从稳定性、技术性、经济性、时间性、社会性和安全性等方面进行考虑。

（1）稳定性。物流系统的稳定性是系统发挥职能、完成服务项目的有效保证。稳定性的评价指标包括物流系统符合法律法规、政策、标准、规划、惯例等方面的要求，以及物流系统参与主体的稳定性、物流人员流动率等指标来反映。

（2）技术性。物流系统的技术性是指系统的主要性能指标，如人力、物力、水、电、气、网络、土地资源等的占用和消耗，物流设施设备的性能和可靠性，物流系统的服务能力等。

（3）经济性。物流系统的经济性是指系统的服务质量水平和物流成本之间的关系，包括物流系统方案成本、物流系统建设成本、物流系统运营成本等，有时还包括内部经济效益和外部经济效益。对于物流企业来说，其经济性指标可以具体到物流系统的利润、营业利润率、投资利税率等。

（4）时间性。时间性指标是指衡量物流系统的速度指标，系统建设和实施的进度、时间节约、生命周期，可以具体到资金周转率、配送及时率、服务响应时间、平均收发货时间等。

(5) 社会性。社会性指标包括社会福祉、社会节约、劳动、就业、环境污染、生态保护等指标。环境保护已经并将继续是企业的一项基本要求，可以具体到原材料废品回收率、产成品回收率、废弃包装物的回收率以及单位公里耗油量等。

(6) 安全性。安全性是指货物在物流系统中得到安全运输和安全储存，包括运输货损货差率、安全防护措施等。

4. 物流企业的评价指标体系

表 4-1 和表 4-2 是两个物流企业的物流系统评价指标体系。其中，表 4-1 是一个从事国际物流服务的管理型物流企业的评价指标体系。该企业主要基于企业承接的商业订单来开展配套的物流服务，每一个客户和每一笔订单要求的物流服务水平有可能不同。

表 4-1　　物流系统评价指标体系（一）

指标要素	基本指标层	服务水平要求
总体作业质量评价	订单履行延迟率	
	货物损耗率	
	客户对物流过程的抱怨率	
	物流过程差错率	
订单处理系统质量	订单平均处理时间	
	未及时收到和处理客户订单的比例	
	客户对订单处理的抱怨率	
客户服务系统质量	客户对退货系统的抱怨率	
	客户对订单追踪查询方面的抱怨率	
	客户对报表分析系统的抱怨率	
	客户对财务结算系统的抱怨率	
国际物流作业质量	国际运输货损率	
	国际运输延迟率	
	清关延迟率	
	信息提供延迟率	
国内运输作业质量	国内运输货损率	
	国内运输延迟率	
仓储和配送作业质量	库存和配送货损率	
	货物配送延迟率	
	信息提供延迟率	
	信息提供差错率	

表 4-2 是一个以区域物流配送为主营业务的物流企业的物流系统评价指标体系。

该企业的客户相对比较固定，业务经营也相对比较平稳。

表 4－2　　物流系统评价指标体系（二）

服务内容	服务质量指标	指标说明
订单处理	订单需求满足率	物流需求（包括一些额外的物流需求，如常见路线的配送、临时配送、增值服务要求等）能够及时满足的比率
配送服务	货物及时配送率	按照客户的需求在规定的时间内将货物安全准确地送达目的地的订单比率
	货物完好送达率	按照客户的要求在规定的时间内将货物无损坏地送达客户手上的订单比率
	运输信息及时跟踪率	每一笔货物开始运输后，企业及时向客户反馈配送信息的比率
库存管理	库存完好率	某段时间内，仓库货物保存完好率
	库存报告准确率	某段时间内，库存报告的准确次数除以总的库存报告次数
	发货准确率	仓管人员根据订单准确发货的比率
客户服务	客户投诉率	某段时间内，收到客户投诉次数占总服务次数的比率
	客户投诉处理时间	一般响应时间为 2 小时，但若客户重复投诉，则加大此权重

表 4－3 是物流园区的评价指标体系。物流园区多位于城市周边，交通便利。为了吸引物流中心、配送中心等物流企业聚集，物流园区在空间布局时需要考虑物流市场需求、地价、交通设施、劳动力成本、环境等经济、社会、自然等多方面的因素。物流园区规划的影响因素可以抽象为社会效益、经济效益与技术效能三个维度，在每一个维度下面再考虑具体的因素。

表 4－3　　物流园区的评价指标体系

一级指标	二级指标	评价标准
社会效益	园区交通状况	交通便利程度是否能够满足采购与销售的需要
	区域发展规划	定位是否符合区域发展规划中的用地、发展目标的要求
	污染状态	尽可能减少环境污染，最大限度地实现与环境相容
	对当地居民生活的影响	尽可能减轻对居民出行、生活等的干扰，要求减轻或消除噪声等负面影响
	地质、气候等自然环境的状态	是否满足物流园区的建设、生产、生活等要求

续 表

一级指标	二级指标	评价标准
经济效益	当地消费容量与水平	接近消费市场，具有充足消费容量与消费购买力
	运输成本	运输成本低
	地价因素	具有低地价区位优势
	周边企业状况	周边企业聚集且环境和谐
	劳动力成本和技术水平	具有成本合适、数量充足、素质较高的劳动力资源
	公共设施状态	具有充足的道路、通信、网络、供电、供水、排水等基本公共设施，有污水、污气、污液、固体废弃物处理能力
	资金落实程度	融资环境好
	效益费用比	效益费用比合理
	投资收益率	投资收益率好
技术效能	功能设计的完备、可靠性程度	功能完备，可靠性高
	多式联运	多式联运运营协调、方便、可达性好
	利用现有设施	兼容现有物流设施或易于升级
	靠近交通主干道	靠近交通主干道的出入口，如高速公路、国道、省道、快速专线等
	靠近货运枢纽	靠近公路货运集散中心，与铁路货运中心、水路港口中心、航空中心等距离短
	道路运输网络	具有完备的道路运输网络
	总建筑面积满意度	能满足规划的中长期发展的需要
	总站场面积满意度	能满足规划的中长期发展的需要
	土地面积利用率	土地面积利用率较高

5. 物流系统评价指标值的获取

（1）单项评价指标。为了评价物流系统，必须对物流系统评价指标体系的每一条指标进行量化，常用的系统评价指标数量化方法有：排队打分法、体操计分法、专家评分法、两两比较法等。例如，排队打分法用于物流系统中运输能耗，假设有 m 种方案，采取 m 种记分制，最低者打 m 分（注意运输能耗是成本指标），最高者打 1 分，中间各方案可以等步长记分（步长为 1），也可以不等步长记分。体操计分法是邀请 6 位裁判员各自独立地对体操选手的表演按照 10 分制评分，得到 6 个评分值，去掉一个最高分和一个最低分，将中间 4 个分数取平均，得到体操选手的最后得分，常用于物流系统的方便性等定性指标的评价。专家评分法用于物流设备操作性的评价，邀请专家对不同的设备进行操作，感受不同设备操作性的优劣，请专家根据自身的感觉和经验按照一定规则对每台设备进行等级评分，然后将不同等级转化为相应的数字，再将每台设备的得分相加，最后将每台设备的得分总和除以专家的人数，以此获得每台设备的得分值。两两比较法，是要求专家对某个指标的不同方案进行两两比较，通过一定规则对方案打分，然后对每一方案的得分求和，并采取相应的方法进行处理；具体打分可以采取三等级打分法、五等级打分法或者多比例打分法等。

（2）综合评价指标。为了根据物流系统评价指标体系，获得系统方案的综合得分，在获得物流系统评价指标体系最底层指标无量纲的统一得分后，采用各种评价指标综合方法进行综合，得到每种方案的综合评价值，最后根据综合评价值的大小得到方案的优劣顺序。

（3）加权平均法。加权平均法是指标综合的基本方法，又分加法法则、乘法法则等形式。假设评价某个方案有 n 个指标，第 j 个指标相应的权重为 w_j，且有 A_1，A_2，…，A_m 个备选方案，第 i 个方案的第 j 个指标的得分为 a_{ij}，将 a_{ij} 排列成评价矩阵，如表 4-4 所示。

表 4-4　　评价矩阵

指标因素 F_j		F_1，F_2，…，F_n	综合评价值
权重 w_j		w_1，w_2，…，w_n	
方案 A_j	A_1	a_{11}，a_{12}，…，a_{1n}	
	A_2	a_{21}，a_{22}，…，a_{2n}	
	⋮	⋮	
	A_m	a_{m1}，a_{m2}，…，a_{mn}	

①加法法则。采用加法法则，是“取长补短”“好坏搭配”思想的具体体现，方案 i 的综合评价值 ϕ_i 可采用式（4-1）计算：

$$\phi_i = \sum_{j=1}^{n} W_j a_{ij} \qquad i=1,\ 2,\ \cdots,\ m \tag{4-1}$$

其中，W_j 是权重系统，满足如下关系：

$$0<W_j<1,\ \sum_{j=1}^{n} W_j = 1 \tag{4-2}$$

值得注意的是，采用加法法则，要求衡量方案优劣的指标全面，从发挥系统功能的角度或者从系统综合价值的角度构建评价指标体系，同时要充分吸收专家的意见确定各指标的权重，以反映各个指标在综合评价指标体系中的作用。

②乘法法则。采用乘法法则，是“不可偏废”思想的具体体现，方案 i 的综合评价值 ϕ_i 可采用式（4-3）计算：

$$\prod_{j=1}^{n} a_{ij} W_j \qquad i=1,\ 2,\ \cdots,\ m \tag{4-3}$$

其中，a_{ij} 是方案 i 的第 j 项指标的得分，W_j 为第 j 项指标的权重，对式（4-3）

两边求对数，得：

$$\sum_{j=1}^{n} W_j \log a_{ij} \qquad i=1, 2, \cdots, m \tag{4-4}$$

式（4-4）是对数形式的加法法则。

值得注意的是，采用乘法法则，要求各项指标都比较好，才能获得较高的总评价值，因为只要一项指标的得分为零，无论其他指标的得分多高，总的评价值均为零。例如，尽管一个物流系统的各项技术指标都很好，但因为政治因素，最后被否决。

③代换法则。在某些物流系统评价中，采用代换法则，是“一白遮百丑”“情人眼里出西施”思想的具体体现，即采用系统的某些属性的满意度来替代，其计算公式：

$$W(a) = 1 - \prod_{j}^{m} [1 - Q(s)j]$$

例如，某商贸物流开发区的交通方便性指标 $W(a)$，一般交通指标由通往开发区的公路、水路、铁路、航空等指标组成，交通条件的优劣由公路、水路、铁路、航空等属性的满意度决定。假设公路、水路、铁路、航空的方便程度由 $Q(s)_j$ 衡量（$j=1$，2，3，4）。其中 $Q(s)$ 取 0～1 之间的数，$Q(s)=0$ 代表非常不方便，$Q(s)=1$ 代表非常方便。若该商贸物流开发区建在高速公路的出入口处，而离港口码头、火车站场、飞机场较远，即 $Q(s)$ 公路$=1$，而 $Q(s)$ 水路、铁路、航空≈ 0。但是，评价该商贸物流开发区的交通条件常认为满意，即 $W(a)=1$。

④取大取小法则。在某些物流系统评价中，系统的某些属性效用取决于较低层次中某个特殊属性的效用，如港口选址评价中通航条件的满意度 $W(a)$，是由航道深度的满意度 $Q_1(s)$ 和港区水深的满意度 $Q_2(s)$ 组成，通航条件的满意度 $W(a)$ 取决于航道深度的满意度 $Q_1(s)$ 和港区水深的满意度 $Q_2(s)$ 的最小值，采用取小法则。

最小法则的数学表达式：$W(a) = \min(q_j \quad j=1, 2, \cdots, n)$

最大法则的数学表达式：$W(a) = \max(q_j \quad j=1, 2, \cdots, n)$

（4）功效系数法。物流系统具有 n 项评价指标 $f_1(x)$，$f_2(x)$，…，$f_k(x)$，…，$f_n(x)$，其中 k_1 项越大越好，k_2 项越小越好，其余（$n-k_1-k_2$）项要求适中。分别将这些指标赋予一定功效系数 d_i，$0 \leqslant d_i \leqslant 1$，其中 $d_i=0$ 表示最不满意，$d_i=1$ 表示最满意，其他 $d_i=\phi_i$。对于不同的要求，函数 ϕ_i 有不同形式，将 $f_i(x)$ 转化为 d_i，得到一个总的功效系数：

$$D = \sqrt[n]{d_1 \times d_2 \times \cdots \times d_n}$$

作为单一评价指标，D 越大越好（$0 \leqslant D \leqslant 1$）

D 具有很强的综合性，当某项指标 d_i 很不满意，则 $d_i=0$，$D=0$；若各项指标均满意，$d_i \approx 1$，则 $D=1$。

假设某物流方案考察 4 项指标，f_1 表示运输量，在 40～100 吨变化；f_2 表示作业强度，在 3.2～4.4 变化；f_3 表示能耗，在 4.0～8.0 千焦变化；f_4 表示运输及时率，不能低于 75%。可见 f_1 和 f_4 越大越好，f_3 越小越好，f_2 以适中为好。现有 2 种方案，4 项指标情况如表 4-5 所示，试评价 2 种方案之优劣。对应的各个指标的功效系数如表 4-6 所示。

表 4-5 功效系数法方案

指标方案	f_1	f_2	f_3	f_4
A_1	58	3.7	6.5	80
A_2	57	4.1	6.5	85

表 4-6 对应的各个指标的功效系数

指标方案	d_1	d_2	d_3	d_4
A_1	0.43	0.94	0.94	0.84
A_2	0.41	0.80	0.94	0.90

根据总的功效系数计算公式得到：

$$D_1=\sqrt[4]{0.43\times0.94\times0.94\times0.84}=0.752$$

$$D_2=\sqrt[4]{0.41\times0.80\times0.94\times0.90}=0.726$$

可见，$D_1>D_2$，方案 A_1 优于 A_2。

(5) 主次兼顾法。物流系统具有 n 项评价指标 $f_1(x)$，$f_2(x)$，…，$f_n(x)$，$x\in R$，其中某一项最重要，设为 $f_1(x)$ 希望取最小值，而其他指标在一定约束范围内变化，求 $f_1(x)$ 的极小值，则系统评价问题转化为单项指标的数学规划：

$$\min f_1(x),\ x\in R',$$

$$R'=\{x \mid f_i'\leqslant f_i(x)\leqslant f_i'',\ i=2,3,\cdots,n,\ x\in R\}$$

假设某第三方物流企业，要求库存货少、成本低、缺货率低。如果降低库存成本是重中之重，则可以是缺货率指标满足一定约束条件而求库存成本的极小值；如果控制缺货率是当务之急，则可以是库存成本指标满足一定约束条件而求缺货率的极小值。

6. 评价指标的标准化处理

在物流系统评价指标体系中，由于各个指标的单位不同、量纲不同和数量级不同，往往会影响到评价的结果，甚至造成决策失误。为了统一标准，必须进行预处理，即对所有的评价指标进行标准化处理，把所有指标值转化为无量纲、无数量级差别的标准分，然后再进行评价。

评价指标按取值类型可以分为成本指标、效益指标和区间指标三类。成本指标是指评价价值越小越好的指标，如能源投入、人员成本等指标；效益指标是指评价价值越大越好的指标，如资源利用率、用户满意程度等指标；区间指标是指以落在某个固定区间内为最佳的一类指标，如先进性指标等指标。

一个多指标评价问题往往由三个要素构成：

有 n 个评价指标 f_j ($1\leqslant j\leqslant n$)；

有 m 个可选方案 A_i ($1\leqslant i\leqslant m$)；

有一个评价矩阵 $A=(X_{ij})$ ($1\leqslant j\leqslant n$，$1\leqslant i\leqslant m$)。其中元素 X_{ij} 表示第 i 个方案

A_i 在第 j 个指标上的指标值，评价决策矩阵是一个具有 m 行 n 列的矩阵。

由于评价矩阵中的各个指标量纲不同，使指标体系的综合评价有一定的难度。评价指标标准化的目的，是将原来的矩阵 $A=(X_{ij})$ 经过标准化处理后得到量纲相同的矩阵 $R=(R_{ij})$。

1）定量指标的标准化处理

（1）向量归一化。计算公式：

$$R_{ij}=X_{ij}/\sum X_{ij}$$

这种标准化处理方法的优点是：

①$0\leqslant r_{ij}\leqslant 1$（$1\leqslant j\leqslant n$，$1\leqslant i\leqslant m$）；

②对于每一个指标 f_j，矩阵 R 中列向量的模为 1。因为：

$$\sum R_{ij}=1$$

（2）线性比例变换。令：X_j 和 X_j 分别是对指标 f_j 诸评价值中最大值和最小值，对于效益指标，定义：$r_{ij}=X_{ij}/\max X_{ij}$

对于成本指标，定义：$r_{ij}=\min X_{ij}/X_{ij}$

这种线性比例变换的优点是：

①$0\leqslant r_{ij}\leqslant 1$（$1\leqslant j\leqslant n$，$1\leqslant i\leqslant m$）；

②计算方便；

③保留相对排序关系。

（3）级差变换。

对于效益指标，定义：$r_{ij}=(X_{ij}-\max X_{ij})/(\max X_{ij}-\min X_{ij})$

对于成本指标，定义：$r_{ij}=(\max X_{ij}-X_{ij})/(\max X_{ij}-\min X_{ij})$

这种线性比例变换的优点是：

①$0\leqslant r_{ij}\leqslant 1$（$1\leqslant j\leqslant n$，$1\leqslant i\leqslant m$）；

②对于每一个指标，总有一个最优值为 1 和最劣值为 0。

2）定性模糊指标的量化处理

在物流系统的多指标评价中，许多评价指标属于模糊指标，只能定性描述。如服务满意度高、物流设施质量一般、物流设备可靠性低等。对于这些定性模糊指标，必须赋值使其定量化。一般地，对于模糊定性指标的最优值可赋值为 10，而对于模糊指标的最劣值可赋值为 0。定性模糊指标也可以分为效益指标和成本指标两类。对于定性的效益指标和成本指标，其模糊指标的量化如表 4－7 所示。

表 4－7　定性模糊指标的量化

指标状况		最低	很低	低	一般	高	很高	最高
模糊指标量化得分	效益指标	0	1	3	5	7	9	10
	成本指标	10	9	7	5	3	1	0

3）评价指标标准化处理

考虑一个货主企业选择物流仓储服务供应商的问题。现有四家候选物流仓储服务供应商，咨询人员根据自身的需要，考虑六项评价指标（如表4－8所示），对定性模糊指标进行量化处理。

表4－8　　选择物流仓储服务供应商的评价指标体系

候选物流供应商	决策评价指标					
	F_1	F_2	F_3	F_4	F_5	F_6
	客户满意率（%）	资产规模（万元）	货物周转率（次/年）	收费标准（占货值%）	人员素质（高—低）	行业经验（高—低）
A_1	80	1500	20	5.5	一般（5）	很高（9）
A_2	100	2700	18	6.5	低（3）	一般（5）
A_3	72	2000	21	4.5	高（7）	高（7）
A_4	88	1800	20	5.0	一般（5）	一般（5）

首先，将其中第5个指标（人员素质）和第6个指标（行业经验）进行定量化处理。这两个指标是效益指标，按照模糊指标量化方法进行量化，得到结果数值见表4－9。

①采用向量归一化处理方法，得到标准化评价指标。

表4－9　　向量归一化处理后的决策评价指标

候选供应商	决策评价指标					
	F_1	F_2	F_3	F_4	F_5	F_6
	客户满意率（%）	资产规模（万元）	货物周转率（次/年）	收费标准（占货值%）	人员素质（高—低）	行业经验（高—低）
A_1	0.4671	0.3662	0.5056	0.5069	0.4811	0.6078
A_2	0.5839	0.6591	0.4550	0.5990	0.2887	0.3727
A_3	0.4024	0.4882	0.5308	0.4171	0.6736	0.5217
A_4	0.5139	0.4394	0.5056	0.4608	0.4811	0.3727

②采用线性比例变换公式，得到标准化评价指标，如表4－10所示。

表 4-10　　线性比例变换后的决策评价指标

候选供应商	决策评价指标					
	F_1	F_2	F_3	F_4	F_5	F_6
	客户满意率（%）	资产规模（万元）	货物周转率（次/年）	收费标准（占货值%）	人员素质（高—低）	行业经验（高—低）
A_1	0.8000	0.5556	0.9524	0.8182	0.7143	1.000
A_2	1.000	1.000	0.8571	0.6923	0.4286	0.5556
A_3	0.7200	0.7407	1.000	1.000	1.000	0.7778
A_4	0.8800	0.6667	0.9524	0.9000	0.7143	0.5556

③用极差变换方式，得到标准化决策评价指标体系，如表 4-11 所示。

表 4-11　　极差变换后的决策评价指标

候选供应商	决策评价指标					
	F_1	F_2	F_3	F_4	F_5	F_6
	客户满意率（%）	资产规模（万元）	货物周转率（次/年）	收费标准（占货值%）	人员素质（高—低）	行业经验（高—低）
A_1	0.2857	0	0.6667	0.4091	0.5000	1.000
A_2	1.000	1.000	0	0	0	0
A_3	0	0.4176	1.000	1.000	1.000	0.5000
A_4	0.5714	0.2500	0.6667	0.6750	0.5000	0

三、物流系统评价的常用方法

1. 成本效益法

系统各个方案均是需要付出一定代价才能获得效益的。代价即成本，是实现方案必须支付的投资，效益是实现方案后获得的结果。有的方案代价高，但是效益亦相对明显；有的方案代价不高，同时效益也相对低下。因此，评价物流系统方案的优劣往往不能单看其中的一个指标，而是需要综合考虑成本和效益两个方面。常用的办法是先计算每个方案的效益和成本，再比较其效益/成本的大小，最后得到评价方案的优劣。

例 4-1　某物流配送中心建设项目有三个可行方案。经过计算，三个方案的投资额度分别为 $C_1=150$ 万元，$C_2=180$ 万元，$C_3=120$ 万元，建成之后 5 年累积盈利分别是 $V_1=300$ 万元，$V_2=396$ 万元，$V_3=228$ 万元。试将三个方案按照效益成本比排出优劣顺序。

解：以 E_i（$i=1$，2，3）分别表示三个方案的效益成本比，则：

$E_1=V_1/C_1=300/150=2$

$E_2=V_2/C_2=396/180=2.2$

$E_3=V_3/C_3=228/120=1.9$

因此，三个方案的优劣顺序是方案 2、方案 1、方案 3。

例 4－2　某第三方物流公司为提高生产率，准备引进一台新的提升机，市场上有三种类似的设备可供选择，如表 4－12 所示，考虑采用效益成本法对三种方案进行评价。

表 4－12　　引进新的提升机方案指标

序号	指标	单位	第Ⅰ方案	第Ⅱ方案	第Ⅲ方案
1	新设备价格	万元	100	86	95
2	使用年限	年	10	8	9
3	年维护费用	万元	5	6	7
4	年产值	万元	260	200	275
5	利润率	%	10	15.5	12
6	环境污染	—	重	轻	中

物流系统评价最关心成本和效率两类指标，三种方案的使用年限不同，可以计算三个方案的总利润和总投资额，再比较三个方案的年平均利润和年平均投资额，如表 4－13 所示。

表 4－13　　引进新的提升机方案投资利润率比较

指标	单位	第Ⅰ方案	第Ⅱ方案	第Ⅲ方案
总利润额	万元	260	248	297
年平均利润	万元	26	31	33
全部投资额	万元	150	134	158
年平均投资额	万元	15	16.75	17.56
年平均利润－年平均投资额	万元	11	14.25	15.44

可见，第Ⅱ方案优于第Ⅰ方案，第Ⅰ方案的总利润虽高于第Ⅱ方案，但是第Ⅰ方案的投资额也高于第Ⅱ方案，结果投资利润率低于第Ⅱ方案，加上第Ⅰ方案的环境污染重，考虑放弃第Ⅰ方案。再比较第Ⅱ方案和第Ⅲ方案，第Ⅱ方案的投资利润率低于第Ⅲ方案，但是第Ⅱ方案的环境污染比第Ⅲ方案少，究竟如何选择需要进一步分析。

上述效益成本法没有严格的流程步骤，评价的问题不同，分析的内容和方法也不同。最早罗马尼亚人提出一种解决多指标评价问题的规范化方法，称为罗马尼亚选择法。首先，将表中各个指标的具体数值化为以 100 分为满分的分数，称为标准化，最好的方案得 100 分，最差的方案得 1 分，居中的方案按照下面公式计算得分：

$$X=99\times(C-B)/(A-B)+1$$

其中，A 是最好方案的变量数值，B 是最差方案的变量数值，C 是居中方案的变量数值，X 是居中方案的得分数值。将表 4－12 标准化得到表 4－14。

表 4－14　　数据标准化

序号	指标	第Ⅰ方案	第Ⅱ方案	第Ⅲ方案	权重系数
1	新设备价格	1	99	36	40
2	使用年限	99	1	50	40
3	年维护费用	99	50	1	40
4	年产值	80	1	99	30
5	利润率	1	99	37	80
6	环境污染	1	99	50	20

标准化后，进行综合评价。值得注意的是，必须先根据各指标的重要性确定权重，一是重要的赋予较大的权重，二是同一指标中各方案分数差异大的，赋予的权重系数也较大，上述例子的权重已确定填入表最右侧，权重总和为 250。此例采用加权平均法，即将各指标的权重系数乘以各方案相对于各指标的得分数，再加总求和，得到各个方案的分数加权和，具体本例分别为 10460、15930、10410。可见，第Ⅱ方案的分数加权和最大，故选择第Ⅱ方案。特别地，加权系数的大小对方案的选择影响很大，采取不同的加权系数可能产生不同的结果。

2. 追加投资回收法

在比较同一物流系统的两个技术方案时，经常会遇到 A 方案投资虽然比 B 方案大，但是日常运营费用却比 B 方案少的情况。在这种情况下，应该对两个方案的投资与运营费用进行全面比较，以得出正确结论。这种比较的主要指标是追加投资回收期，它表明 A 方案比 B 方案多增加的投资能在多长的时间内通过 A 方案比 B 方案少付出的运营费用收回来。

以 T_a 表示同 B 方案比，A 方案依靠节约运营费用追加投资回收期（年），则有：

$$T_a=(K_a-K_b)/(C_a-C_b)$$

式中：K_a 及 K_b——A、B 两方案的投资额；

C_a 及 C_b——A、B 两方案每年的运营费用。

评价优劣的标准是，若 $T_a<T_n$，则投资大的 A 方案是可取的，其中 T_n 是事先规

定的标准投资回收期；反之，若 $T_a > T_n$，则应选投资小的 B 方案，因为回收期太长会长期占用资金，产生不利的财务后果。

例 4-3　某物流公司拟投资建设一个物流配送中心，有两个方案，详细数据见表 4-15。试比较这两个方案的优劣。

表 4-15　配送中心方案对照表

项目	方案 1	方案 2
年产值	$V_1=36$	$V_2=36$
投资	$K_1=45$	$K_2=22.5$
经营费用	$C_1=22.5$	$C_2=28.5$
利润	$R_1=V_1-C_1=13.5$	$R_2=V_2-C_2=7.5$
效益成本比	$E_1=(V_1-C_1)/K_1=0.3$	$E_2=(V_2-C_2)/K_2=0.33$

解：从表 4-15 可知，当产值相等时，第 1 方案比第 2 方案多投资 $K_1-K_2=22.5$ 万元。但是第 1 方案却比第 2 方案少 $C_1-C_2=6$ 万元的运营费用。计算追加投资回收期，得：

$$T_1=(K_1-K_2)/(C_1-C_2)=(K_1-K_2)/(R_1-R_2)=3.75\text{ 年}$$

若标准投资回收期 $T_n=6$ 年，则第 1 方案比第 2 方案优。

上述追加投资回收期时没有考虑资金的时间价值，称为静态追加投资回收期。反之，考虑资金的时间价值，称为动态追加投资回收期，其计算公式是：

$$T_a=\frac{-\log\left[1-\frac{(K_a-K_b)\times i}{R_a-R_b}\right]}{\log(1+i)}$$

式中：r——资金年利率。

例 4-4　设资金年利率 $r=0.15$，试计算例 4-3 中的动态追加投资回收期。

解：由上式计算，得：

$$T_1=\frac{-\log\left[1-\frac{(K_a-K_b)\times i}{R_a-R_b}\right]}{\log(1+i)}=5.91\text{ 年}$$

若标准投资回收期 $T_n=6$ 年，则第 1 方案比第 2 方案优。

这就是说，即使考虑动态追加投资回收期，方案 1 仍是好方案。

3. 层次分析法

层次分析法（analytical hierarchy process，AHP）是由美国著名运筹学家 T. L. 萨蒂（T. L. Saaty）于 20 世纪 70 年代初提出的，1971 年 T. L. 萨蒂采用 AHP 为美国国防部研究“应急计划”，1972 年为美国科学基金会研究“根据各个工业部门对国家福利的贡献大小进行电力分配”课题，1973 年为苏丹政府研究苏丹运输问题，1977 年在第一届国际数学建模大会发表“无结构化决策问题的建模——层次分析法”，1982 年 T. L. 萨蒂的学生 H. 高兰民柴（H. Gholamnezhad）在中美能源、资源、环境学术会议上首次向中国学者介绍 AHP 方法，1988 年在中国召开第一届国际 AHP 学术会议。该方法是应用网络系统理论和多目标综合评价方法，提出的一种层次权重决策分析方法。层次分析法综合人们的主观判断，是一种简明、适用的定性分析与定量分析相结合的系统分析与评价方法。

1）层次分析法的基本原理

人们在日常生活中经常会遇到这样一类情况：有些问题难以甚至根本不可能建立数学模型进行定量分析，或者有些问题因时间紧迫来不及进行详细的定量分析，但只需进行初步的选择和大致的判断即可。这时若应用 AHP 方法，往往可以简便且快速的解决问题。层次分析法是在一个多层次的分析结构中，最终被系统分析归结为最低层相对于最高层的相对重要性数值的确定或者相对优劣次序的排列问题。

假设要从一堆同样大小的物品中挑出最重的物品，一般是利用两两比较的方法来达到目的。设有 n 个物品，其重量分别用 w_1，w_2，…，w_n 表示，若想知道 w_1，w_2，…，w_n的值，可以将几个物品两两比较，得到 n 个物品相对重量关系的比较矩阵（判断矩阵）$\boldsymbol{A}$。

$$\boldsymbol{A}=\begin{pmatrix} W_1/W_1 & W_1/W_2 & \cdots & W_1/W_n \\ W_2/W_1 & W_2/W_2 & \cdots & W_2/W_n \\ \vdots & \vdots & & \vdots \\ W_2/W_1 & W_2/W_2 & \cdots & W_n/W_n \end{pmatrix} = (a_{ij})_{n\times n}$$

其中，$a_{ii}=1$，$a_{ij}=1/a_{ji}$，$a_{ij}=a_{ik}/a_{jk}$　i，j，$k=1$，2，…，n

如果用物品重量向量 $\boldsymbol{W}=[w_1, w_2, \cdots, w_n]^{\mathrm{T}}$ 右乘以矩阵 $\boldsymbol{A}$，则有

$$\boldsymbol{AW}=\begin{pmatrix} w_1/w_1 & w_1/w_2 & \cdots & w_1/w_n \\ w_2/w_1 & w_2/w_2 & \cdots & w_2/w_n \\ \vdots & \vdots & & \vdots \\ w_2/w_1 & w_2/w_2 & \cdots & w_n/w_n \end{pmatrix}\begin{pmatrix} w_1 \\ w_2 \\ \vdots \\ w_n \end{pmatrix}=\begin{pmatrix} nw_1 \\ nw_2 \\ \vdots \\ nw_n \end{pmatrix}=\lambda w$$

其中，λ 是 $\boldsymbol{A}$ 的特征值，$\boldsymbol{W}$ 是 $\boldsymbol{A}$ 的特征向量。根据矩阵理论，λ 是矩阵 $\boldsymbol{A}$ 的唯一非零解，也是最大的特征值。因此，可以利用物品重量比，判断矩阵的特征向量的方法求得物品的真实重量向量 $\boldsymbol{W}$，进而确定最重的物品。

将上述 n 个物品代表 n 个指标（要素），物品的重量向量表示各个指标（要素）的相对重要性向量，即权重向量；可以通过两两因素的比较，建立判断矩阵，再求出其特征向量确定哪个因素最重要。依此类推，如果 n 个物品代表 n 个方案，按照此方法，可以确定哪个方案最有价值。

2）层次分析法的基本步骤

（1）明确问题。明确问题是评价人员了解决策问题的意图，了解 AHP 要达到的目标，需要评价人员调查研究被评价对象和评价目标，运用访谈、头脑风暴、专家咨询、世界咖啡屋等方法找出并罗列出影响目标的各种要素，然后对影响系统目标的各种要素进行分层，按照最高层、若干中间层、最底层进行排列，以便形成一个多级递阶的层次结构模型。

最高层，表示解决问题的目的，即 AHP 要实现的目标；

中间层：表示采取某项政策、措施来实现预定目标所涉及的中间环节，可以分为策略层、约束层、准则层等；

最底层：表示解决问题的具体政策、措施和方案。

（2）建立层次结构。建立层次结构是标明上一层要素与下一层要素之间的联系，如果某个要素与下一层次所有要素均有联系，则这个要素与下一层次存在完全层次关系，并以连线连接；也存在不完全层次关系，即某个要素只与下一层次的部分要素存在联系。同时，层次之间可以建立子层次，子层次从属于主层次的某个要素，与下一层次的要素有联系，但不构成独立层次，进而形成层次结构模型。

（3）构造判断矩阵。构造判断矩阵是给出每个层次各个要素之间的相对重要性，即对同属一层次的要素以上一层次的要素为准则进行两两比较，根据评价尺度确定其相对重要度，进而建立判断矩阵。在建立判断矩阵过程中，可以采用 1～5 标度、1～7 标度、1～9 标度等进行。对于 n 阶判断矩阵，需要对 $n(n-1)/2$ 个矩阵元素给出数值。

（4）层次单排序。层次单排序是确定某一层次各个要素对上一层次某要素的影响程度，并依次排出顺序。具体是根据矩阵理论，通过数学方法求出判断矩阵的特征根和特征向量，此特征向量即权重值，又是单排序结果。值得注意的是，需要检验矩阵的一致性，先计算判断矩阵的一致性指标 CI（Consistency Index），$CI=(\lambda_{max}-n)/(n-1)$，再将判断矩阵的一致性指标 CI 与平均随机一致性指标 RI（Random Index）进行比较。对于一阶、二阶判断矩阵，平均随机一致性指标只是形式上的，按照判断矩阵的定义，一阶、二阶判断矩阵总是完全一致的；但阶数大于 2 时，判断矩阵的一致性指标与同阶平均随机一致性指标之比构成判断矩阵的随机一致性比率 CR（Consistency Ratio）。为了剔除阶数大小的影响，需要比较随机一致性指标 RI 与 CI，当 $CR=CI/RI<0.1$ 时，认为矩阵具有满意的一致性；若不满足上述条件，则需要修正相应的判断矩阵，重新进行计算。

（5）层次总排序。层次总排序是在做好所有层次单排序后，从上往下，逐层进行。即针对上一层次，逐层计算下一层次所有元素重要性的权重。对于层次总排序的计算结果，同样需要进行一致性检验，计算与层次单排序类似的检验量。通过综合重要度的计算，对各种方案进行评价排序，为决策提供参考依据。

3）层次分析法举例

例 4-5 某物流配送中心拟扩大生产，需要采购某类物流装备，现初步选定三种设备配套方案，应用层次分析法对优先考虑的方案进行排序。

解： 第一，明确问题。

第二，建立层次结构。判断设备方案主要可以从设备的功能、成本、维护性三个方面进行评价。实际上如何评价功能、维护性等往往会采用更细化的一级指标来衡量。这里为简化分析，省略更详细的指标。由此，建立对设备方案进行比较的层次分析结构图，如图 4-1 所示。

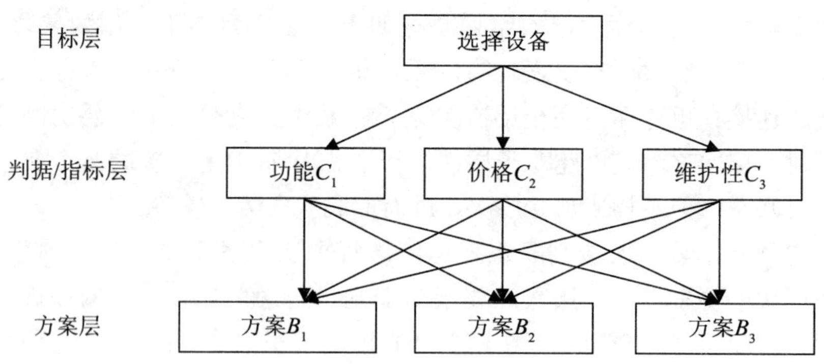

图 4-1 方案比较层次分析结果

最高层：目标层，表示解决问题的目的，即层次分析要达到的总目标。

中间层：包括评判层和指标层（此处省略指标层），表示采取某一种方案以实现预定总目标所涉及的中间环节。本题即选择每一种设备方案，均以价格、功能、维护性三种指标来评价，无论是价格、功能和维护性均与三种设备方案相关。

最底层：方案层，表示选用的解决问题的各种策略、措施等，本题有三个备选方案。

第三，层次单排序。每一层次的要素相对上一层次某一要素的单排序问题，可以简化为一系列成对要素的判断比较。从最上层要素开始，依次以上层要素为依据，对下一层要素两两比较，建立判断矩阵。

（1）判断矩阵。

建立判断矩阵 $\mathbf{A}$ 中元素 a_{ij} 表示要素 i 与要素 j 相对重要度之比，且有下述关系：

$$a_{ij}=1/a_{ji}；\ a_{ii}=1；\ i，j=1，2，\cdots，n$$

显然，比值越大，则要素 i 的重要程度越高。

为了使比较判断定量化，引入 1～9 标度方法，规定采用 1、3、5、7、9 分别表示根据经验判断，要素 i 与要素 j 相比：同等重要、比较重要、重要、很重要、极重要，而 2、4、6、8 表示上述两个判断级别之间的折中值。

例题中的三个评价准则为功能、价格、维护性，若以购置设备为比较基准，邀请专家根据经验，对三个指标的两两比较，结果见表4-16。

表4-16 设备的功能、价格、维护性

重要度	C_1	C_2	C_3
C_1	1	5	3
C_2	1/5	1	1/3
C_3	1/3	3	1

由表4-16可见，对于物流配送中心的设备配置，功能比价格重要（$a_{ij}=5$），功能比维护性较重要（$a_{ij}=3$），维护性比价格较重要（$a_{ij}=3$），其他依次类推。

（2）计算相对重要程度（即权重）。

理论上，对以某上层要素为准则的同一层次要素的相对重要程度，可以通过计算判断矩阵 **A** 的特征值获得。由于其计算方法较复杂，只能获得粗略估计的 **A** 值，且计算其精确的特征值没有必要，因此实践中常采用求和法或求根法等计算特征值的近似值。

①求和法。

A. 将判断矩阵 **A** 按列归一化（即列元素之和为1）：$b_{ij}=a_{ij}/\sum a_{ij}$

B. 按行求和：$\boldsymbol{V}_i=\sum_{j=1}^{n}b_{ij}$

C. 归一化：$w_{0i}=v_i/\sum v_i$；$i=1, 2, \cdots, n$

得到的 w_{0i}（$i=1, 2, 3, \cdots, n$）即为 **A** 的特征向量的近似值。

②求根法。

A. 按行求和：$\boldsymbol{V}_i=\sum_{j=1}^{n}b_{ij}$

B. 归一化：$w_{0i}=v_i/\sum v_i$；$i=1, 2, \cdots, n$

题中的矩阵 **A** 分别用求和法、求根法计算的权重向量如下：

$$\boldsymbol{A}=\begin{pmatrix}1 & 5 & 3\\ 1/5 & 1 & 1/3\\ 1/3 & 3 & 1\end{pmatrix}$$

求和法：

$$\boldsymbol{B}=\begin{pmatrix}0.652 & 0.556 & 0.692\\ 0.130 & 0.111 & 0.077\\ 0.128 & 0.333 & 0.231\end{pmatrix}$$

$$\boldsymbol{V}=\begin{pmatrix}1.900\\ 0.318\\ 0.782\end{pmatrix}\qquad \boldsymbol{W}=\begin{pmatrix}0.633\\ 0.106\\ 0.261\end{pmatrix}$$

求根法：

$$V=\begin{pmatrix}2.466\\0.405\\1\end{pmatrix}\quad W=\begin{pmatrix}0.637\\0.105\\0.258\end{pmatrix}$$

（3）一致性检验。

在实际评价中，评价人员只是对 **A** 进行粗略判断，有时会犯不一致的错误。例如，判断 C_1 比 C_2 较重要，C_2 比 C_3 较重要，则 C_1 应该比 C_3 更重要；但是如果又判断 C_1 比 C_3 较重要或同等重要，就犯了逻辑错误。这需要一致性检验。

根据层次法原理，利用 **A** 的理论最大特征值 λ_{max} 与 n 之差检验一致性。

一致性指标 $CI=(\lambda_{max}-n)/(n-1)$；

$$\lambda_{max}=\sum_i \frac{(AW)_i}{W_i}$$

$$n=3,\ \boldsymbol{AW}=\begin{pmatrix}1&5&3\\1/5&1&1/3\\1/3&3&1\end{pmatrix}\begin{pmatrix}0.637\\0.105\\0.258\end{pmatrix}=\begin{pmatrix}1.936\\0.318\\0.785\end{pmatrix}$$

$$\lambda_{max}=1/3\ (1.936/0.637+0.318/0.105+0.785/0.258)=3.037$$

$$CI=(3.037-3)/(3-1)=0.0185$$

CI 值越大，判断矩阵的一致性就越差。当 $CI<0.1$ 时，认为判断矩阵的一致性可以接受，否则重新进行两两比较。

n 值越大，判断矩阵的一致性也越差，考虑使用随机一致性比值 $CR=CI/RI$ 进行矩阵的一致性检验。其中，RI 是随机一致性指标，表 4－17 是 1～15 阶正互反矩阵计算 500 次得到的样本平均随机一致性指标。

表 4－17　样本平均随机一致性指标

n	1	2	3	4	5	6	7	8	9	10	11	12	13	14	15
RI	0	0	0.52	0.89	1.12	1.26	1.36	1.41	1.46	1.49	1.52	1.54	1.56	1.58	1.59

第四，综合重要度计算。

得到同一层次各要素之间的相对重要度后，再自上而下地计算各级要素对总体的综合重要度，设 c 级共有 m 个要素 c_1，c_2，…，c_n，对总值的重要度为 w_1，w_2，…，w_n；它的下一层次 p 级有 p_1，p_2，…，p_n，共 n 个要素，令 p_i 对 c_i 的重要度为 v_{ij}，则 p 级要素 p_i 的综合重要度为 $\sum_j W_{ij}V_{ij}$。

例题中通过对三个方案的功能、价格、维护性进行分析比较，构建方案层的判断矩阵。根据该层有三个准则，得到三个判断矩阵，如表 4－18、表 4－19、表 4－20 所示。然后，根据求根法，计算出各个方案在不同准则下的重要度排序，将重要度值列入相应表中的最后一列。

表 4－18　　　　方案层的判断矩阵 1

功能	B_1	B_2	B_3	重要度
B_1	1	1/7	1/5	0.0719
B_2	7	1	3	0.6491
B_3	5	1/3	1	0.2790

表 4－19　　　　方案层的判断矩阵 2

价格	B_1	B_2	B_3	重要度
B_1	1	2	3	0.5400
B_2	1/2	1	2	0.2970
B_3	1/3	1/2	1	0.1633

表 4－20　　　　方案层的判断矩阵 3

维护性	B_1	B_2	B_3	重要度
B_1	1	5	3	0.6483
B_2	1/5	1	1/2	0.1220
B_3	1/3	2	1	0.2297

得到三个方案对功能、价格、维护性三个指标的重要度值后，再按照功能、价格、维护性对总目标的重要度，得到三个方案对总目标的综合重要度。

方案 1 的重要度 $W_1=0.637\times0.0719+0.105\times0.5400+0.258\times0.6483=0.2698$

方案 2 的重要度 $W_1=0.637\times0.6491+0.105\times0.2970+0.258\times0.1220=0.4761$

方案 3 的重要度 $W_1=0.637\times0.2790+0.105\times0.1633+0.258\times0.2297=0.2541$

汇总方案的重要度如表 4－21 所示。

表 4－21　　　　各方案的综合重要度

准则 \ 方案	C_1	C_2	C_3	重要度
	0.637	0.105	0.258	
B_1	0.0719	0.5400	0.6483	0.2698
B_2	0.6491	0.2970	0.1220	0.4761
B_3	0.2790	0.1633	0.2297	0.2541

可见，根据综合重要度的比较，该物流配送中心的设备配置选择方案 B_2 更理想。

例 4-6 第三方物流企业质量评价。

第三方物流企业质量评价是开展物流外包的重要工作标准。某制造企业采用第三方物流提供物流服务。为了提升第三方物流服务质量，定期开展第三方物流企业质量评价。

第一，第三方物流企业质量评价指标体系。根据研究分析，得到第三方物流企业质量评价指标体系，包括：

①客户服务：服务形象及态度、服务提供便利性、解决问题的能力、增值服务；

②仓储与库存：仓容利用率、库存周转率、库存控制状况、物品收发正确率、物品残损率、库区布置情况；

③运输与配送：发货及时率、到货及时率、事故率、货物损失率、配货正确率、车载车容利用率、路线规划情况；

④信息：订单处理情况、运输信息质量、库存信息质量、货物信息质量；

⑤包装与装卸：装卸损毁率、包装损毁率、包装转换准确率、包装质量；

⑥成本：运输成本、包装成本、仓储成本、信息成本、客服成本。

第二，评价方法。

评价方法主要有问卷调查法、德尔菲法、层次分析法（AHP）、模糊层次分析法（FAHP）等，其比较情况如表 4-22 所示。选择 FAHP 与德尔菲法进行第三方物流企业质量评价。

表 4-22　　四种评价方法比较

	适用范围	可操作性	可靠性	主观性	误差
问卷调查法	广泛	问卷设计、数据统计较难	弱	强	较大
德尔菲法	团体决策	程序复杂	强	强	较小
AHP	影响因素少且规模较小	费时	强	弱	较小
FAHP	动态环境	计算复杂	强	弱	较小

其中，运用德尔菲法，即按照专家意见进行模糊判断，再运用模糊层次分析法建立一致性判断矩阵，最终推导出各指标的权重。具体通过使用 yaahp 软件进行计算，自动进行一致性判断，输出各个指标的权重。

第三，FAHP 与德尔菲法的结合应用。

（1）建立第三方物流企业服务质量评价体系层次结构。采用 yaahp 软件，构造层次结构图。如图 4-2 所示。

（2）构造判断矩阵及计算出最终权重。确定的 6 个一级指标和 30 个二级指标，通过专家打分和软件计算，得到各个指标权重。

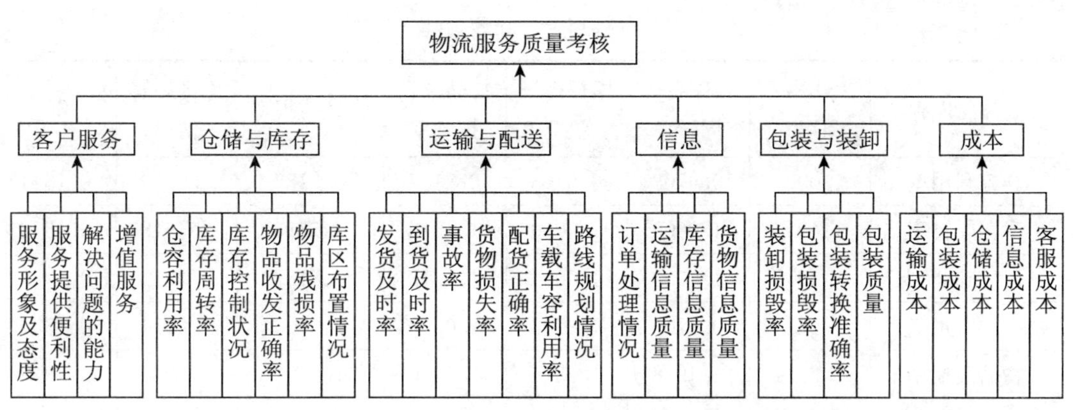

图 4－2　第三方物流企业质量评价体系层次结构

①物流服务质量评价（如表 4－23 所示）。判断矩阵一致性比例：0.0297；对总目标的权重：1.0000；λ_{max}：6.1873

表 4－23　物流服务质量评价判断矩阵

物流服务质量评价	客户服务	仓储与库存	运输与配送	信息	包装与装卸	成本	W_i
客户服务	1.0000	2.7183	1.0000	2.2255	1.4918	1.0000	0.2324
仓储与库存	0.3679	1.0000	1.0000	0.8187	2.2255	0.8187	0.1457
运输与配送	1.0000	1.0000	1.0000	0.8187	1.8221	0.8187	0.1665
信息	0.4493	1.2214	1.2214	1.0000	1.8221	0.8187	0.1610
包装与装卸	0.6703	0.4493	0.5488	0.5488	1.0000	0.5488	0.0977
成本	1.0000	1.2214	1.2214	1.2214	1.8221	1.0000	0.1967

②客户服务（如表 4－24 所示）。判断矩阵一致性比例：0.0132；对总目标的权重：0.2324；λ_{max}：4.0351

表 4－24　客户服务判断矩阵

客户服务	服务形象及态度	服务提供便利性	解决问题的能力	增值服务	W_i
服务形象及态度	1.0000	0.4493	0.4493	1.4918	0.1709
服务提供便利性	2.2255	1.0000	1.0000	2.7183	0.3618
解决问题的能力	2.2255	1.0000	1.0000	1.8221	0.3274
增值服务	0.6703	0.3679	0.5488	1.0000	0.1399

③仓储与库存（如表 4－25 所示）。判断矩阵一致性比例：0.0089；对总目标的权重：0.1457；λ_{max}：6.0559

表 4-25　仓储与库存判断矩阵

仓储与库存	仓容利用率	库存周转率	库存控制状况	物品收发正确率	物品残损率	库区布置情况	W_i
仓容利用率	1.0000	0.6703	0.6703	0.8187	0.8187	1.0000	0.1344
库存周转率	1.4918	1.0000	1.0000	1.4918	0.6703	1.4918	0.1876
库存控制状况	1.4918	1.0000	1.0000	1.4918	0.8187	1.4918	0.1939
物品收发正确率	1.2214	0.6703	0.6703	1.0000	1.0000	1.2214	0.1536
物品残损率	1.2214	1.4918	1.2214	1.0000	1.0000	1.4918	0.2005
库区布置情况	1.0000	0.6703	0.6703	0.8187	0.6703	1.0000	0.1300

④运输与配送（如表 4-26 所示）。判断矩阵一致性比例：0.0043；对总目标的权重：0.1665；\lambda_ {max}：7.0352

表 4-26　运输与配送判断矩阵

运输与配送	发货及时率	到货及时率	事故率	货物损失率	配货正确率	车载车容利用率	路线规划情况	W_i
发货及时率	1.0000	1.0000	1.2214	1.4918	1.2214	1.2214	1.4918	0.1728
到货及时率	1.0000	1.0000	1.2214	1.4918	1.2214	1.2214	1.4918	0.1728
事故率	0.8187	0.8187	1.0000	0.8187	0.8187	0.8187	0.8187	0.1192
货物损失率	0.6703	0.6703	1.2214	1.0000	1.2214	1.0000	1.2214	0.1375
配货正确率	0.8187	0.8187	1.2214	0.8187	1.0000	0.8187	1.0000	0.1299
车载车容利用率	0.8187	0.8187	1.2214	1.0000	1.2214	1.0000	1.0000	0.1415
路线规划情况	0.6703	0.6703	1.2214	0.8187	1.0000	1.0000	1.0000	0.1262

⑤信息（如表 4-27 所示）。判断矩阵一致性比例：0.0019；对总目标的权重：0.1610；\lambda_ {max}：4.0050

表 4-27　信息判断矩阵

信息	订单处理情况	运输信息质量	库存信息质量	货物信息质量	W_i
订单处理情况	1.0000	1.4918	1.4918	1.2214	0.3174
运输信息质量	0.6703	1.0000	1.0000	1.0000	0.2237
库存信息质量	0.6703	1.0000	1.0000	1.0000	0.2237
货物信息质量	0.8187	1.0000	1.0000	1.0000	0.2352

⑥包装与装卸（如表 4－28 所示）。判断矩阵一致性比例：0.0000；对总目标的权重：0.0977；\lambda_ {max}：4.0000

表 4－28　　包装与装卸判断矩阵

包装与装卸	装卸损毁率	包装损毁率	包装转换准确率	包装质量	W_i
装卸损毁率	1.0000	1.0000	1.2214	1.2214	0.2749
包装损毁率	1.0000	1.0000	1.2214	1.2214	0.2749
包装转换准确率	0.8187	0.8187	1.0000	1.0000	0.2251
包装质量	0.8187	0.8187	1.0000	1.0000	0.2251

⑦成本（如表 4－29 所示）。判断矩阵一致性比例：0.0011；对总目标的权重：0.1967；\lambda_ {max}：5.0048

表 4－29　　成本判断矩阵

成本	运输成本	包装成本	仓储成本	信息成本	客服成本	W_i
运输成本	1.0000	1.4918	1.0000	1.4918	1.2214	0.2404
包装成本	0.6703	1.0000	0.6703	0.8187	0.8187	0.1548
仓储成本	1.0000	1.4918	1.0000	1.4918	1.2214	0.2404
信息成本	0.6703	1.2214	0.6703	1.0000	0.8187	0.1677
客服成本	0.8187	1.2214	0.8187	1.2214	1.0000	0.1968

⑧第三方物流企业质量评价指标权重（如表 4－30 所示）。

表 4－30　　第三方物流企业质量评价指标权重

评价指标	权重
服务形象及态度	0.0397
服务提供便利性	0.0841
解决问题的能力	0.0761
增值服务	0.0325
仓容利用率	0.0196
库存周转率	0.0273
库存控制状况	0.0283
物品收发正确率	0.0224
物品残损率	0.0292

续　表

评价指标	权重
库区布置情况	0.0189
发货及时率	0.0288
到货及时率	0.0288
事故率	0.0198
货物损失率	0.0229
配货正确率	0.0216
车载车容利用率	0.0236
路线规划情况	0.0210
订单处理情况	0.0511
运输信息质量	0.0360
库存信息质量	0.0360
货物信息质量	0.0379
装卸损毁率	0.0269
包装损毁率	0.0269
包装转换准确率	0.0220
包装质量	0.0220
运输成本	0.0473
包装成本	0.0304
仓储成本	0.0473
信息成本	0.0330
客服成本	0.0387

四、基于 AHP 和因子分析方法相结合的绿色供应链管理评价

1. 绿色供应链管理概念及模型

绿色供应链管理又称环境供应链管理，最早起源于国外在供应链管理中增加环境因素，包含供应链管理思想与可持续发展思想。绿色供应链管理（Green Supply Chain Management，GSCM）是指以可持续发展思想为指导，以绿色制造理论和供应链管理技术为基础的一种现代企业管理模式，通过优化与提高相关活动的速度、确定性与环境的友好程度等途径，对整个绿色供应链内各参与的行为主体之间的物流、信息流与资金流进行计划、组织、领导、协调与控制，其目的是在整个产品生命周期内实现资源的最优配置、增进社会福利、实现与环境相容的目标。绿色供应链管理结构模型如图 4-3 所示。

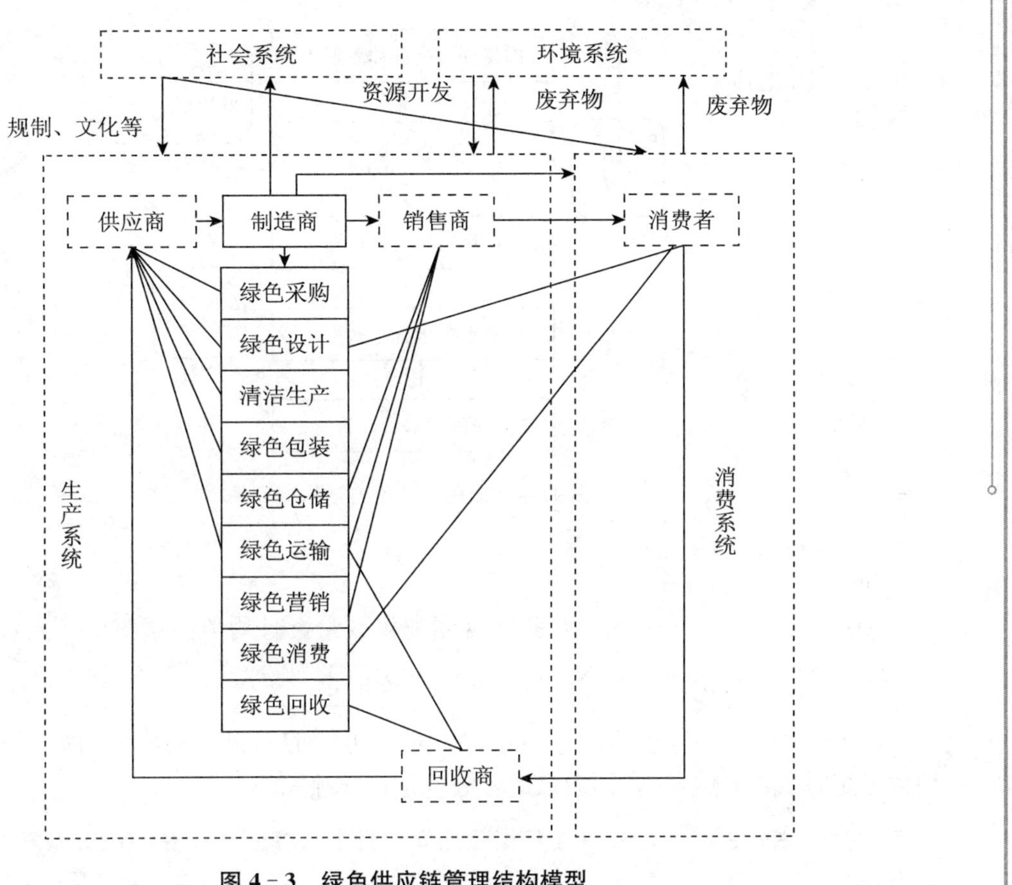

图 4-3　绿色供应链管理结构模型

引入“绿色度”的概念对企业实施绿色供应链管理的环境和资源影响或者说环境友好和资源节约程度进行量化的评价。“绿色度”定义为绿色化的程度或与环境友好的程度。企业实施供应链管理对环境、资源等的负面影响越小，则“绿色度”越大，反之则越小。企业实施绿色供应链管理的绿色度评价是检验企业实施绿色供应链管理的效果，实现整个供应链在其产品整个生命周期中对环境的负面影响最小，对资源的利用效率最高。在评价过程中不仅要测评企业的生产和经营活动绿色度，还要测评企业的社会绿色度，以全面地反映企业供应链管理绿色化的状况。

2. 供应链管理的绿色度评价方法

常用的综合评价方法有专家评价法（又称德尔菲法）、因子分析法、层次分析法、模糊综合评价法、人工神经网络法、数据包络分析法等。本例将 AHP 和因子分析方法相结合。采用基于因子分析的改进型多目标评价层次分析方法构建绿色度评价指标体系理论假设，然后采用模糊综合评价法对供应链管理的绿色度评价模型进行构建和计算，如图 4-4 所示。

(1) 因子分析模型。将研究变量之间相互关系的因子分析称为 R 型因子分析。设有 n 个样品，每个样品观测 P 个变量。在对变量进行比较之前，需要进行变量正向化与标准化的变换，为方便起见，把原始观测变量和变换后的新变量均用 x 表示。

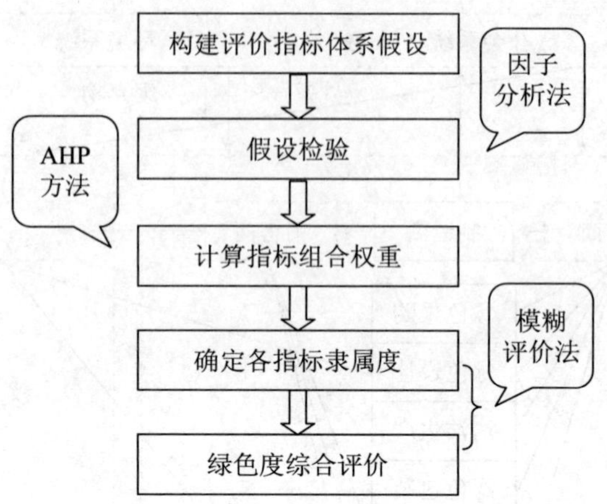

图 4-4　绿色度评价方法选择示意

如果：

①$x=(x_1, x_2, \cdots, x_p)'$ 是可观测随机变量，且均值向量 $E(x)=0$，协方差阵 $cov(x)\sum$，且协方差阵 $\sum$ 与相关矩阵 $\boldsymbol{R}$ 相等；

②$F=(F_1, F_2, \cdots, F_m)'$ $m<p$，是不可测的向量，其均值向量 $E(F)=0$，协方差矩阵 $cov(F)=I$，即向量的各分量是相互独立的；

③$\xi=(\xi_1, \xi_2, \cdots, \xi_p)$ 与 $\boldsymbol{F}$ 相互独立，且 $E(\xi)=0$，ξ 的协方差阵 $\sum$ 是对角阵，即：

$$cov(\varepsilon)=\sum=\begin{pmatrix} \sigma_{11}^2 & & & 0 \\ & \sigma_{22}^2 & & \\ & & \vdots & \\ 0 & & & \sigma_{pp}^2 \end{pmatrix}$$

说明各分量 ε 之间是相互独立的，则模型：

$$\begin{cases} x_1=a_{11}F_1+a_{12}F_2+\cdots+a_{1m}F_m+\varepsilon_1 \\ x_2=a_{21}F_1+a_{22}F_2+\cdots+a_{2m}F_m+\varepsilon_2 \\ \cdots\cdots\cdots\cdots \\ x_p=a_{p1}F_1+a_{p2}F_2+\cdots+a_{pm}F_m+\varepsilon_p \end{cases} \tag{4-5}$$

称为因子模型。

该模型的矩阵形式为：

$$x=\boldsymbol{AF}+\varepsilon \tag{4-6}$$

其中，

$$x=(x_1, x_2, \cdots, x_p)'$$
$$\boldsymbol{F}=(F_1, F_2, \cdots, F_m)'$$
$$\varepsilon=(\varepsilon_1, \varepsilon_2, \cdots, \varepsilon_p)'$$

$$\mathbf{A}=\begin{pmatrix} a_{11} & a_{12} & \cdots & a_{1m} \\ a_{21} & a_{22} & \cdots & a_{2m} \\ \vdots & \vdots & & \vdots \\ a_{p1} & a_{p2} & \cdots & a_{pm} \end{pmatrix} \tag{4-7}$$

式（4－5）中，F_1，F_2，…，F_m 叫作主因子或公共因子，ε_1，ε_2，…，ε_p 叫作特殊因子，是向量 x 的分量 x_1（$i=1$，2，…，p）所特有的因子，各特殊因子之间以及特殊因子与所有公共因子之间都是相互独立的。式（4－7）中矩阵 $\mathbf{A}$ 为因子载荷矩阵，$\mathbf{A}$ 中的元素 a_{ij} 叫作因子载荷。因子载荷 a_{ij} 是 x_i 与 F_j 的协方差，也是 x_i 与 F_j 的相关系数，它表示 x_i 依赖 F_j 的程度。可将 a_{ij} 看作第 i 个变量在第 j 个公共因子上的权，a_{ij} 的绝对值越大（$|a_{ij}|\leqslant 1$），表明 x_i 与 F_j 的相依程度越大，或称公共因子 F_j 对于 x_i 的载荷量越大。因子载荷矩阵 $\mathbf{A}$ 中第 i 行元素之平方和记为 H_{2i}，称为变量 x_i 的共同度。它是全部公共因子对 x_i 的方差所做出的贡献，反映了全部公共因子对变量 x_i 的影响。H_{2i} 大表明 x 的第 i 个分量 x_i 对于 F 的每一分量 F_1，F_2，…，F_m 的共同依赖程度大。将因子载荷矩阵 $\mathbf{A}$ 的第 j 列（$j=1$，2，…，m）的各元素的平方和记为 g_{2i}，称为公共因子 F_j 对 x 的方差贡献。g_{2i} 就表示第 j 个公共因子 F_j 于 x 的每一分量 x_i（$i=1$，2，…，p）所提供方差的总和，它是衡量公共因子相对重要性的指标。g_{2i} 越大，表明公共因子 F_j 对 x 的贡献越大，或者说对 x 的影响和作用就越大。如果将因子载荷矩阵 $\mathbf{A}$ 的所有 g_{2i}（$i=1$，2，…，m）都计算出来，使其按照大小排序，就可以依此提炼出最有影响力的公共因子。

建立因子分析模型的目的不仅是找出主因子，更重要的是知道每个主因子的意义。如果求出主因子解后，各个主因子的典型代表变量不很突出，则需要进行因子旋转，通过适当的旋转得到比较满意的主因子。经过旋转后，共同度 H_{2i} 并不改变，但公共因子的方差贡献 g_{2i} 不再与原来相同。因子模型建立之后，设公共因子 F 由变量 x 表示的线性组合为：

$$F_j=b_{j1}x_1+b_{j2}x_2+\cdots+b_{jp}x_p \quad (j=1,\ 2,\ \cdots,\ m) \tag{4-8}$$

式（4－8）称为因子得分函数，由它来计算每个样品的公共因子得分，通过公共因子得分可知每个因子效益的总体情况，并利于相互比较。

（2）因子分析法与多目标层次分析法的结合。运用因子分析方法对供应链管理的绿色度评价进行分析，其步骤主要包括原始数据采集、数据标准化、根据因子贡献率选取主因子、求正交因子解、构造因子得分模型并实现样本分类，之后再利用多目标评价方法中的层次分析法构建供应链管理的绿色度评价指标体系。

（3）企业供应链管理的绿色度评价理论指标体系。绿色度评价指标体系设计原则，具体包括系统性原则、全面性原则、层次性原则、可操作性原则，形成四个层次和两个主体的评价理论指标体系。

四个层次是目标层、准则层、子准则层和方案层（如图 4－5 所示），两个主体是分别站在企业经营者角度和社会评价角度考虑影响供应链管理绿色度的主要指标。根据绿色供应链管理的内容及特点、ISO 14001 环境管理认证内容、绿色供应链管理已有的研究成果以及参考专家学者的意见，结合《国务院节能减排统计监测及考核实施方案和办法》的要

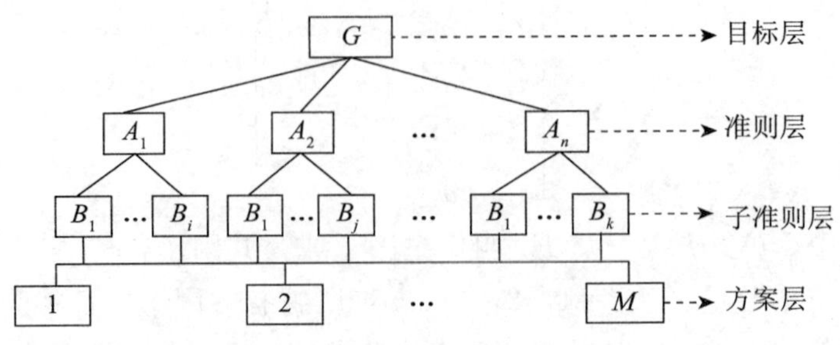

图 4-5　层次分析法层次结构

求，主要从环境、资源、经济、运营和社会五个方面识别出了影响绿色供应链管理的38个主要因素。即总目标层即是企业供应链管理的绿色度；准则层包括环境评价、资源评价、经济评价、运营评价、社会评价五个方面；子准则层主要涉及企业实施供应链管理对准则层的五个方面的影响因素，理论指标体系假设如图4-6所示。为方便下文分析，指标层变量从左至右依次定义为：x_1，x_2，x_3，…，x_i（$i=1$，2，…，38）。

上述企业供应链管理绿色度评价理论指标体系只是通过定性分析给出的理论假设，然而准则层的一级指标与所属的子准则层的二级指标是否属于隶属关系、一级指标之间是否具有较高的相关性、指标体系是否可信以及在实际应用中是否具有可操作性等问题都需在实证研究的定量分析进行验证。为此，对绿色度评价理论指标体系进行问卷设计并根据问卷调查结果，运用因子分析数理统计方法进行分析检验。

（4）绿色度评价问卷调查。问卷设计遵循简捷性、明确性、整体性和同一性原则。问卷设计应尽量简练，问题设置应具规范，提问清晰明确、便于回答，且涵盖所有指标，便于调研结果分析和比较。问卷共设计七个部分。

第一部分为导语及填写说明，主要说明调查的意图和注意事项，并简单阐述绿色供应链管理，帮助被调查者了解调研目的和内容，以最短的时间进入调研状态。

第二部分到第六部分为指标评价部分，对于每块内容按照理论指标体系全部列出，即环境评价指标7个、资源评价指标7个、经济评价指标7个、运营评价指标10个、社会评价指标7个，共38个指标。为收集意见，完善指标，在每组指标下方增加“对该指标的意见或建议”选填栏。为使调研的数据易于收集、整理和分析，节约被调研人员的时间，提高调研效率，问卷采取矩阵式设计，用选择画圈的方式进行信息点采集。在每组指标模块中，左边一列为体系指标，右边五列为评价量表，便于定量分析，要求被访者将企业一年与上一年实际情况进行对比，按与所给指标符合程度的大小，在认为适合的评语等级上做出判断。其中“1”代表该指标在绿色供应链管理实践中没有体现，“2”代表有所体现，“3”代表有一定体现，“4”代表较为明显，“5”代表非常显著。

第七部分为企业概况和个人信息，采用匿名方式填写。主要包括被调查者在企业任职的部门和职位、企业性质、企业所属行业、企业的职工总人数。

问卷调查的对象主要是供应链上下游企业的中高层技术及管理人员。问卷通过两种形式发放，第一种形式是到企业去参观访谈并现场完成调研问卷的发放、填写和回收工作；第二种形式是向工商管理硕士（MBA）培训班学员发放问卷。在每一次问卷

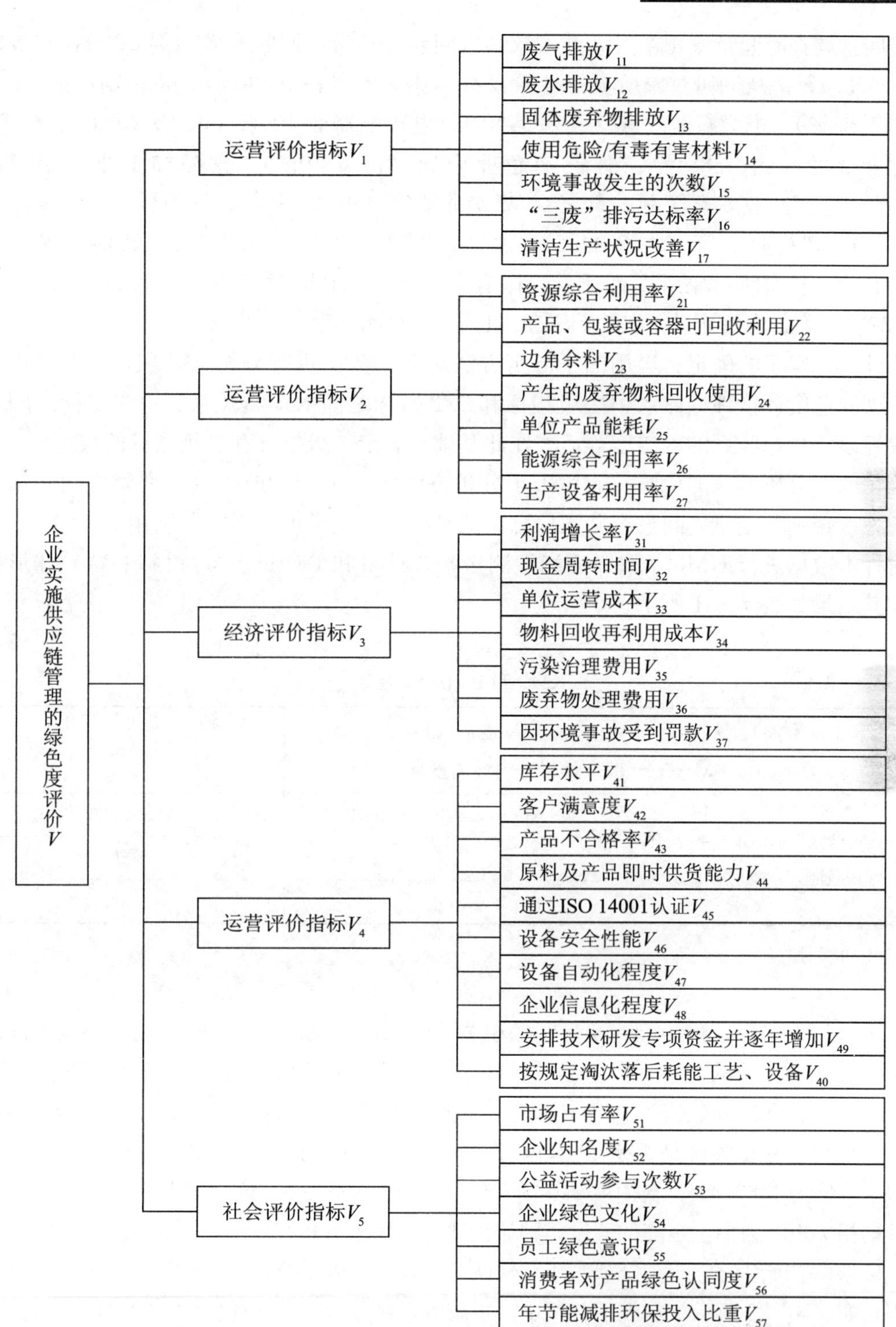

图 4－6　企业供应链管理的绿色度评价理论指标体系

填写前，简单介绍绿色供应链的有关内容，确保问卷回答者对绿色供应链有所了解，做出正确的回答。

问卷调查时间持续1个月，共发放调查问卷135份，回收有效问卷82份，有效回收率60.74%。从调研对象所属行业看：汽车业8家（占9.76%）、装备制造业13家（占15.85%）、电力行业7家（占8.54%）、电子电器业10家（占12.20%）、化工/石化业4家（占4.88%）、钢铁/有色业5家（占6.10%）、食品加工业8家（占9.76%）、医药业3家（占3.66%）、煤炭业6家（占7.32%）、日用百货业3家（占3.66%）、建材业2家（占2.44%）、服装纺织业4家（占4.88%）、其他9家（占10.98%）。从调研对象所属性质看：国有企业43家（占52.44%）、民营企业25家（占30.49%）、合资企业11家（占13.41%）、其他3家（占3. 66%）。

（5）主因子的确定。运用因子分析方法对调研数据进行分析与处理，以验证供应链管理绿色度评价理论体系中一级指标和二级指标之间的隶属关系、一级指标之间的相关性以及指标体系的可信度等，并在此基础上确定一级指标和二级指标的权重。

①因子分析方法的检验。运用因子分析方法的一个严格前提是各变量之间必须有相关性，否则各变量之间没有共同信息，就没有共同因子可以提取。利用SPSS14.0软件对样本数据进行KMO（取样适当性测量）统计量和Bartlett's（巴特利特）球形检验，其结果如表4-31所示。

表4-31　　KMO和Bartlett's检验

Kaiser-Meyer-Olkin Measure of Sampling Adequacy. （Kaiser-Meyer-Olkin抽样适当性测量）		0.760
Bartlett's Test of Sphericity （Bartlete's球形检验）	Approx. Chi-Square	1780.855
	Df	703
	Sig.	0.000

（a相关性）。

表4-21中第一行为检验变量间偏相关性的KMO统计量，它比较的是各变量间的简单相关和偏相关的大小，取值为0～1，大于0.7效果较好，低于0.5不宜做因子分析。研究分析KMO数值为0.76，较适宜做因子分析。第二行为Bartlett's球形检验的结果，该值检验相关阵是否是单位阵，即各变量是否相互独立。表中Bartlett's检验结果近似卡方值为1780.855，自由度210，检验的显著性概率为0（该数据小于0.05时，拒绝统计量相关矩阵为单位矩阵的假设，即认为适合做因子分析），因子分析是适用的。

②求解初始因子。运用SPSS14.0软件对样本进行因子分析，得到因子特征值及其贡献率，如表4-32所示。在因子分析中，贡献率反映了每个因子包含原始数据的信息量，选择特征值大于1的主成分作为初始因子。如表4-32所示，前六个因子的特征值均大于1，分别为15.596、5.118、3.287、2.153、1.806、1.264，六个因子占方差百分数的累计值为72.278%，即六个因子包含了原始变量72%以上的信息量，能够满足因子分析用变量子集来解释整个问题的要求，将前六个主因子依次称为F_1、F_2、F_3、F_4、F_5、F_6。

表 4-32　　总方差解释表

Component（部件）	Initial Eigenvalues (a)（初始特征根）			Extraction Sums of Squared Loadings（提取的载荷平方和）		
	Total（总和）	% of Variance（方差%）	Cumulative %（累积方差%）	Total（总和）	% of Variance（方差%）	Cumulative %（累积方差%）
1	15.596	35.666	35.666	15.596	35.666	35.666
2	5.118	11.705	47.371	5.118	11.705	47.371
3	3.287	7.516	54.887	3.287	7.516	54.887
4	2.153	6.923	61.810	2.153	6.923	61.810
5	1.806	5.339	67.149	1.806	5.339	67.149
6	1.264	5.129	72.278	1.264	5.129	72.278
7	0.956	3.008	75.286			
8	0.934	2.601	77.887			
9	0.876	2.389	80.276			
10	0.845	2.067	82.343			
11	0.833	2.003	84.346			
12	0.765	1.854	86.200			
13	0.750	1.433	87.633			
14	0.704	1.344	88.977			
15	0.683	1.237	90.214			
16	0.656	1.110	91.324			
17	0.588	1.061	92.385			
18	0.473	1.081	93.466			
19	0.446	1.020	94.486			
20	0.392	0.895	95.381			
21	0.375	0.857	96.238			
22	0.300	0.687	96.925			
23	0.253	0.579	97.504			
24	0.205	0.469	97.973			
25	0.187	0.427	98.400			
26	0.145	0.332	98.732			
27	0.129	0.295	99.027			
28	0.117	0.267	99.294			
29	0.097	0.223	99.517			
30	0.067	0.152	99.669			

续 表

Component（部件）	Initial Eigenvalues (a)（初始特征根）			Extraction Sums of Squared Loadings（提取的载荷平方和）		
	Total（总和）	% of Variance（方差%）	Cumulative %（累积方差%）	Total（总和）	% of Variance（方差%）	Cumulative %（累积方差%）
31	0.053	0.121	99.790			
32	0.028	0.065	99.855			
33	0.020	0.046	99.901			
34	0.015	0.035	99.936			
35	0.010	0.024	99.960			
36	0.008	0.017	99.977			
37	0.007	0.015	99.992			
38	0.004	0.008	100.000			

提取方法：主成分分析法。

通过主成分分析法提取，并经方差极大化旋转8次得到六个主因子的正交因子解如表4-33所示，可见，主因子F_1在变量X_1、X_2、X_3、X_4、X_5、X_6、X_7上的因子载荷系数最大，说明主因子F_1集中反映了企业废气、废水、废物排放、危险有害材料、环境事故、企业环境等方面的实际状况，这与绿色度评价理论指标体系中的分类相吻合，因此称主因子F_1为环境评价因子；主因子F_2在变量X_8、X_9、X_{10}、X_{11}、X_{12}、X_{13}、X_{14}上的因子载荷系数最大，说明主因子F_2集中反映了企业在资源综合利用、能源综合利用、废弃物回收使用、产品单位能耗、生产设备使用率等方面的实际情况，这与绿色度评价理论指标体系中的分类相吻合，因此称主因子F_2为资源评价因子；主因子F_3在变量X_{15}、X_{16}、X_{17}、X_{18}、X_{19}、X_{20}上的因子载荷系数最大，说明主因子F_3集中反映了企业库存水平、产品合格率、客户满意度、原料及产品即时供货能力、市场占有率等方面的情况，因此称主因子F_3为运营评价因子；主因子F_4在2变量X_{21}、X_{22}、X_{23}、X_{24}、X_{25}上的因子载荷系数最大，说明主因子F_4集中反映了企业在设备的自动化程度、设备的安全性能、企业信息化程度、技术研发专项资金等方面的情况，因此称新产生的主因子F_4为技术评价因子；主因子F_5在变量X_{26}、X_{27}、X_{28}、X_{29}、X_{30}、X_{31}、X_{32}上的因子载荷系数最大，说明主因子F_5集中反映了企业在利润增长率、现金周转时间、单位运营成本、污染治理费用、废弃物处理费用等方面的状况，因此把主因子F_5称为经济评价因子；主因子F_6在变量X_{33}、X_{34}、X_{35}、X_{36}、X_{37}、X_{38}上的因子载荷系数最大，说明主因子F_6集中反映了企业知名度、开展节能环保宣传和培训工作、公益活动参与、消费者对产品绿色认同度等方面的情况，因此称主因子F_6为社会评价因子。

表 4 - 33　　正交旋转因子载荷矩阵

调查题项变量	提取的 6 个主因子					
	1	2	3	4	5	6
废气排放减少 X_1	0.708	0.407	0.007	0.227	−0.325	0.165
废水排放减少 X_2	0.820	0.112	0.145	0.143	−0.162	0.133
固体废弃物排放减少 X_3	0.850	0.055	−0.012	0.202	−0.158	0.186
使用危险/有毒有害材料减少 X_4	0.696	0.326	0.218	0.084	0.069	−0.201
环境事故发生的次数减少 X_5	0.845	0.257	0.133	−0.056	0.057	−0.003
“三废”排污达标率提高 X_6	0.741	0.234	0.378	0.026	0.039	0.029
清洁生产状况改善 X_7	0.785	0.158	0.114	0.189	−0.281	0.260
资源综合利用率提高 X_8	0.084	0.714	0.264	0.142	−0.007	−0.056
产品、包装或容器可回收利用 X_9	0.167	0.509	0.181	0.382	−0.011	−0.012
边角余料减少 X_{10}	0.210	0.774	0.053	0.081	0.131	0.118
产生的废弃物料回收使用 X_{11}	0.180	0.763	0.191	−0.039	0.089	0.166
单位产品能耗降低 X_{12}	0.328	0.636	0.277	0.243	0.147	0.162
能源综合利用率提高 X_{13}	0.237	0.571	0.392	0.182	0.073	0.359
生产设备利用率提高 X_{14}	0.338	0.626	0.290	0.238	−0.029	0.139
库存水平降低 X_{15}	0.168	0.295	0.780	0.074	−0.059	0.155
客户满意度提高 X_{16}	0.278	0.237	0.680	0.228	0.054	0.069
产品不合格率降低 X_{17}	0.052	0.111	0.713	0.195	0.154	0.106
原料及产品即时供货能力提高 X_{18}	0.126	0.205	0.646	0.380	−0.018	0.304
市场占有率提高 X_{19}	0.238	0.360	0.530	0.292	−0.055	0.292
年节能减排环保投入比重提高 X_{20}	0.401	0.120	0.467	0.283	−0.171	0.288
设备的安全性能提高 X_{21}	0.097	0.099	0.284	0.812	0.117	0.281
设备的自动化程度提高 X_{22}	0.205	0.125	0.119	0.877	0.088	0.079
企业信息化程度提高 X_{23}	0.059	0.097	0.259	0.651	0.015	0.163
通过 ISO 14001 认证 X_{24}	−0.013	0.221	0.416	0.489	−0.101	0.413
安排技术研发专项资金并逐年增加 X_{25}	0.164	0.233	0.437	0.511	0.124	0.213
利润增长率 X_{26}	0.104	−0.064	0.025	0.175	0.536	0.095
现金周转时间 X_{27}	0.073	−0.083	−0.064	−0.259	0.620	0.034
单位运营成本 X_{28}	0.073	0.312	−0.131	0.206	0.685	0.131
物料回收再利用成本 X_{29}	−0.153	−0.063	0.115	0.013	0.841	0.118
污染治理费用 X_{30}	−0.228	0.049	0.118	0.082	0.741	0.001

续 表

调查题项变量	提取的 6 个主因子					
	1	2	3	4	5	6
废弃物处理费用 X_{31}	−0.092	0.148	−0.051	−0.023	0.787	0.046
因环境事故受到罚款 X_{32}	−0.017	0.226	0.222	0.133	0.489	0.140
按规定淘汰落后耗能工艺、设备 X_{33}	0.187	0.141	0.124	0.199	0.123	0.821
企业知名度扩大 X_{34}	0.041	0.219	0.166	0.191	0.036	0.782
公益活动参与次数增多 X_{35}	0.046	0.144	0.107	−0.008	0.238	0.774
在企业开展节能环保宣传培训工作 X_{36}	−0.025	0.098	0.251	0.241	0.089	0.748
将节能目标分解到车间、班组或个人 X_{37}	0.199	0.369	0.177	0.221	0.210	0.746
产品通过绿色认证 X_{38}	0.240	0.197	0.103	0.272	−0.017	0.783

旋转方法：Kaiser 标准化最大方差法，一个 8 次迭代的旋转。

将以上各评价因子与前面假设的理论评价体系进行比较发现：环境评价指标、资源评价指标、经济评价指标均与理论假设完全吻合；原运营评价指标中包含的自动化程度、设备的安全性能、企业信息化程度、技术研发专项资金、通过 ISO 14001 认证五项指标通过因子分析被单独识别，形成了一个新的评价因子——技术评价指标；原年节能减排环保投入比重被纳入运营评价指标，按规定淘汰落后耗能工艺、设备和产品被纳入社会评价指标。

这样六个主因子共同构成了供应链管理绿色度评价指标体系，验证了前面理论指标体系的部分内容，同时也纠正了理论指标假设中不太确切的地方。

由表 4－34 可知，所选的六个主因子是高度不相关的，说明评价供应链管理绿色度的六个方面具有独立性。

表 4－34　　因子相关性得分矩阵

部件	1	2	3	4	5	6
1	1.000	0.000	0.000	0.000	0.000	0.000
2	0.000	1.000	0.000	0.000	0.000	0.000
3	0.000	0.000	1.000	0.000	0.000	0.000
4	0.000	0.000	0.000	1.000	0.000	0.000
5	0.000	0.000	0.000	0.000	1.000	0.000
6	0.000	0.000	0.000	0.000	0.000	1.000

提取方法：主成分分析法。

旋转方法：Kaiser 标准化的最大方差法。

成分得分。

③6 个主因子的权重确定。

因子的贡献率是指因子对整体的贡献程度，是其包含原始数据信息量的比率。因此，用贡献率来说明因子在整体目标中的权重，是十分合理的。令 F_i 的权重为 A_i，其贡献率为 a_i（$i=1$，2，3，4，5，6），对 6 个主因子的贡献率按式（4－9）进行归一化处理：

$$A_i=a_i/(a_1+a_2+a_3+a_4+a_5+a_6) \tag{4-9}$$

六个因子的贡献率分别为 35.666%、11.705 %、7.516%、6.923%、5.339%、5.129%，经归一化处理后，六个因子在总目标上的权重分别为 0.493、0.162、0.104、0.096、0.074、0.071。所提取因子、因子的意义以及其整个评价体系中的权重如表 4－35所示。

表 4－35　　提取的主因子及其意义

主因子	意义	在整个评价体系中的权重 A_i
F_1	环境评价	0.493
F_2	资源评价	0.162
F_3	运营评价	0.104
F_4	技术评价	0.096
F_5	经济评价	0.074
F_6	社会评价	0.071

④级指标权重的确定。在因子分析过程中，利用主成分分析提取，并运用方差最大化正交旋转，得到主因子系数得分矩阵如表 4－36 所示，与表 4－33 相对应。从表 4－36中可以得出以下数据。

变量 X_1、X_2、X_3、X_4、X_5、X_6、X_7 在主因子 F_1 上的载荷系数最大，分别为 0.159、0.267、0.242、0.176、0.258、0.205、0.217；变量 X_8、X_9、X_{10}、X_{11}、X_{12}、X_{13}、X_{14} 在主因子 F_2 上的载荷系数最大，分别为 0.268、0.135、0.281、0.256、0.175、0.153、0.196；变量 X_{15}、X_{16}、X_{17}、X_{18}、X_{19}、X_{20} 在主因子 F_3 上的载荷系数最大，分别为 0.300、0.234、0.344、0.234、0.143、0.159；变量 X_{21}、X_{22}、X_{23}、X_{24}、X_{25} 在主因子 F_4 上的载荷系数最大，分别为 0.341、0.455、0.211、0.193、0.100；变量 X_{26}、X_{27}、X_{28}、X_{29}、X_{30}、X_{31}、X_{32} 在主因子 F_5 上的载荷系数最大，分别为 0.179、0.161、0.214、0.225、0.123、0.212、0.139；变量 X_{33}、X_{34}、X_{35}、X_{36}、X_{37}、X_{38} 在主因子 F_6 上的载荷系数最大，分别为 0.322、0.257、0.270、0.223、0.182、0.191。

利用这些变量的载荷系数作为其在主因子上的相对权重，按式（4－9）经归一化处理后，得到：

变量 X_1、X_2、X_3、X_4、X_5、X_6、X_7 在主因子 F_1 上的权重分别为 0.104、

0.175、0.160、0.115、0.169、0.135、0.142；变量 X_8、X_9、X_{10}、X_{11}、X_{12}、X_{13}、X_{14} 在主因子 F_2 上的权重分别为 0.183、0.092、0.191、0.175、0.120、0.105、0.134；变量 X_{15}、X_{16}、X_{17}、X_{18}、X_{19}、X_{20} 在主因子 F_3 上的权重分别为 0.212、0.165、0.243、0.165、0.102、0.113；变量 X_{21}、X_{22}、X_{23}、X_{24}、X_{25} 在主因子 F_4 上的权重分别为 0.263、0.350、0.162、0.148、0.077；变量 X_{26}、X_{27}、X_{28}、X_{29}、X_{30}、X_{31}、X_{32} 在主因子 F_5 上的权重分别为 0.143、0.128、0.171、0.180、0.098、0.169、0.111；变量 X_{33}、X_{34}、X_{35}、X_{36}、X_{37}、X_{38} 在主因子 F_6 上的权重分别为 0.223、0.178、0.187、0.154、0.126、0.132。

表 4-36　　　　主因子系数得分矩阵

调查题项变量	6 个主因子					
	1	2	3	4	5	6
废气排放减少 X_1	0.159	0.154	−0.186	0.091	−0.127	0.077
废水排放减少 X_2	0.267	−0.108	−0.011	0.018	−0.029	0.038
固体废弃物排放减少 X_3	0.242	−0.121	−0.133	0.054	−0.010	0.048
使用危险/有毒有害材料减少 X_4	0.176	0.002	0.071	−0.026	0.098	−0.200
环境事故发生的次数减少 X_5	0.258	−0.049	0.012	−0.122	0.107	−0.022
“三废”排污达标率提高 X_6	0.205	−0.125	0.164	−0.134	0.095	−0.067
清洁生产状况改善 X_7	0.217	−0.059	−0.103	−0.014	−0.063	0.086
资源综合利用率提高 X_8	−0.121	0.268	−0.010	−0.043	−0.049	−0.113
产品、包装或容器可回收利用 X_9	−0.064	0.135	−0.060	0.075	−0.032	−0.102
边角余料减少 X_{10}	−0.034	0.281	−0.130	−0.023	−0.016	0.005
产生的废弃物料回收使用 X_{11}	−0.062	0.256	−0.024	−0.103	−0.012	0.039
单位产品能耗降低 X_{12}	−0.019	0.175	−0.008	0.003	0.023	−0.002
能源综合利用率提高 X_{13}	−0.040	0.153	0.050	−0.071	−0.013	0.083
生产设备利用率提高 X_{14}	0.006	0.196	−0.005	0.039	−0.036	−0.001
库存水平降低 X_{15}	−0.023	−0.010	0.300	−0.104	−0.029	−0.013
客户满意度提高 X_{16}	0.020	−0.057	0.234	−0.036	−0.010	−0.085
产品不合格率降低 X_{17}	−0.039	−0.104	0.344	−0.063	0.044	−0.061
原料及产品即时供货能力提高 X_{18}	−0.041	−0.056	0.234	0.016	−0.008	0.022
市场占有率提高 X_{19}	−0.016	0.039	0.143	0.007	−0.019	0.045
年节能减排环保投入比重提高 X_{20}	0.035	−0.081	0.159	−0.026	−0.061	0.015
设备的安全性能提高 X_{21}	0.001	−0.075	−0.029	0.341	0.025	−0.026
设备的自动化程度提高 X_{22}	0.033	−0.055	−0.141	0.455	0.045	−0.127

续　表

调查题项变量	6 个主因子					
	1	2	3	4	5	6
企业信息化程度提高 X_{23}	−0.042	−0.060	0.002	<u>0.211</u>	0.011	−0.054
通过 ISO 14001 认证 X_{24}	−0.070	0.017	0.076	<u>0.193</u>	−0.075	0.073
安排技术研发专项资金并逐年增加 X_{25}	−0.022	−0.027	0.089	<u>0.100</u>	0.003	−0.040
利润增长率 X_{26}	0.054	−0.076	0.011	0.068	<u>0.179</u>	0.017
现金周转时间 X_{27}	0.079	−0.060	0.006	−0.128	<u>0.161</u>	0.022
单位运营成本 X_{28}	0.019	0.097	−0.171	0.084	<u>0.214</u>	0.012
物料回收再利用成本 X_{29}	0.014	−0.081	0.052	−0.025	<u>0.225</u>	0.005
污染治理费用 X_{30}	−0.006	−0.009	0.025	0.020	<u>0.123</u>	−0.029
废弃物处理费用 X_{31}	0.024	0.036	−0.047	0.005	<u>0.212</u>	0.000
因环境事故受到罚款 X_{32}	0.010	0.005	−0.005	−0.017	<u>0.139</u>	−0.051
按规定淘汰落后耗能工艺、设备 X_{33}	0.063	−0.076	−0.051	−0.029	0.015	<u>0.322</u>
企业知名度扩大 X_{34}	−0.032	0.034	−0.042	−0.057	−0.026	<u>0.257</u>
公益活动参与次数增多 X_{35}	−0.015	0.009	−0.016	−0.122	0.044	<u>0.270</u>
在企业开展节能环保宣传培训工作 X_{36}	−0.034	−0.046	−0.011	−0.054	−0.007	<u>0.223</u>
将节能目标分解到车间、班组或个人 X_{37}	−0.015	0.039	−0.093	0.093	0.056	<u>0.182</u>
产品通过绿色认证 X_{38}	−0.022	−0.005	−0.129	−0.038	−0.089	<u>0.191</u>

提取方法：主成分分析。成分得分。

旋转方法：Kaiser 标准化的最大方差法。系数标准化。

二级指标在总目标上的组合权重按照表 4－37 所示的各层元素组合权重计算方法计算，得到供应链管理的绿色度评价子准则层各指标相对于目标层的组合权重如表 4－38 所示。

表 4－37　　各层元素组合权重

层次 A / 层次 B	A_1　A_2　…　A_m a_1　a_2　…　a_m	B 层次总排序权值
B_1	b_{11}　b_{12}　…　b_{1m}	$a_j \times b_{1j}$ $(j=1, 2, \cdots, m)$
B_2	b_{21}　b_{22}　…　b_{2m}	$a_j \times b_{2j}$ $(j=1, 2, \cdots, m)$
⋮	⋮	⋮
B_n	b_{n1}　b_{n2}　…　b_{nm}	$a_j \times b_{nj}$ $(j=1, 2, \cdots, m)$

表 4-38　　供应链管理的绿色度评价指标体系及其中各指标权重

目标层	准则层（相对权重）	子准则层（相对权重）	各指标组合权重
企业实施供应链管理的绿色度评价 U	环境评价指标 U_1（0.493）	废气排放 U_{11}（0.104）	0.051
		废水排放 U_{12}（0.175）	0.086
		固体废弃物排放 U_{13}（0.160）	0.079
		危险/有毒有害材料使用 U_{14}（0.115）	0.057
		环境事故发生的次数 U_{15}（0.169）	0.083
		“三废”排污达标率 U_{16}（0.135）	0.067
		清洁生产状况 U_{17}（0.142）	0.070
	资源评价指标 U_2（0.162）	资源综合利用率 U_{21}（0.183）	0.030
		产品、包装或容器可回收利用 U_{22}（0.092）	0.015
		边角余料产生 U_{23}（0.191）	0.031
		产生的废弃物料回收使用 U_{24}（0.175）	0.028
		单位产品能耗 U_{25}（0.120）	0.019
		能源综合利用率 U_{26}（0.105）	0.017
		生产设备利用率 U_{27}（0.134）	0.022
	运营评价指标 U_3（0.104）	库存水平 U_{31}（0.212）	0.022
		客户满意度 U_{32}（0.165）	0.017
		产品不合格率 U_{33}（0.243）	0.025
		原料及产品即时供货能力 U_{34}（0.165）	0.017
		市场占有率 U_{35}（0.102）	0.011
		年节能减排环保投入比重 U_{36}（0.113）	0.012
	技术评价指标 U_4（0.096）	设备的安全性能 U_{41}（0.263）	0.025
		设备的自动化程度 U_{42}（0.350）	0.034
		企业信息化程度 U_{43}（0.162）	0.016
		通过 ISO 14001 认证 U_{44}（0.148）	0.014
		安排技术研发专项资金并逐年增加 U_{45}（0.077）	0.007
	经济评价指标 U_5（0.074）	利润增长率 U_{51}（0.143）	0.011
		现金周转时间 U_{52}（0.128）	0.009
		单位运营成本 U_{53}（0.171）	0.013
		物料回收再利用成本 U_{54}（0.180）	0.013

续　表

目标层	准则层（相对权重）	子准则层（相对权重）	各指标组合权重
企业实施供应链管理的绿色度评价U	经济评价指标 U_5（0.074）	污染治理费用 U_{55}（0.098）	0.007
		废弃物处理费用 U_{56}（0.169）	0.013
		因环境事故受到罚款 U_{57}（0.111）	0.008
	社会评价指标 U_6（0.071）	按规定淘汰落后工艺设备和产品 U_{61}（0.223）	0.016
		企业知名度扩大 U_{62}（0.178）	0.013
		公益活动参与次数 U_{63}（0.187）	0.013
		开展节能环保宣传和培训工作 U_{64}（0.154）	0.011
		将节能目标分解到车间班组和个人 U_{65}（0.126）	0.009
		产品通过绿色认证 U_{66}（0.132）	0.009

3. 绿色度的综合指标评价模型

上面所构建的企业供应链管理的绿色度评价指标体系是一套多目标、多层次的评价指标体系，其中的指标既有正指标又有逆指标，既有定性指标又有定量指标，而对这些指标进行深入分析发现，大部分数据边界不清楚，中间过渡不明显。因此，为保证绿色度评价的科学性、准确性和客观性，将定量测试与专家系统结合起来，采用模糊综合评价法构建供应链管理的绿色度综合指标评价模型。

1）因素集的确定及评价集的建立

根据前面内容，企业供应链管理的绿色度评价指标体系分为3层6类38项指标，简记为因素集 U 和 U_1、U_2、U_3、U_4、U_5、U_6，递阶层次模型为：

$U=\{U_1, U_2, U_3, U_4, U_5, U_6\}$

$U_1=\{U_{11}, U_{12}, U_{13}, U_{14}, U_{15}, U_{16}, U_{17}\}$ ＝｛废气排放，废水排放，固体废弃物排放，危险/有毒有害材料使用，环境事故发生的次数，“三废”排污达标率，清洁生产状况改善｝；

$U_2=\{U_{21}, U_{22}, U_{23}, U_{24}, U_{25}, U_{26}, U_{27}\}$ ＝｛资源综合利用率，产品、包装或容器可回收利用，边角余料产生，产生的废弃物料回收使用，单位产品能耗，能源综合利用率，生产设备利用率｝；

$U_3=\{U_{31}, U_{32}, U_{33}, U_{34}, U_{35}, U_{36}\}$ ＝｛库存水平，客户满意度，产品不合格率，原料及产品即时供货能力，市场占有率，年节能减排环保投入比重｝；

$U_4=\{U_{41}, U_{42}, U_{43}, U_{44}, U_{45}\}$ ＝｛设备的安全性能，设备的自动化程度，企业信息化程度，通过ISO 14001认证，安排技术研发专项资金并逐年增加｝；

$U_5=\{U_{51}, U_{52}, U_{53}, U_{54}, U_{55}, U_{56}, U_{57}\}$ ＝｛利润增长率，现金周转时间，单位运营成本，物料回收再利用成本，污染治理费用，废弃物处理费用，因环境事故受到罚款｝；

$U_6=\{U_{61}, U_{62}, U_{63}, U_{64}, U_{65}, U_{66}\}=$｛按规定淘汰落后工艺设备和产品，企业知名度扩大，公益活动参与次数，开展节能环保宣传和培训工作，将节能目标分解到车间班组和个人，产品通过绿色认证｝。

建立评价集 $V=\{v_1, v_2, v_3, v_4, v_5\}$，分别代表评价没有体现、较少体现、有一定体现、较为明显、非常显著五个档次。将各评价所对应的评价等级分行向量矩阵确定为：$C=(c_1, c_2, c_3, c_4, c_5)=(1.4, 1.2, 1.0, 0.8, 0.6)$。

2）模糊子集及模糊评价矩阵的确定

（1）模糊子集的确定。对因素的权分配为 U 上的模糊子集 A_1、A_2、A_3、A_4、A_5、A_6 和 A_n，A 表示准则层各指标相对于目标层的权重构成的权重集，A_1、A_2、A_3、A_4、A_5 和 A_6 表示子准则层各指标相对于准则层指标的权重构成的权重集，A_n 表示子准则层各指标组合权重构成的权重集。A，A_1，A_2，A_3，A_4，A_5，A_6 和 A_n 分别为：

$A=(a_1, a_2, a_3, a_4, a_5, a_6)=(0.493, 0.162, 0.104, 0.096, 0.074, 0.071)$；

$A_1=(a_{11}, a_{12}, a_{13}, a_{14}, a_{15}, a_{16}, a_{17})=(0.051, 0.086, 0.079, 0.057, 0.083, 0.067, 0.070)$；

$A_2=(a_{21}, a_{22}, a_{23}, a_{24}, a_{25}, a_{26}, a_{27})=(0.030, 0.015, 0.031, 0.028, 0.019, 0.017, 0.022)$；

$A_3=(a_{31}, a_{32}, a_{33}, a_{34}, a_{35}, a_{36})=(0.022, 0.017, 0.025, 0.017, 0.011, 0.012)$；

$A_4=(a_{41}, a_{42}, a_{43}, a_{44}, a_{45})=(0.025, 0.034, 0.016, 0.014, 0.007)$；

$A_5=(a_{51}, a_{52}, a_{53}, a_{54}, a_{55}, a_{56}, a_{57})=(0.011, 0.009, 0.013, 0.013, 0.007, 0.013, 0.008)$；

$A_6=(a_{61}, a_{62}, a_{63}, a_{64}, a_{65}, a_{66})=(0.016, 0.013, 0.013, 0.011, 0.009, 0.009)$。

（2）模糊评判矩阵的确定。

①各指标域值的确定。在调研前，首先根据行业标准制定各指标的行业标准，然后给被调查人员一个有关定量指标和定性指标的评价标准，对于定性指标如前所述分为五个等级，即：没有体现、较少体现、有一定体现、较为明显、非常显著；对于定量指标按照各行业的标准给出区间值，按照实际情况，依次分为明显增加、有所增加、几乎不变、有所减少、明显减少五个等级。

②请各位专家，即实施绿色供应链管理实践的企业中对企业总体情况比较了解的中高层管理人员或技术人员，填写绿色度评价调查表。

③指标隶属度的确定。问卷中的定量和定性指标均由企业专家给出评语，所有指标对应各评语的隶属度按下面方法进行计算：

设 r_{ij}（$i=1, 2, \cdots, n$；$j=1, 2, \cdots, m$）表示子准则层，是指二级指标 U_{ij} 对于第 j 级评语 v_j 的隶属度。r_{ij} 的值按如下方法确定：对专家评分结果进行统计整理，得到对于指标 u_i 有 v_{i1} 个 v_1 级评语，v_{i2} 个有 v_2 级评语，…，v_{i5} 个有 v_5 级评语，则对于 $i=1$，

2，…，n，有 $r_{ij}=v_{ij}/\sum_{j=1}^{n}v_{ij}$（$j$=1，2，…，$m$）。根据 r_{ij} 的值即得到某指标对各评价档次的隶属度组成的行向量 r_i。

④将上述确定的各指标隶属度按照供应链管理的绿色度评价指标体系中的顺序及五项评语的次序进行排列，得到绿色度模糊评判矩阵 $\boldsymbol{R}_i$：

$$\boldsymbol{R}_i=\begin{bmatrix} r_{11} & r_{12} & \cdots & r_{15} \\ r_{21} & r_{21} & \cdots & r_{25} \\ \vdots & \vdots & & \vdots \\ r_{i1} & r_{i2} & \cdots & r_{i5} \end{bmatrix},\ i=7,\ 7,\ 6,\ 5,\ 7,\ 6$$

3）评判向量的确定及综合评价值的计算

（1）评判向量的确定。

①单因素模糊评判。根据上述得到的单因素模糊评判矩阵 $\boldsymbol{R}_i$，按照下述公式计算单因素的评判向量 $\boldsymbol{B}_i$：

$$\boldsymbol{B}_i=\boldsymbol{A}_i\cdot\boldsymbol{R}_i=[a_{i1},\ a_{i2},\ \cdots,\ a_{in}]\cdot\begin{bmatrix} r_{11} & r_{12} & \cdots & r_{15} \\ r_{21} & r_{22} & \cdots & r_{25} \\ \vdots & \vdots & & \vdots \\ r_{n1} & r_{n2} & \cdots & r_{n5} \end{bmatrix}=[b_{i1},\ b_{i2},\ \cdots,\ b_{i5}] \tag{4-10}$$

其中，i= 1，2，3，4，5，6 时与其相对应的 n 分别为 7，7，6，5，7，6。

②多因素综合评价。将上述每个单因素模糊评价结果 b_{ij}（j=1，2，3，4，5）综合在一起，式（4－6）构成高一级的评价矩阵 $\boldsymbol{R}_i$，采用与上述同样的方法将 $\boldsymbol{R}_i$ 与权重系数矩阵 $\boldsymbol{A}_i$ 结合，求出一级指标层中第 i 个指标的综合评价结果 $\boldsymbol{B}_i$（i=1，2，3，4，5），由 $\boldsymbol{B}_i$ 构成更高一级的矩阵 $\boldsymbol{R}$，最后根据如下公式求得 U 的综合评价矩阵 $\boldsymbol{B}$：

$$\boldsymbol{B}=\boldsymbol{A}\cdot\boldsymbol{R}=[a_1,\ a_2,\ a_3,\ a_4,\ a_5,\ a_6]\cdot\begin{bmatrix} R_{11} & R_{12} & R_{13} & R_{14} & R_{15} \\ R_{21} & R_{22} & R_{23} & R_{24} & R_{25} \\ R_{31} & R_{32} & R_{33} & R_{34} & R_{35} \\ R_{41} & R_{42} & R_{43} & R_{44} & R_{45} \\ R_{51} & R_{52} & R_{53} & R_{54} & R_{55} \\ R_{61} & R_{62} & R_{63} & R_{64} & R_{65} \end{bmatrix}$$

$$=[b_1,\ b_2,\ b_3,\ b_4,\ b_5] \tag{4-11}$$

由此得到的评价结果 $\boldsymbol{B}$ 不仅考虑一级指标影响，同时也考虑二级指标的影响。因此，保留了各级评价的全部信息。

（2）综合评价值的计算采用如下公式：

$$W=\boldsymbol{B}\cdot\boldsymbol{C}^{\mathrm{T}}$$

式中，W——企业绿色供应链管理后对绿色度的评价值；

$\boldsymbol{B}$——最终综合评价向量；

$\boldsymbol{C}$——绿色度评价等级分行向量矩阵；

C^T——C 的转置矩阵。

4）评估企业供应链管理的绿色度情况的依据

计算的绿色度评价综合值是企业绿色供应链管理的效果，即企业的环境资源性能、运营绩效、社会评价等的整体状况，全面反映企业供应链管理绿色化的成效。按下面方法确定企业供应链管理的绿色度。

①如果 $W>1$，说明企业供应链管理的绿色度较高，企业在改善环境状况、资源能源利用状况、供应链运营、经济效益和社会影响等方面均取得了一定的成效，企业绿色化水平明显提高，超过行业标准值。

②如果 $W<1$，说明企业供应链管理的绿色度没有达到行业内标准值，还有待进一步改进，企业在供应链管理中应考虑和强化环境因素，提高资源的利用率，减少环境污染，最终实现经济效益、社会效益和生态效益的协调统一，提升企业的“绿色竞争力”。

第二节　物流系统决策

一、物流系统决策概述

决策普遍存在于各行各业、各个领域。决策有广义和狭义之分，广义的决策，正如西蒙（Simon）指出，管理是由一系列决策组成的，管理就是决策；狭义的决策，是对某一事件的目标及其实现手段的选择。决策是针对某一问题，确定决策者偏好的目标，根据实际情况，借助经验、科学的理论和方法、合适的工具和手段，对若干种可能的方案进行分析，进而选择最佳或最满意方案的行为。决策理论起源于“经济人”学说的命题，在 20 世纪中叶发展为规范决策论，即假定决策人员具有完全理性，追求最大的期望效用目标，通过理性的思路和运算，最后实施决策。针对规范决策论的不足，美国管理学家西蒙率先提出“满意标准”和“有限理性标准”，用“管理人”代替“经济人”，通过持续发展，形成行为决策理论。行为决策理论的主要观点是人的理性是有限的，包括知识有限、计算能力有限、时间和注意力有限、想象力和设计能力有限、价值取向和多元化目标难以始终如一。

物流系统决策是在物流系统分析、物流系统建模、物流系统评价等后对物流系统进行决策。物流系统的决策问题主要包括物流系统建设决策和物流系统运作决策两个方面。

二、物流系统决策的过程

决策过程有多种表述：Harold Koontz 等认为决策过程包括拟定前提条件、明确备择方案、根据目标评价备择方案、选择其中一个备择方案；Elwood Spencer Buffa 认为决策过程包括明确要达到的目的，确定用来衡量和比较各种方案的准则，选择将实行的行动路线；Daniel E. Griffiths 认为决策过程包括分析问题、确定问题、限定问题的范围，确定评价解决方案的标准、收集资料数据和信息、选定决策方案、实施选定的方案。

决策问题的基本模式是：

$$W_{ij}=f\ (A_i,\ \theta_j)\quad i=1,\ 2,\ \cdots,\ m;\ j=1,\ 2,\ \cdots,\ n$$

式中：A_i——决策人员的第 i 种策略或方案，属于决策变量，是决策人员的可控因素；

θ_j——决策人员和决策对象（决策问题）所处的第 j 种环境条件或第 j 种自然状态，属于状态变量，是决策人员不可控制的因素；

W_{ij}——决策人员在第 j 种状态下选择第 i 种方案的结果，是决策问题的价值函数值，即损益值或效用值。

在物流系统决策过程中，物流系统决策包括确定目标、分析可能出现的状态并进行估计、拟订多个备选方案、评价方案、选择最优或最满意的方案等步骤，如图 4-7 所示。

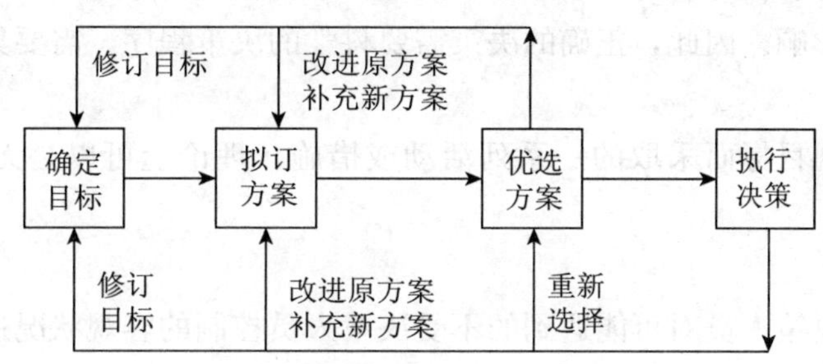

图 4-7　决策过程

1. 找出问题症结，确定决策目标

物流系统决策目标是根据决策人员拟解决的问题确定，分析清楚需解决问题的症结及其产生的原因，然后根据问题的要求和可能，制定切实可行的目标。问题是现状与目标差距，需要界定问题，对问题的时间、空间等表现，对问题的迫切性、扩展性、严重性等性质，对问题的原因进行清楚的了解，为拟订方案做准备。

2. 拟订各种备选方案

拟订可供选择的各种可能方案，只有拟订一定数量和质量的可能方案供对比选择，才能使决策做得合理。对于简单的决策问题，可以直接设想几个备选方案。对于复杂的决策问题，往往难以直接设计出备选方案，此时则需要分两步走：第一步，大胆设想，先做轮廓设想，从不同角度和多种途径，大胆设想出各种方案；第二步，精心设计，确定各种方案的细节，并且估计方案实施结果。任何方案都不可能囊括一切，但应该能解决一定问题，达到合理的目的。方案目的应是明确的、一致的、可测的，不能含糊其辞、自相矛盾或者泛泛而谈，并尽可能采用简洁方式，且方案目的应有自身的层次性、优先次序、主次缓急取舍。具体拟订备选方案过程可以采取头脑风暴法、对演法等。

3. 选择方案

选择方案，必须保证选定的方案满足两个条件：一是合理地选择标准，二是科学的选择方法。第一个条件是指方案的价值标准问题。理论上一般采取最优标准，但绝对的最优是不现实的，实际上一般采取满意标准，即“足以满足”。第二个条件是指选择方案的具体方法，主要有经验判断法、数学分析法和试验方法等。采用经验判断法，决策人员应从全局出发，根据以往的经验和现有的信息权衡不同方案的利弊；采用数学分析法，应方便决策达到准确、优化、及时，提高决策的质量和速度；采用试验法，通过对实际物流系统进行试验或者仿真实验来进行，且仿真实验应用越来越多。

4. 实施决策

根据得到的选择方案，由决策人员进行抉择并执行。

三、物流系统决策的要素

1. 决策人员

决策人员是决策过程的主体，即决策人。一般地，决策人是某一方面的利益代表者。决策的正确与否受到决策人员所处的政治、经济、技术、文化、社会环境及决策人员个人素质的影响。因此，正确的决策需要科学的决策程序，需要集体智慧。

2. 方案

方案是为实现目标而采取的一系列活动或措施，理论上可以是无限的，实际上往往是有限的。

3. 自然状态

自然状态是决策人员对可能遇到的不受决策人员控制的客观状况进行预先估计。

4. 损益值

每个可行方案在每种客观情况下产生的后果，称为损益值。对应于 n 种自然状态和 m 个方案，可以得到一个 m 行 n 列的矩阵，称为损益矩阵。

自然状态及概率、损益值、方案三者的对应关系，如表 4－39 所示。

表 4－39　　损益表

损益值 \ 自然状态及概率 \ 方案	状态 1（θ_1）	状态 2（θ_2）	…	状态 n（θ_n）
	p_1	p_2	…	p_n
方案 1	c_{11}	c_{12}	…	c_{1n}
方案 2	c_{21}	c_{22}	…	c_{2n}
⋮	⋮	⋮		⋮
方案 m	c_{m1}	c_{m2}	…	c_{mn}

四、物流系统决策的类型

按照不同标准可以对决策进行分类。按照决策人在物流系统中所处的地位，将决策划分为高层决策、中层决策和基层决策；按照决策问题的性质，将决策划分为战略性决策、管理性决策和日常决策；按照问题出现的频率，将决策划分为常规决策和非常规决策；按照决策过程本身的性质，将决策划分为程序化决策和非程序化决策；按照决策过程的阶段性，将决策划分为单阶段决策和多阶段决策。按照决策问题目标的多少，将决策划分为单目标决策和多目标决策。例如，建设一个物流园区，既要考虑物流设施的配套性和先进性，又要考虑投资少，这存在不同目标冲突，需要综合考虑，显然是一个多目标决策问题。多目标决策方法的思路是将多目标决策转化为单目标决策或双目标决策，具体有主要目标法、线性加权和法、平方和加权法、乘除法、边际分析法等。

按照决策的作用范围和影响层次，将物流决策分为战略层次的决策、战术层次的决策和运作层次的决策。按照物流系统的构成，决策可以分为选址决策、运输决策、仓储决策、订单决策、客户服务决策、采购决策等。

按照决策人对各种自然状态的了解程度，将决策划分为确定型、随机型、风险型或统计型决策、非确定型决策；确定型决策是决策者对于将来会出现哪种自然状态有充分的了解，如正常物流运作过程中的存储问题属于确定型决策，可以采用线性规划、非线性规划和动态规划加以解决；随机型、风险型或统计型决策是决策者虽然不能肯定哪种自然状态会出现，但是根据过去的数据可以推断出各种自然状态出现的概率；非确定型决策是决策者对于将来出现哪种自然状态不能肯定，甚至对于各种自然状态出现的概率也一无所知。物流系统主要研究风险型决策和不确定型决策。此外，还有对抗型决策，则涉及对策论及其冲突分析。

五、风险型决策

风险型决策问题是指自然状态出现的概率为已知的决策问题，风险型决策以概率或概率密度为基础，具有随机性。例如，第三方物流企业不知道定时送达物流产品的实际需求如何，但是可以根据历史信息资源，得到可能需求率及其相应的概率，进而支持企业决策。风险型决策必须满足一定的条件：①存在决策人员希望达到的一个明确的目标，如收益最大或损失最小；②存在两种或两种以上的自然状态；③存在可供决策人员选择的两个或两个以上的决策方案；④可以计算不同的备选方案在不同状态下的损益值；⑤在 N 种自然状态中，究竟哪一种状态会出现，决策人员难以肯定，但是可以事先估计或计算各种自然状态发生的概率。

1. 期望值准则

风险型决策的标准主要是期望值准则。决策具体步骤：首先利用自然状态发生的概率分布，计算每个方案的期望损益值；然后比较期望损益值的大小。具有最大期望收益值或最小期望损失值的方案是期望值准则的最优方案。如果决策目标是收益最大，则取期望收益值最大的方案为最优方案；如果决策目标是损失最小，则取期望损失值最小的方案为最优方案。

$$E(A_i)=\sum_{j=1}^{m}C_{ij}P_j$$

式中：$E(A_i)$——第 i 个方案的期望值；

C_{ij}——第 i 个方案在第 j 种状态下的损益值；

P_j——第 j 种状态发生的概率。

例 4－7 某物流运输有两种方案，其收益矩阵如表 4－40 所示。

表 4－40　收益矩阵

损益值 \ 自然状态及概率 \ 方案	θ_1	θ_2
	0.6	0.4
a_1	200	100
a_2	60	300

则方案 a_1 和 a_2 的期望收益值分别为：

$$E_1=200\times0.6+100\times0.4=160$$

$$E_2=60\times0.6+300\times0.4=156$$

因此，按照期望收益值准则进行决策，选 a_1 为最优方案。

2. 决策树

决策系统可以利用收益矩阵通过决策表进行，也可以通过决策树进行。决策树法是以期望值为准则的图解决策法，因决策图形似树枝，因此称为决策树法。决策树法不仅可以解决单阶段决策问题（决策点只有一个），而且可以解决采用损益表难以解决的多阶段决策问题（决策点有多个），常用于较复杂的风险型决策。

（1）决策树的结构。决策树的结构较简单，如图 4－8 所示。

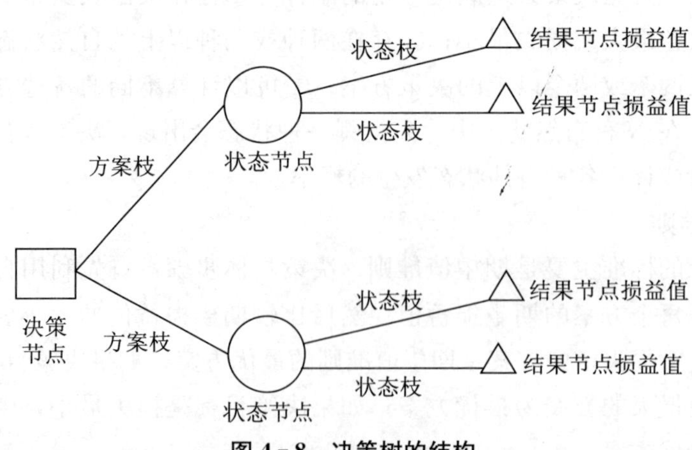

图 4－8　决策树的结构

图 4－8 中的符号说明如下：

决策节点，表示决策人的行为是在自己能控制的情况下进行分析和选择，以方块代表；从决策节点引出的若干条线，代表若干个方案，称为方案枝。

状态节点，表示决策人面对的是自己无法控制的自然状态，以圆圈代表；从状态节点引出的分枝称为状态枝，每条分枝代表一种自然状态，在相应弧上标出相应状态出现的概率。

结果节点，画在状态枝的末端，以三角形代表，它后面的数字是方案在相应下的损益值。

（2）决策树法的步骤。

第一，画决策树。画决策树的过程实际上是拟订各种方案的过程，也是进行状态分析和预估方案结果的过程。首先，对决策问题的发展状况进行一步一步的深入分析；其次，按决策树的结构规范由左向右逐步画出决策树。

第二，计算各方案的期望值。按期望值的计算方法，从图的右边向左边逐步进行，并将结果表示在方案状态的上方。

第三，剪枝选择方案。比较各方案的期望值，选取期望收益值最大或期望损失值最小的方案为最佳方案。将最佳方案的期望值写在决策节点上方，并在其余方案枝上画“//”进行剪枝，表示舍弃该方案。

例 4－8　某物流公司考虑租用仓储进行营业（单阶段决策）。现有两种方案可供选择，分别是选择大型仓储或小型仓储，年租金分别为 40 万元和 30 万元，估计未来 3 年物流市场状况可能出现前景较好、一般、差三种情况的概率及其为公司带来的收入如表 4－41 所示。

试用决策树方法，指导公司进行决策，如何选择方案？

表 4－41　　**损益表**

状态	较好 0.5	一般 0.3	差 0.2
S_1：租大型仓库	100	60	−20
S_2：租小型仓库	25	45	55

解：根据已知数据绘制决策树如图 4－9 所示。

决策节点为 0，方案为 S_1，S_2。

选择 S_1，净收益期望值为：

$$E(S_1)=0.5\times60+0.3\times20+0.2\times(-60)=24\text{（万元）}$$

选择 S_2，净收益期望值为：

$$E(S_2)=0.5\times(-5)+0.3\times15+0.2\times25=7\text{（万元）}$$

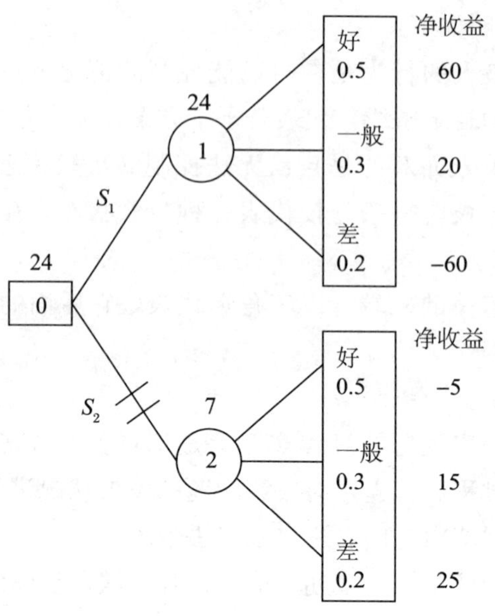

图 4-9 决策树

因为 max $\{E(S_1), E(S_2)\} = E(S_1) = 24$（万元）

由决策树可知，选择 S_1，即公司应租用大型仓储，期望净收益为每年 24 万元。

3. 贝叶斯（Bayes）决策分析法

（1）先验概率、后验概率。在决策分析时，依据的决策信息往往是过去经验、资料、历史数据或决策人员的估计，这种状态信息称为先验信息。先验概率，是指事前根据历史资料或经验判断估计的状态概率。根据先验信息进行决策，信息有可能并不能完全地、准确地反映决策在实施过程中所遇到的状态，进而影响决策的准确性。在决策分析时为提高决策的准确性，修正和改善先验信息，需要获得一个比先验信息更完全、更准确的决策信息，这种状态信息称为后验信息。后验概率，是将现实中收集的新信息补充进去，改善原有的估计而得到的状态概率。

将先验信息修改为后验信息需要利用贝叶斯公式。

（2）贝叶斯公式。

①全概率公式。

若 A_i 互斥且完备，即 $U = \sum A_i$，则

$$P(B) = \sum P(A_i)P(B \mid A_i)$$

其中，条件概率 $P(A \mid B)$ 的含义是指在事件 B 已经发生的条件下，事件 A 发生的概率。

②贝叶斯公式（逆概率公式）。

$$P(A_i \mid B) = P(A_iB)/P(B) = P(A_i)P(B \mid A_i)/\sum P(A_j)P(B \mid A_j)$$

（3）后验概率的计算。如先验概率为 $P(\theta)$，$P(S)$ 是获得新的补充信息的概率，S 表示 θ 的补充信息，则有：

$$P(\theta \mid S) = P(\theta S) / P(S)$$
$$P(S \mid \theta) = P(\theta S) / P(\theta)$$
$$P(\theta \mid S) = P(S \mid \theta) P(\theta) / P(S)$$

其中，$P(\theta \mid S)$ 表示在 S 发生条件下，θ 发生的概率。这种概率就是后验概率。

例 4-9　假定某第三方物流公司有一条流通加工线。由于环境的影响，生产线每隔一段时间则需要进行调试。若生产线调试正确，则生产 95%的合格品。若生产线调试不当，则只生产 30%的合格品。历史资料表明，过去调试正确的机会是 90%，调试不当的机会是 10%，假定调试人员已经调试了该生产线，在此之后，生产的第一件产品是合格的。

问：这一生产线得到正确调试的可能性是多少？

解：令 A_1 表示"正确调试"的事件，A_2 表示"调试不当"的事件，B 表示"生产出合格产品"的事件，由题意可知：

$$P(A_1) = 0.9,\ P(A_2) = 0.1,\ P(B \mid A_1) = 0.95,\ P(B \mid A_2) = 0.3$$

$$P(A_1 \mid B) = P(A_1) P(B \mid A_1) / (P(A_1) P(B \mid A_1) + P(A_2) P(B \mid A_2))$$
$$= 0.9 \times 0.95 / (0.9 \times 0.95 + 0.1 \times 0.3) = 0.9661$$

贝叶斯公式结合决策树方法可以进行较复杂的决策，如多阶段决策。在实际中，有些决策问题需要经过多次决策才能进行最后决策，这类决策问题的主要特点是决策过程存在先后次序，后面的决策是由前面的决策结果及前面的决策实现后可能出现的状态决定的，在做前面的决策时也必须考虑到后面决策的情况。

例 4-10　某国际物流公司拟开通一条新全货运航线，结果可能出现三种情况：市场状况差（θ_1）、市场状况中等（θ_2）、市场状况好（θ_3）（市场状况实际上是指公司收益状况）。已知开辟航线平均每年投资 700 万元，若市场差则无法收回投资，市场中等可以收入 1200 万元，市场好可以收入 2700 万元；且 $P(\theta_1) = 0.5$；$P(\theta_2) = 0.3$；$P(\theta_3) = 0.2$。为了进一步了解市场状况，考察竞争状况，结果可能是竞争激烈（S_1）、竞争一般（S_2）和竞争较少（S_3），根据经验估计，市场和竞争的关系如表 4-42 所示。

表 4-42　　市场和竞争的关系

$P(S_j \mid \theta_i)$	竞争激烈	竞争一般	竞争较少
市场差	0.6	0.3	0.1

续 表

$P(S_j \mid \theta_i)$	竞争激烈	竞争一般	竞争较少
市场中等	0.3	0.4	0.3
市场好	0.1	0.4	0.5

假设考察费用需要100万元，问：

1）是否需要考察？

2）如何根据考察结果决定是否开通新全货运航线？

解：记 a_1 为开通方案，a_2 为不开通方案。

计算无条件概率 $P(S_j)$

$$P(S_1)=P(S_1 \mid \theta_1)P(\theta_1)+P(S_1 \mid \theta_2)P(\theta_2)+P(S_1 \mid \theta_3)P(\theta_3)$$
$$=0.6\times0.5+0.3\times0.3+0.1\times0.2=0.41$$

同理，得：

$$P(S_2)=0.35$$
$$P(S_3)=0.24$$

计算条件概率 $P(\theta \mid S)$

$$P(\theta \mid S)=P(\theta S)/P(S)=P(S \mid \theta)P(\theta)/P(S)$$
$$P(\theta_1 \mid S_1)=0.6\times0.5/0.41=0.7317$$
$$P(\theta_2 \mid S_1)=0.3\times0.3/0.41=0.2195$$
$$P(\theta_3 \mid S_1)=1-0.7317-0.2195=0.0488$$
$$P(\theta_1 \mid S_2)=0.4286$$
$$P(\theta_2 \mid S_2)=0.3428$$
$$P(\theta_3 \mid S_2)=0.2286$$
$$P(\theta_1 \mid S_3)=0.2083$$
$$P(\theta_2 \mid S_3)=0.3750$$
$$P(\theta_3 \mid S_3)=0.4167$$

1）若考察结果是竞争激烈，则

$$E(a_1 \mid S_1)=0\times0.7317+12\times0.2195+27\times0.0488-7-1=-4$$
$$E(a_2 \mid S_1)=-1$$

因为 $E(a_2 \mid S_1)>E(a_1 \mid S_1)$，按照贝叶斯决策，不开通新全货运航线。

2）若考察结果是竞争一般，则

$$E(a_1 \mid S_2)=0\times0.4286+12\times0.3428+27\times0.2286-7-1=2.29$$
$$E(a_2 \mid S_2)=-1$$

因为 $E(a_2 \mid S_2)<E(a_1 \mid S_2)$，按照贝叶斯决策，开通新全货运航线。

3）若考察结果是竞争较少，则

$$E(a_1 \mid S_3)=0\times0.2083+12\times0.375+27\times0.4167-7-1=7.75$$

$$E(a_2 \mid S_3) = -1$$

因为 $E(a_2 \mid S_3) < E(a_1 \mid S_3)$，按照贝叶斯决策，开通新全货运航线。

因此，先行进行考察，得到最优期望收益为：

$$E(a_1) = (-1) \times 0.41 + 2.29 \times 0.35 + 7.75 \times 0.24 = 2.25$$

如不先行进行考察，则最优期望收益为：

$$E(a_1) = 0 \times 0.5 + 12 \times 0.3 + 27 \times 0.2 - 7 = 2$$

$$E(a_2) = 0$$

$E(a_1) > E(a_2)$，最优决策是开通新全货运航线，最优期望收益是 200 万元。

因为 $2.25 > 2$，所以应先行考察。

按照决策树决策如图 4-10 所示。

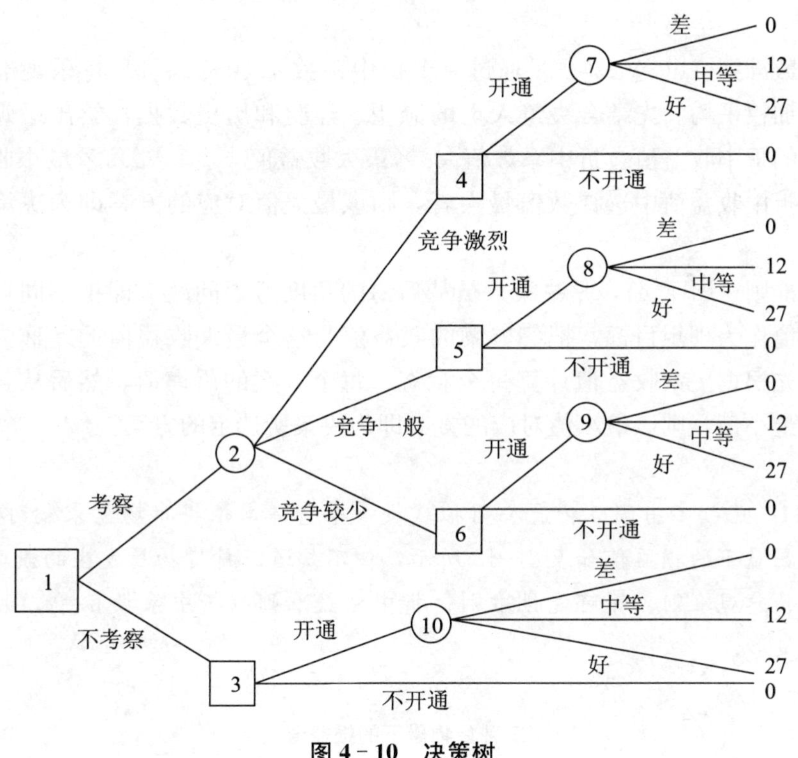

图 4-10　决策树

六、不确定型决策

不确定型决策是指在既不知道哪种状态会发生，又不知道状态发生概率的情境下的决策。不确定型决策的条件是：①存在决策人员希望达到的明确目的，如收益最大或成本最小；②自然状态不确定，且其出现的概率不可知；③存在两个或两个以上决策人员选择的行动方案；④可以计算不同行动方案在确定状态下的损益值。不确定型决策的方法主要有乐观准则或最大最大准则（maxmax）、悲观准则或最大最小准则

(maxmin)、等可能性准则(laplace)、折中系数准则(hurwicz)、后悔值准则(savage)。

最大最大准则(maxmax)或乐观准则，又称大中取大准则，是指决策人员从最有利的角度考虑问题，先选出每个方案在不同自然状态下的最大收益值，再从这些最大收益值中选出最大值，则该最大值对应的方案即为决策所选定的方案。

最大最小准则(maxmin)或悲观准则，又称小中取大准则，是指决策人员从最不利的角度考虑问题，先选出每个方案在不同自然状态下的最小收益值，再从这些最小收益值中选出最大值，则该最大值对应的方案即为决策所选定的方案。

等可能性准则(laplace)，是指决策人员将每种方案在不同自然状态发生的机会看成是等可能的角度考虑问题，先将每个方案在不同自然状态下的收益值相加，求算数平均值，再从这些算数平均值中选出最大值，则该最大值对应的方案即为决策所选定的方案。

折中系数准则(hurwicz)，是通过一个折中系数 α ($0\leqslant\alpha\leqslant1$) 将乐观准则与悲观准则的结果加权平均。先结合决策人员的愿望、经验和历史数据，给出乐观系数，计算每个方案的折中收益值，折中系数值$=\alpha\times$最大收益值$+$ $(1-\alpha)$ $\times$最小收益值，再从诸方案的折中收益值中选择数值最大者，则该最大值对应的方案即为决策所选定的方案。

后悔值准则(savage)，是决策人员从后悔的角度考虑问题，即把不同自然状态下的最大收益值作为理想目标，把各方案的收益值与这个最大收益值的差称为后悔值或者遗憾值。先根据决策收益值计算每个状态、每个方案的后悔值，然后从各方案最大后悔值中取最小值，则该最小值对应的方案即为决策所选定的方案。

例 4－11 已知宇宙国际物流公司拟建设一个仓库，根据市场需求制订三种方案，估计三种货物量下的损益值如表 4－43 所示，但不知道三种货物量发生的概率，分别采用乐观准则、悲观准则、等可能性准则、折中系数准则(折中系数 $\alpha=0.7$)和后悔值准则进行决策。

表 4－43　　三种货物量下的损益值　　单位：万元

方案	货物量大	货物量中	货物量小
建大型仓库	100	50	30
建中型仓库	60	80	50
建小型仓库	40	60	70

答：根据前面准则，计算结果如表 4－44 与表 4－45 所示。

表 4-44 乐观准则、悲观准则、等可能性准则、折中系数准则的决策 单位：万元

方案	大	中	小	乐观收益	悲观收益	等可能收益	折中收益
①建大型仓库	100	50	30	100	30	60	79
②建中型仓库	60	80	50	80	50	63.3	71
③建小型仓库	40	60	70	70	40	56.7	61
决策				100	50	63.3	79
				方案 1	方案 2	方案 2	方案 1

表 4-45 后悔值准则决策 单位：万元

方案	大	中	小	最大后悔值
①建大型仓库	0	30	40	40
②建中型仓库	40	0	20	40
③建小型仓库	60	20	0	60
决策				40
				方案 1 或方案 2

七、多目标决策

多目标决策是决策问题存在多个目标，物流系统多目标决策问题存在两个显著特点：目标间的不可公度性和目标间的矛盾性。目标间的不可公度性是指各个目标没有统一的度量标准，因而难以比较，只能根据多个目标所产生的综合效用估计；目标间的矛盾性是指若采用一种方案去改进某一目标的值，可能会使另一目标的值变坏①。

多目标决策的过程是指采用一种规范的方法去求解一个多目标决策问题的全过程，包括五个步骤：

第一步，了解待解决的多目标决策问题，提出需要达到的目标；

第二步，描述问题，明确问题，标明目标和辨识属性；

第三步，构造模型，可以是思维模型、图表模型、实物模型或数学模型等，并估计参数；

第四步，分析与评价，对各种可行方案进行比较，标定每个目标的一个或几个属性（目标函数或决策指标等），将属性值作为采用某方案时各个目标所达到程度的一种测度，对于具体的方案，属性值由模型或主观判断给出；事先规定决策规则，以便将每个方案和其他的方案作比较，然后排列所有方案的优劣次序；

第五步，决策与实施。

---

① 陈珽．决策分析［M］．北京：科学出版社，1987：114－122.

对于有限个方案的物流系统多目标决策问题，先采用目标函数表示属性，各方案的属性值可用矩阵表示，称为决策矩阵，提供分析决策问题的基本信息；若矩阵使用原来的属性值，可能采用的单位不同，数值存在很大的差异，则需将属性值规范化，即将各属性值统一变换到（0，1）范围内，规范化的方法有向量规范化、线性变换等，确定权重的方法有权的最小平方法、特征向量法，筛选方案的方法主要有优选法、满意法（连接法）、分离法、字典式法等。

优选法是比较两个方案以后，把其中非劣的方案去和第三个方案比较，如果它劣于第三个方案，则这个方案被淘汰，如此下去，淘汰一批劣方案。优选法的不足之处是，多目标决策问题中往往存在不可比的方案，即 A 方案的某些属性优于 B 方案，而 B 方案的另外一些属性又优于 A 方案，致使无法判断两个方案的优劣。

满意法（连接法）是为每个属性提供一个能接受的最低值，称为切除值，只有当一方案的每个属性值均不低于对应的切除值时，该方案才不被删除，即该方案被接受。其中，如何规定切除值是一个关键问题，若订得太高，将淘汰过多的方案；若订得太低，又会保留太多的方案，实践中采用迭代的方法逐步提高切除值，以达到希望保留的方案数。满意法的不足之处是，目标之间不能补偿。

分离法是对每个属性选择切除值，不要求方案的每个属性都超过这个值，只要求方案至少有一个属性超过切除值就被保留。

字典式法是按照目标的重要性去比较所有的方案，如果对于最重要的目标，某个方案较其他所有方案有最好的属性值，则此方案入选，决策过程结束；若最重要的目标相同，则按照次重要的目标去评选方案，如此而已，直到选中某个方案为止。

物流系统多目标决策问题的表述必须包括以下内容：①决策单元，其中包括决策人；②一级目标及递阶结构；③一级属性及其与目标的关系；④决策情况；⑤决策规则。

多目标决策问题对方案排序的方法还有简单（加性）加权法、层次（加性）加权法、逼近于理想解的排序方法（TOPSIS 法）。

逼近于理想解的排序方法，是借助于一多目标决策问题的“理想解”和“负理想解”去排序；理想解是一设想的最好的解（方案），它的各个属性值都达到各候选方案中的最好的值，而一负理想解是另一设想的最坏的解，它的各个属性值都达到各候选方案中的最坏的值。另外，排序的方法还有线性分配法、基于估计相对位置的方案排队法、Electre（Elimination et Choice Translating Reality，和谐性分析法）法、Linmap（Linear Programming Techniques for Multidimensional Analysis of Preference，多维偏好分析的线性规划）法等。

八、冲突分析

冲突分析（conflict analysis）是在经典对策论（game theory）和偏对策理论（metagame theory）基础上发展起来的一种对冲突行为进行正规分析（formal analysis）的决策方法。冲突分析的主要特点是能最大限度地利用信息，通过对许多难以定量描述的现实问题的逻辑分析，进行冲突事态的结果预测和过程分析（预测和评估、事前分析和事后分析），帮助决策人科学周密地思考问题。

冲突现象一般具有如下特点：

（1）至少卷入两个以上涉及冲突的客观实体，在对策论中通常称为局中人；

（2）各冲突实体均有影响所有其他各方利益的可行性方案集；

（3）冲突问题中的各方存在着彼此不相一致的利益倾向。

1944年冯·诺伊曼（Von Neumann）和摩根斯特恩（Morgenstern）合著《博弈论与经济行为》，正式创新"经济博弈论"，证明：在对付一个有理性对手的二人零和博弈中，唯一切合实际的策略是用极大化极小策略（minmax form solution）。1971年加拿大滑铁卢大学的N. Howard提出的亚对策（metagame）分析技术，突破传统的对策论研究框架，提出一种反映冲突主要元素的灵活的符号表示方法。

20世纪80年代，M. Fraser和W. Hipel提出了冲突分析策略（conflict analysis），它要求每位局中人根据自身的实力、立场和要求排列出自己的优先向量。决策者的每个成果的单方面的改进必须被标出，记作UI（Unilateral Improvement）；然后，必须对每项成果作静态分析，由此获得整体的平衡，最后决定冲突各方最安全的策略。

斯塔克伯格（Stackelberg）对策，又称为主从对策（leader—follower game），是在多级递阶决策系统中，由于决策人所处的层次地位不同，所形成的一种新对策形式。Stackelberg对策的基本问题是对策中的主方如何利用自己的领导地位制定决策或策略，以引导从方采取合作行为，它与经济学中机制设计的研究存在密切联系，两者都是研究如何设计适当的激励机制或诱导策略（incentive strategy）以揭示从方的私有信息、诱导从方的利己行为有益于全局的利益。1952年英国经济学家H. Von Stackelberg在研究静态经济竞争时提出此对策形成的原始模型，但直到Chen和Cruz研究两人动态非零和主从对策，Stackelberg对策研究才得到发展。后来，Castanon等将主从对策推广到随机对策，相继提出开环策略、反馈策略、闭环策略等概念，并初步考虑非嵌套信息结构以及多层主从对策结构。20世纪70年代末，Basar提出了设计"队优"（team - optimal）策略的间接法，考虑将主、从双方的决策变量联系起来，队优策略逐步发展成为以后的诱导策略。进入20世纪90年代，主从对策的求解和算法研究成为关注的热点。

误对策。冲突分析的策略选择是建立在对抗中各方的信息彼此透明，各局中人理智、客观的基础上的。然而现实冲突中并非如此，信息失真以及局中人判断失误是时常发生的，针对这类情形，误对策技术成为一种有效的决策分析技术。误对策，又称超对策（hypergame），是20世纪70年代由西方学者提出的，该方法假设：各局中人因对其他局中人的偏好顺序判断有误、对其他局中人的可用策略错误理解等，而对决策形势产生偏差。一个误对策的均衡点是由对策表中主对角线上各偏好顺序向量而确定的，误对策分析主要有一阶误对策 H_1 和二阶误对策 H_2。一阶误对策 H_1 是指至少有一个局中人的感知产生误差而所有局中人都没有意识到。二阶误对策 H_2 是指至少有一个局中人意识到有某个局中人的感知存在误差。K 阶误对策 H_k 的概念可以依此类推。

软对策。在实际冲突问题中，局中人的策略集和偏好等均可能经常变化，如主从冲突中的“上有政策，下有对策”，在该对策过程中局中人（上级、下级）的策略集、偏好等部分或全部处在变化中，因此无法运用静态冲突分析方法。Nigel Howard 于 1990 年提出软对策论（soft game theory），在原有理性选择模型中，偏好或者被预先设定并保持不变，或者过分强调偏好的动态特性，而软对策既研究偏好固定时的情形，又研究其动态演变过程，使冲突中的静、动态特性得到有机统一。软对策理论对传统理论进行了改进，如将传统的方案分析法扩展为对抗分析法（confrontation analysis），并对一些假定进行了修正，引入了许多局中人之间相互影响的新因素：非理性、情绪与不信任等。1993 年 Bennett 和 Howard 又提出了戏剧模型（drama theory），进一步发展软对策理论，如研究多人情形、进行严格的结构化描述等。

1）冲突分析方法的主要特色

（1）最大限度地利用信息，适用于解决工程系统中考虑社会因素影响时的决策问题和社会系统中的多人决策问题。

（2）具有严谨的数学（集合论）和逻辑学基础，是在一般对策论基础上发展起来的偏对策理论的实际应用。

（3）冲突分析既能进行冲突事态的结果预测（事前分析），又能进行事态的过程描述和评估（事后分析），为决策者提供多方面有价值的决策信息，并可分析政策和决策行为。

（4）分析方法的使用几乎无须复杂的数学理论和数学方法，易被理解和掌握；主要分析过程还可用计算机、通过人—机对话解决，具有较强的实用性，常用的冲突分析软件有 CAP（Conflict Analysis Program）或 DM（Decision Maker）等。

（5）冲突分析用结局的优先序代替效用值，并认为对结局比较判断时可无传递性，避免实际应用中经典对策论关于效用值和传递性假设等困难。

2）冲突分析的要素

冲突分析的要素，又称冲突事件的要素，是使现实冲突问题模型化、分析正规化所需的基本信息，也是对原始资料处理的结果。

时间点：是指“冲突”开始发生时刻的标志，冲突是一个动态的过程，各种要素都在变化，容易使人认识不清，需要确定一个瞬间时刻，使问题明朗化。但时间点不直接进入分析模型。

局中人（players）：是指参与冲突的集团或个人（利益主体），必须有部分或完全的独立决策权（行为主体）。冲突分析要求局中人至少有两个或两个以上，局中人集合记作 N，$|N|=n\geqslant 2$。

选择或行动（options）：是指各局中人在冲突事态中可能采取的行动。冲突局势是由各方局中人各自采取某些行动形成，每个局中人一组行动的某种组合称为该局中人的一个策略（strategy）。第 i 个局中人的行动集合记作 O_i，$|O_i|=k_i$。

结局（outcomes）：各局中人冲突策略的组合共同形成冲突事态的结局。全体策略

的组合（笛卡儿乘积或直积）为基本结局集合，记作 T，$|T|=?$。结局是冲突分析问题的解。

优先序或优先向量（preference vector）。各局中人按照自己的目标要求及好恶标准，对可能出现的结局（可行结局）排出优劣次序，形成各自的优先序（向量）。

3）冲突分析的一般过程或程序

第一，认识与描述冲突事件背景。收集和整理事件有关背景材料，主要包括：①冲突发生的原因（起因）及事件的主要发展过程；②争论的问题及其焦点；③可能的利益和行为主体及其在事件中的地位及相互关系；④各方参与冲突的动机、目的和基本的价值判断；⑤各方在冲突事态中可能独立采取的行动。

第二，构建冲突分析模型。在处理初步信息后，对冲突事态进行稳定性分析，得到冲突事件或冲突分析要素间相互关系及其变化的模拟模型。

第三，分析稳定性。稳定性分析必须考虑有关各方的优先选择和相互制约，是“圆满”解决冲突问题的关键，其目的是求得冲突事态的平稳结局（局势）。所谓平稳局势，是指对所有局中人都可接受的局势（结果），即对任一局中人 i，更换其策略后得到新局势，而新局势的效用值（赢得）或偏好度均较原局势小，则称原来的局势为平稳局势。在平稳状态下，没有一个局中人愿意离开他已经选定的策略，故平稳结局亦为最优结局（最优解）。

第四，分析与评价结果。主要是对稳定性分析的结果（即各平稳局势）做进一步的逻辑分析和系统评价，以便向决策人提供有实用价值的决策信息。

4）冲突分析研究的发展方向

（1）主从对策问题；

（2）误对策问题；

（3）具有合作的冲突对策问题，即非严格竞争冲突的行动策略；

（4）结盟问题，冲突中结盟形成的原因和动机，以及结盟内的冲突等；

（5）不传递的偏好模型化和分析；

（6）考虑概率和风险的冲突对策问题；

（7）解概念，解概念应用于不同类型的冲突分析；

（8）与其他决策方法和技术结合，分析和解决人的认知问题，如人工智能等。

本章小结

物流系统评价是由物流系统评价对象、物流系统评价主体、物流系统评价的目的、物流系统评价时期、物流系统评价地点等要素构成的一个复杂问题。本章介绍物流系统评价的目的、原则和基本步骤，物流系统评价的指标体系、物流系统评价常用的方法，如成本效益法、追加投资回收法、层次分析法等。

决策的本质是一个优化过程，是一个反复分析、综合并最后做出抉择的过程。本章主要介绍物流系统决策过程、物流系统决策的要素、类型，以及风险型决策、贝叶斯决策、不确定性决策、多目标决策冲突等。

阅读材料

HL 叉车股份有限公司供应链管理的绿色度评价

1. 企业简况

某省 HL 叉车股份有限公司的前身是 AHHL 集团公司的核心层企业，始建于 1958 年。公司主要经营叉车、装载机、工程机械、矿山起重运输机械、铸锻件、热处理件制造及产品销售。公司的主导产品“HL”牌叉车及各类仓储机械广泛应用于工矿企业、交通运输、仓储物流等行业的装卸及短距离搬运作业。公司自 1993 年成立以来，就树立了“以高新技术改造传统产业”的经营理念，致力于叉车及配套零部件新产品的研究开发，陆续推出了 X 系列、α 系列、H2000 系列、G 系列叉车产品，尤其是 2000 年推出的 H2000 系列叉车，具有性能优越、安全可靠、低噪声等优点，具备了与国际同类产品相抗衡的竞争优势，是公司主导产品；2005 年公司又推出了新一代环保型 G 系列叉车，进一步增强了公司的竞争优势。公司还开发了绿色环保型的电瓶车、石油液化气叉车等新型系列产品。公司的叉车和零部件产品在国内同行业中规格最全、规模最大，叉车的综合性能处于国内同行业领先地位，部分产品达到国际先进水平；此外，公司拥有国内同行业最完整的产业体系，具备国内领先的叉车设计开发生产制造和试验检测能力，各项主要经济指标已连续十五年高居全国同行业之首。公司先后通过 ISO 9001（2000）质量体系认证，进出口商品 CE 认证、ISO 14001 环境管理体系认证，被评定为国家高新技术园区内“高新技术企业”。

2. 企业供应链管理的绿色度评价

根据前文中的企业供应链管理的绿色度评价指标体系及其权重，具体对某省 HL 叉车股份有限公司进行评价。

1）问卷的统计及模糊判断矩阵确定

选择 HL 叉车公司中高层 12 位管理及技术人员按照表 4－38 评价指标体系中的各项三级指标进行问卷调查，得到评价矩阵，将评价矩阵归一化处理后得到单因素评价矩阵。以 U_{42} 设备的自动化程度的模糊隶属度的确定为例。

对于设备的自动化程度 U_{42}，12 位人员对该指标打分情况为：0 人打没有体现；0 人打较少体现；4 人打有一定体现；8 人打较为明显；0 人打非常显著。则模糊隶属度分别为：$v_1=0/12=0$；$v_2=0/12=0$；$v_3=4/12=0.333$；$v_4=8/12=0.677$；$v_5=0/12=0$。其他技术评价指标打分情况见表 4－46。

表 4-46　　其他技术评价指标打分

评价指标 \ 评价等级	v_1 (0.6)	v_2 (0.8)	v_3 (1.0)	v_4 (1.2)	v_5 (1.4)
设备的安全性能 U_{41}	0	0	1	8	3
设备的自动化程度 U_{42}	0	0	4	8	0
企业信息化程度 U_{43}	0	0	2	5	5
通过 ISO 14001 认证 U_{44}	0	0	0	0	12
安排技术研发专项资金并逐年增加 U_{45}	0	0	6	5	1

将表 4-36 变形为单因素考核矩阵 $\boldsymbol{R}_4$：

$$\boldsymbol{R}_4=\begin{pmatrix}0/12 & 0/12 & 1/12 & 8/12 & 3/12\\ 0/12 & 0/12 & 4/12 & 8/12 & 0/12\\ 0/12 & 0/12 & 2/12 & 5/12 & 5/12\\ 0/12 & 0/12 & 0/12 & 0/12 & 12/12\\ 0/12 & 0/12 & 6/12 & 5/12 & 1/12\end{pmatrix}=\begin{pmatrix}0 & 0 & 0.083 & 0.667 & 0.250\\ 0 & 0 & 0.333 & 0.667 & 0\\ 0 & 0 & 0.166 & 0.416 & 0.416\\ 0 & 0 & 0 & 0 & 1\\ 0 & 0 & 0.500 & 0.416 & 0.083\end{pmatrix}$$

2）单因素评价

结合评价等级集，技术评价指标 U_4 的各项指标分值为：

$$\boldsymbol{B}_4=\boldsymbol{R}_4\cdot\boldsymbol{C}^{\mathrm{T}}=\begin{pmatrix}0 & 0 & 0.083 & 0.667 & 0.250\\ 0 & 0 & 0.333 & 0.667 & 0\\ 0 & 0 & 0.166 & 0.416 & 0.416\\ 0 & 0 & 0 & 0 & 1\\ 0 & 0 & 0.500 & 0.416 & 0.083\end{pmatrix}\cdot\begin{pmatrix}0.6\\ 0.8\\ 1\\ 1.2\\ 1.4\end{pmatrix}=\begin{pmatrix}1.233\\ 1.133\\ 1.248\\ 1.4\\ 1.115\end{pmatrix}$$

计算 U_4 综合分值 W_4：

$$W_4=[0.263\quad 0.350\quad 0.162\quad 0.148\quad 0.077]\cdot\begin{pmatrix}1.233\\ 1.133\\ 1.248\\ 1.4\\ 1.115\end{pmatrix}=1.216$$

计算参照行业标准企业该项指标的分值：

$$W_0=[0.263\quad 0.350\quad 0.162\quad 0.148\quad 0.077]\cdot\begin{pmatrix}0 & 0 & 1 & 0 & 0\\ 0 & 0 & 1 & 0 & 0\\ 0 & 0 & 1 & 0 & 0\\ 0 & 0 & 1 & 0 & 0\\ 0 & 0 & 1 & 0 & 0\end{pmatrix}=1.0$$

$W_4/W_0=1.216/1.0\times 100\%=121.6\%$

说明企业在技术评价指标水平上达到了行业标准，并高于标准值21.6%。运用同样的方法可以依次计算出该企业环境评价综合分值 $W_1=1.141$，资源评价综合分值 $W_2=0.986$，运营评价综合分值 $W_3=1.194$，经济评价综合分值 $W_5=1.113$，社会评价综合分值 $W_6=1.058$。

3）综合评价

计算企业绿色供应链管理的总体绿色度分值：

$$\boldsymbol{W}=\boldsymbol{B}\cdot\boldsymbol{C}^{\mathrm{T}}=[0.493\quad 0.162\quad 0.104\quad 0.096\quad 0.074\quad 0.071]\cdot\begin{pmatrix}1.141\\0.986\\1.194\\1.216\\1.113\\1.058\end{pmatrix}=1.121$$

4）评价结果

从以上的分析计算看，企业绿色供应链管理的总体绿色度分值为1.121，绿色度较高，超过了行业标准值。从单项分值的评价看，企业在环境、运营、技术、经济这四个方面的评价结果较好，处于同行业中上等水平，但相比而言，企业供应链管理的资源利用和社会评价两个方面的得分不高，应引起企业的高度重视，在今后的管理过程中进一步加强。

问题与讨论

1. 如何构建供应链绿色度评价指标体系？
2. 如何确定供应链绿色度评价指标权重？
3. 企业供应链绿色度评价结果有哪些作用？

复习思考题

1. 什么是物流系统评价？物流系统评价包括哪些内容？如何对物流系统进行有效的评价？

2. 举例说明物流系统评价的指标体系。

3. 物流系统评价主要有哪些方法？试比较这些方法之间的区别以及优缺点。

4. 什么是层次分析法？举例对物流系统进行层次分析。

5. 决策有何作用？结合我国物流管理现状谈科学决策的重要性。

6. 为什么分析决策树时要从右边开始？列出决策树的优点和不足。

7. 什么是风险型决策？

8. 某第三方物流公司拟投资新建一个配送中心，经过初步调查研究提出了三个方案，各方案主要指标如表4-47所示，请采用成本效益法对三个方案进行评价。

表 4-47　　三个方案主要指标

序号	指标	方案Ⅰ	方案Ⅱ	方案Ⅲ
1	造价（万元）	100	86	75
2	建成年限（年）	5	4	3
3	建成后需流动资金（万元）	45.8	33.3	38.5
4	建成后发挥效益时间（年）	10	10	10
5	年产值（万元）	260	196	220
6	产值利润率（%）	12	15	12.5
7	环境污染程度	稍重	最轻	轻

9. 某商业储运公司打算投资新建一个巨型仓库，有两个方案可供选择：一个方案是一开始就建 5 万平方米的仓库；另一个方案是先建 2 万平方米，三年后决定是否再建 3 万平方米。估计前三年需求高的概率是 0.6，需求低的概率是 0.4。若前三年需求高，则后七年需求高的概率是 0.8；若前三年需求低，则后七年需求高的概率是 0.3。一次投资的投资费用是 50 元/平方米。建成后投入使用，5 万平方米仓库在需求高时每年可获利 120 万元，需求低时只能获利 20 万元，而 2 万平方米仓库，在需求高时每年可获利 45 万元，需求低时仍可获利 40 万元。该商业储运公司要考虑 10 年内的投资效果。

(1) 试用决策树法求解最优策略。

(2) 假如把前三年需求高的概率改为 0.3，则最优策略是什么？

第五章　物流系统规划设计

章节知识框架

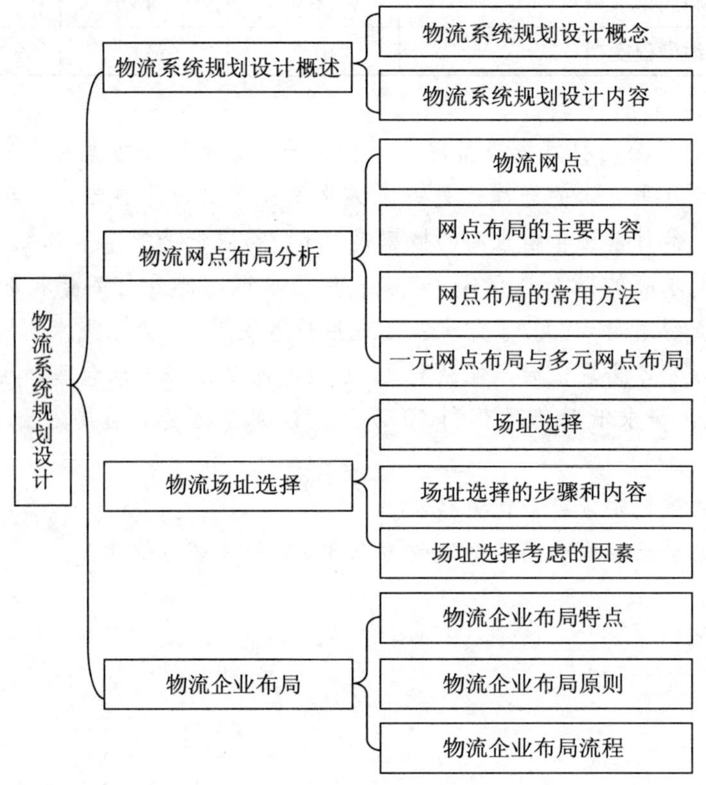

教学目标与要求

通过本章学习，了解物流系统规划与设计的相关知识，明确物流系统规划、物流网点布局、场址选择的考虑因素、主要内容和步骤，了解仓库管理的起源和发展、自动化仓库等内容，掌握物流网点布局的方法和流程，仓库作业管理等。

第一节　物流系统规划设计概述

一、物流系统规划设计概念

物流系统是一个复杂的经济社会系统，要保障这个系统的良性运行，前提是做好规划设计工作。一般地，规划设计一个物流系统需要综合考虑下面几个问题。

1. 物流系统的输入条件

物流系统的输入条件是指物流系统的范围以及外部环境。规划设计物流系统，必须先根据拟解决的问题确定物流系统的范围、外部环境以及两者之间的接口。由于物流系统的效益背反特性，单独改善某一个环节（或子系统）往往难以提高整个物流系统的效率，因此必须使各个环节（或子系统）匹配协调、同等可靠。

物流系统规划设计有利于改善外部环境。例如，工厂的均衡生产要求配套零部件的准时供应，若配套零部件按每周、每月、每季或者每年供应一次，则工厂或者供应商必须设置仓库，储存1周、1月、1季度或1年的生产需求量。规划设计一个仓库必须考虑入库的货源特征、集中入库还是分散入库、整托盘出库还是零星出库、是配送到短距离的车间还是供应远距离客户等。如果规划设计自动化仓库，还需要对出入库的设备（如输送机和自动导向车等）提出精准要求等。

2. 物流系统的输出结果

物流系统的输出结果是物流系统目标任务的完成情况，必须十分明确。物流系统的目标任务包括以下六点。

（1）提高物流系统的吞吐能力，满足产品产量增加的要求。

（2）建设一个柔性的物流系统，适应产品品种变化的需求。

（3）及时响应生产过程中出现的各种意外情况或随机变化，保持均衡生产。

（4）持续改善劳动条件，减轻人员的重复性工作和劳动强度。

（5）实时跟踪物流系统的货物，方便溯源。

（6）合理分类和选配物流系统的货物，为后续工作提供便利。

对于不同物流系统的各种具体的目标任务，必须根据具体物流系统的采购、生产、销售体系中的不同地位和作用来确定。

3. 物流系统的评价标准

评价物流系统的优劣是物流系统规划设计不可缺少的一环。为了保证客观公正地评价各种可行的规划设计方案，必须在规划设计方案时制定评价标准。通常的评价标准主要包括经济性、安全性、可靠性、可扩展性、服务水平、节能减排、环境保护、社会效益等方面的内容。

4. 物流系统规划计划的注意事项

1）原始数据和信息的收集

原始数据和信息是规划设计物流系统的依据，获取的方法多种多样，具体有文献法获得的历史数据和信息、实地法收集的数据和信息、调查法回收的数据和信息等。一般地，收集的数据和信息主要包括如下几种类型：

（1）物料（流体）特性：包括物料的尺寸、形状、重量、生命周期、是否耐压和耐冲击及耐腐蚀、对环境温度和湿度的要求，以及物理、化学、生化特征，不同种类的物料之间是否相互影响等。

（2）物料（流体）流量：首先是物流系统整体角度的流入和流出的总物料量，包括最大值、最小值、平均值及其概率分布；其次是各个流程的输入输出量及其概率，包括分流和合流的数据；最后是物流系统的近期和远期发展规划，估计可能达到的最大物流量，以便留有发展空间。

（3）环境条件：物流系统输入输出的接口条件，包括接口的场地设备，以及与生产设备的链接条件。例如，物流系统输入端和输出端的运输工具涉及具体型号的汽车、火车、轮船、飞机以及其他运输设备等。

（4）经济数据：如劳务费用、维护费用、设备费用、建筑费用、土地费用、贷款利息、投资限额、最小收益等。

（5）物料搬运设备的数据：包括现有的可供选择的各种物料搬运设备的能力、技术性能、使用寿命和售价等数据。

收集到物流系统的原始数据后，再对数据进行整理和分析，并以此为基础进行系统分析，提出初步方案。

2）方案中的可控变量和不可控因素

物流系统方案中有些因素必须严格满足一定条件，是规划设计人员不能更改的。另一些因素则可以由规划人员在一定范围内进行选择，这构成物流系统中的可控变量。例如，仓库收发货站台的位置和数量、搬运设备的载重量和作业速度、物品进出库策略等都是必须满足一定要求的可控变量。又例如，规划设计一个仓库时，为使设备的利用率达到最高，可以对堆垛机的数量和运行速度、货架的尺寸等进行一定的调整。物流系统的规划设计可以通过调整可控变量观察系统性能的变化趋势，从而选择可控变量的最佳匹配，达到系统的最佳效果。此外，物流系统规划还有很多因素是随机的、不确定的，这是设计人员无法控制的因素。例如，商业物流系统中订单到达的时间间隔和订单的多少，港口物流系统中船舶到港的日期和数量等是一些不可控因素，具有随机性。规划时，必须以大量的资料统计分析和主观经验为基础。

只有明确物流系统中哪些因素是可控的、哪些是不可控的，才能对不同变量进行正确的处理，进行合理、可行的规划。

二、物流系统规划设计内容

从物流系统的作业地位角度，可分为物流战略层、策略层（战术层）和运作层的规划；从规划所涉及的行政级别和地理范围角度又可分为国家物流规划、区域物流规划、行业物流规划、企业物流规划等。不管哪一级别的物流规划，都是战略层、战术层和运作层的规划问题。物流战略问题涉及企业的长远规划，战术问题涉及管理层中期目标制定，运作问题涉及各个具体环节的高效运行网络和物流。下面按行政级别介绍物流系统规划设计的内容。

1. 国家级的物流规划

国家级的物流规划着重于以物流网络和物流基础设施为内容的物流基础平台规划。物流基础平台包括全国交通物流大通道的网络规划，以及公路（高速公路、国道、省道）、铁路（高铁、城铁、干线、支线、专用线）、水路（沿海航线、沿江航线、内河航线）、空运（干线、支线）、管道、邮政等不同线路的合理布局和综合物流城市、物流枢纽、物流节点、物流基地以及相应的综合信息网络的规划。

2. 区域级的物流规划

区域级的物流规划着重于地区物流园区、物流中心、配送中心 3 个层次的物流节点的规模和布局的规划。物流枢纽、物流中心、配送中心 3 个层次的物流节点是省、市物流外接内连的不同规模、不同功能的物流设施，也是较大规模的投资项目，是构成省、市物流运行合理化的重要基础。

3. 经济运行部门的物流规划

在物流基础平台上，有大量的企业和事业单位进行业务运作，如供应、运输、分销、配送、供应链、连锁经营等，要使这些运作做到合理、协调、绿色、开放、共享、发展，离不开规划指导，如规划重要企业和重要产品的供应链、城市共同配送、城乡一体化物流、废弃物物流等。

4. 企业的物流规划

生产性和服务性企业，尤其是大型企业，从营销支持和流程再造角度进行物流系统的规划建设，能有效地提高企业的素质，增强企业的运营能力，提升企业的核心竞争力。

5. 物流企业商业模式

（1）一体化物流模式。一体化物流模式，是企业内不同职能部门之间或不同企业之间，通过物流合作，提高物流效率、降低物流成本，实现整个物流系统最优化配置。这种服务企业间互信度高，比传统的合同物流更有深度的商业价值，在物流系统上一般都会实现对接。

（2）众包整个供应链服务模式。众包整个供应链模式，是企业提供基本服务和多维度的供应链综合服务，包括提供运输、仓储、配送、报关、保税、流通加工、供应链金融等基本服务和增值服务。众包模式能够控制整个供应链的价值，如以顺丰为代表的企业在细分领域做综合性的一体化供应链服务。

（3）物流商业地产模式。物流地产，是根据客户的需求，在全球范围内为其选择合适的地点，投资建设高效优质的物流仓储设施，再将其出租给包括制造商、零售商、物流公司等在内的客户，并为其提供物业管理服务。例如，普洛斯物流地产在全球范围内投资建设优质高效的物流仓储设施，出租给客户并为其提供物业管理服务，“普洛斯运营系统”提供的强大物流配送服务网络涵盖了仓储设施的整个流程，具体通过策划、构建与设施管理来实现。

（4）平台经济模式。

①零担平台。直营模式以德邦为代表，其建立周期长且稳定；加盟模式以安能物流为代表，是以品牌统一、管理标准输出、业务整合为基点进行资源整合的模式，发展速度快，借助社会资本的推动快速实现商业价值。

②公路港平台。公路港模式是结合中国运力资源松散的状况，依托车辆停靠的公路港为节点，提供信息、资讯、金融、生活等一系列服务，打造公路港模式必须具备一定的网络基础，通过为卡车司机提供服务获得商业价值，如传化公路物流港。

③快递平台。中国快递主要由加盟和直营模式组成，主要以加盟模式的四通一达为典型代表，为电商提供重要运力，加盟快递平台模式的公司总部主要有两种盈利模式：面单费用和加盟站点抽成费用。直营模式主要以顺丰、EMS、宅急送为代表，公司通过自己直接经营盈利。

④最后一公里平台。最后一公里平台，是依靠“最后一公里”的相关服务，获得利润。最典型的代表是以友宝、宝盒为代表的最后一公里智能快递服务箱，以及已经在北京地铁全面铺开的快递自提柜。

⑤立体生态经济模式。立体生态经济模式，即建设和整合多个平台，以马云的“菜鸟”为典型代表，它包括基层的末端配送运营、干线整合、全国仓储圈地、信息平台建设、大数据战略、金融服务延伸到制造代工等。

第二节　物流网点布局分析

物流网点布局是物流系统中具有战略意义的投资决策问题。网点布局是否合理，决定着整个系统的物流合理化和物资流通的社会效益。

一、物流网点

物流网点是指物资在流通过程中所经过的中转仓库。如果将物流系统中的物流活动分为节点活动与线路活动，那么物流网点就是进行节点活动的位置和场所，是线路活动的起点或终点。

物流网点是从物流的角度提出来的，它与从事物资经营的商流网点不同。物流网点主要进行物资流体的包装、装卸、存储保管、配送等物流活动，不发生物资的供销业务。同在我国现有的物资管理体制下，很多情况是物资的供应机构本身包括仓库，所以有时对物流网点和商流网点不加区分，统称为网点或供应网点。

物流网点的种类很多，按照不同的分类方法可分成多种类别。根据网点布局问题的需要，按网点中转物资种类的多寡分成单品种网点和多品种网点两种类型。单品种网点只中转一个种类的物资，该类物资的品种规格简单，互相之间替代性较强，如煤炭、水泥等；多品种网点中转多种类型的物资，或者虽然只中转一种类型的物资，但品种规格复杂，如机电产品、化工原料、金属材料等。严格地讲，物流网点都是多品种的，因为同类物资都有不同的品种规格，且存在质量上的差异和性能上的好坏，以及用途和使用方向的不同。但在讨论物流网点布局时，为了简化问题，方便分析，只是将物流网点粗略地分成单品种和多品种两种类型。

二、网点布局的主要内容

由于物资资源的分布、需求状况、运输条件和自然环境等因素的影响，使得规划区域内的不同地方，设置不同规模的网点，划定不同的供货范围，其物流系统和社会的经济效益是不同的，有时甚至差别很大。那么，在已有的客观条件下，如何设置物流网点，才能使物流费用最少，社会经济效益最佳，对用户的服务质量最好呢？这就涉及物流网点的合理布局问题。归纳为一点，物流网点的合理布局是以物流系统和社会的经济效益为目标，采用系统工程理论方法，综合考虑物资的供需状况、运输条件、自然环境等因素，设计物流网点的设置位置、规模、供货范围等。同时，研究物流网点布局还应考虑系统中中转供货和直达供货的比例。物资的直达供货所占的比例大小与中转供货的费用水平和服务质量存在密切的关系，中转费用低、服务质量好时则直达供货比例小；否则，直达供货比例大。

综上，进行物流网点布局应以费用低、服务好、社会效益高为目标讨论如下问题：

（1）规划区域内设置物流网点的数目；

（2）网点的地理位置；

（3）各网点的规模（吞吐能力）；

（4）各网点的进货与供货关系，即从哪些资源厂进货、向哪些客户供货；

（5）规划区域内中转供货与直达供货的比例。

研究这些问题，先通过详细的收集资料并进行系统分析，确定一些可能设置网点的备选地址，构建模型，然后对模型优化求解，最后进行方案评价并确定最佳布局方案。

网点布局模型通常是以系统总成本最低为目标函数，建立模型时主要考虑以下费用。

（1）网点建设投资。网点建设投资包括建筑物、设备和土地征用等费用。它与网点的位置和规模有关。

（2）网点内部的固定费用。网点设置后的人员工资、固定资产折旧以及行政支出等与经营状态无关的费用，称为网点内部的固定费用，它与网点的位置无关。

（3）网点经营费用。经营费用是网点在经营过程中发生的费用，如进出库费、保管维护费等，它是与经营状态直接相关的费用，即与网点的中转量大小有关。

（4）运杂费。运杂费是物资运输过程中所发生的费用，主要包括运价、途中换乘转装以及苫垫物资等发生的费用，它与运输路线，即与网点位置有关。

为了简化问题，将上述诸费用分成两大类，即固定费用和可变费用。其中投资、固定管理费等同固定费用，经营费用和运杂费则为可变费用。

物流网点布局模型，其目标是系统总成本最低，约束条件主要有：

（1）资源点向外提供的资源量不超过其生产能力；

（2）运达客户的物资等于它的需求；

（3）将网点中转物资的数量不超过网点的设置规模（吞吐能力）；

（4）客户采取直达方式进货时，其每笔调运量不低于订发货起点的限制；

（5）客户中转进货的物资应尽量集中于一个网点内，以便提高转运效率。

网点布局的最优方案，是在选定备选地址的基础上建立数学模型，然后进行优化得到。因此，备选地址选得是否恰当，直接影响最优方案和计算求解的过程以及运算成本。若备选地址过多，会使模型变得十分复杂，计算工作量大，成本高；相反，若备选地址太少，则可能使得到的方案偏离最优解太远，达不到合理布局的目的。备选地址选择应考虑如下原则。

（1）合理化物流运输。网点是物流运输的起点和终点，网点布局是否合理将直接影响运输效益的提高，因此网点应设置在交通便利的地方，一般应在交通枢纽或交通干线。

（2）方便用户。物流部门的服务对象是流体的供需双方，而且主要是流体的需求用户。网点应尽量靠近用户，特别应在用户比较集中的地方设置网点。

（3）节省基建投资。网点的基建费用是布局网点所考虑的主要费用之一，应在地形有利的位置设置网点，以降低基本建设费用。

（4）适应国民经济和社会一定时期发展的需要。国民经济和社会的演变发展必然产生生产力布局的调整，生产结构和运输条件也会发生变化，这些变化无疑对物流系统产生新的要求和影响。设置网点，既要考虑现存的情况，又要对计划区域内生产发展和建设规划进行预测，以便网点布局方案能较好地适应今后一定时期内国民经济社会的发展。

三、网点布局的常用方法

1. 解析方法

解析方法是一种通过数学模型进行物流网点布局的方法。该方法首先根据问题的特征、外部条件和内在联系建立起数学模型或图解模型，然后对模型求解获得最佳布局方案。采用数学方法建立的模型通常有微积分模型、线性规划模型和整数规划模型等。对某个问题究竟建立什么样的模型，需要根据具体分析进行确定。

2. 模拟方法

网点布局的模拟方法是将实际问题采用数学方程和逻辑关系的模型加以表示，然后经过模拟计算和逻辑推理确定最佳布局方案。采用该方法进行网点布局，分析人员必须提供预定的各种网点组合方案以供分析评价，从中找出最佳组合。可见，决策的效果依赖于分析者预定的组合方案是否接近最佳方案。

3. 启发式方法

启发式方法是针对模型的求解方法而言的，是一种逐次逼近最优解的方法。这种方法，对所求得的解进行反复判断、实践修正，直至满意为止。启发式方法的特点是模型简单，需进行方案组合的个数少，方便寻求最终答案。此方法虽不能保证得到最优解，但只要处理得当，能够获得决策者满意的近似最优解。

采用启发式方法进行网点布局时，一般包括如下几个步骤：①定义一个计算总费用的方法；②拟定判别准则；③规定方案改进的途径；④给出初始方案；⑤迭代求解。

四、一元网点布局与多元网点布局

一元网点布局，是指在计划区域内设置网点的数目为一的物流网点布局问题。在流通物流领域中，实际上一元网点布局问题不多，多的是多元网点布局问题。但是，对于多元网点布局，为了简化模型、减少计算工作量，有时将多元网点布局变换成一元网点布局问题处理。

1. 一元网点布局的图解法

图解法是早期由韦伯（Weber）提出来的，又称韦伯图解法。该方法利用二维坐标图进行直接分析，先在图上以资源点和需求点为中心画出等成本线，然后由等成本线画出总成本等位线。总成本等位线必收敛于总成本最小的点，则此点为网点最佳设置点。

由于一元网点布局问题在计划区域内只设置一个网点，网点规模可根据需求预测确定。因此，网点规模是已知的，与网点规模有关的网点设置成本和仓储费用也是固定不变的，而且与网点位置无关。绘制成本曲线时可不考虑此两项费用，只考虑运杂费。

图解法能方便地处理费用函数为非线性情况，成本曲线的密度为非均匀的。好处是不仅可以找出最优解，而且能给出最优解附近的各种总成本等位线。

韦伯图解法最大的缺点是解决大规模问题时，存在很大困难。在资源点和需求点较多的情况下运用此方法，计算工作繁复。

2. 一元网点布局的重心法与微分法

重心法是一种模拟方法，是将物流系统中的需求点和资源点看成是分布在某一平面范围内的物体系统，各点的需求量和资源量分别看成是物体的重量，物体系统的重心作为物流网点的最佳设置点，利用求物体系统重心的方法确定物流网点的位置。

重心法的特点是简单。但这种方法并不能求出精确的最佳网点位置，原因是该方法将纵向和横向的距离视为互相独立的量，与实际不相符。

微分法是为克服重心法的上述缺点提出来的，它利用重心法的结果作为初始解，进而通过迭代获得精确解。由于微分法是利用重心法的结果作为初值，所以有时也称它为重心法。

微分法虽能求得精确最优解，但它所得到的精确解在现实中往往难以实现。同时该方法迭代次数较多，计算工作量较大，计算成本不合算。

微分模型是一种连续型模型，上述微分法的不足是连续型模型的通病之一。连续型模型还存在其他弊病，模型中将运输距离用坐标来表示，把运输费用看成是两点间直线距离的函数，这与实际不相符，计算结果可靠性差。

鉴于上述原因，对于物流网点布局问题，通常采用离散型模型求解。

3. 多元网点布局

在实际的物流系统中，绝大多数网点布局问题是多元的，即在某计划区域内设置多个物流网点。多元网点布局问题中的网点数目有时有限制，有时没有限制。这里只讨论网点数目无限制的情况，对于有网点数目限制的问题，只需在模型中增加一个网点数目的限制约束即可。

4. 几种特殊的物流网点布局方法

鉴于多元网点布局问题的混合整数规划模型因复杂程度和求解工作上的困难，人们常常针对某些实际问题的特殊性，设计出相应的处理方法，这样可获事半功倍的效果。这一节，我们讨论几种根据特殊情况提出来的方便而有效的特殊方式。

(1) CFLP 法。

CFLP (Capacitated Facility Location Problem，配送设施选址问题) 方法主要是针对网点规模有限的情况。这种方法只需要运用运输规划模型，便可以大大简化计算工作。

该方法的基本思想是：首先假定网点布局方案已经确定，即给出一组初始网点设置地址。根据初始方案按运输规划模型求出备初始网点的供货范围，然后在各供货范围内分别移动网点到其他备选地址上，以使各供货范围内的总成本下降，找到各供货范围内总成本最小的新网点设置地址。再将新网点设置地址代替初始方案，重复上述过程直至各供货范围内总成本不能再下降时为止。

(2) 运输规划法。

多元网点布局模型出现 0－1 型整数变量，是因为考虑网点基本建设投资，使模型变得复杂，给计算求解带来困难。对不考虑网点设置成本的网点布局问题，可以采用转运问题的模型加以解决。

(3) 鲍姆尔-沃尔夫 (Baumol－wolfe) 方法。

鲍姆尔-沃尔夫网点布局方法是针对网络结构提出的一种启发式方法，求解过程中只需要运用一般运输规划的计算方法，避免混合整数规划模型的求解困难，大大降低计算成本，而且鲍姆尔法还较好地解决了网点存储费用非线性的问题。

在前面讨论的几种网点布局模型和方法中，将存储费用看成网点中转量的线性函数，即存储费用率与网点规模的大小无关，显然这不符合实际。鲍姆尔法能用非线性函数描述网点的存储费用。随着网点规模的增大，存储费用曲线变得平坦，即费用下降，这符合实际情况。但是非线性函数的引入，使计算求解变得复杂。为了简化问题，鲍姆尔法在迭代求解过程中对非线性函数采取分段线性化的做法，即在每一次迭代过程中用边际成本表示存储效率，边际成本表示在一定网点规模下的单位货物存储费用，可与单位运输费用直接相加。经过这样处理以后，可以直接利用运输规划的方法进行计算求解。

鲍姆尔-沃尔夫法每次迭代使系统总成本单调下降，因为迭代过程中采用线性规划方法，每次迭代的结果是在使系统总费用最小的前提下寻求新的更好的布局方案。换言之，该方法是沿着仓储成本下降的方向寻找最佳方案，直至存储成本不能再下降，或者存储成本下降会引起运输成本的上升而使总成本增大时，获得最终解。值得注意的是，鲍姆尔-沃尔夫法存在两个明显的缺陷：第一，它是一种启发式方法，与其他启发式方法一样，不能保证得到最优解，而且最终解的满意程度与备选点的选择合理与否关系密切；第二，没有考虑在计算过程中网点设置的固定投资成本。

第三节　物流场址选择

一、场址选择

选址在物流系统中属于物流管理战略层的研究问题。选址决策是确定分配的设施的数量、位置以及分配方案，场址主要是指物流系统中的节点，如制造商、供应商、仓库、物流中心、分拨中心、配送中心、批发商零售商网点等。单个企业的场址选择决定整个物流系统仓储、运输等其他层次的结构；反过来，整个物流系统仓储、运输等其他层次的结构规划也会影响选址决策。因此，选址与仓储成本、运输成本之间存在着密切联系。

一个物流系统中设施数量的增大，库存及其引起的库存成本往往会增加。所以，降低成本的一个措施是合并减少设施数量、扩大设施规模，这正是建设物流园、物流中心，实现大规模共同配送、协同配送的原因。

但是，设施数量增大到一定数量的时候，由于单个订单的数量过小，增加运输频次，造成运输成本的增加。选址规划的主要任务之一是一次确定设施的合理数量。

对于供应链系统，核心企业的选址决策会影响所有供应商物流系统的选址决策。例如，戴尔公司在爱尔兰建立一家新计算机工厂，给爱尔兰供应商 8 个月的时间来满足戴尔公司的要求，如果他们不能满足要求，戴尔公司原有的供应商将会选址在爱尔兰建立分支机构。2000 年戴尔公司爱尔兰工厂的供应商按区域划分，分别为亚洲 65%、欧洲 25%、美国 10%。又如，摩托罗拉公司的气体由北方公司供应，摩托罗拉公司在天津建立生产基地后，北方气体也在天津建立相应的工厂及销售机构。

二、场址选择的步骤和内容

城市基础建设、大型工业设施如工厂、区域物流配送中心等的场址选择一般分为三个阶段，即选址目标确定阶段、地区选择阶段和地点选择阶段。

选址目标确定阶段是对选址目标进行明确的定义，确定评价指标，评价指标包括企业的纲领和人力、物力、财力等资源条件，以及其经济技术指标。

地区选择阶段是根据业主的要求，广泛开展调查研究，参考相关法律条例、规划、标准和章程制度，征求利益相关者的意见，对可供选择的地区进行多方面评估，包括社会、技术、文化、经济、地质、水源、环境等方面，提出选择意见。

地点选择阶段是对选定地区内可选地点进行深入细致的调研，结合取得的地震、水文、气象、安监、环保等部门资料以及给排水管网、交通运输、电力、通信、网络、采暖等技术资料，收集当地政治、人文及税收等相关信息，通过对技术经济指标的计算，提出候选场地，向主管部门提出场址选择报告。

三、场址选择考虑的因素

1. 地区选址的因素

地区选址是从宏观的角度考虑地理位置与设施特点的关系。一般地区选址应考虑如下因素。

（1）市场条件。考虑候选地区的市场状况，包括企业的产品和服务的需求情况、消费水平及与同类企业的竞争能力。特别要分析不只是现在，而且在相当长的一段时期内，企业是否有可持续的市场需求及未来市场的变化情况。

（2）资源条件。考虑候选地区是否使企业得到关键的、足够的资源，如土地、重要原材料、水、电、气、燃料等。

（3）运输条件。大型企业往往具有运量大、原燃料基地多、进出厂货物品种复杂等特点，这要求选择场址时考虑该地区的交通运输条件以及运力、运费等。

（4）社会环境。考虑当地的法律法规、风俗习惯、税收政策等情况。

2. 对地点选择的要求

在完成了地区选址后，就要在选定的地区内确定具体的建厂地点。地点选择应考虑的主要因素有以下五个。

（1）地形地貌条件。场址要有适宜的建厂地形和必要的场地面积，要充分合理地利用地形，尽量减少土石方工程。

（2）地质条件。选择场址时，应对场址及其周围的地质情况进行调查和勘探，分析获得资料，查明场址区域的不良地质条件，对拟选场址的区域稳定性和工程地质条件作出评价。

（3）占地原则。结合功能区规划，注意节约用地，尽量利用荒地和劣地，生产区、施工区、生活区、交通运输线路、供水、供电、供气、通信、网络、水源地应与城市或开发区的规划相协调。

（4）施工条件。注意调查当地可能提供的建筑材料，如矿石、砖、瓦及建筑管道和工业管道等条件，附近应有足够的施工场地。

（5）供排水条件。供水水源要满足项目规模用水量以及水温、水质要求。还要考虑工业废水、污水、雨水的排放方案。

3. 影响设施选址的经济因素和非经济因素

影响设施选址的因素很多，有些因素可以进行定量分析，并可以以货币的形式反映，称为经济因素。有些因素是只能进行定性分析的非经济因素，又称为成本因素。在进行场址选择时，根据重要程度的不同，采用适当算法，将经济因素和非经济因素结合起来加以比较。表 5－1 中列出了一些主要的经济因素和非经济因素，作为场址的评价指标。

表 5-1　　设施选址时的经济因素与非经济因素

经济因素	非经济因素
1. 运输费用	1. 当地法规政策
2. 土地成本和建设费用	2. 经济发展水平
3. 原材料供应价格	3. 安全生产标准和环境保护标准
4. 水、电、气、网络等资源成本	4. 人文环境
5. 燃料价格	5. 气候条件
6. 劳动力价格	

第四节　物流企业布局

一、物流企业布局特点

1. 以客户需求为导向

物流企业的布局应以客户需求为导向：①物流企业布局需要衡量客户服务水平；②物流合作伙伴、候选物流节点的评价与选择需要体现客户的需求；③不同客户之间的服务需求需要整合，同时需要体现均衡性；④物流企业布局方案的评价需要考虑客户需求的选择偏好和系统性。

2. 多目标优化

物流企业布局是一个多目标决策问题：①企业作为自负盈亏以追求盈利为目的的市场主体，成本最小化或利润最大化是第一目标；②客户服务水平是物流企业布局的第二目标，与成本或利润之间存在背反关系；③物流企业与物流合作伙伴之间是委托-代理关系，物流合作伙伴的利益与物流企业之间存在背反关系；④其他相互冲突的目标，如柔性、快速反应能力等。因此，多目标的决策优化是物流企业布局的关键。

3. 高度的不确定性

物流企业处于多客户、多产品、多品种、多频次、动态的市场环境中，物流企业布局呈现出高度不确定性：①客户需求、运输成本、安全成本等许多参数的不确定性；②物流节点，如仓储设备、搬运机械的可用性的不确定性；③客户数量、产品结构、市场数目和位置等的变动；④决策人的主观不确定性；⑤物流企业的发展战略和物流市场发展环境的演化等。

4. 多资源的集成

物流企业布局过程涉及物流资源和客户服务需求的整合集成，这正是第三方物流的价值所在。物流企业的资源集成必然涉及不同的产权属性和企业治理结构，这大大增加了布局过程的复杂性。

二、物流企业布局原则

1. 规模的经济性

物流企业具有规模经济性，采用大规模处理货物的方法可以降低成本。但是，制约物流企业规模的因素不同于一般生产企业，主要是受客观生产、流通、消费引致物流量的制约，以及短期内当地交通运输等方面的条件限制。考虑物流企业的布局设计原则应更加重视根据物流量、环境条件等选择规模。

2. 物流企业数量的经济性与服务能力

在明确总规模的前提下，确定物流企业的数量，要考虑以下三个主要因素。

（1）单个物流企业规模：单个物流企业规模越大，可降低单位投资，如果采用大规模处理货物的设备，也可以降低物流成本。因此，从物流企业规模看，据点数量少则规模大，成本因规模而降低。

（2）物流成本：物流企业数量和成本存在直接关系。数量多，建设成本高，但物流企业的其他部分成本如配送成本，因距离较近而降低，这需进一步分析权衡。

（3）服务水平：一般地，据点越少服务水平越低，物流企业据点越多服务水平可能越高。

3. 先进科技的运用

随着物流科技的发展，新技术、新装备、新工具不断涌现，如立体仓库、自动分拣机等，设计时是否采用某种先进技术设备，不能一概而论，需要进行经济、技术、条件等各方面的论证，供抉择参考。

4. 标准化的贯彻

物流企业的设计必须与已形成的标准系统相匹配，如运输车辆、作业车辆、建筑模数、托盘、包装等标准的装备、机械器具等，这些标准构成设计的基础。

5. 物流企业的柔性化

设计物流企业的能力必须考虑柔性化，主要原因是物流相对于生产和流通而言是引致的需求，市场变化、生产涨落带动物流量波动，这种波动高于生产企业和流通企业的波动，物流企业应该有容纳这种波动的能力。这要求设计时，对物流企业进出能力、加工能力、存储能力、转运能力等进行一定的柔性化的考虑，以适应物流企业在不同时期存储不同数量、不同品种的物资。

三、物流企业布局流程

1. 分析定位

（1）环境分析。环境分析的主要目的是明确企业的外部机遇和挑战及内部优势和劣势。外部环境分析涉及对物流企业所处的法律法规政策、经济社会发展状况、物流市场供需状况、物流市场饱和度、物流市场进入壁垒、物流市场吸引力等进行分析；内部环境分析涉及物流企业从事物流服务的相关资源和能力的分析，其重点是对无形资源和能力的分析，主要包括界面管理、市场营销能力、制度整合能力、人力资源、品牌、信息化水平、网络覆盖面等方面。环境分析具体采用 SWOT 方法、市场调查、标杆分析等方法分析物流企业未来发展的机遇和挑战，同时明确发展过程中存在的优势和劣势。环境分析不仅需要物流企业各个层面的参与，而且需要外部相关专家的参与，以保证环境分析结论的科学性和合理性。

（2）战略定位。战略定位是指物流企业在环境分析的基础上，制定企业的战略目标、竞争战略、战略措施等。战略定位的关键是识别企业的核心竞争力和把握市场发展机遇，同时通过外包或自建等方式最大限度地弥补自己的劣势。

（3）市场定位。市场定位是指物流企业在环境分析和战略定位的基础上，细分物流服务市场，并根据企业的核心竞争力和发展战略选择目标市场的过程。对于物流企业，市场定位主要是明确其服务的主要行业、主要区域、客户的供应链位置及物流服务内容等。

2. 分析客户需求

客户需求分析是对客户的物流服务现状、潜在需求及未来发展趋势等进行调查分析，为物流企业的布局提供最直接的依据。

（1）客户需求内容分析。客户需求内容分析主要包括：①产品的属性、类型、形态、属性及产品对运输、仓储、装卸搬运等物流环节的特殊要求等；②客户的供应链位置、与上下游物流关系的分析；③客户产品销售市场的空间分布、销售情况等；④客户各销售市场的物流服务要求、物流服务标准、交通运输情况、潜在需求、服务目标等；⑤客户各销售市场的区域范围、运输规模、配送频率、运输方式、库存周期等。

（2）客户物流相关参数分析。客户物流相关参数分析包括：①客户各市场产品销售估计及预测；②客户各市场产品回收量的估计与预测；③客户产品的平均库存周期；④各产品的运输费率及运输成本估算；⑤客户服务水平要求。

（3）客户需求汇集。物流企业汇集每个客户的需求，主要目的是减少物流企业布局优化模型的数据量。数据汇集的主要对象是每个客户的销售市场，对其进行分类和汇集。数据汇集主要有两种方法：一种是按照地理位置，采用网格网络或邮政编码汇集需求；另一种是按产品的种类划分成合理数目的产品组，按产品的配送方式或产品类型进行产品分组。已经证明数据汇集具有有效性，当把数据汇集成 150～200 个时，总运输成本的预测值误差通常不超过 1%。根据各客户需求汇集的结果，物流企业可以确定客户物流需求的分布区域和中心。

3. 设计初始网络

设计初始网络分两步：一是分析物流企业物流网络设计的需求，明确物流企业物流网络设计的根本目的和绩效目标、制约因素等；二是对物流企业初始网络进行具体设计。物流企业初始网络的设计内容：①确定物流设施网络设计的资源、预算、服务水平等；②确定物流网络结构，主要是物流网络的拓扑类型、物流节点之间的相互关系、物流线之间的相互关系、物流节点的最大容许数目等；③确定物流节点布局的区域范围，圈定候选物流节点的分布区域；④确定每一候选节点区域内物流节点的建设方式（自建、合建、租赁或外包）。确定候选节点的分布区域主要考虑如下因素：一是有效地确定物流节点的布局空间，使其符合客户需求区域中心的分布；二是根据物流网络拓扑结构，有效地确定候选物流节点。

4. 确定候选物流节点

设计初始网络后，物流企业需要在设定的每一候选节点区域内确定合适的候选物流节点。由于物流企业可选的节点数量众多，通过初步选择确定一定数量的物流节点作为进一步布局的候选点，不仅大大降低后续布局问题的工作量和建模规模，而且增加物流网络设计的有效性。候选物流节点的确定需要从客户、物流企业以及利益相关者的角度出发，充分体现客户需求导向的原则，使候选物流节点的选择与评价能均衡反映出物流企业和客户的需求偏好。

5. 产生方案

物流企业在确定初始网络及候选节点后需要根据物流节点布局问题的特点、客户需求等，建立优化模型，再通过求解模型确定若干个物流节点布局方案。确定候选物流节点可视为物流企业对单个物流设施的选址评价，而产生布局方案可视为对多个物流设施进行选址和服务分配。该决策的内容：一是确定从给定的候选物流节点中确定最终物流节点的数量、位置、规模；二是确定客户各个市场正向、逆向物流需求在各候选节点之间的分配。一般采用三种方式来进行优化决策：一是利用规划模型；二是利用多指标决策模型；三是利用规划模型和多指标决策模型相结合的混合方式。其中，模型的求解也是该环节的一个关键内容，直接决定模型产生的方案质量。

6. 评价方案

评价方案是从产生的初始布局方案中选择最佳的作为物流企业最终的布局结果，评价步骤包括：①评价问题认识；②评价指标确定；③评价方法选择；④评价过程；⑤确定最终方案。

7. 实施方案

实施方案是物流企业布局中的最后环节，目的是根据物流节点布局的最终方案制订出物流企业的实施计划、客户关系管理策略、物流合作伙伴关系管理策略等，物流企业进入物流网络的管理和运作阶段。

例 5－1 ABC 饮料公司的仓库选址问题

ABC 饮料公司在 QQ 新市场地区经过一段时间市场营销推广后，得到 8 个超市的订单，由于 QQ 新市场地区离 ABC 公司总部较远，该公司拟在 QQ 市场地区新建 2 个仓库，力争采用最低的运输成本满足该地区的需求。经过一段时间的实地考察后，拟定 4 个候选地址。从候选地址到不同仓库的运输成本、各个超市的需求量均已确定，如图 5－1 和表 5－2 所示。

采用一种启发式求解 P－中值模型的算法——贪婪取走启发式算法（greedy dropping heuristic algorithm）。该算法的基本步骤如下：

第一步，初始化，令循环参数 k—m，将所有的 m 个候选位置都选中，然后将每个客户指派给离其距离最近的一个候选位置。

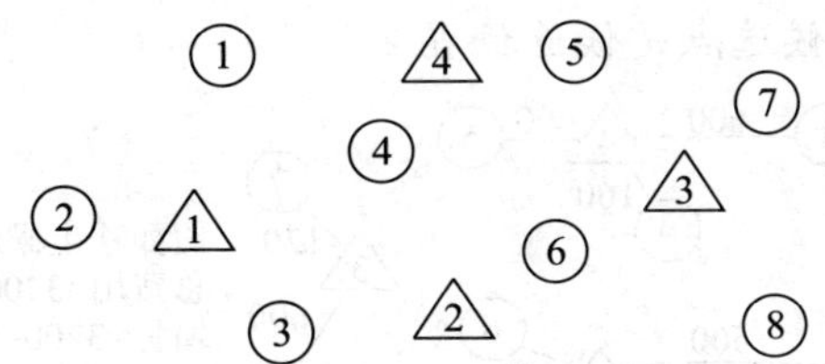

图 5-1　饮料公司选择问题

表 5-2　　饮料公司候选地址到不同仓库的运输成本与超市需求量

运输成本 c_{ij} ($p=2$)		仓库候选地址 j				需求量 d_i (运输次数)
		1	2	3	4	
超市 i	1	4	12	20	6	100
	2	2	10	25	10	50
	3	3	4	16	14	120
	4	6	5	9	2	80
	5	18	12	7	3	200
	6	14	2	4	9	70
	7	20	30	2	11	60
	8	24	12	6	22	100

第二步，选择并取走一个位置点，满足以下条件：假如将它取走并将它的客户重新指派后，总费用增加量最小。然后令 $k=k-1$。

第三步，重复第二步，直到 $k=p$。

比较图 5-1 的运输成本，在初始化中，超市①、②、③由候选位置△1来提供，超市④、⑤由候选位置△4来提供，超市⑥由候选位置△2来提供，超市⑦、⑧则由候选位置△3来提供，如图 5-2 所示。

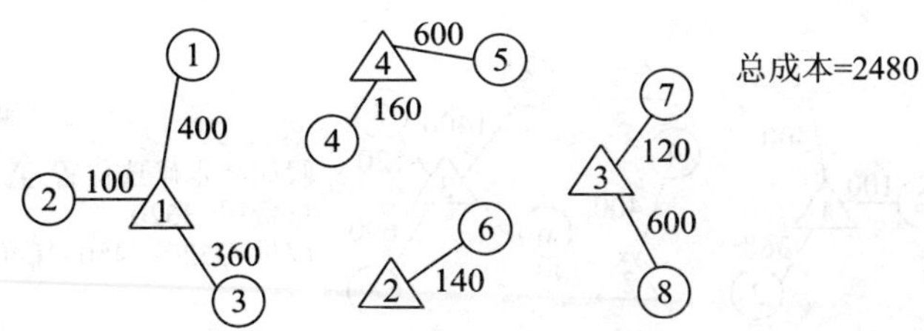

图 5-2　初始化指派结果

图 5-3、图 5-4、图 5-5、图 5-6 分别对移走候选位置△1、△2、△3、△4进行单独的分析，并对各自的增量进行计算。移走第 2 个候选点所产生的增量△=140，是最小

的，所以第一个被移走的候选点是候选位置 2。

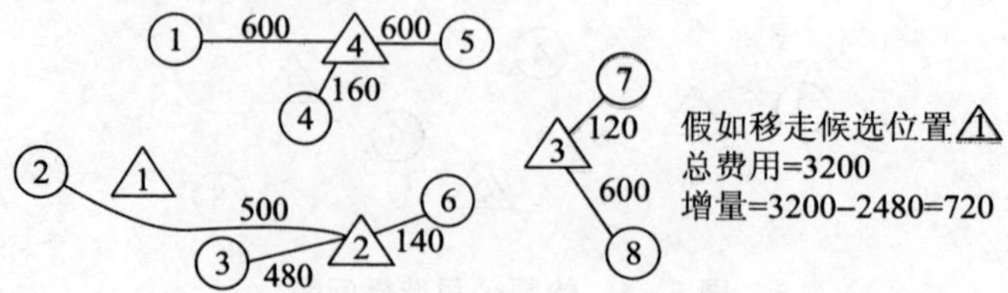

图 5-3　移走候选位置 1 后的变化

这样得到 $k=3$ 时的临时解。重复上面步骤。对图 5-4 分别移走的候选位置△1、△3、△4进行计算，可以发现移走候选位置△4的增量最小，所以第二次应移走第 4 个候选位置。最后的结果就是在候选位置△1、△3投建新的仓库，总的运输成本为 3740。

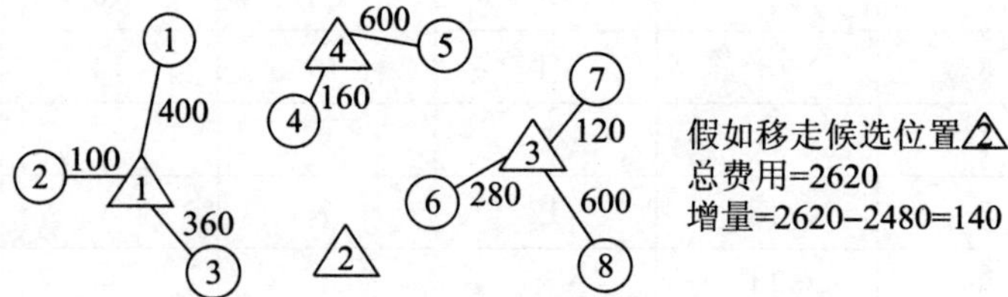

图 5-4　移走候选位置 2 后的变化

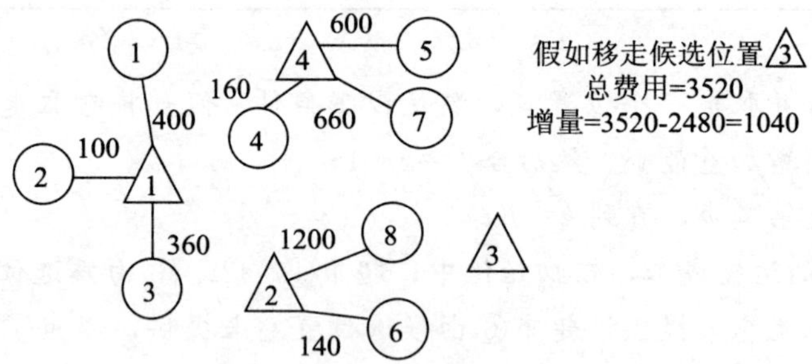

图 5-5　移走候选位置 3 后的变化

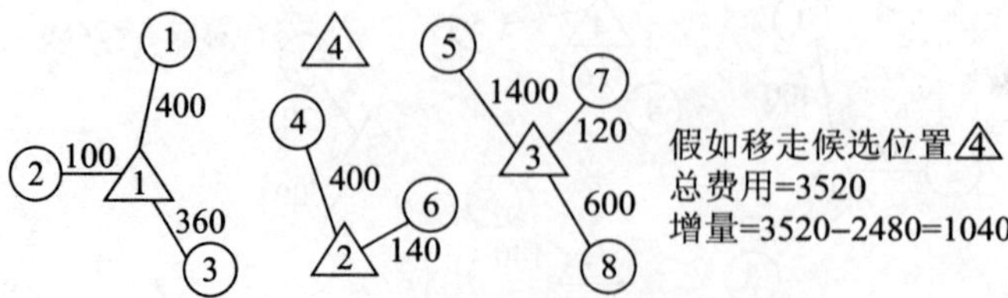

图 5-6　移走候选位置 4 后的变化

值得注意的是，除了贪婪取走算法外，还有贪婪加入算法（greedy adding heuristic）、模拟退火算法（stimulated annealing）、Tabu 搜索（TS）等。

资料来源：李安华．物流系统规划与设计［M］．成都：四川大学出版社，2006.

例 5－2　合肥保税物流园规划

1. 保税物流园区的基本概念和基本功能

2005 年，海关总署颁布实施《中华人民共和国海关对保税物流园区的管理办法》第 134 号令，界定保税物流园区的概念：保税物流园区是指，经国务院批准，在保税区规划面积或者毗邻保税区的特定港区内设立的、专门发展现代国际物流业的海关特殊经济监管区域。

保税物流园区的主要业务：保税物流，涉及开展保税存储进出口货物以及其他未办理海关手续的货物；对区内所存货物开展流通性简单加工和增值服务；进出口贸易，包括转口贸易；国际采购、分销和配送；国际中转；检测、维修；商品展示和经海关批准的其他国际物流业务。但是，保税物流园区内不得开展商业零售、加工制造、翻新、拆解及其他与园区无关的业务。

2. 合肥保税物流园规划思路

合肥保税物流园规划思路如图 5－7 所示。

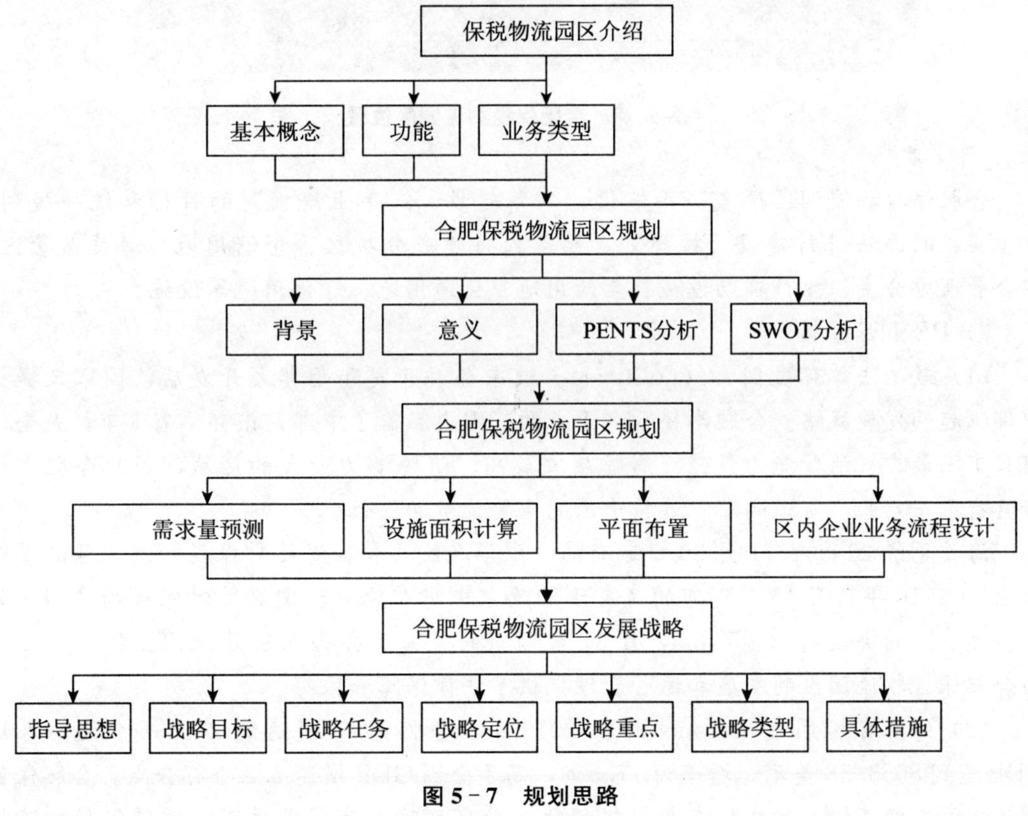

图 5－7　规划思路

3. 合肥保税物流园区分析

1）背景

安徽省 2008 年开始，向国务院申请设立合肥保税物流园区。2010 年 7 月 5 日，国务院办公厅正式批复同意设立安徽合肥保税物流园区。

合肥保税物流园区选址位于合肥经济技术开发区与肥西县合作共同建立的新港工业园区内（见图5-8），规划面积为1.42平方千米。保税物流园区毗邻建设中的派河港，距合肥市区8千米，距合肥骆岗机场8千米，西临206国道。

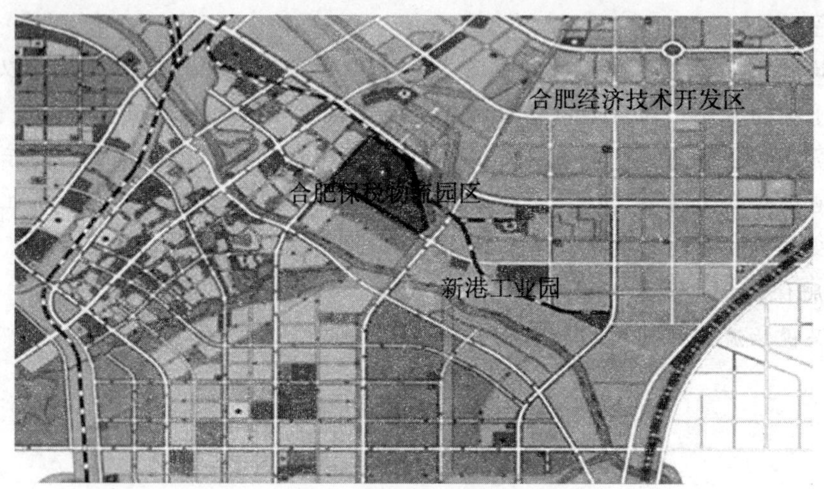

图5-8　合肥保税物流园区位置

合肥保税物流园区按"一年建设、二年起步、三年上规模"的目标和统一规划、分步实施的办法进行建设。按规划，园区内将建成分拨区、仓储用地、海关监管区、综合管理办公室、生产辅助设施、生活用地、交通用地、绿化用地等设施。

2）PENTS分析

（1）政治法律环境因素（political）。继东部大开发和西部大开发后，国家又提出中部崛起的发展战略。合肥半径500千米的范围内涵盖了中部、东部7省1市，是全国消费市场最广、消费能力最强、消费层次最高、消费潜力最大的区域，因此合肥占据着具有承东启西、贯通南北、连接中原的重要优势的区位。

海关总署2005年11月30日颁布的《中华人民共和国海关对保税物流园区的管理办法》、2010年3月15日颁布的《关于修改〈中华人民共和国海关对保税物流园区的管理办法〉的决定》，2005年12月31日颁布的《关于公告保税物流园区统计办法》，为合肥保税物流园区的发展和运营管理提供了法律保障和依据。

（2）经济环境因素（economic）。2010年，合肥市GDP达到2702.5亿元，人均GDP达到8053.58美元，增速为17.5%，高于全国GDP增速7.2个百分点。合肥保税物流园区在经济增长的良好态势提供的优越外部环境和市场条件下，凭借保税物流特殊的物流形式和较高的物流服务质量，必将大有作为。

2009年合肥市被评为中国最具投资潜力的城市，2010年合肥市位居中国城市竞争力排行榜第22位，是全国10个最具潜力的二线城市之一。合肥市凭借其强大的投资潜力和竞争力，将吸引一大批企业前来投资，当然也包括对合肥保税物流园区的投资，为园区的发展提供资金支持。

(3) 自然环境因素（natural)。合肥市位于珠三角、长三角、环渤海经济圈所构成的三角形的中心位置，物流辐射和集聚功能显著，使合肥保税物流园区在地理位置方面取得了得天独厚的优势。合肥北临淮河，南临长江，有水系与长江黄金水道相通，可常年通航，为合肥保税物流园区内货物的水路运输创造了便利的条件。

(4) 技术环境因素（technological)。合肥境内的国家级开发区有高新技术产业开发区和经济技术开发区、省级开发区有新站综合开发试验区，面积分别为 30 平方千米、66 平方千米、34 平方千米。合肥保税物流园区所在的经济技术开发区 2009 年规模以上工业企业已达 160 家，实现产值 801.4 亿元，其中高新技术企业产值所占的比重为 68.1%，连续 7 年位居中西部同批 16 个国家级经济开发区的首位①。合肥境内三大开发区的各类进出口企业都将成为合肥保税物流园区的潜在客户，是合肥保税物流园区赢利的源泉。

(5) 社会环境因素（social)。合肥市自改革开放以来，人民的生活水平得到了极大的提高，社会环境得到了极大的改善，特别是在科教方面。合肥是中国四大科教城市之一，拥有国家及部级重点实验室、科研机构、工程（技术）研究中心和企业技术中心，高校、院士以及每万人拥有专业技术人员，位居全国同类城市前列。从 2001 年开始，合肥每年举办一次“中国·合肥高新技术项目与资本对接会”，为使合肥的科教优势转变为产业优势和经济优势搭建了平台。先进的科研技术和丰富的人才储备，为合肥保税物流园区的信息化、网络化、标准化建设提供了智力支持。

3) SWOT 分析

(1) 优势因素（strengths)。定位优势。合肥保税物流园区的定位是保税物流园区，一方面，可以享受优惠的税收政策、海关监管政策和宽松的外汇政策；另一方面，区港联动可以大大提高通关效率，降低企业商务运作成本。

产业优势。合肥被国家确定为加工贸易梯度转移重点承接地、国家汽车及零部件出口基地、中国服务外包基地，已形成了汽车、家电、装备制造、电子信息等八大重点产业。2010 年实现一般贸易进出口总值 78.2 亿美元，同比增长 69.5%，其中，出口值为 40.9 亿美元，同比增长 34.4%，进口值为 37.3 亿美元，同比增长 137.4%；实现加工贸易进出口总值 18.7 亿美元，同比增长 37.5%。主要进口地区为 APEC 成员国（地区)、德国、巴西，主要出口地区为亚洲、欧盟、美国。

金融优势。合肥市是区域性的金融中心，已形成了由银行、证券期货、保险、金融控股公司、金融中介组织等机构构成的较完备的金融体系。在合肥设立总部的金融机构有 7 家，设立省级分支机构的金融机构有 30 余家，各类金融和准金融机构的网点有 1000 多家。

成本优势。一方面，合肥市的劳动力资源丰富，成本较低。另一方面，合肥市的土地资源丰富，政策相对宽松，投资成本较低。这些使合肥保税物流园区的投资和运

① 数据来源：http：//www.hetda.com/home/list.php？catid=338.

营成本处于较低的水平，从而保证了其物流服务在价格方面的竞争力。

(2) 劣势因素（weaknesses）。合肥港竞争力不足。首先，合肥港虽然是皖中地区最大的水路货运集散地，但作为内河港口，与沿海港口相比在地理位置上处于先天的劣势地位。其次，合肥港年吞吐量与其他保税物流园区区港联动的港口的年吞吐量相比，仍有不小的差距。最后，合肥港的集装箱码头还在建设中，还未能实现集装箱运输。

加工贸易企业缺乏竞争力。目前合肥境内的企业主要是由东部沿海向中西部转移的加工贸易型企业，高新技术企业的比例不高，技术水平不够先进，信息化、标准化程度不高，尚未形成产业集群，竞争力不强，物流需求不稳定，在一定程度上会影响合肥保税物流园区的发展。

(3) 机会因素（opportunities）。城际铁路的建设。中国铁道部新的长三角城际铁路规划将以上海、南京、杭州、合肥 4 大铁路枢纽城市为中心，建成主要城市间和相邻城市间的"1～2 小时交通圈"，实现从合肥 1 小时到南京，2 小时到上海、杭州，3 小时到武汉、郑州，4 小时到北京、福州。这将使合肥一跃成为全国性的高铁枢纽，完善合肥基础交通设施，同时完善合肥保税物流园区的分销、配送网络，使其有望实现运输成本的降低。

合肥都市圈的建设。合肥都市圈是以合肥为区域对外开放的龙头城市，以合肥、淮南、六安、巢湖、桐城五大城市中心城区以及环巢湖地区等组成的城镇密集区为"心脏"，构成的"一区、五轴、三带、多组团"的城镇空间布局结构体系，并由点轴模式逐步向网络化模式发展。一方面，合肥都市圈对基础交通设施的投资完善了合肥保税物流园的短途运输网络；另一方面，合肥都市圈建设引起合肥经济的快速发展也将拉动合肥保税物流园区物流需求量的大幅增长。

皖江城市带承接产业转移示范区的建设。皖江城市带内的工业已在安徽省居主导地位，成为带动安徽经济发展的"发动机"。合肥作为皖江城市带承接产业转移示范区"一轴双核两翼"的产业空间格局中的核心区域，在经济发展中表现出巨大的活力和潜力。一方面，皖江城市带承接产业转移示范区为合肥进出口贸易额和物流需求量的增加贡献巨大的力量，为合肥保税物流园区的发展搭建一个新的平台。另一方面，合肥保税物流园区将为皖江城市带的产品向国内外销售的"传送带"添加"润滑剂"。

(4) 威胁因素（threats）。合肥保税物流园区的威胁因素主要来自两个方面，一是现有竞争对手的威胁，即来自上海外高桥、宁波等临近保税物流园区的威胁；二是替代品的威胁，即来自芜湖出口加工区的威胁。

4. 合肥保税物流园区规划

1) 物流需求量预测

合肥保税物流园区与合肥港之间区港联动的特殊关系，决定了合肥保税物流园区的物流需求量近似于合肥港的货物吞吐量。因此，对合肥港货物吞吐量的预测，能够反映出合肥保税物流园区物流需求量的变化趋势，具有一定的实践意义。

2005—2010 年合肥港的货物吞吐量如表 5-3 和图 5-9 所示。

表 5-3　　合肥港 2005—2010 年的货物吞吐量　　单位：万吨

年份	2005	2006	2007	2008	2009	2010
货物吞吐量	574	872	1101	1321	1746	2183

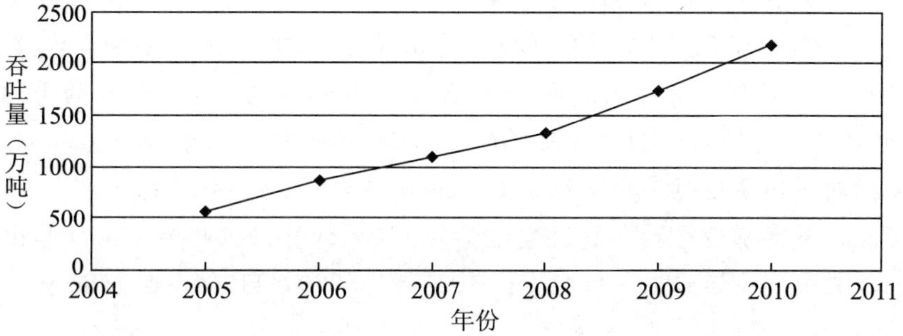

图 5-9　合肥港 2005—2010 年货物吞吐量散点图

从图 5-9 可以看出，2005—2010 年合肥港货物吞吐量呈递增态势且增速基本保持稳定，即合肥港货物吞吐量的总体变化趋势基本呈线性状态，因此可以利用一次回归分析法对合肥港的货物吞吐量进行预测。

利用 Microsoft Office Excel 2003 对 2005—2010 年合肥港的货物吞吐量和年份进行拟合，结果如图 5-10 所示。

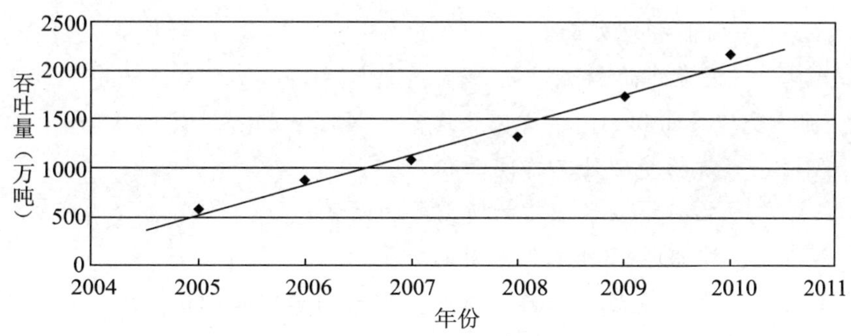

图 5-10　合肥港 2005—2010 年货物吞吐量与年份拟合图

Excel 工具自动生成：

线性方程：$y=311.06x-623148$

相关系数的平方 $R^2=0.9794$

计算得出相关系数 $R=0.990$，通过相关系数值表可以查出，当显著性水平 $\alpha=0.01$，自由度$=n-m=6-2=4$ 时，$R0.01\ (4)=0.917$，因为 $R=0.990>0.917=R0.01\ (4)$，因此在显著性水平 $\alpha=0.01$ 上，2005—2010 年合肥港的货物吞吐量与年份两个变量之间具有显著的相关关系，可以采用该回归分析模型对合肥港的货物吞吐量进行预测。

运用线性方程 $y=311.06x-623148$ 预测合肥港2011—2013年的货物吞吐量：

当 $x=2011$ 时，$y=2393.66$，即预测合肥港2011年的货物吞吐量约为2394万吨；

当 $x=2012$ 时，$y=2704.72$，即预测合肥港2012年的货物吞吐量约为2705万吨；

当 $x=2013$ 时，$y=3015.78$，即预测合肥港2013年的货物吞吐量约为3016万吨。

可以认为，合肥保税物流园区的物流需求量等于合肥港的货物吞吐量，即预计2013年合肥保税物流园区的年物流吞吐量 $Q_0=30160000$ 吨。预计货物的平均周转时间 $d=2$ 天，则每日平均货运量 $Q_{ave}=Q_0\cdot d/365=30160000\times2/365=165260$ 吨。2010年交通部颁发的《汽车货运站（场）级别划分和建设要求》规定，年发货量超过60万吨以上的货运站，最高货运量按年度日发送量的110%计算，以此为依据计算出合肥保税物流园区的单日最高货运量 $Q_{max}=Q_{ave}\cdot110\%=165260\times110\%=181786$ 吨。

2）设施面积计算

合肥保税物流园区内的设施有分拨区、仓储用地、海关监管区、综合管理办公室、生产辅助设施、生活用地、区内交通用地、绿化用地和预留用地。

（1）分拨区。

$$分拨区面积\ A_1=A_{11}+A_{12}$$

式中：A_{11}——货运站房面积；

A_{12}——监管调度办公室面积。

①货运站房。

$$货运站房面积\ A_{11}=A_{111}+A_{112}$$

式中：A_{111}——货物受理处面积；

A_{112}——提货处面积。

$$货物受理处面积\ A_{111}=A_{1111}+A_{1112}=N_{1111}\cdot M_{1111}+Q_{1112}\cdot M_{1112}$$

式中：A_{1111}——货物受理处工作间面积；

A_{1112}——临时堆放受理货物所需要的面积；

N_{1111}——货物受理处工作人员的数量；

M_{1111}——货物受理处工作人员人均需要的工作面积；

Q_{1112}——单位批次受理货物的最大量；

M_{1112}——货物临时堆放所需要的单位面积。

预计 $N_{1111}=20$ 人，$M_{1111}=8$ 平方米/人，$Q_{1112}=40000$ 吨，$M_{1112}=2$ 平方米/吨。

则货物受理处面积 $A_{111}=N_{1111}\cdot M_{1111}+Q_{1112}\cdot M_{1112}=20\times8+40000\times2=80160$ 平方米。

$$提货处面积\ A_{112}=A_{1121}+A_{1122}=N_{1121}\cdot M_{1121}+N_{1122}\cdot M_{1122}$$

式中：A_{1121}——提货处工作间面积；

A_{1122}——办理提货手续所需要的场所面积；

N_{1121}——提货处工作人员的数量；

M_{1121}——提货处工作人员人均需要的工作面积；

N_{1122}——单位时间内前来办理提货手续的人员的最大数量；

M_{1122}——前来办理提货手续的人员人均需要的面积。

预计 $N_{1121}=20$ 人，$M_{1121}=10$ 平方米/人，$N_{1122}=200$ 人，$M_{1122}=0.5$ 平方米/人。

则提货处面积 $A_{112}=N_{1121}\cdot M_{1121}+N_{1122}\cdot M_{1122}=20\times10+200\times0.5=300$ 平方米。

货运站房面积 $A_{11}=A_{111}+A_{112}=80160+300=80460$ 平方米。

②监管调度办公室。

$$监管调度办公室面积\ A_{12}=N_{12}\cdot M_{12}$$

式中：N_{12}——监管调度办公室工作人员的数量；

M_{12}——监管调度办公室工作人员人均需要的工作面积。

预计 $N_{12}=24$ 人，$M_{12}=10$ 平方米/人。

则监管调度办公室面积 $A_{12}=N_{12}\cdot M_{12}=24\times10=240$ 平方米

所以分拨区面积 $A_1=A_{11}+A_{12}=80460+240=80700$ 平方米

（2）仓储用地。

$$仓储用地面积\ A_2=A_{21}+A_{22}+A_{23}$$

式中：A_{21}——仓库面积；

A_{22}——货棚面积；

A_{23}——堆场面积。

预计进入合肥保税物流园区的货物存储于仓库、货棚、堆场的比例分别为 50%、10%、40%，即仓库单日最大货物吞吐量 $Q_{max}21=Q_{max}\cdot50\%=181786\times50\%=90893$ 吨，货棚单日最大货物吞吐量 $Q_{max}22=Q_{max}\cdot10\%=181786\times10\%=18179$ 吨，堆场单日最大货物吞吐量 $Q_{max}2=Q_{max}\cdot40\%=181786\times40\%=72714$ 吨。

①仓库。

$$仓库面积\ A_{21}=A_{211}+A_{212}$$

式中：A_{211}——仓储库面积；

A_{212}——中转库面积。

a. 仓储库。

$$仓储库面积\ A_{211}=Q_{max211}\cdot M_{211}\cdot T_{211}\cdot k_{211}/f_{211}$$

式中：Q_{max211}——仓储库单日最大货物吞吐量；

M_{211}——单位货物在仓储库的占地面积；

T_{211}——仓储库货物平均储存周期；

k_{211}——仓储库的入库率；

f_{211}——仓储库的利用率。

预计 $Q_{max211}=Q_{max21}\times80\%=90893\times80\%=72714$ 吨，$M_{211}=1.5$ 平方米/吨，$T_{211}=2.5$ 天，$k_{211}=0.5$，$f_{211}=0.6$。

则仓储库面积 $A_{211}=Q_{max211}\cdot M_{211}\cdot T_{211}\cdot k_{211}/f_{211}=72714\times1.5\times2.5\times0.5/0.6=227233$ 平方米。

b. 中转库。

$$中转库面积\ A_{212}=Q_{max212}\cdot M_{212}\cdot T_{212}\cdot k_{212}/f_{212}$$

式中：Q_{max212}——中转库单日最大货物吞吐量，等于 $Q_{max21}-Q_{max211}$；

M_{212}——单位货物在中转库的占地面积；

T_{212}——中转库货物平均储存周期；

k_{212}——中转库的入库率；

f_{212}——中转库的利用率。

预计 $Q_{max212}=Q_{max21}\times20\%=90893\times20\%=18179$ 吨，$M_{212}=2.5$ 平方米/吨，$T_{212}=1$ 天，$k_{212}=0.5$，$f_{212}=0.6$。

则中转库面积 $A_{212}=Q_{max212}\cdot M_{212}\cdot T_{212}\cdot k_{212}/f_{212}=18179\times2.5\times1\times0.5/0.6=37872$ 平方米。

所以仓库面积 $A_{21}=A_{211}+A_{212}=227233+37872=265105$ 平方米。

②货棚。

$$货棚面积\ A_{22}=Q_{max22}\cdot M_{22}\cdot T_{22}\cdot k_{22}/f_{22}$$

式中：Q_{max22}——货棚单日最大货物吞吐量；

M_{22}——单位货物在货棚的占地面积；

T_{22}——货棚货物平均储存周期；

k_{22}——货棚的入库率；

f_{22}——货棚的利用率。

预计 $M_{22}=1$ 平方米/吨，$T_{22}=2$ 天，$k_{22}=0.5$，$f_{22}=0.6$。

则货棚面积 $A_{22}=Q_{max22}\cdot M_{22}\cdot T_{22}\cdot k_{22}/f_{22}=18179\times1\times2\times0.5/0.6=30298$ 平方米。

③堆场。

$$堆场面积\ A_{23}=A_{231}+A_{232}$$

式中：A_{231}——仓储堆场面积；

A_{232}——中转堆场面积。

a. 仓储堆场。

$$仓储堆场面积\ A_{231}=Q_{max231}\cdot M_{231}\cdot T_{231}\cdot k_{231}/f_{231}$$

式中：Q_{max231}——仓储堆场单日最大货物吞吐量；

M_{231}——单位货物在仓储堆场的占地面积；

T_{231}——仓储堆场货物平均储存周期；

f_{231}——仓储堆场的入场率；

f_{231}——仓储堆场的利用率。

预计 $Q_{max231}=Q_{max23}\times80\%=72714\times80\%=58171$ 吨，$M_{231}=1$ 平方米/吨，$T_{231}=2.5$ 天，$k_{231}=0.5$，$f_{231}=0.6$。

则仓储货场面积 $A_{231}=Q_{max231}\cdot M_{231}\cdot T_{231}\cdot k_{231}/f_{231}=58171\times1\times2.5\times0.5/0.6=121190$ 平方米。

b. 中转堆场。

$$中转堆场面积 A_{232}=Q_{max232}\cdot M_{232}\cdot T_{232}\cdot k_{232}/f_{232}$$

式中：Q_{max232}——中转堆场单日最大货物吞吐量，等于 $Q_{max23}-Q_{max231}$；

M_{232}——单位货物在中转堆场的占地面积；

T_{232}——中转堆场货物平均储存周期；

k_{232}——中转堆场的入场率；

f_{232}——中转堆场的利用率。

预计 $Q_{max232}=Q_{max23}\times20\%=201978\times20\%=14543$ 吨，$M_{232}=1$ 平方米/吨，$T_{232}=1$ 天，$k_{232}=0.5$，$f_{232}=0.6$。

则中转堆场面积 $A_{232}=Q_{max232}\cdot M_{232}\cdot T_{232}\cdot k_{232}/f_{232}=14543\times1\times1\times0.5/0.6=12119$ 平方米。

所以堆场面积 $A_{23}=A_{231}+A_{232}=121190+12119=133309$ 平方米。

所以仓储用地面积 $A_2=A_{21}+A_{22}+A_{23}=265105+30298+133309=428712$ 平方米。

(3) 海关监管区。

$$海关监管区面积 A_3=A_{31}+A_{32}$$

式中：A_{31}——海关查验区面积；

A_{32}——海关监管调度区面积。

①海关查验区。

$$海关查验区面积 A_{31}=A_{311}+A_{312}$$

式中：A_{311}——货物受理处面积；

A_{312}——提货处面积。

$$货物受理处面积 A_{311}=A_{3111}+A_{3112}=N_{3111}\cdot M_{3111}+Q_{3112}\cdot M_{3112}$$

式中：A_{3111}——货物受理处工作间面积；

A_{3112}——临时堆放受理货物所需要的面积；

N_{3111}——货物受理处工作人员的数量；

M_{3111}——货物受理处工作人员人均需要的工作面积；

Q_{3112}——单位批次受理货物的最大量；

M_{3112}——货物临时堆放所需要的单位面积。

预计 $N_{3111}=16$ 人，$M_{3111}=8$ 平方米/人，$Q_{3112}=40000$ 吨，$M_{3112}=1.3$ 平方米/吨。

则货物受理处面积 $A_{311}=N_{3111}\cdot M_{3111}+Q_{3112}\cdot M_{3112}=16\times8+40000\times1.3=52128$ 平方米。

$$提货处面积 A_{312}=A_{3121}+A_{3122}=N_{3121}\cdot M_{3121}+N_{3122}\cdot M_{3122}$$

式中：A_{3121}——提货处工作间面积；

A_{3122}——办理提货手续所需的场所面积；

N_{3121}——提货处工作人员的数量；

M_{3121}——提货处工作人员人均需要的工作面积；

N_{3122}——单位时间内前来办理提货手续的人员的最大数量；

M_{3122}——前来办理提货手续的人员人均需要的面积。

预计 $N_{3121}=16$ 人，$M_{3121}=10$ 平方米/人，$N_{3122}=200$ 人，$M_{3122}=0.5$ 平方米/人。

则提货处面积 $A_{312}=N_{3121}\cdot M_{3121}+N_{3122}\cdot M_{3122}=16\times10+200\times0.5=260$ 平方米。

所以海关查验区面积 $A_{31}=A_{311}+A_{312}=52128+260=52388$ 平方米。

②海关监管调度办公室。

$$\text{海关监管调度办公室面积 } A_{32}=N_{32}\cdot M_{32}$$

式中：N_{32}——海关监管调度办公室工作人员的数量；

M_{32}——海关监管调度办公室工作人员人均需要的工作面积。

预计 $N_{32}=20$ 人，$M_{32}=10$ 平方米/人

则海关调度办公室面积 $A_{32}=N_{32}\cdot M_{32}=20\times10=200$ 平方米。

所以海关监管区面积 $A_3=A_{31}+A_{32}=52388+200=52588$ 平方米。

(4) 综合管理办公室。综合管理办公室包括园区管理办公室、海关办公室、检验检疫机构办公室、信息交易大厅、信息管理中心等部门，预计综合管理办公室的占地面积 $A_{24}=6000$ 平方米。

(5) 生产辅助设施。生产辅助设施包括用于维修加工、配载停车等的场所及配电室等设施，按建筑规范，一般占园区总面积的8%，即生产辅助设施面积 $A_{25}=A\cdot8\%=1420000\times8\%=113600$ 平方米。

(6) 生活用地。生活用地包括宿舍楼、食堂等设施，按建筑规范，一般占园区总面积的5%，即生活用地面积 $A_{26}=A\cdot5\%=1420000\times5\%=71000$ 平方米。

(7) 园区交通用地。按建筑规范，园区交通用地一般占园区总面积的12%，即园区交通用地面积 $A_{27}=A\cdot12\%=1420000\times12\%=170400$ 平方米。

(8) 绿化用地。按建筑规范，绿化用地一般占园区总面积的30%，即绿化用地面积 $A_{28}=A\cdot30\%=1420000\times30\%=426000$ 平方米。

(9) 预留用地。按建筑规范，预留用地一般占园区总面积的5%，即预留用地面积 $A_{29}=A\cdot5\%=1420000\times5\%=71000$ 平方米。

合肥保税物流园区内各设施面积如表5-4所示。

表5-4　合肥保税物流园区内设施面积

设施名称	面积（平方米）
分拨区	80700
仓储用地	428172
海关监管区	52588
综合管理办公室	6000
生产辅助设施	113600
生活用地	71000

续　表

设施名称	面积（平方米）
园区交通用地	170400
绿化用地	426000
预留用地	71000
合计	1419460

3）平面布置

（1）平面布置原则。合肥保税物流园区平面布置应遵循统筹兼顾原则、经济合理原则、循序渐进原则、环境保护原则。

（2）平面布置图。首先运用定性关联图法，对合肥保税物流园区内的分拨区、仓储用地、海关监管区、综合管理办公室、生产辅助设施、生活用地和预留用地这七大设施进行平面布置，然后根据园区的实际地形情况，布置交通用地和绿化用地。

①采用专家打分法对设施之间的相互关系进行定性分析，确定每两个设施之间的关联程度。合肥保税物流园区内各设施的关联程度如图 5－11 所示。

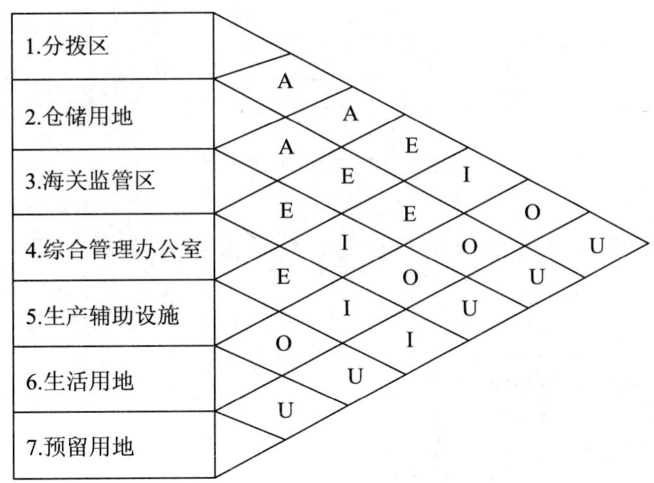

图 5－11　定性关联图

关联程度等级说明如表 5－5 所示。

表 5－5　关联程度等级说明

关联程度等级	A	E	I	O	U	X
说明	绝对重要	特别重要	重要	一般重要	不重要	禁止接近

②绘制关联线图底稿表，结果如表 5－6 所示。

表 5－6　　关联线图底稿表

关联程度等级 \ 设施编号	1	2	3	4	5	6	7
A	2，3	1，3	1，2				
E	4	4，5	4	1，2，3，5	2，4		
I	5		5	6，7	1，3	4	4
O	6	6	6		6	1，2，3，5	
U	7	7	7		7	7	1，2，3，5，6
X							

③绘制初步平面布置图，结果如图 5－12 所示。

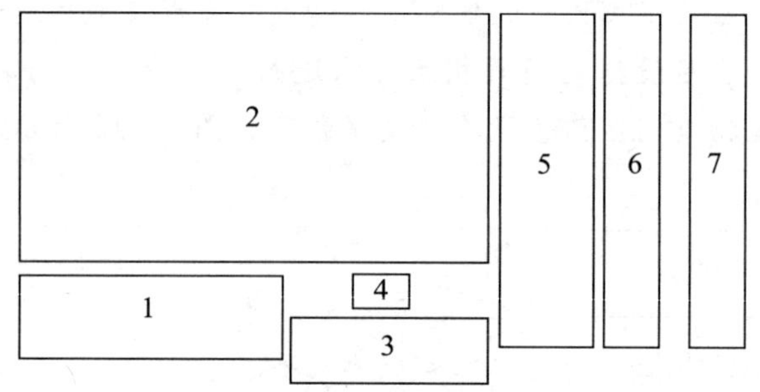

图 5－12　初步平面布置

④结合合肥保税物流园区的实际地形，绘制最终平面布置图，结果如图 5－13 所示。

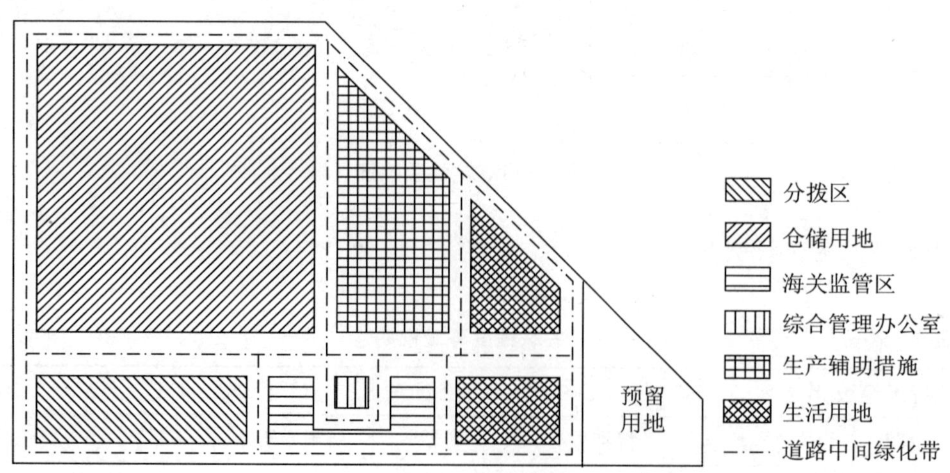

图 5－13　最终平面布置

注：分拨区、仓储用地、海关监管区、综合管理办公室、生产辅助设施、生活用地内各含 30％的绿化用地。

4）区内企业业务流程设计

以跨国企业A为例，其主要从事家电产品的国际采购和分销业务，在合肥设立了加工工厂，90%的原材料由境外的供应商供应，产品销往中国和境外各国。在合肥保税物流园区建立前，A企业通过手册方式报关进口原材料，在国内进行保税生产；生产完成后，产生品100%出口，再由境外的经销商根据订单将产品分销到各国，其中一部分产品以一般贸易进口方式返销至国内（业务流程如图5－14所示）。这样的业务流程造成A企业的采购周期过长、生产柔性不足、成品在途时间过长和物流成本巨大等问题。

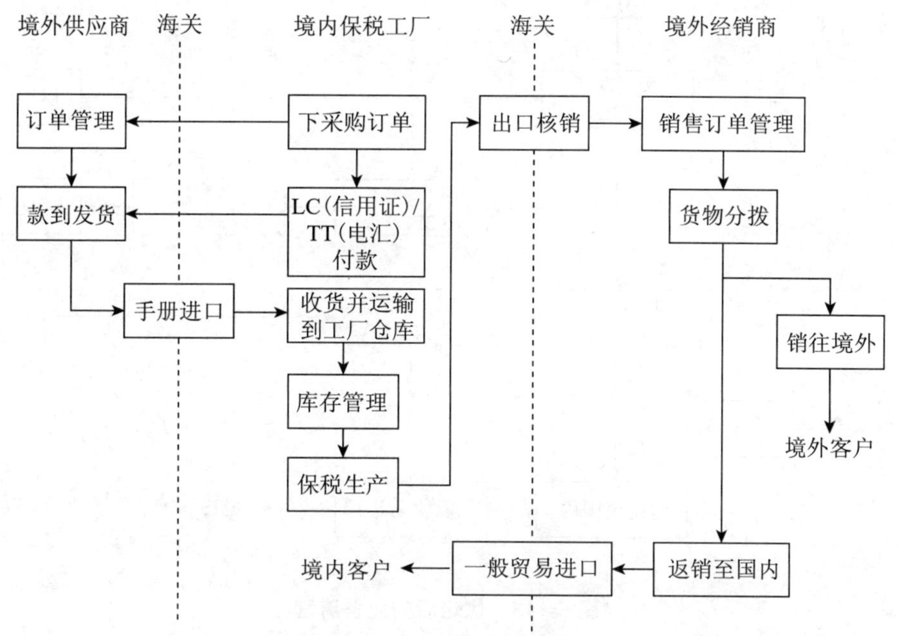

图5－14 现行的业务流程

合肥保税物流园区建立后，A企业的境外原材料供应商在园区内设立VMI仓库，委托第三方物流企业进行管理，负责库存和订单管理、完成原材料进口的手册报关、采用JIT的方式配送到境内保税工厂。生产完成后，再由第三方物流企业办理出口核销手续，将产成品出口至保税物流园区。在园区内进行产品分拨，直接销往境外，或以一般贸易进口方式返销至国内（业务流程如图5－15所示）。这样的业务流程一方面实现原材料的JIT配送，缩短原材料的在途时间，加快资金周转速度；另一方面，由第三方物流企业负责提供原材料进口手册报关、JIT配送、产成品出口核销报关等一条龙专业物流服务，使A企业供应商管理变得更加简单，降低企业物流成本。

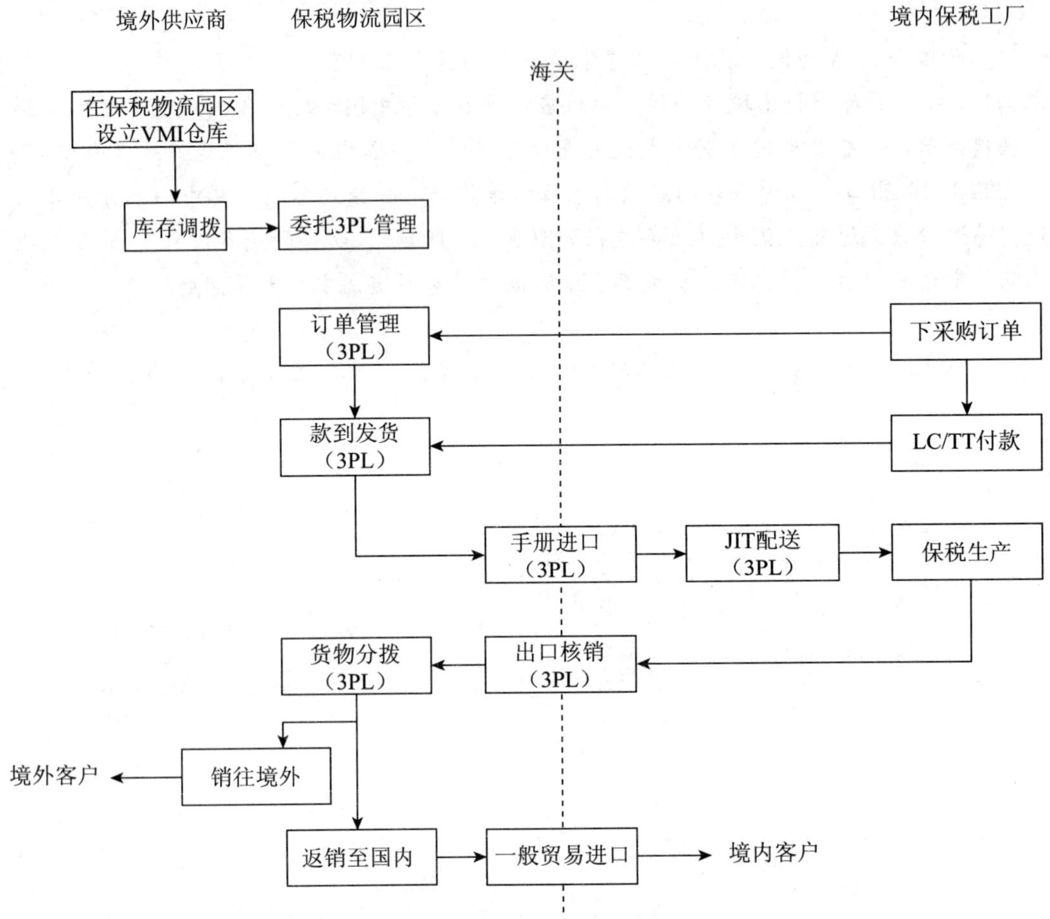

境外供应商　保税物流园区　海关　境内保税工厂

在保税物流园区设立VMI仓库 → 库存调拨 → 委托3PL管理

下采购订单 → 订单管理（3PL）

下采购订单 → LC/TT付款 → 款到发货（3PL）

订单管理（3PL） → 款到发货（3PL） → 手册进口（3PL） → JIT配送（3PL） → 保税生产

保税生产 → 出口核销（3PL） → 货物分拨（3PL）

货物分拨（3PL） → 销往境外 → 境外客户

货物分拨（3PL） → 返销至国内 → 一般贸易进口 → 境内客户

图 5－15　优化后的业务流程

本章小结

物流系统作为一个复杂的社会经济系统，做好它的规划和设计，是其良好远行的前提。本章介绍物流系统规划设计的概念、内容，详细分析物流网点分析、物流场址分析、物流企业布局等。

阅读材料

日本物流中心的选址、建设与运营

1．物流中心的选址与经济圈

日本建设省道路局经济调查室调查物流中心选址问题，其中涉及制造业、批发业、零售业等3000个企业，明确答复的有805个企业（回答率占26.8%）。在有效回答的企业类别中，基础材料制造商占7.7%，加工装配制造商占32.0%，生活用品制造商占16.1%，批发业占12.8%，零售业占18.4%，其他占13.0%，但一般都存在物流设施选址难的问题。表5－5为各类企业期望建设的区域物流中心、配送中心、仓库的选址地点分布的调查情况。

可见物流选址趋于集中的现象，主要是取得土地使用难、经济圈中心土地使用费高、距离中心远则运输距离大、建设资金难以筹集等原因造成的。

2. 物流设施与道路质量

物流中心的主要物流设施与道路过近，可能影响道路的利用率；过远可能造成运输距离过长、物流成本上升。日本调查统计得到的物流设施与高速公路的理想距离如表5－7所示。

表5－7　　物流设施与高速公路的理想距离

距离高速公路	直临	<3千米	<5千米	<10千米	>10千米
所占百分比（%）	11.3	34.5	29.8	21.5	2.9

物流设施与道路间的距离还与物流中心的类型有关。调查得到各类物流中心与高速公路的理想距离如表5－8所示。

表5－8　　各类物流中心与高速公路的理想距离　　单位：%

物流设施＼距离高速公路	直临	<3千米	<5千米	<10千米	>10千米
区域物流中心	5.6	32.4	29.6	28.7	3.7
配送中心	16.3	37.0	27.2	17.4	2.1
仓库	13.9	22.2	38.9	22.2	2.8
物流设施	10.8	34.4	30.5	22.0	2.3

此外，由于行业不同，物流设施对理想距离的要求也不同，如表5－9所示。

表5－9　　日本分行业种类物流设施与高速公路的理想距离　　单位：%

行业类别＼距离高速公路	直临	<3千米	<5千米	<10千米	>10千米
基础材料	5.9	35.3	35.3	23.5	0
加工装配	8.1	25.3	30.3	33.3	3.0

续 表

距离高速公路 / 行业类别	直临	<3 千米	<5 千米	<10 千米	>10 千米
生活用品	14.3	35.7	35.7	10.7	3.6
批发业	16.4	38.2	23.6	16.4	5.4
零售业	15.2	39.4	30.3	13.6	1.5
其他	4.3	41.3	26.1	26.1	2.2

利用上面三个表的参数，可以构建物流中心、物流设施综合评价中的距离高速公路的参数。从节约物流总费用的角度看，必须分析区域物流中心、配送中心的选址决策中距离高速公路、干线道路的理想距离。

3. 物流中心的运营

日本不同行业因物流种类的不同，其物流设施规模、所有制与运营关系也存在差别，当物流中心建设的投资较大时，其投资和经营可以完全或部分分开；按现代企业制度，根据法人财产权要求运作经营；同时，尽可能地在不同的行业间或同行业的不同企业间寻求共同业务特征，实现集约化经营。日本分行业种类物流设施所有权的分布形态和运营主体的分布形态如表 5－10 和表 5－11 所示。

表 5－10　　日本分行业种类物流设施所有权的分布形态　　单位：%

行业类别	公司	物流子公司	物流经营者	共同所有	其他
基础材料	37.8	10.6	44.6	9.6	—
加工装配	47.4	14.1	33.8	3.0	1.1
生活用品	51.2	9.5	34.9	2.9	1.5
批发业	64.2	11.7	20.0	2.5	1.6
零售业	54.5	9.0	28.7	2.8	5.0
其他	48.6	12.5	25.7	5.6	7.6

表 5－11　　日本分行业种类物流设施运营主体的分布形态　　单位：%

行业类别	公司	物流子公司	物流经营者	共同所有	其他
基础材料	24.3	14.3	50.0	11.4	—
加工装配	26.3	31.1	32.9	8.0	1.7
生活用品	23.5	33.3	26.9	13.7	2.6
批发业	46.2	34.9	13.2	4.7	1.0
零售业	40.6	27.4	24.0	8.0	—
其他	42.3	21.8	27.5	8.4	—

资料来源：杨海荣．现代物流系统与管理［M］．北京：北京邮电大学出版社，2003.

问题与讨论

1. 日本物流中心的选址考虑哪些因素?
2. 日本如何建设物流中心?
3. 日本如何运营物流中心?

复习思考题

1. 简述物流系统规划的内容。
2. 物流网点的含义?它的功能和作用有哪些?
3. 合理布局企业物流网点的内容。
4. 简述物流网点布局常用方法。
5. 物流中心的选址应考虑哪些因素?选址步骤如何?
6. 简述物流企业的布局设计原则和步骤。

第六章　物流系统预测与控制

章节知识框架

- 物流系统预测与控制
  - 物流系统预测
    - 物流系统预测概念与原理
    - 物流系统预测的分类
  - 物流需求预测
    - 物流需求特征
    - 物流总体需求
      - 物流管理需求
      - 物流信息需求
    - 物流业务需求
  - 物流系统预测方法
    - 物流系统定性预测方法
      - 直观归纳法
      - 德尔菲法
      - 集体意见法
      - 情景分析法
      - 头脑风暴法
    - 物流系统定量预测方法
      - 移动平均法
      - 指数平滑法
      - 回归分析预测法
      - 灰色系统预测法
  - 物流系统控制
    - 物流系统控制概述
      - 物流系统控制的定义
      - 物流系统控制的内容
      - 物流系统控制的分类
    - 物流系统存储控制
      - 基本概念
      - 库存补给策略

教学目标与要求

通过本章学习，了解物流系统预测、物流需求预测、物流系统预测方法以及物流系统控制的相关概念，掌握物流需求预测理论，物流系统定性与定量的预测方法，物流系统存储控制。

第一节　物流系统预测

规划设计一个物流系统前，需要对其流体的流向、流量、资金周转和供求情况进行调查，获得各种资料、数据和信息，进而运用科学的方法进行预计和推测，力争使规划设计的物流系统符合实际、运行正常、获得效益。预测是编制计划的基础，一个运营的物流系统或一个第三方物流企业都需要进行市场预测，计划运输量、计划存储量、计划搬运量等都需要在预测的基础上制订计划，预测的准确与否直接影响到计划的可行性，最终决定企业的生存和发展。

一、物流系统预测的概念与原理

1. 物流系统预测的概念

预测是在调查研究的基础上，根据事物以往发展的客观规律性和当前出现的各种可能性，运用科学的知识、方法和手段，对事物未来的发展趋势和状态作出估计和评价。预测的任务是寻求预测对象发生变化的规律，判断其发展趋势及能够达到的程度。

物流系统预测是根据物流系统的过去和目前的发展规律，借助科学的方法和手段，对物流系统发展现状和趋势进行描述和分析，形成科学的假设和判断的一种科学理论。

2. 物流系统预测的原理

事物的发展之所以能够预测，是因为事物的发展变化总是呈现出一定的规律或表现出一定的特征，这些规律和特征构成预测的理论依据。

（1）可知性原理。物流系统的发展规律是可以认识的，可以根据物流系统发展的规律性，预测物流系统未来的发展变化趋势。

（2）可能性原理。物流系统发展具有多种可能性，应按照物流系统预测对象发展变化的多种可能性确定预测方向和预测值。

（3）可控性原理。物流系统受到多种可控因素和不可控因素影响，应利用物流系统的可控因素，重视研究政府的法律法规、方针政策、国民经济社会发展计划等对物流系统的影响，增强对物流系统发展趋势和进程的掌控能力。

（4）系统性原理。物流系统是一个有机整体，必须将其视为一个更大系统的子系统，将物流系统预测和人口预测、工业预测、农业预测等有机结合起来；又必须将其视为诸多更小系统的集合，将预测对象与其内部的各子系统有机结合起来，在不同层次上分析预测对象的影响因素。

（5）连续性原理。物流系统发展变化具有一定连续性，通过分析历史和现实的物流系统资料、数据和信息，找出物流系统发展变化的固有规律，按照规律进行逻辑推理，预测未来物流系统的状况。

（6）类推性原理。事物之间在结构和发展模式上往往存在着某种相似性，根据已知事物的结构和发展模式，类推某个物流系统的预测目标未来的结构和发展模式。

（7）因果性原理。通过对物流系统发展的因果关系链条的分析，分清对预测目标起作用的内部原因和外部原因，把握影响预测目标的主要原因和次要原因，排除次要原因的干扰，从而由因推果，推测物流系统的未来发展趋势。

（8）相关性原理。事物之间的相互影响常常表现为因果关系或关联关系，相关性原理是物流系统回归预测方法或统计预测方法的理论依据。

（9）反馈性原理。物流系统的预测，应借助各种渠道途径，将各种系统信息及时、准确、迅速地进行反馈，并反馈到远期预测值，经类比、判断、加工后调整预测模型，得到新的误差后再反馈处理，形成预测的反馈系统。

（10）可检性原理。物流系统的预测应具有可检性特点，可检性是指预测结果必须是明确无误的，不能含糊或模棱两可。

（11）经济性原理。物流系统预测是一种管理活动，必须考虑物流系统经济效益。物流系统预测的目的是应用，这要求在保证物流系统预测质量的前提下，以尽量少的预测成本费用，获取较好的预测效果。

二、物流系统预测的分类

物流系统预测的范围广泛，根据预测的角度、目的、内容和其他特性，可以将物流系统预测划分为不同的类型。

从预测涉及的经济层次看，物流系统预测包括宏观预测和微观预测。宏观预测服务于行业部门、行政或经济区域、国家乃至全球的宏观物流系统规划及管理；微观预测主要服务于物流企业、企业的物流部门等的生产经营活动。

从物流服务的供求关系看，物流系统预测的内容包括物流服务的需求预测和物流服务的供给预测。通常以需求预测为主，物流系统预测主要是物流需求的预测，但有时物流供给也对预测产生重要影响。在物流系统能力难以满足需求的情况下，应区分能满足需求和不能满足需求两种预测。比如在运能紧张的情况下，若不考虑运能状况，只测算所有物流需求情况，超出运能的需求不能成为现实的运量；同样只预测运能限制的未来运量，则难以反映经济社会发展的真正物流需求。因而，究竟以需求预测为主，还是以运能可实现的运量预测为主，取决于预测的目的，如物流部门应以运能可实现的运量预测作为自己提升物流服务能力的依据，而社会生产部门则应以运能可实现的运量预测作为自己生产经营的依据。

从预测的时间看，物流系统预测可分为短期预测、中期预测和长期预测。其中，短期、中期、长期包括的具体时间长度是相对的。例如，全国性的宏观物流预测，主要服务于物流产业的规划和建设时期，一般1～10年为中期预测；而针对物流企业的服务与其生产经营目的的物流系统预测，一般1年以内为短期预测，1～3年为长期预测。

从预测的内容项目看，物流预测可分为单项预测和综合预测。其中，单项预测是对某类单一指标进行的预测，如对物流量的预测；综合预测是对物流业务多项活动进行的预测，如物流量的预测、仓储数量的预测、物流服务质量的预测、物流服务价格的预测、物流产业内部结构变化的预测、物流技术进步的预测等。

第二节　物流需求预测

物流系统的规划、设计、评估、控制需要准确地估计该物流系统需要处理的物流量，主要采用预测和推算的方式估计物流量。物流需求分析受限于统计资料不足和统计口径缺陷；物流需求往往是一种潜在的需求，需要在市场运作中具体实现，带有相当的不确定性；物流需求不仅表现为数量的多少，而且表现为空间分布和时间分布的特征。

预测的主要目标是准确掌握未来发展趋势。提高预测的准确性有三种途径。一是改变预测的方法，如降低预测的细节程度。预测的细节程度越低，预测越准确；细节程度越高，预测误差越大；显然对某个类别产品预测的误差往往小于对某个型号产品的预测误差。二是减少预测周期。预测的周期越长，预测的误差越大，显然预测下周可能会发生的变化要比预测一年后会发生的变化更容易。因此，远期预测应在详细程度低的情况下进行，短期预测可以提高详细程度。三是采用合适的预测技术。当需求呈季节性变化时，与使用非季节性预测技术相比，采用季节性预测技术（如季节性指数平滑法）可以提高预测精度。

一、物流需求特征

物流需求的水平和需求的时间深刻地影响物流系统的规模、生产能力、资金需求和经营的总体框架。物流需求预测涉及物流需求的空间和时间特征、需求波动的幅度和随机误差。

1. 物流需求的空间和时间特征

物流活动具有空间和时间维度，不仅应了解物流需求量是多少，而且应掌握这些物流需求量在何处发生、何时发生。物流需求的空间性特征表现为规划仓库选址、优化物流网络的库存水平、按照地理位置分配运输资源等必须考虑需求的地理性差异；物流需求的时间性特征表现为物流需求随时间变化而波动，预测物流需求必须考虑时间性差异。

2. 规律性需求

物流系统需要处理各种各样的产品、物料，这些不同的产品、物料随时间推移形成不同的需求模式。如果需求是具有规律性的或规则的，需求模式一般可以分解为趋势（trend）、季节性（seasonal）和随机性（random）。如果随机波动只占时间序列其余变化部分的很小比例，则借助常用的预测方法可以得到比较满意的预测结果。

3. 不规律性需求

如果某些产品、物料的需求相对于总体需求量偏低，需求时间和需求水平不确定，那么需求是间歇式的，这样的时间序列被称为不规律的或不规则的。例如，刚刚投入生产的产品或即将退出生产的产品由于只有少数客户需要，加之需求客户分布较分散，造成每个存储点的需求很低，这类产品往往出现不规律模式的需求。此类需求模式难以利用常用的预测方法进行预测，需要利用特殊的预测技术。

4. 派生性需求和独立性需求

物流需求是伴随某种需求的发生而派生出来的，则此物流需求是派生性需求。派生性物流需求可以形成一组需求链，具有强烈的倾向性，其数量不是随机的，而是由最终需求确定的。物流需求是随机产生的，影响物流需求变化的因素繁多甚至不可获知，则此物流需求常常被作为独立需求，可以借助以统计分析为基础的预测方法解决独立需求问题。例如，某个跨国公司的新服装数量需求来源于一个个独立的客户，这些客户绝大多数是独立采购，每个客户的采购量只占服装厂生产量的很小部分，此时物流需求属于独立需求；而服装厂从某纽扣供应商购买新纽扣的数量是要生产的新服装量的一定倍数，此时纽扣物流需求属于派生需求。

二、物流总体需求

物流总体需求是对一个组织总体而言所有物流需求的总和。例如，某个跨国公司的制造基地和供应商分别位于北美、欧洲及中国大陆，在中国大陆准备建设基于供应链整合的 B to B 直销网络，整个业务体系由分销系统与物流系统组成，如图 6－1 所示，则物流需求与下面因素密切相关。

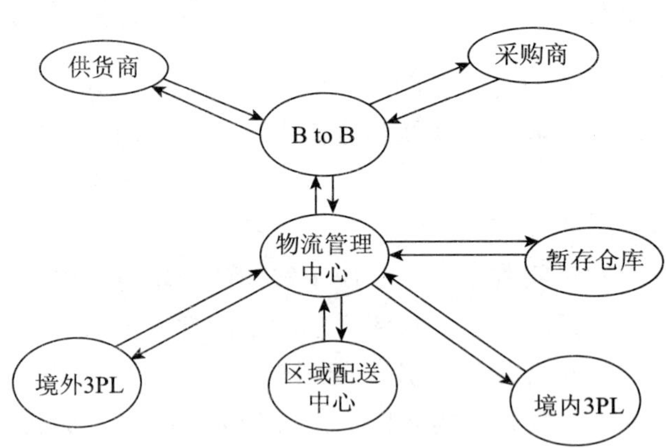

图 6－1　B to B 直销网结构

第一，商务模式。B to B 直销网络采取基于互联网的交易点直销模式，其物流系统为 B to B 直销网络提供后端物流服务，B to B 直销网络根据商务需要向物流系统下达物流订单，供应商与采购商、零售商、消费者通过直销网络与物流系统建立联系。

第二，经营商品。主要经营日化用品、服装服饰等国际知名品牌商品。

第三，客户。主要包括消费者、零售商、批发商。

第四，销售点。销售点负责发展客户会员、帮助客户接入网上平台、接受客户支付、暂存货物（24 小时内免费）及其他客户服务。

第五，交货期。交货期为 24 小时内。

第六，交货方式。交货方式分为客户到交货点提货（自提）、由交易点组织向客户送货（配送）两种形式。

第七，供应商。供应商包括在国内的国外品牌商、在国外的国外品牌商，主要分布在北美、欧洲、南美、日本、中国香港、中国大陆等。

三、物流业务需求（仍以上述案例加以说明）

1. 进口物流需求

根据境外供应商的分布，考虑在北美、欧洲、日本等地设立集货点，再组织共同运输至中国。具体包括以下三个方面。

（1）国际运输：制订进口货物从境外供应商到国内口岸的国际运输方案并组织实施，国际多式联运的协调管理，货物跟踪。

（2）海关代理：提交进出口文件、报关文件，进行关税计算与申报、清关等；为境外供应商代理出口报关，为境内采购商代理进口报关。

（3）口岸分拨：考虑将广州、上海、天津等作为海运口岸，北京、上海等作为空运口岸，深圳等作为地面运输口岸，组织进入海关监管库或直接分拨、转运。

2. 国内运输要求

（1）根据要求制订从进口口岸或国内供应商到区域配送中心、城市配送点或分销点、采购商的运输方案并组织实施。

（2）灵活提供包裹、LTL（零担货件）/TL（整车货件）等多种运输方式的选择。

（3）协调管理公路、铁路、航空、水路等多式联运。

（4）提供实时货物跟踪情况和相关票据、文件等。

3. 仓储需求

（1）仓储网络：根据 B to B 分销网络市场分布情况建立相应的仓储网络，合理设置区域配送中心和城市配送点，具备根据市场变化及时进行调整和扩展的能力。

（2）仓储服务：配备合理有效的装卸、搬运、储存、分拣设备，优质高效地完成接货、存货、取货、发货、转运等仓储服务。

（3）增值服务：满足进口商品的本地化和分销配送的需要，提供分拆与包装、条码处理、标签与票据、促销组装、组件装配、退货处理等增值服务。

（4）提供实时库存状态和管理报告。

四、物流管理需求

1. 订单处理

能够 24×7 小时接收 Web（万维网）、E-mail（电子邮件）和互联网、移动互联网、电话、客户端、手机客户端（App）等各种来源的客户订单，及时处理成任务分派单，向仓库、承运人等发出通知；进行订单状态跟踪和取消订单、退货订单的处理。

2. 客户服务

客户服务代表可以通过 Web、固定电话、移动电话、手机短信、手机 App 等为客户服务，能够实时确认客户的订单状况，并处理货物丢失、损坏、差错和退货问题。

3. 物流财务

确定物流服务收费方式和时间，进行费用计算、报价和支付处理；进行物流成本核算，提交财务报表。

4. 供应链计划

对于具有一定市场规模和稳定性的供应商，提供库存管理，优化供应链方案，综合平衡运输成本与仓储成本。

5. 绩效评价

制订绩效评价体系，确定评价标准，建立激励机制；进行指标数据的收集和统计分析。

6. 分析报表

为掌握物流系统的业务运营状况，定期获得汇总报表，包括库存周转情况、退货问题分析、销路最好的产品排名、送货延迟或留待将来交货的订单报告、核算报表以及其他报表等。

五、物流信息需求

1. 信息服务需求

（1）客户信息服务需求：提供订单状态、库存状态和运输状态实时在线查询。

（2）业务和管理信息需求：对接电子市场以实现网上订单处理；逐步实现业务、管理流程的无纸化；借助互联网络与客户和供应链合作伙伴（承运人、仓库、海关代理等）进行实时信息沟通。

2. 信息系统需求

（1）先进可靠的信息技术（IT）基础设施：IT 系统采用先进可靠的技术，提供充足能力的大数据中心和通信结构，满足 IT 要求，使物流系统能够与供应链上的合作伙伴实现对接。

（2）模块化的 IT 系统软件：IT 系统应模块化、按用户配置设计，以支持多客户操作，灵活添加新产品、新客户、新功能，满足完整的功能性需求，实时管理物流的动态环境变化，提供信息服务。

第三节　物流系统预测方法

预测（forecast）是指对尚未发生、目前还不明确的事物进行预先估计，并推测事物未来的发展趋势。预测是在调查研究的基础上，根据事物以往发展的客观规律性和当前出现的各种可能性，运用科学的知识、方法和手段，对事物未来的发展趋势和状态做出估计和评价。“凡事预则立，不预则废”“人无远虑，必有近忧”等说明预测的重要性；“喜鹊枝头叫，出门晴天报”“早上乌云盖，无雨也风来”“云往东，乱刮风；云往西，披蓑衣”等说明预测规律。预测的任务是寻求预测对象发生变化的规律，判断其发展趋势及评估其能达到的程度。

预测方法多种多样，从大的方面，预测方法可分为定性预测方法和定量预测方法两大类。

一、物流系统定性预测方法

定性（qualitative）预测是指建立在经验、逻辑思维和推理的基础上的预测。定性预测主要通过调查，采用少量数据和直观材料结合掌握的实际情况、实践经验、专业水平，利用判断、直觉、比较等综合分析，对预测对象进行预测。定性预测的优点：①能集思广益且简便易行，在缺乏足够的统计数据或原始资料时，做出定量估计和获得文献尚未反映的信息。②无须构建高深的数学模型，易于普及和推广。定性预测的缺点：缺乏客观标准，受预测人员经验和认识之局限，可能导致一定的主观片面性。

定性预测的主要方法包括直观归纳法、集体意见法、头脑风暴法、市场调查法、德尔菲法、情景分析法、类推法、主观概率法、交叉概率法、领先指标法、关系树法等。

1. 直观归纳法

直观归纳法，又称经济调查法，是通过一定时间的资料积累和周到细致的调查工作，掌握物流流量的大体变化趋势。直观归纳法可以得到比较符合实际的预测结果，但若涉及的区域范围较大，调查工作量较繁重，难免发生调查遗漏和数据偏大偏小的情况。此外，市场环境变化快，诸多不确定因素影响预测。

预测调查的程序如下：①调查准备，明确调查目标和指导思想；②成立调查课题小组或领导小组；③确定调查方法，拟定调查问题及其表格；④实施调查；⑤整理调查资料；⑥提交调查报告。值得注意的是，在整个调查过程中应确保工作质量。

2. 集体意见法

集体意见法是把预测者的个人预测通过加权平均汇集成集体预测的方法。其程序如下：①要求每一位预测者判断预测的最高限值、最低限值和最可能值，并估计 3 种情况出现的概率。②根据预测者对上述的预测和估计，计算每一位预测者的平均值。③根据每一位预测者的个人意见的重要性，通过加权平均，得出集体的意见。

3. 头脑风暴法

头脑风暴法，又称智暴法（Brain Storming Method）、专家会议法、集思广益法、思维共振法，是由奥斯本（Osborn）于 1957 年提出来的，是指预测者邀请一组专家以开讨论会的方式，进行信息交流和互相启发，以诱发专家们发挥创造性思维，产生思维共振，收集专家有关预测对象的信息，经归纳、分析、判断和推算，预测事物未来变化趋势的一种方法。头脑风暴法既可以获得所要预测事件的未来信息，又可以梳理问题，分清影响，特别是多种交叉事件的影响，形成方案。

头脑风暴法，可以分直接头脑风暴法和质疑头脑风暴法。前者是组织专家对所要解决的问题开会讨论，各抒已见、自由地发表意见，集思广益，提出要解决问题的具体方案；后者是对一种已经制订的某种计划方案或工作文件，召开专家会议，供专家质疑，删除不合理或者不科学的部分，增补不具体或不全面的部分，完善计划或文件。

采用头脑风暴法进行预测时，应邀请多方面的专家：①方法论专家，即预测领域的专家。②设想提出者，即所讨论问题的专家。③分析者，即讨论问题领域的专家。④演绎者，即具有思维推断能力的专家。应用头脑风暴法时，注意事项如下：①对象一致，即专家了解预测对象；②专家互不相识，与会者一律平等、一视同仁；③环境宽松，专家没有顾虑，畅所欲言，知无不言，言无不尽；④思维共振，会议主持人善于引导，启发思维，形成共振；⑤综合比较，鼓励专家在讨论中修正自己的设想；⑥专家负责，委托预测专家负责会议领导，个人对自己意见负责。

直接头脑风暴法的实施程序如下。

（1）确定参会专家的名单、人数，以及会议时间和地点。以 10 人左右为宜，会议时间以 1～2 小时为好，不宜过长或过短。

（2）召开专家讨论会。主持人首先进行简要说明，方便专家明确预测问题，然后请专家讨论和发表意见，预测设想多多益善。主持人重在营造一种自由、活跃、民主的讨论氛围，激发专家们积极参与讨论，同时主持人应有的放矢限制讨论范围，防止偏题跑题，且对专家提出的各种意见和方案不持否定和批评态度。

（3）归类、比较和评价各种设想。会议主持人对所有提出的设想编制名称一览表，并采用专业术语描述每种设想的内容和特点，找出重复或补充的设想进行比较分析，以此为基础形成一种较完整的综合设想，且对每种设想提出评价意见。

质疑头脑风暴法的实施程序与直接头脑风暴法基本相同，只是对拟订的一种预测方案的实现可能性进行全面质疑和评价，着重分析存在的制约因素，提出消除限制因素的建议。同时，在质疑过程中，鼓励大胆提出可行性设想，完善预测方案，形成一个更科学、更可行的预测方案。

头脑风暴法的优点如下：①充分利用专家个人丰富的知识和经验，通过交换意见、互相启发，分析和评价过去发生的事情，探索和判断未来的趋势，较全面考虑事件发生的可能性，易于达到预测目标。②预测方法简单易行，节省时间。

头脑风暴法的缺点如下：①参加会议的人数有限，难以广泛收集各方面的意见。②面对面的讨论，可能会出现少数人的正确意见屈服于多数人的错误意见，或者从众现象，大多数人受某权威人士意见的左右，难以充分发表个人意见和看法。

4. 德尔菲法

德尔菲法（Delphi Method），又称专家调查法或专家意见法，是由美国咨询机构兰德公司（Research and Development，RAND）创造的，是以古希腊语言神殿所在的历史名城德尔菲命名的。

德尔菲法是以匿名的方式，通过轮番征求专家意见，预测组织小组对每一轮意见进行汇总整理，作为参考资料再发给每个专家，供专家分析判断，提出新的论证，如此多次反复，专家意见渐趋于一致，最终得出意见结果的一种经验综合预测方法。德尔菲法是定性预测方法中最重要的一种方法，广泛应用于短期预测、中期预测、长期预测，尤其是预测缺乏必要的数据和资料、应用其他方法存在困难时，采用德尔菲法往往能收到较好的效果。该方法适用缺少足够数据和信息的中长期经济预测、科技预测、决策咨询、技术咨询，以及难以采用精确数学模型处理，需要征询意见的人数较多、成员较分散、经费有限、难以多次集中开会或某种原因不宜当面交换意见等问题的预测。

德尔菲法的特点具体如下：①匿名性。德尔菲法的每一轮征询，均采用背靠背的办法征询专家意见，以保证每位专家不受其他人制约，也不影响其他人的引荐。②反馈性。德尔菲法每次征询必须把预测组织人员的要求和上一轮专家意见的统计结果反馈给专家，通过信息反馈沟通，不断修正预测意见，使结果比较准确可信。③集思广益。德尔菲法每次征询专家根据前次信息汇总和反馈，理解各方面的客观情况和其他专家的意见，拓展思路，集思广益。④趋同性。德尔菲法注意对每一轮专家意见进行定量的统计归纳，方便专家借助反馈意见，使预测意见趋于一致。

德尔菲法的实施程序如下。

1）准备阶段

第一，根据预测的目的和要求，拟定需要调查了解的问题，制成预测意见征询表，征询表应做到：①主题明确、中心突出。②语言简练、文字准确。③问题简单明了，数量不宜过多。④问题具有相关性，使专家思路连贯。⑤问题富有启发性，专家易拓展思维。⑥问题答案分类，易数量化处理。⑦表格设计清晰，方便问题回答。⑧提供背景材料，方便专家参考。

第二，选定征询对象。选择的专家是否合适，是德尔菲法成败的关键。专家应当是对预测对象和预测问题有研究专长、知识渊博、经验丰富、思路开阔、思维敏捷、富有创造性判断力的人。选择专家的注意事项：①自愿性。参加此项预测活动是否有时间和精力保障，以充分发挥专家的积极性、创造性和聪明才智，防范意见回收率低和合格表少的问题。②广泛性和权威性。德尔菲法要求专家来源广泛，涉及具体专业技术、交叉科学、社会科学、管理科学、经济科学等学科领域的专业，以及院校、科研院所、企业、中介组织、咨询机构、智库等机构或者原材料、采购、设备、生产、销售、供应链、财务、质量、信息等部门人员。③人数适度。根据预测问题的性质确定征询专家的人数，人数过少，缺乏代表性，信息量不足；人数过多，组织工作困难，成本增加，一般20～50人为宜，重大问题专家人数超过100人。

2）轮番征询阶段

第一轮，发给专家的第一轮调查表只提出预测主题，预测组织人员对专家反馈的表格整理汇总，归纳同类事件，排除次要事件，并采用准确术语提出事件一览表，作为第二轮调查表发送专家；第二轮，专家对第二轮调查表所列事件一览表涉及与预测目标相关的各种事件发生的时间、空间、规模大小等提出预测，并说明理由，此时每位专家了解其他人的意见，对上一轮的各种意见进行比较，据此修正自己的判断且反馈；第三轮，预测组织人员整理专家反馈，再进行一次判断和预测，并说明理由，特别是上一轮持异端意见的专家陈述理由，防止重大遗漏。如此反复进行4～5轮，尽管专家发表的意见各有差异，但参加征询的专家人数较多，会出现一种统计的稳定性，专家意见基本趋于一致。

3）做出预测结论阶段

根据几次征询得到的全部资料，采用一定的统计方法对专家的意见作归纳处理。通常采用的方法包括中位数和上下四分位数法、算术平均数统计处理法等。

（1）中位数和上下四分位数法。该法主要用于预测结果为时间和数量的统计处理，以中位数代表专家预测意见的集中或协调程度，以上下四分位数反映专家意见的离散程度。具体使用时，先将每个专家的预测结果（包括重复的）按从小到大的顺序进行排列，数列中处于最中间的数是专家预测结果的中位数。若是奇数个专家预测结果时，位于正中位置的预测意见是中位数；若是偶数个专家预测结果时，中位数是处于最中间的两个预测结果的算术平均值，作为最终的预测结果。类似的，上下四分位数分别表示处于专家预测结果排序数列中3/4处和1/4处的两个数。中位数表示预测结果的期望值，下四分位数表示预测期望值区间的下限，上四分位数表示预测期望值区间的上限。

（2）算术平均数统计处理方法。该法主要用于预测结果为数量的统计处理。对所有的预测结果进行算术平均，得到的值表示预测期望值的最终结果。

德尔菲法的优点：①方法既能充分发挥每个专家的经验和判断力，又能将个人的意见有效地综合成集体意见；②方法简单易行，可靠性好。

德尔菲法的缺点：①预测时间较长；②主要凭借专家的主观判断，缺乏客观标准。

例6-1 德尔菲法在物流基础设施——公路的车流量预测中的应用。

某市交通物流局拟将一段县级普通公路升级为省级高速公路，为了对该工程项目进行经济评价，需要预测该公路今后若干年的车流量。采用德尔菲法进行预测，具体过程如下。

（1）提出问题。采用德尔菲法预测该公路今后第五年的日均车流量。

（2）邀请专家。选择四位经济和管理学家、三位科研人员、四位领导人员、六位业务人员、三位用户代表，发放意见征询表，请每人对该公路今后第五年的日均车流量进行预测。

（3）意见汇总、整理、计算、分析，经过三轮意见反馈，得到该公路车流量的预测统计情况，如表6-1所示。

表6-1 **公路车流量的预测统计表** 单位：百辆

专家	第一轮意见	第二轮意见	第三轮意见
经济和管理学家A	240	280	300
经济和管理学家B	200	200	200

续　表

专家	第一轮意见	第二轮意见	第三轮意见
经济和管理学家 C	240	200	280
经济和管理学家 D	48	88	164
科研人员 A	220	200	200
科研人员 B	220	180	140
科研人员 C	100	140	140
领导人员 A	180	176	180
领导人员 B	88	112	112
领导人员 C	120	136	136
领导人员 D	88	100	148
业务人员 A	140	140	180
业务人员 B	140	140	200
业务人员 C	130	140	140
业务人员 D	140	130	130
业务人员 E	160	160	160
业务人员 F	150	140	150
用户代表 A	70	100	110
用户代表 B	250	220	220
用户代表 C	140	150	150
合计	3064	3132	3440

(4) 根据预测统计表，采取一定的计算方法求得预测结果。

解：方法一：采用平均数计算。

公路车流量预测结果＝3440 百辆/20＝172 百辆＝17200 辆

方法二：采用中位数计算。

首先，将 20 位专家的第三轮预测意见从小到大依次排列，得出数列：110，112，130，136，140，140，140，148，150，150，160，164，180，180，200，200，200，220，280，300，中位数等于第十个数和第十一个数的平均数，即

公路车流量预测结果＝（150＋160）百辆/2＝155 百辆＝15500 辆

5. 情景分析法

情景分析法是荷兰皇家壳牌公司（Royal Dutch / Shell Group of Company）于 20 世纪 60 年代末首先应用于战略规划，1971 年由 Shell 公司的皮埃尔・沃克（Pierr Wark）正式提出，又称脚本法（scenarios，scenario analysis）、构思分析法、前景分析

法、前景描述法，是假定某种现象或某种趋势将持续到未来的前提下，对预测对象可能出现的情况或引起的后果进行预测的方法。脚本（scenarios）一词有概要、剧本、剧情、情节或情况等意思，既可以应用于环境预测，也可以应用于决策方案的形成，一个脚本是一种/一组情况，或一个/一组情节，或一个脚本就是一个决策方案。方案脚本以环境脚本为基础，即先形成环境脚本，再根据环境脚本形成决策的方案脚本。

七步情景分析法的步骤如下。

第一步，识别影响企业的外部直接因素和间接因素。一般地，直接因素是产业环境因素，间接因素是一般环境因素。但是，对于特定企业的特定时期，一般环境因素和产业环境因素有时往往可以相互转换。

第二步，识别直接因素和间接因素的变化趋势。一般地，每种因素列出三种可能的变化趋势：第一种是基本趋势，后两种是相反的两种趋势。直接因素的基本趋势根据影响它的间接因素的基本趋势预测；直接因素的两种相反的趋势根据间接因素的两种趋势进行分析和预测，注意它们之间不是简单的对应关系，需要绞尽脑汁设想未来。

第三步，评价间接因素各趋势的发生概率。一般地，基本趋势的概率较大，重点分析其他两种相反的变化趋势的发生概率。

第四步，评价直接因素各趋势的发生概率。同理，基本趋势的概率大，重点分析其他两种相反的变化趋势的发生概率。

第五步，评价直接因素各变化趋势的战略重要性。

第六步，根据各直接因素趋势的发生概率和战略重要性，绘制环境脚本矩阵，如图 6－2 所示。

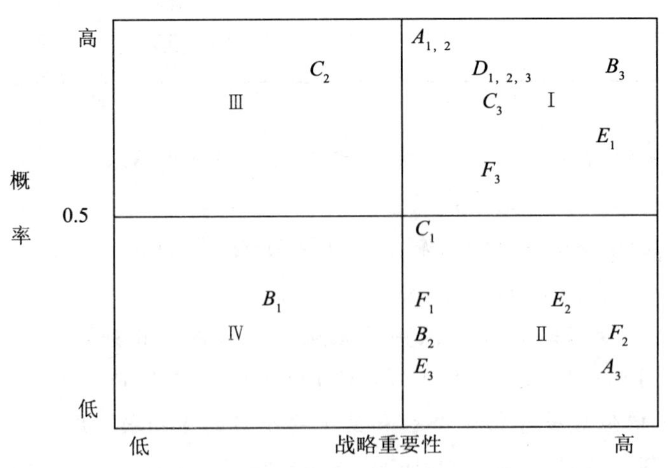

图 6－2　环境脚本

第七步，制订战略方案。依据战略重要性高且发生概率大的直接因素变化趋势形成的环境脚本（图 6－2 右上角框内的直接因素变化趋势组）制订基本战略方案；依据战略重要性高而发生概率不大的直接因素变化趋势形成的环境脚本（图 6－2 右下角框内的直接因素变化趋势组）制订备用战略方案。在此过程中，需要对环境脚本进行一致性检验。对于战略重要性不高的两个环境脚本（图 6－2 的左上角和左下角），无论发生概率大还是小，一般不予考虑。例如，影响某物流企业的间接因素采用 a、b、c、d…表示，因素包括 GDP、银行利率、人口数、消费者可支配收入分布等，企业通过扫描确定因素变化趋势，不同的下标数字表示不同的变化趋势，如 a_1 表示 GDP 上升，是基本趋势，a_2、a_3 分别表示 GDP 不变和下降两种变化趋势。影响该物流企业的直接因素包括 A 成本；B 竞争水平和性质；C 市场价格；D 日间服务；E 市场扩展机会；F 需求。A～F 不同的下标数字表示不同的变化趋势。例如，A_1 表示成本不变，是基本趋势，A_2、A_3 表示成本的上升和下降两种相反的趋势。

七步情景分析法的关键是正确地识别对企业具有重要影响的直接因素和间接因素，进而识别各自的变化趋势，再评价各自的发生概率和战略重要性，如图 6－3 所示。

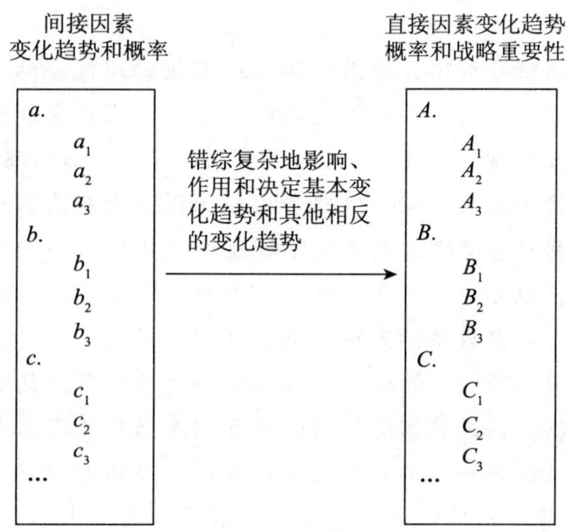

图 6－3　间接因素和直接因素变化趋势分析

例 6－2　基于情景分析法的某市省际客运需求预测分析

1. 确定预测内容

选择某市道路省际旅客运输需求为预测对象，进行运输需求预测，预测主题是某市道路省际班线客运量。

经过分析，确定影响某市道路省际旅客运输发展的因素主要包括：①社会经济的发展；②道路旅客运输服务效率；③其他旅客运输方式的影响；④区域经济联系；⑤城镇化进程和城市总体规划调整等，如图 6－4 所示。

2. 具体分析

（1）社会经济的发展。交通运输业的发展水平一定程度上反映了国民经济社会发展的要求，当经济繁荣时，对运输的需求必然旺盛，反之则减缓。道路旅客运输需求发展与未来国民经济社会发展存在紧密的关系。

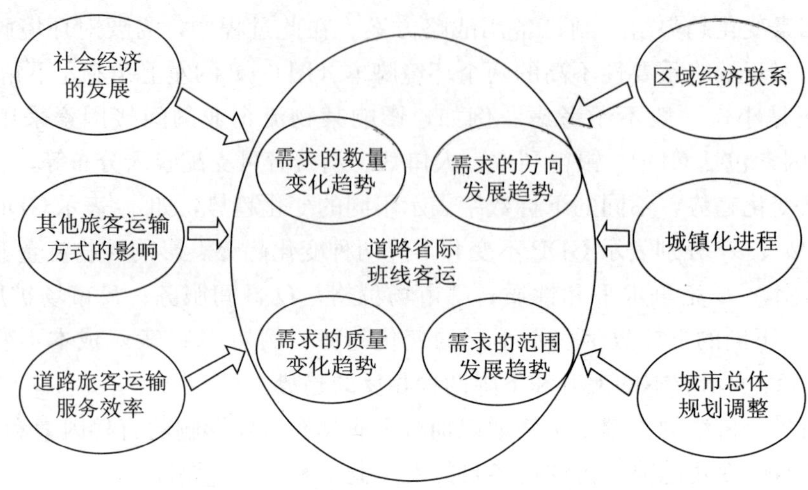

图 6-4　影响某市道路省际客运需求的主要因素

(2) 道路旅客运输服务效率。随着公路客运市场的规范、站场和车辆等服务设施和装备水平的不断提高，信息化和网络化不断加强，现代化管理和组织手段的推广采用，公路客运的整体服务质量与服务水平逐步改善，必然导致道路旅客运输需求增加。

(3) 其他旅客运输方式的影响。铁路和民航为适应和抢占客运市场，采取积极措施进行调整提高，各种旅客运输方式竞争日趋激烈。由表 6-2 可以看出，公路长途的分担比例下降，铁路客运分担率一直占到 60%左右，民航客运连续保持快速稳定增长。值得注意的是，未来 3 年前后城际客运专线和高速铁路建成运营，其他铁路客运干线再次提速，预计大容量、高频次的城际铁路客运对大城市节点的公路客运会产生不利影响，客运量会急剧减少；民航客运价格的放开以及居民生活水平的提高和对快速出行的要求，民航会继续占据一定的市场份额。同时，公路对铁路提速甩站的中小城镇节点继续保持分流优势，公路客运必须发挥班次多、密度大、机动灵活、覆盖面广、能够直接深入中小城市等优势，扬长避短，进而在激烈的市场竞争中发展壮大。

表 6-2　某市历年省际客运量各种运输方式分担率　　单位：%

年份	公路	铁路	民航
2010	29.6	58.6	11.8
2011	25.3	62.9	11.8
2012	22.3	64.3	13.4
2013	24.2	61.6	14.2
2014	26.1	59.2	14.7
2015	23.5	58.3	18.2

同时，某市在中国大中城市中率先步入机动车时代，小轿车进入家庭逐步普及，

城际交通中私人轿车所占比重逐步提高，但公路交通配套设施和服务完善程度的欠缺、交通成本较高，将在较长时期内限制私人自驾车旅游的发展。因此，近期内私人小汽车对公路省际客运的影响程度较小。

(4) 区域经济联系。某年该市与其他地区对比，人均出行距离低于全国平均水平，公路旅客运输集中于中短途运输。

该市与邻近省市地区间人均出行次数（道路客运量/人口）、人均出行强度（人均道路旅客周转量）和人均出行距离（道路旅客周转量/客运量）均较低，反映城市间分工和协作存在不足，交通联系相对较弱。随着区域经济一体化的发展，将改变区域“中心城市发达、经济腹地落后”的局面，该市作为区域核心城市的综合辐射带动能力将增强，经济辐射半径将会大大延伸，城市之间逐步形成资源共享、市场共享，城际快速客运通道和向周边地区辐射的旅客快速运输网络的形成将推动省际客运的发展。

在选择运输工具方面，对于区域中短途范围以内铁路和航空难于通达的中小城市，汽车客运相较于铁路和航空竞争优势更趋明显。若该市加强区域内中等城市之间的省际客运服务，尤其是大力发展快速客运，则这部分城市的公路省际客运量可能会较快增长。

(5) 城镇化进程和城市总体规划调整。随着工业化、城市化的进程加快，该市的空间布局将形成“多中心”的发展格局，交通基础设施和公交线网不断完善，公路省际旅客运输呈现边缘化和公交化运营发展态势。

3. 情景分析预测

采用情景分析预测方法，根据该市各种省际旅客运输发展状况，结合旅客运输影响因素分析，拟订可持续发展、传统发展和危机发展三种方案对公路省际运输进行情景方案的描述。

(1) 可持续发展情景（高方案）。方案假定未来规划时间段内：①省际长途客运加快形成高效的协调机制，为中长公路客运线路较快增长提供发展条件；②铁路快速客运专线的开通，以及在小城镇经而不停或频次较少，给省际客运留有较大发展空间；③公路客运通过完善客运站场联网售票系统和站场内外交通组织的优化等措施，逐步提升服务质量，并与城市公交、出租汽车、私人汽车及铁路、机场实现有效衔接，方便乘车或换乘。因此，公路客运在逐步吸引铁路和民航客源的情况下，较大程度提升分担率。公路省际客运量比重2016年将下降到24%～26%，2020年将下降到26%～28%。

(2) 传统发展情景（中方案）。方案假定未来规划时间段内，延续历史上过去同样时间段内的政策，延续过去平稳发展态势，即虽然预测期公路省际运输效率有所提升、服务质量有所改善、城际客运协调机制逐步完善，但是铁路和民航与公路客运的竞争加剧，公路客运的市场份额基本保持平稳。公路省际客运量比重2016年达到23%～25%，2020年仍保持在23%～25%。

(3) 危机发展情景（低方案）。方案假定未来规划时间内区域规划、城市综合交通规划、客运结构、客运基础设施投入、不同运输模式的效率水平没有较大的变化，处于较为平稳、渐进的状态，同时没有重要的运输政策和措施出台实施，近期公路运输发展缓慢，远期逐步失去难得的机遇，其市场份额逐渐被其他方式所蚕食。公路省际客运量比重2016年为22%～24%，2020年将下降到20%～22%。

根据不同情景下公路省际客运的需求特征和发展趋势，结合该市公路省际客运发展的现状，得到表6-3预测的推荐值，近期以危机发展情景为主要参考，远期考虑可持续发展情景的目标要求。

表6-3　某市道路省际客运量预测

年份	2020
道路省际客运需求量（万人）	2100～2800

二、物流系统定量预测方法

定量分析方法（quantitative analysis method）是对现象的数量特征、数量关系与数量变化进行分析，得出统计结果的方法。定量分析方法是根据必要的统计资料，采用一定的数学模型，对预测对象的未来状态和性质进行定量测算等方法的总称。一般地，根据采用的数学模型的不同，定量分析方法分为递推型模型（如移动平均数法、指数平滑法等）、连续模型（如增长率计算法、灰色预测法）、统计学模型（如回归分析法、马尔科夫预测法等）。

1. 移动平均法

移动平均法（moving average method），是根据时间序列信息，逐项推移，依次计算包含一定项数的序时平均值，消除周期波动或随机波动的影响，进而挖掘数据序列的长期趋势。

设有一时间序列 y_1，y_2，y_3，…，y_t，…，按照数据点的顺序逐项推移，求得 N 个数的平均数，即得到一次移动平均数：

$$M_t^{(1)} = (y_t + y_{t-1} + \cdots + y_{t-N-1})/N = M_t^{(1)} + (y_t - y_{t-N})/N, \quad t \geqslant N \quad (6-1)$$

其中，$M_t^{(1)}$——第 t 周期的一次移动平均数；

Y_t——第 t 周期的观测值；

N——移动平均的项数。

式（6-1）表明，当 t 向前移动一个周期，就增加一个新近数据，删除一个远期数据，得到一个新平均数，逐期向前移动，称为移动平均数。

移动平均法可以平滑数据，消除周期变化和不规则变化的影响，显示长期趋势，其预测公式为：

$$\hat{Y}_{t+1} = M_t^{(1)}$$

即以第 t 周期的一次移动平均数作为第 $t+1$ 周期的预测值。

1）一次移动平均法（a moving average method）

一次移动平均法的预测模型为：

$$Y_{t+1}=\frac{X_t+X_{t-1}+\cdots+X_{t-n+1}}{n}=S_t^{(1)} \tag{6-2}$$

$$Y_{t+1}=\frac{\sum_{k=0}^{n-1}X_{t-k}}{n}=Y_t+\frac{X_t-X_{t-n}}{n} \tag{6-3}$$

式中：t——时序数；

n——移动平均值的跨越项数，即求每一移动平均数时使用的观察值个数；

X_t——第 t 时期的观察值；

X_{t-n}——第 $t-n$ 时期的观察值；

Y_{t+1}——下一期的预测值；

$S_t^{(1)}$——第 t 期的一次移动平均值。

由式（6－3）可见，Y_{t+1}是由 Y_t 和修正项$\frac{X_t-X_{t-n}}{n}$构成，修正项的作用与 n 值的大小有关。n 值越大，修正作用越小，对数据的平滑能力增强，对数据起伏变化的敏感性变差，同时需要历史数据进行计算，容易产生“滞后现象”；n 值越小，修正作用越大，对数据的平滑能力减弱，对数据起伏变化的敏感性增强，若数据资料起伏很大，会造成更多的预测失误。因此，需要根据预测目标和实际数据的变化规律来选取移动平均项数 n。

一次移动平均法的优点：计算量小；当时间序列没有明显的趋势变动时，该预测结果能准确地反映时间序列的变化趋势。一次移动平均法的缺点：预测能力较弱，仅能对最近一期的数值进行预测；当时间序列出现线性变动趋势时，其预测结果会产生滞后偏差；计算过程对历史数据同等看待，没有考虑不同时间段的数据对于预测结果的影响，导致预测误差。因此，需要对预测结果进行修正，修正的方法是引进二次移动平均法。

2）二次移动平均法（second moving average method）

二次移动平均法是在一次移动平均的基础上再进行第二次移动平均，建立直线趋势的预测模型。

二次移动平均法的预测模型为：

$$S_t^{(2)}=\frac{S_t^{(1)}+S_{t-1}^{(1)}+\cdots+S_{t-n+1}^{(1)}}{n}=S_{t-1}^{(2)}+\frac{S_t^{(1)}-S_{t-n}^{(1)}}{n} \tag{6-4}$$

若从某时期开始时间序列按照直线趋势变化，且认为未来时期也按此直线趋势变化，其预测模型为：

$$\hat{X}_{t+T}=a_t+b_tT \tag{6-5}$$

$$a_t=2S_t^{(1)}-S_t^{(2)} \tag{6-6}$$

$$b_t=\frac{2}{n-1}(S_t^{(1)}-S_t^{(2)}) \tag{6-7}$$

式中：$S_t^{(2)}$——第 t 期的二次移动平均值；

$\hat{X}_{t+T}$——第 $t+T$ 期的预测值；

t——当前时期数；

T——当前时期到预测期的间隔数；

a_t，b_t——平滑系数。

二次移动平均法保留一次移动平均预测的优点，不仅能预测下一期数据，而且能进行近期、短期的预测。但是，二次移动平均预测也是同等对待近期、远期的数据，各期数据的权数均相等，影响其预测精度。因此，需要引入加权移动平均法。

3）加权移动平均法（weighted moving average method/weighted moving average）

实际预测过程，不同时间段的数据对预测值的影响不同，最新的数据较早期的数据包含更多的信息，对预测值的影响最大。因此，根据数据新旧程度的不同，对各个时期的历史数据按重要程度赋予不同的权数，以反映对将要发生数据的作用，即采用加权移动平均法进行预测。

一般地，赋予对预测值影响较大的距离预测期较近的观察值较大的权数；赋予对预测值影响较小的距离预测期较远的观察值较小的权数，然后再进行移动平均数预测。

加权移动平均法预测模型为：

$$Y_{t+1} = a_t X_t + a_{t-1} X_{t-1} + \cdots + a_{t-n+1} X_{t-n+1} = \sum_{i=t-n+1}^{t} a_i X_i \quad (6-8)$$

$$a_t + a_{t-1} + \cdots + a_{t-n+1} = 1 \quad (6-9)$$

式中：a_t——第 t 期的权数值；

Y_{t+1}——第 $t+1$ 期的预测值。

采用加权移动平均数进行预测时，时间段 n 和权数值 a_i 的大小是重要的参数，一般根据经验、多次试算和误差大小进行选择。

2. 指数平滑法

指数平滑法（Exponential Smoothing，ES）最早由布朗（Robet G. Brown）提出，是运用指数平滑平均数进行计算的预测方法。指数平滑法按照时间先后顺序给予过去观察值不同的权数，观察值距离预测期越近，赋予的权数越大，反之越小，且其权数的大小以等比级数递减。因此，指数平滑法实际上是对一次移动平均法和加权移动平均法的改进，是一种特殊的加权移动平均法。

指数平滑法的原理是本期的实际数据与前一期预测值的加权平均结果得到下一期的预测值。指数平滑法只需要三个数据就能得到预测结果：本期的实际值、本期的预测值和平滑系数。指数平滑法特别适用于数据量较少的中短期预测。

指数平滑法分为一次指数平滑法、二次指数平滑法和三次指数平滑法。

1）一次指数平滑法（an exponential smoothing method）

一次指数平滑法是下一期的预测值等于本期实际观察值和本期预测值的加权平均。其预测模型为：

$$S_t^{(1)} = aX_t + (1-a)\,S_{t-1}^{(1)} \quad (6-10)$$

$$Y_{t+1}=aX_t+(1-a)Y_t \tag{6-11}$$

$$Y_{t+1}=Y_t+a(X_t-Y_t) \tag{6-12}$$

式中：$S_t^{(1)}$——第 t 期的一次指数平滑预测值；

$S_{t-1}^{(1)}$——第 $t-1$ 期的一次指数平滑预测值；

X_t——第 t 期的实际观察值；

a——平滑系数，$0\leqslant a\leqslant 1$；

Y_{t+1}——第 $t+1$ 期的一次指数平滑预测值；

Y_t——第 t 期的一次指数平滑预测值。

其中，式（6-10）是指数平滑法的原理公式，由该式可得：

（1）下一期的预测值等于权数 a 乘以本期实际观察值加上（$1-a$）乘以上一期的预测值，a 取值的大小变化反映 t 期观察值与预测值之间的比例关系，决定实际观察值和预测值对下一期预测值的影响程度。当 $a=1$ 时，$S_t^{(1)}=X_t$；当 $a=0$ 时，$S_t^{(1)}=S_{t-1}^{(1)}$。

（2）计算指数平滑预测值。首先确定平滑系数 a 的大小，指数平滑系数的大小不仅能体现各期实际观察值在指数平滑预测中所占的份额，而且决定预测模型修匀误差的能力。a 值越大，t 期的实际观察值对新预测值的影响越大，表示预测越依赖于近期信息，模型对时间序列的变化越敏感，指数平滑值可迅速地反映观察值的新近变化趋势，其修匀能力减弱；a 值越小，t 期的实际观察值对新预测值的影响越小，表示预测更依赖于历史信息，消除数据的随机波动，反映出时间序列包含的长期发展趋势，修匀能力增强。平滑系数 a 的选取原则是定性判断预测对象的变化趋势，尽量使实际观察值与预测值的差值即预测误差最小，同时考虑预测精度与预测灵敏度的反作用，选出合适的平滑系数值。a 值的确定一般采用如下方法：

第一种，经验判断法。

ⅰ. 当时间序列的长期趋势比较稳定时，a 值取值较小，取值为 0.05～0.20，实际观察值的权重接近，各期预测值的影响相近。

ⅱ. 当时间序列波动大，具有明显的下降或上升趋势时，a 值取值较大，取值为 0.2～0.8，预测值更多体现近期的实际观察值的作用。

第二种，试算法。

ⅰ. 利用经验判断法和依据时间序列的详细情况确定 α 的大致范围；

ⅱ. 提取几个 α 的值进行试计算，比较不同 α 值的预测误差；

ⅲ. 根据第ⅱ步的计算结果，选取预测误差最小的 α 值。

第三种，理论计算方法。

ⅰ. 计算出移动平均数的平均役龄为 $p=(n-1)/2$；

ⅱ. 计算出指数平滑的平均役龄为 $p=(1-\alpha)/\alpha$；

ⅲ. 根据移动平均数的平均役龄与指数平滑的平均役龄相等，得出 $(n-1)/2=(1-\alpha)/\alpha$，计算得到 $\alpha=2/(n+1)$。

（3）当 $t=1$ 时，公式为 $S_1^{(1)}=\alpha X_1+(1-\alpha)S_0^{(1)}$。由于不存在 X_0，无法求出 $S_1^{(1)}$，因此需要定义初始值 $S_0^{(1)}$。若历史数据资料齐全丰富，可以应用移动平均法、最

小二乘法等确定初始值 $S_0^{(1)}$；若只掌握从 X_1 以后的数据，则确定初始值方法如下：

第一种，取第一项法，即令 $S_0^{(1)}=X_1$；

第二种，取前面若干项的简单算术平均法，如前三项平均法等，令其等于 X_1；

第三种，专家估计法。

一次指数平滑法仅适用于水平型变动的时间序列预测，且其只能对下一期的结果进行预测，同时预测结果存在滞后偏差。因此，考虑引入二次指数平滑法。

2）二次指数平滑法（second exponential smoothing method）

二次指数平滑法是以相同的平滑系数 α，应用一次指数平滑原理，在一次指数平滑值的基础上再进行一次指数平滑，第二次指数平滑值构成时间序列的二次指数数列，然后根据两次指数平滑值，建立二次指数平滑预测模型，利用模型进行预测获得结果。二次指数平滑法的优点：解决时间序列数据呈某种线性持续下降或增长趋势情况下不能使用一次指数平滑预测的缺点；能用于短期预测，而不仅是只获得下一期的预测值。

二次指数平滑法的预测模型为：

$$S_t^{(1)}=aX_t+(1-a)S_{t-1}^{(1)} \tag{6-13}$$

$$S_t^{(2)}=aS_t^{(1)}+(1-a)S_{t-1}^{(2)} \tag{6-14}$$

$$Y_{t+T}=a_t+b_tT \tag{6-15}$$

$$a_t=2S_t^{(1)}-S_t^{(2)} \tag{6-16}$$

$$b_t=\frac{a}{1-a}S_t^{(1)}-S_t^{(2)} \tag{6-17}$$

式中：$S_t^{(1)}$——第 t 期的一次指数平滑值；

$S_{t-1}^{(1)}$——第 $t-1$ 期的一次指数平滑值；

$S_t^{(2)}$——第 t 期的二次指数平滑值；

$S_{t-1}^{(2)}$——第 $t-1$ 期的二次指数平滑值；

a——平滑系数；

T——由 t 期向后推移期数；

Y_{t+T}——第 $t+T$ 期的预测值。

运用二次指数平滑法预测的程序如下：

（1）根据原始数据观察值计算一次指数平滑值；

（2）根据式（6-14）计算二次指数平滑值；

（3）由上述两步得到第 t 期的一次指数平滑值和二次指数平滑值，带入式（6-16）、式（6-17），计算出 a_t，b_t 的值；

（4）由式（6-15）得到二次指数平滑预测模型，最后得到第 $t+T$ 的预测值。

值得注意的是，若历史观察数据具有明显的季节性波动，则需要在预测结果的基础上引入季节波动因子进行修正。具体做法是计算各个时间序列的季节波动因子，然后将第 $t+T$ 的预测值乘以它的季节波动因子，得到最终的预测结果。

3）三次指数平滑法（three exponential smoothing method）

若实际观察值的数据发展趋势呈二次曲线型，即非线性发展趋势，则需要使用三次指数平滑模型进行预测。三次指数平滑法是非线性预测方法。

三次指数平滑预测模型为：

$$S_t^{(3)}=aS_t^{(2)}+(1-a)S_{t-1}^{(3)} \tag{6-18}$$

$$Y_{t+T}=a_t+b_tT+c_tT^2 \tag{6-19}$$

$$a_t=3S_t^{(1)}-3S_t^{(2)}+S_t^{(3)} \tag{6-20}$$

$$b_t=\frac{a}{1-a}\left[(6-5a)S_t^{(1)}-2(5-4a)S_t^{(2)}+(4-3a)S_t^{(3)}\right] \tag{6-21}$$

$$c_t=\frac{a^2}{2(1-a^2)}\left[S_t^{(1)}-2S_t^{(2)}+S_t^{(3)}\right] \tag{6-22}$$

3. 回归分析预测法（regression analysis prediction method）

按照哲学中普遍联系的观点，现实世界中的变量之间存在关系，这些关系可以分为确定性关系和非确定性关系。其中，确定性关系称为函数关系，非确定性关系称为相关关系。相关关系是因变量与自变量的总体平均数呈现函数关系。

回归分析预测法，是在分析现象自变量和因变量之间相关关系的基础上，建立变量之间的回归方程，并将回归方程作为预测模型，根据自变量在预测期的数量变化来预测因变量。

1）回归分析预测法的分类

按照不同标准，回归分析预测法可以划分为多种类型。按照相关关系中自变量的个数不同分类，分为一元回归分析预测法和多元回归分析预测法；按照自变量和因变量之间相关关系不同，分为线性回归预测和非线性回归预测。

2）回归分析预测法的步骤

第一步，根据预测目标，确定自变量和因变量。

第二步，建立回归预测模型。依据自变量和因变量的历史统计资料进行计算，构建回归分析方程，即回归分析预测模型。

第三步，进行相关分析，求得相关系数，判断自变量和因变量的相关程度。

第四步，检验回归预测模型，计算预测误差。回归方程只有通过各种检验，且预测误差较小，确定回归方程作为预测模型进行预测。

第五步，计算并确定预测值。利用回归预测模型计算预测值，并对预测值进行综合分析，确定最后的预测值。

回归预测法应用时的注意事项：①确定变量之间是否存在相关关系。若变量之间不存在相关关系，应用这些变量的回归模型预测只能得到错误的结果；②避免回归预测的任意外推；③应用合适的数据资料。

例 6-3 XT 公司销售预测

1. XT 公司的发展简况

XT 公司 1994 年 10 月正式成立，主营 XT 牌摩托车。1999 年 XT 公司成为企业集团，下设公司总装厂、减震器厂、发动机厂、塑件厂、车架车间、油箱车间、喷涂车间等部门，各个部门除满足XT公司自身需求外，还可以对外供应。同年XT公司的销售模式由代理制向派员销售制转变，以减少中间环节，确保核心竞争力。同时，生产模式伴随销售模式转变也发生变化，由以前根据各地代理商的订货量组织生产，转变为根据销售情况和对将来销售情况的预测组织生产，挑战企业的生产组织。

XT公司历年主导产品的销售数据如表6-4、表6-5所示。图6-5为主导产品的历年销售量-时间散点图。XT公司的生产销售总体上处于上升趋势，形势较好，但是也有某些车型的销售呈下降趋势。同时，还存在难以从销售数据表反映的问题，如公司实行派员销售制，对销售预期数据估计不准，结果出现员工加班加点仍赶不上交货时间的情况和工人上班却无事可做的现象。公司管理层发现此问题及其原因，但因技术受限无法解决。因此，XT公司迫切需要进行准确可行的销售预测，以保证公司的正常运营。

表6-4　　XT公司历年主导产品的销售数据

时间	XT150-T	XT150-H	XT125-C	XT125-W	XT125-G	XT100-W	XT100-G	XT50-K	销售总量
2010.1-3						245	310	110	665
2010.4-6						268	416	285	969
2010.7-9			50	820		600	568	583	2621
2010.10-12			125	852		802	683	744	3206
2011.1-3			214	905	262	929	729	1006	4045
2011.4-6			260	892	278	1180	788	1108	4506
2011.7-9			356	924	383	1400	845	1302	5210
2011.10-12			440	988	365	1426	838	1500	5557
2012.1-3	68	450	512	1018	462	1682	870	1405	6467
2012.4-6	85	200	555	1020	451	1530	885	1603	6329
2012.7-9	133	251	638	1057	542	1754	904	1550	6829
2012.10-12	166	404	740	1122	626	1902	929	1722	7611
2013.1-3	223	555	808	1158	715	1848	938	1786	8031
2013.4-6	228	250	851	1146	663	1972	1052	1725	7887
2013.7-9	277	298	936	1228	750	1906	1107	1864	8366
2013.10-12	313	478	1038	1322	885	2002	1290	1764	9092
2014.1-3	368	650	1107	1272	1123	2006	1306	1702	9534
2014.4-6	380	297	1148	1273	1192	1906	1464	1741	9401
2014.7-9	419	349	1251	1310	1336	1908	1528	1649	9750
2014.10-12	454	582	1312	1386	1435	1945	1585	1552	10251

续　表

	XT150-T	XT150-H	XT125-C	XT125-W	XT125-G	XT100-W	XT100-G	XT50-K	销售总量
2015.1-3	510	725	1405	1400	1498	1900	1569	1565	10572
2015.4-6	524	343	1445	1428	1487	1758	1637	1381	10003
2015.7-9	564	426	1518	1431	1514	1688	1630	1308	10079
2015.10-12	601	698	1610	1478	1523	1664	1613	1134	10321
2016.1-3	665	897	1660	1500		1529	1608	933	10372
2016.4-6	668	350	1808	1581		1542	1503	1603	9862

表 6-5　　　　XT 公司 XT50-M 产品在无锡的销售数据

年份	第一季度	第二季度	第三季度	第四季度
2011	150	170	172	180
2012	201	230	233	245
2013	258	292	284	298
2014	283	255	209	199
2015	175	160	122	90

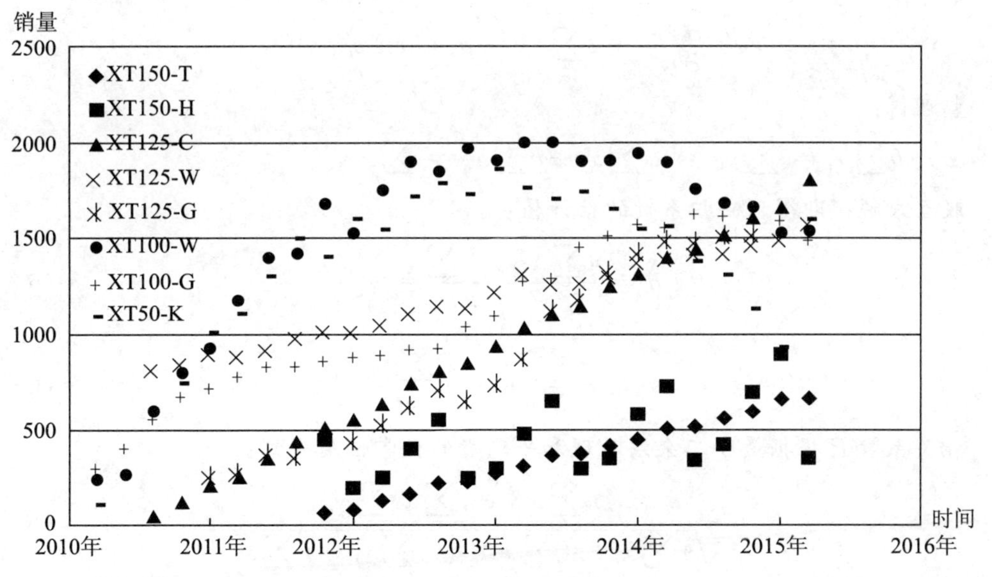

图 6-5　销售量-时间散点图

2. 回归分析预测

回归分析预测分为线性回归分析预测、非线性回归分析预测、虚拟变量回归预测三种。

1）线性回归分析预测

线性回归预测法是指一个或一个以上自变量和因变量之间具有线性关系，通过线性回归模型，根据自变量的变动预测因变量平均发展趋势的方法。结合XT公司销售数据的散点图分析，发现XT公司的XT150－T、XT125－C、XT125－W三种车型的销售可以采用一元线性回归预测法进行预测，销售数据是时间性序列。

（1）预测模型。

设x为自变量，y为因变量，y与x之间存在某种线性关系，一元线性回归模型为：

$$y_i = a + bx_i + \varepsilon_i \quad i=1, 2, \cdots, n \tag{6-23}$$

式中：ε为各种随机因素y的影响总和，ε—（0，σ2）；y—N（$a+bx$，σ2），设

$$\hat{y}_i = a + bx_i \tag{6-24}$$

通过最小二乘法估计模型的回归系数，根据最小平方原理，必须符合以下条件：

$$\sum (y_i - \hat{y}_i)^2 = 最小值 \tag{6-25}$$

$$\sum (y_i - \hat{y}_i) = 0 \tag{6-26}$$

根据最小二乘法要求，记$Q = \sum (y_i - \hat{y}_i)^2 = \sum (y_i - a - bx_i)^2$

根据极值原理，为使Q具有最小值，分别对a、b求偏导数，且令其等于零，即：

$$\frac{\partial Q}{\partial a} = -2\sum (y_i - a - bx_i) = 0$$

$$\frac{\partial Q}{\partial b} = -2\sum (y_i - a - bx_i)x_i = 0$$

整理得：

$na + b\sum x_i = \sum y_i \qquad a\sum x_i + b\sum x_i^2 = \sum x_i y_i$

联立求解，即得到回归系数的估计值：

$$\hat{b} = \frac{n\sum x_i y_i - \sum x_i \sum y_i}{n\sum x_i^2 - (\sum x_i)^2} \tag{6-27}$$

$$\hat{a} = \frac{\sum y_i}{n} - \hat{b}\frac{\sum x_i}{n} \tag{6-28}$$

相关系数R根据最小二乘法原理和平均数的数学性质得到：

$$R = \frac{n\sum x_i y_i - \sum x_i \sum y_i}{\sqrt{n\sum x_i^2 - (\sum x_i)^2}\sqrt{n\sum y_i^2 - (\sum y_i)^2}} \tag{6-29}$$

相关系数R的绝对值的大小表示相关程度的高低。

①当$R=0$时，说明是零相关，所求回归系数无效。

②当$|R|=1$时，说明是完全相关，自变量x与因变量y之间的关系为函数关系。

③当 $0<|R|<1$ 时，说明是部分相关，数值越大相关程度越高。

估计标准差：

$$S_y=\sqrt{\frac{\sum y^2-\hat{a}\sum y-\hat{b}\sum xy}{n-2}} \tag{6-30}$$

预测区间：

$$\hat{y}_o \mp i_{a/2}(n-2)S_y\sqrt{1+\frac{1}{n}+\frac{n(x_0-\bar{x})^2}{n\sum x^2-(\sum x)^2}} \tag{6-31}$$

式中：a——显著水平；

$n-2$——自由度；

$\hat{y}_o$——y 在 x_0 的估计值。

(2) 预测计算。

根据上面介绍的预测模型，先计算 XT150 - T 在 2016 年第一季度的预测销售量。

根据 XT150 - T 的销售数据得（x 为时间，y 为销售量）：

$n=16$；$\sum x_i=136$；$\sum y_i=5313$；$\sum x_iy_i=57438$；$\sum x_i^2=1496$；$\sum y_i^2=2208979$。

根据式（6 - 27）、式（6 - 28）、式（6 - 29）、式（6 - 30）、式（6 - 31）得

$$\hat{b}=\frac{n\sum x_iy_i-\sum x_i\sum y_i}{n\sum x_i^2-(\sum x_i)^2}=36.11$$

$$\hat{a}=\frac{\sum y_i}{n}-\hat{b}\frac{\sum x_i}{n}=25.13$$

$$\hat{y}_i=a+bx_i=639 \quad (x_i=17)$$

$$R=\frac{n\sum x_iy_i-\sum x_i\sum y_i}{\sqrt{n\sum x_i^2-(\sum x_i)^2}\sqrt{n\sum y_i^2-(\sum y_i)^2}}=0.998$$

$$S_y=\sqrt{\frac{\sum y^2-\hat{a}\sum y-\hat{b}\sum xy}{n-2}}=9.92$$

$$\hat{y}_0\mp i_{\frac{a}{2}}(n-2)S_y\sqrt{1+\frac{1}{n}+\frac{n(x_0-\bar{x})^2}{n\sum x^2-(\sum x)^2}}=639\mp 27 \qquad i_{0.025}(14)=2.145$$

以上是 XT150 - T 的销售预测计算，同理可计算出 XT125 - C、XT125 - W 的预测结果。

①XT125 - C 的预测结果：

$\hat{b}=73.9$；$\hat{a}=-17.2$；$\hat{y}_i=1682$；$R=0.99$；$S_y=16.56$

预测区间为：(1641，1723)（$i_{0.025}$（20）$=2.086$）

②XT125 - W 的预测结果：

$\hat{b}=31.9$；$\hat{a}=789$；$\hat{y}_i=1523$；$R=0.99$；$S_y=29.35$

预测区间为：(1450，1596)（$i_{0.025}$（20）$=2.086$）

(3) 预测结果分析。由预测结果知，这三种车型具有一个显著的特点：预测的相关系数R都非常接近于“1”，也就是说，这三种车型的销售量和时间基本上是线性关系，相关程度非常高。通过实地访谈三种车型的销售状况，发现这三种车型是XT公司的形象产品，基本上没有利润，和其他品牌的同类车型相比具有较强的竞争力，这三种车型的销售情况一直很好。公司为维护企业品牌形象，对这三种车型采取计划供应的方式，按逐年递增的方式供应市场，使这三种车型一直保持供不应求。

同时，通过公式$\hat{y}_i=a+bx_i$计算得到的各期销售数和实际销售量比较发现，这三种车型具有一个共同特点：第一季度的预测值一般要比实际值大，而第二季度则相反。第三季度、第四季度的预测值和实际值相近。原因可能是这三种车型价格较高，受年终分配影响，第一季度销量自然较大，随后的第二季度销量自然偏小。

对比2016年第一季度的预测值和实际值发现，XT150-T的预测结果比较正常，而XT125-C、XT125-W的预测值却出现比实际值大的反常情况。通过各期预测值和实际值比较发现，原来XT125-W从2014年第二季度开始出现预测值大于实际值的情况，原因可能是这种车型的销路已经出现问题，难以保持供不应求。同样，XT125-C也出现类似情况，只不过该车型的滞销出现得稍晚点。

2) 非线性回归预测

非线性回归预测法是指自变量与因变量之间的关系不是线性的，而是某种非线性关系时的回归预测法。非线性回归预测法的回归模型常见的主要有双曲线模型、二次曲线模型、对数模型、三角函数模型、指数模型、幂函数模型、罗吉斯曲线模型、修正指数增长模型等。

通过对XT公司销售数据的散点图分析发现，XT100-W和XT50-K两种车型的图形接近于抛物线形状，可采用非线性回归的二次曲线模型预测。

(1) 预测模型。

非线性回归二次曲线模型为：

$$y_i=b_1+b_2x_i+b_3x_i^2+\varepsilon_i \tag{6-32}$$

令$x_i^2=x'_i$，则模型变化为：

$$y_i=b_1+b_2x_i+b_3x'_i+\varepsilon_i \tag{6-33}$$

上式的矩阵形式为：

$$\boldsymbol{Y}=\boldsymbol{XB}+\varepsilon \tag{6-34}$$

采用最小二乘法进行参数估计，设观察值与模型估计值的残差为E，则

$$\boldsymbol{E}=\boldsymbol{Y}-\hat{\boldsymbol{Y}},\ \hat{\boldsymbol{Y}}=\boldsymbol{XB}$$

根据最小二乘法的要求有：

$$\boldsymbol{E'E}=(\boldsymbol{Y}-\hat{\boldsymbol{Y}})'(\boldsymbol{Y}-\hat{\boldsymbol{Y}})=\text{最小值} \tag{6-35}$$

即：$\boldsymbol{E'E}=(\boldsymbol{Y}-\boldsymbol{XB})'(\boldsymbol{Y}-\boldsymbol{XB})=\text{最小值}$

由极值原理，根据矩阵求导法，对B求导，并令其等于零，得：

$$\frac{\partial \boldsymbol{E'E}}{\partial \boldsymbol{B}}=\frac{\partial(\boldsymbol{Y}-\boldsymbol{XB})'(\boldsymbol{Y}-\boldsymbol{XB})}{\partial \boldsymbol{B}}=\frac{\partial(\boldsymbol{Y'Y}-2\boldsymbol{Y'XB}+\boldsymbol{B'X'XB})}{\partial \boldsymbol{B}}$$

$$=-2(\boldsymbol{Y}'\boldsymbol{X})'+2(\boldsymbol{X}'\boldsymbol{X})\boldsymbol{B}=0$$

整理得回归系数向量 $\boldsymbol{B}$ 的估计值为：

$$\hat{\boldsymbol{B}}=(\boldsymbol{X}'\boldsymbol{X})^{-1}(\boldsymbol{X}'\boldsymbol{Y}) \tag{6-36}$$

二次曲线回归中最常用的检验是 R 检验和 F 检验，公式如下：

$$R=\sqrt{1-\frac{\sum(y_i-\hat{y})^2}{\sum(y_i-\bar{y})^2}} \tag{6-37}$$

$$F=\frac{R^2}{1-R^2}(n-3)/2 \tag{6-38}$$

在实际工作中，采用简化公式计算 R 值：

$$R=\sqrt{1-\frac{\sum y_i^2-\hat{\beta}_1\sum y_i-\hat{\beta}_2\sum x_iy_i-\hat{\beta}_3\sum x'_iy_i}{\sum y_i^2-n\bar{y}^2}} \tag{6-39}$$

估计标准误差为：

$$S=\sqrt{\frac{\sum(y_i-\hat{y}_i)^2}{n-3}} \tag{6-40}$$

预测区间为：

$$\hat{y}_0\mp i_{\frac{\alpha}{2}}(n-3)\cdot S\ (n<30) \tag{6-41}$$

$$\hat{y}_0\mp Z_{\frac{\alpha}{2}}\cdot S\ (n>30) \tag{6-42}$$

（2）预测计算。

根据上面介绍的预测模型，先进行 XT100－W 的预测计算。

根据 XT100－W 的销售数据及式（6－33）、式（6－36）、式（6－39）、式（6－40）、式（6－41）有（x_i 为时间变量）：

$$\boldsymbol{X}'\boldsymbol{X}=\begin{pmatrix}1&1&\cdots&1\\1&2&\cdots&24\\1&4&\cdots&576\end{pmatrix}\begin{pmatrix}1&1&1\\1&2&4\\1&24&576\end{pmatrix}=\begin{pmatrix}24&300&4900\\300&4900&90000\\4900&90000&1763020\end{pmatrix}$$

$$\boldsymbol{X}'\boldsymbol{Y}=\begin{pmatrix}36321\\526630\\8913322\end{pmatrix}$$

$$\hat{\boldsymbol{B}}=(\boldsymbol{X}'\boldsymbol{X})^{-1}(\boldsymbol{X}'\boldsymbol{Y})=\begin{pmatrix}-60.66\\244.23\\-7.25\end{pmatrix}$$

$$\hat{y}_i=\hat{\beta}_1+\hat{\beta}_2x_i+\hat{\beta}_3x_i^2=1514\quad(x_i=25)$$

$$\sum y_i^2=61953607;\ \sum y_i=36321;\ \sum x_iy_i=526630;\ \sum x'_iy_i=8913322$$

$$R=\sqrt{1-\frac{\sum y_i^2-\hat{\beta}_1\sum y_i-\hat{\beta}_2\sum x_iy_i-\hat{\beta}_3\sum x'_iy_i}{\sum y_i^2-n\bar{y}^2}}=0.977$$

$$S=\sqrt{\frac{\sum(y_i-\hat{y}_i)^2}{n-3}}=67.8$$

$\hat{y}_0 \mp i_{\frac{\alpha}{2}}$ $(n-3)$ $\cdot S=1514\mp141$　　　$(i_{0.025}$ (21) $=2.080)$

再计算 XT50－K 的预测结果。

根据 XT50－K 的销售数据及式（6－33）、式（6－36）、式（6－39）、式（6－40）、式（6－41）有：

$$\boldsymbol{X'X}=\begin{pmatrix}1 & 1 & \cdots & 1\\ 1 & 2 & \cdots & 24\\ 1 & 4 & \cdots & 576\end{pmatrix}\begin{pmatrix}1 & 1 & 1\\ 1 & 2 & 4\\ 1 & 24 & 576\end{pmatrix}=\begin{pmatrix}24 & 300 & 4900\\ 300 & 4900 & 90000\\ 4900 & 90000 & 1763020\end{pmatrix}$$

$$(\boldsymbol{X'X})^{-1}=\begin{pmatrix}0.445158103 & -0.072628458 & 0.002470356\\ -0.072628458 & 0.015121618 & -0.000570082\\ 0.002470356 & -0.000570082 & 0.000022803\end{pmatrix}$$

$$(\boldsymbol{X'Y})=\begin{pmatrix}32089\\ 451328\\ 7439514\end{pmatrix}$$

$$(\hat{\boldsymbol{X}}'\boldsymbol{X})^{-1}\ (\boldsymbol{X'Y})=\begin{pmatrix}-116.33\\ 253.10\\ -8.38\end{pmatrix}$$

$\hat{y}_i=\hat{\beta}_1+\hat{\beta}_2x_i+\hat{\beta}_3x_i^2=974$　　　$(x_i=25)$

$\sum y_i^2=48243681$；$\sum y_i=32089$；$\sum x_iy_i=451328$；$\sum x'y_i=7439514$

$$R=\sqrt{1-\frac{\sum y_i^2-\hat{\beta}_1\sum y_i^2-\hat{\beta}_2\sum x_iy_i-\hat{\beta}_3\sum x'_iy_i}{\sum y_i^2-n\hat{y}^2}}=0.992$$

$\hat{y}_0 \mp t_{\frac{\alpha}{2}}$ $(n-3)$ $\cdot S=1514\mp141$　　　$(t_{0.025}$ $(21)=2.080)$

下面计算 XT50－K 的预测结果。

根据 XT50－K 的销售数据及式（6－33）、式（6－36）、式（6－39）、式（6－40）、式（6－41）有：

$$\boldsymbol{X'X}=\begin{pmatrix}1 & 1 & \cdots & 1\\ 1 & 2 & \cdots & 24\\ 1 & 4 & \cdots & 576\end{pmatrix}\begin{pmatrix}1 & 1 & 1\\ 1 & 2 & 4\\ \vdots & \vdots & \vdots\\ 1 & 24 & 576\end{pmatrix}=\begin{pmatrix}24 & 3300 & 4900\\ 300 & 4900 & 90000\\ 4900 & 90000 & 1763020\end{pmatrix}$$

$$(\boldsymbol{X'X})^{-1}=\begin{pmatrix}0.445158103 & -0.072628458 & 0.002470356\\ -0.072628458 & 0.015121618 & -0.000570082\\ 0.002470356 & -0.000570082 & 0.000022803\end{pmatrix}$$

$$(\boldsymbol{X'Y})=\begin{pmatrix}32089\\ 451328\\ 7439514\end{pmatrix}\qquad \hat{\boldsymbol{B}}=(\boldsymbol{X'X})^{-1}\ (\boldsymbol{X'Y})=\begin{pmatrix}-116.33\\ 253.10\\ -8.38\end{pmatrix}$$

$\hat{y}_i=\hat{\beta}_1+\hat{\beta}_2x_i+\hat{\beta}_3x_i^2=974 \qquad (x_i=25)$

$\sum y_i^2=48243681$；$\sum y_i=32089$；$\sum x_iy_i=451328$；$\sum x'_iy_i=7439514$

$$R=\sqrt{1-\frac{\sum y_i^2-\hat{\beta}_1\sum y_i-\hat{\beta}_2\sum x_iy_i-\hat{\beta}_3\sum x'_iy_i}{\sum y_i^2-n\bar{y}^2}}=0.992$$

$$S=\sqrt{\frac{\sum(y_i-\hat{y}_i)^2}{n-3}}=56.75$$

$\hat{y}_0\mp t_{\frac{\alpha}{2}}(n-3)\cdot S=974\mp118 \qquad (t_{0.025}(21)=2.080)$

（3）预测结果分析。比较 2016 年第一季度的预测结果和实际值，预测基本可行，XT100－W 和 XT50－K 的实际销售量均在预测范围之内，回归系数接近于 1，说明这两种车型选取非线性回归的二次曲线模型是比较合适的。值得注意的是，两种车型的预测结果中估计标准差 S 都较大，说明回归曲线和实际销售数据的拟合情况并不太好，而 S 数值偏大带来预测范围较大的后果，预测精度较差。

进一步考虑，XT100－W 的预测值比实际值大，说明实际下降趋势比预测的要小，而 XT50－K 的情况则刚好相反。若排除偶然因素的话，可能 XT100－W 销售量的下降趋势减缓，而 XT50－K 则相反，下降趋势加剧。究其原因，50 车型可能是竞争加剧和政策影响销量加速下滑，而 100 车型可能是公司努力降低销量下降的速度。

3）虚拟变量回归预测

回归分析有时还要考虑诸如性别、年龄、文化程度、宗教、战争、自然灾害、年份、季节、节假日，以及政府经济政策变化等品质变量的影响。虚拟变量回归预测法是在建立回归模型时将品质变量引入线性回归模型中进行预测，常见的带虚拟变量的回归模型有如下形式：

①反映政府政策变化或某种因素发生重大变异的跳跃、间断式模型。

②具有转折点的系统趋势变化模型。

③含有多个虚拟变量的线性回归模型。

是否适用于虚拟变量回归预测法一般可通过散点图看出，如 XT 公司的 XT50－M 在无锡的销售适合采用具有转折点的系统趋势变化模型进行预测。

（1）预测模型。由于只有 XT50－M 在无锡的销售适合采用具有转折点的系统趋势变化模型进行预测（见表 6－4），下面仅介绍具有转折点的系统趋势变化模型。

具有转折点的系统趋势变化模型为：

$$y_i=\beta_1+\beta_2x_i+\beta_3(x_i-x_0)D_i+\varepsilon_i \tag{6-43}$$

式中：D_i——虚拟变量，D_i 的取值为

$$D_i=\begin{cases}0 & i<i_0\\ 1 & i\geqslant i_0\end{cases}$$

i_0——发生转折点的时间；

x_0——i_0 时间 x_i 的观察值。

式（6－43）可变形为：

$$y_i=\begin{cases}\beta_1+\beta_2 x_i+\varepsilon_i & i<i_0\\(\beta_1-\beta_3 x_o)+(\beta_2+\beta_3)x_i+\varepsilon_i & i\geqslant i_0\end{cases}$$

根据式（6－43），令（x_i-x_0）$D_i=x'_i$，则该虚拟变量回归转化为二元线性回归，采用二元线性回归的计算方法计算。

（2）预测计算。观察XT50－M在无锡销售的散点图发现，2013年第四季度为转折点，即 $i_0=12$，由表6－4的数据及式（6－36）、式（6－39）、式（6－40）、式（6－41）、式（6－43）得：

$$\boldsymbol{X}'=\begin{bmatrix}1 & 1 & \cdots & 1 & 1 & 1 & 1 & 1\\1 & 2 & \cdots & 12 & 13 & 14 & \cdots & 20\\0 & 0 & \cdots & 0 & 1 & 2 & \cdots & 8\end{bmatrix}$$

$$\boldsymbol{X}'\boldsymbol{X}=\begin{bmatrix}20 & 210 & 36\\210 & 2870 & 636\\36 & 636 & 204\end{bmatrix}\qquad \boldsymbol{X}'\boldsymbol{Y}=\begin{bmatrix}4169\\42815\\5625\end{bmatrix}$$

$$(\boldsymbol{X}'\boldsymbol{X})^{-1}=\begin{bmatrix}0.34799 & -0.03835 & 0.05814\\-0.03835 & 0.00535 & -0.00992\\0.05814 & -0.00992 & 0.02557\end{bmatrix}$$

$$\hat{\boldsymbol{B}}=(\boldsymbol{X}'\boldsymbol{X})^{-1}(\boldsymbol{X}'\boldsymbol{Y})=\begin{bmatrix}135.85\\13.38\\-38.51\end{bmatrix}$$

$$\hat{y}_i=\hat{\beta}_1+\hat{\beta}_2 x_i+\hat{\beta}_3(x_i-x_0)D_1=70\qquad(x_i=21)$$

$$\sum y_i^2=929653;\sum y_i=4169;\sum x_i y_i=42815;\sum x'_i y_i=5625$$

$$R=\sqrt{1-\frac{\sum y_i^2-\hat{\beta}_1\sum y_i^2-\hat{\beta}_2\sum x_i y_i-\hat{\beta}_3\sum x'_i y_i}{\sum y_i^2-n\bar{y}^2}}=0.94$$

$$S=\sqrt{\frac{\sum(y_i-\hat{y}_i)^2}{n-2}}=7.58$$

$$\hat{y}_0\mp t_{\frac{\alpha}{2}}(n-2)\cdot S=70\mp 16\qquad(t_{0.025}(18)=2.101)$$

（3）预测结果分析。XT公司的XT50－M于2001年第一季度在无锡的实际销售量为55辆，和预测结果相比，处于预测范围内，说明该车型在无锡的销售采用虚拟变量回归预测法预测是可行的；之所以在1998年第四季度出现转折点，原因是2013年第四季度无锡市公布了50车型不允许上助力车牌照的规定，进而导致50车型在无锡的销售量逐步减少。

从XT公司的回归分析预测结果看，采用线性回归预测法预测XT150－T、XT125－C和XT125－W得到比较满意的结果，而且各项指标也比较好，采用虚拟变量回归预测法预测XT50－M也得到比较满意的结果。因此，采用上述的预测方法预测

XT公司的这几种车型是可行的，如图6－6、图6－7所示。

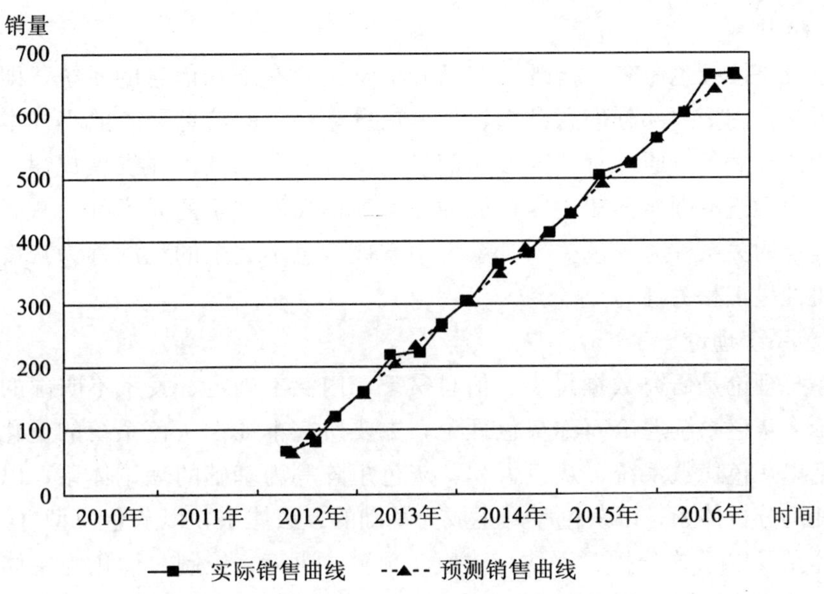

图6－6 预测结果和实际销量的比较（XT152－T）

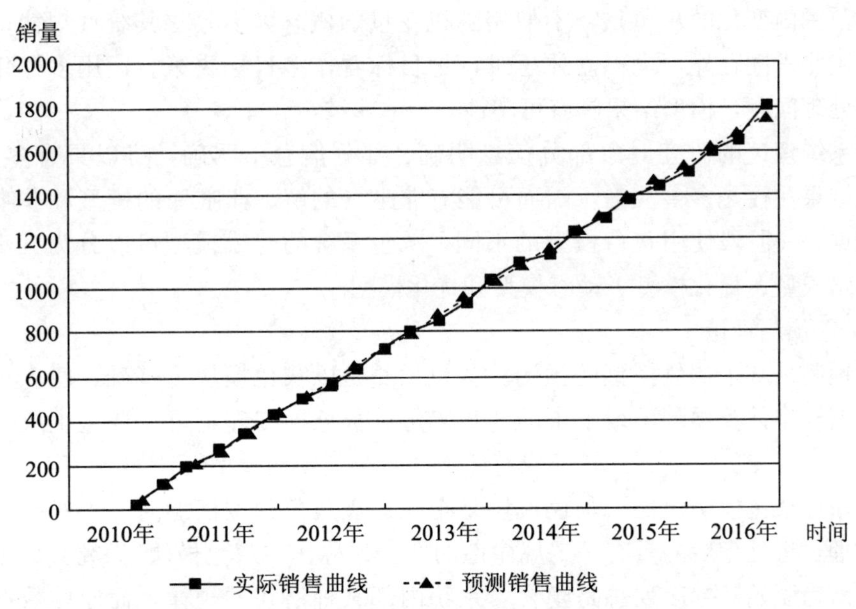

图6－7 预测结果和实际销量的比较（XT125－C）

4. 灰色系统预测法（grey system prediction method）

1）灰色系统的概念

“灰色系统”（Grey System）是由中国学者邓聚龙教授于20世纪80年代在上海中美控制系统学术会议上所作的关于“含未知数系统的控制问题”的学术报告中首次提

出的。从 1982 年起，邓聚龙教授先后发表了关于灰色系统理论的一系列论文，如《灰色控制系统》《参数不完全系统的最小信息正定》等，由此掀起一股对灰色系统理论及其应用的研究热潮。

灰色系统是按颜色命名，指既含有已知信息又含有未知信息的系统，即信息不完全明确的系统。它把“部分信息已知、部分信息未知”的信息量少的小样本的不确定性系统作为研究对象，通过对部分已知信息的研究来寻求其内在发展规律。在灰色系统中，只知道大概范围而不知道确切值的元素即信息不完全的元素称为灰元素，离散数据间不确定的关系称为灰色关系，系统中掌握信息不完全的程度称为灰度。灰度与数据的随机性呈正相关。

2）灰色系统理论

灰色系统理论是研究数据量少、信息贫乏、内涵不确定、关系不明确的不确定性的系统理论。灰色系统理论简称灰色理论，主要研究本征性灰色系统的量化问题，研究内容包括以灰色代数系统、灰色方程、灰色矩阵等为基础的理论体系，以灰色关联空间为依托的分析体系，以灰色序列生成为基础的方法体系，以灰色模型（GM）为核心的模型体系及以系统分析、评估、建模、预测、决策、控制、优化为主体的技术体系。灰色系统理论特点如下：①灰色系统理论克服数据量不足或者系统周期短的缺陷，利用“贫信息”建立模型以寻求数据内部的发展规律；②灰色系统理论把原始数据看作在一定范围内变化的灰色量，不使用随机变量的概念，不寻求其统计规律；③灰色系统理论主张求同存异，提倡立体思维，把目标看作多目标决策，运用多样化方法机动灵活地处理问题，模型结果具有可塑性。

灰色系统理论的研究对象部分信息明确、部分信息不明确，可以具有多重准则，从原因到结果往往是多多映射，因而可能有非唯一的解、非唯一的模型和非唯一的参数等。根据每一阶段使用灰色模型的不同，灰色系统的建模模型可以分为五步：语言模型、网络模型、量化模型、动态模型和优化模型。

3）灰色预测理论

灰色预测是基于灰色模型的预测。灰色预测是以灰色模块为基础，建立灰色预测模型，根据模型计算预测系统未来的变化趋势。灰色预测理论可以通过生成变换将离散的具有潜在规律的时空数列转换成有序数列。灰色预测模型特征如下：

（1）采用灰色模块建模。灰色模块是指在建立灰色预测模型时，先对原始数据序列进行处理，将处理后的具有一定规律性的新序列称作“灰色模块”。究其原因，灰色预测理论认为原始数据序列总是隐含着系统内部某种潜在的规律，而原始数据序列的随机性使得难以发现潜在的规律性，运用灰色模块进行建模能找到规律性，从而得到预测结果。通常采用累加生成或者累减生成的方法获得灰色模块，该方法可以使上下波动的原始时间序列转化成具有单调上升或者单调下降性质的线性或指数率的序列。

（2）运用微分方程拟合法建立灰色系统的动态模型。微分方程拟合法是一种灰色模块的求解方法，是利用已知的离散数据序列建立近似微分方程模型，充分发挥已知信息的作用，以此计算未知数据，得到预测结果。

(3) 采用关联度分析代替回归分析。灰色关联度分析是依据各因素数量曲线形状的接近程度进行发展态势的分析。关联度分析所需数据较少，适应范围更广，可以进行生成函数的逼近度分析、检验精度分析、因子分析和优势分析等。

4) 灰色预测的分类

灰色预测可以分为灾变预测、季节灾变预测、系统预测、拓扑预测和灰色数列预测五种不同的类型。

(1) 灾变预测。灾变预测是对系统行为特征值在什么时刻超过某阈值的异常值进行的预测。灾变预测不是预测该异常值的大小，而是预测异常值出现的时间。灾变预测模型所用的原始数据序列不是行为特征值，而是异常行为特征值发生的时间，且该时间间隔不等。

(2) 季节灾变预测。季节灾变预测是一种特定时区内的灾变预测，是对特定时间发生的事件进行未来时间分布计算。该预测模型考虑以一年为周期的季节性变化，以及灾害性变化的具体日期。

(3) 系统预测。系统预测首先根据系统内各个因子的动态关系建立系统动态图，然后对各个因子的动态关联进行预测。具体做法：分别对系统中各个因素建立GM（1，N）模型，然后根据因素间的动态关系连接各个模型，组成一个系统综合模型。

(4) 拓扑预测。拓扑预测，又称波形预测，是对特征数据波形的未来态势所作的整体预测。波形预测是对波形本身所作的预测，需要对系统特征值分层次建立灰色模型，再把分层在同一预测平面上的模型结果连接起来，得到预测波形。

(5) 灰色数列预测。灰色数列预测是采用灰色模型对系统行为特征量的未来发展变化进行预测。系统的行为特征量不包含未来各时刻环境对系统的干扰，只包含现有各种因素对系统的影响，其数据的采集可以是等间隔，也可以是非等间隔。实际上，灰色数列预测是利用系统的行为特征量随时间或空间的变化而对系统进行的定时或定空预测。在灰色数列预测模型中，GM（1，1）是最为常用的数列预测模型。

5) 灰色模型建模条件

(1) 原始时间序列具有能反映系统潜在规律的有用信息；

(2) 原始时间序列具有动态随机性；

(3) 序列非负性。

6) 灰色GM（1，1）预测模型

灰色GM（1，1）模型是以变量的原始数列，经累加或者累减生成的新的数据序列，以微分方程拟合法建立的模型。灰色GM（1，1）模型仅考虑单个变量的灰色预测模型，适合于数据量少、波动较大的短期预测。

灰色GM（1，1）预测模型的步骤如下：

(1) 计算累加生成数列。

设原始数据的时间序列为

$$X^{(0)}=(x^{(0)}(1), x^{(0)}(2), \cdots, x^{(0)}(n)),\ x^{(0)}(i)\geqslant 0,\ i=1, 2, \cdots, n \tag{6-44}$$

对该数列进行一次累加生成（accumulating generation operator），得到新的时间数列 $X^{(1)}$：

$$X^{(1)}=(x^{(1)}(1), x^{(1)}(2), \cdots, x^{(1)}(n)) \tag{6-45}$$

式中：
$$x^{(1)}(k)=\sum_{i=1}^{k} x^{(0)}(i), \quad i=1,2,\cdots,n \tag{6-46}$$

（2）建立拟合微分方程。

根据一次累加生成数列 $X^{(1)}$，建立拟合微分方程：

$$\frac{\mathrm{d}x^{(1)}}{\mathrm{d}t}+ax^{(1)}=u \tag{6-47}$$

式中：α，u 是待辨识参数，α 为发展系数，u 为灰色作用量。采用最小二乘法求得：

$$\hat{a}=\begin{bmatrix} a \\ u \end{bmatrix}=(\boldsymbol{B}^{\mathrm{T}}\boldsymbol{B})^{-1}\boldsymbol{B}^{\mathrm{T}}\boldsymbol{X}_n \tag{6-48}$$

式中：

$$\boldsymbol{B}=\begin{pmatrix} -1/2[x^{(1)}(1)+x^{(1)}(2)] & 1 \\ -1/2[x^{(1)}(2)+x^{(1)}(3)] & 1 \\ \vdots & \vdots \\ -1/2[x^{(1)}(n-1)+x^{(1)}(n)] & 1 \end{pmatrix}, \quad \boldsymbol{X}=\begin{pmatrix} x^{(0)}(2) \\ x^{(0)}(3) \\ \vdots \\ x^{(0)}(n) \end{pmatrix} \tag{6-49}$$

求解式（6-47）的拟合微分方程，得到时间响应函数：

$$\hat{x}^{(1)}(k+1)=\left[x^{(0)}(1)-\frac{u}{a}\right]e^{-ak}+\frac{u}{a} \tag{6-50}$$

（3）预测方程通过累减还原时间响应函数，得到预测方程：

$$\hat{x}^{(0)}(k+1)=\hat{x}^{(1)}(k+1)-\hat{x}^{(1)}(k)=(1-e^{a})\left[x^{(0)}(1)-\frac{u}{a}\right]e^{-ak} \tag{6-51}$$

通过倒数还原时间响应函数，得到预测方程：

$$\hat{x}^{(0)}(k+1)=-a\left[x^{(0)}(1)-\frac{u}{a}\right]e^{-ak} \tag{6-52}$$

其中，$k=1, 2, \cdots, n$。

GM（1，1）模型既不是微分方程，也不是差分方程。当 $|a|$ 充分小时，$(1-e^{a})\approx -a$，则由两种不同计算方法所得结果近似相等。这时，既可以把 GM（1，1）模型看成是微分方程，也可以看成是差分方程。当累减还原所得结果和倒数还原所得结果相差很大时，需要对 $X^{(1)}$ 的模拟值 $\hat{x}^{(1)}(k+1)$ 用 $X^{(1)}$ 的残差值进行修正。

由式（6-51）或式（6-52）都可得到原始数列 $X^{(0)}$ 的模拟值。当 $k\geqslant n$ 时，得到根据原始数列的预测值。

（4）建立 GM（1，1）模型的条件。

①对原始数据序列进行准光滑性检验。

当准光滑性 $\rho(k)=\dfrac{x^{(0)}(k)}{x^{(1)}(k-1)}<0.5$ 时，准光滑条件满足。

②对累加生成数据进行准指数规律检验。

当$\sigma^{(1)}(k)=\dfrac{x^{(1)}(k)}{x^{(1)}(k-1)}\in[1,1.5]$时，$\delta=0.5$，准指数规律满足。

当原始数据序列经变换后满足以上两个条件时，可以建立GM（1，1）灰色模型。

（5）模型精度检验。通过建立GM（1，1）灰色数列模型进行预测可以得到未来各期的预测值。GM（1，1）模型需要经过各种检验来判定它是否能够用来进行预测。灰色预测模型一般有三种检验方法，分别为残差检验、后验差检验和关联度检验。

①残差检验。

设原始序列：$X^{(0)}=(x^{(0)}(1),x^{(0)}(2),\cdots,x^{(0)}(n))$

最后的预测数列：$\hat{X}^{(0)}=(\hat{x}^{(0)}(1),\hat{x}^{(0)}(2),\cdots,\hat{x}^{(0)}(n))$

残差数列：$e^{(0)}=(e^{(0)}(1),e^{(0)}(2),\cdots,e^{(0)}(n))$

式中：$e^{(0)}(k)=x^{(0)}(k)-\hat{x}^{(0)}(k)$，$k=1,2,\cdots,n$

相对误差序列：$\Delta=\left[\left|\dfrac{e^{(0)}(1)}{x^{(0)}(1)}\right|,\left|\dfrac{e^{(0)}(2)}{x^{(0)}(2)}\right|,\cdots,\left|\dfrac{e^{(0)}(n)}{x^{(0)}(n)}\right|\right]=\{\Delta_k\}_1^n$

如果对所有$|e^{(0)}(k)|<0.1$，则模型达到较高精度；如果$|e^{(0)}(k)|<0.2$，则模型达到一般要求。$\Delta_k=\left|\dfrac{e^{(0)}(k)}{x^{(0)}(k)}\right|$（$k\leqslant n$）称为$k$点的相对误差值，计算相对误差值是一种直观的算术检验，它通过逐点检验每个原始数据与模拟数据的误差来确定模型精度的大小。一般地，如果$\Delta_k<10\%$，则模型达到预测要求精度。

②后验差检验。

A. 计算原始数据序列的平均值$\bar{X}^{(0)}=\dfrac{1}{n}\sum\limits_{k=1}^{n}X^{0}(k)$

B. 计算原始数据序列的均方差$S_1=\dfrac{S'_i}{n-1}$

式中：$S'_1=\sum(X^0(1)-\bar{X}^{(0)})^2$

C. 计算残差$e^{(0)}(k)$的均值$\bar{e}^{(0)}(k)=\dfrac{1}{n}\sum e^{(0)}(k)$

式中：$e^{(0)}(k)=x^{(0)}(k)-\hat{x}^{(0)}(k)$

D. 求残差的均方差$S_2=\dfrac{S'_2}{n-1}$

式中：$S'_2=\sum[e^{(0)}(k)-\bar{e}^{(0)}(k)]^2$

E. 计算原验差比值$C=\dfrac{S_2}{S_1}$。

F. 计算小误差概率$P=P\{|e^{(0)}(k)-\bar{e}^{(0)}(k)|<0.6745S_1\}$

令$e_k=|e^{(0)}(k)-\bar{e}^{(0)}(k)|$，$S_0=0.6745S_1$，即$P=\{e_k<S_0\}$

有关原验差比值C和小误差概率P要求见表6-6。

表 6-6　　原验差比值 C 和小误差概率 P 要求

精度等级	好	合格	勉强合格	不合格
P	>0.95	>0.8	>0.7	≤0.7
C	<0.35	<0.45	<0.65	≥0.65

由表 6-6 可见，GM（1，1）预测模型的好坏对 P 和 C 的大小均有要求，一般 $P>0.95$，不得 $P<0.7$；$C<0.35$，不得 $C>0.65$。

③关联度检验。

若相关误差、后验差检验在允许范围之内，则可用模型进行预测，否则应用残差序列建立 GM（1，1）模型进行残差修正。

A. GM（1，1）模型的适用范围。

发展系数 $-a$ 反映 $\hat{x}^{(1)}$ 和 $\hat{x}^{(0)}$ 的发展态势大小，可以根据 $-a$ 的取值范围判断该模型预测的范围：

a. 当 $-a\leqslant0.3$ 时，GM（1，1）模型可用于中长期预测；

b. 当 $0.3<-a\leqslant0.5$ 时，GM（1，1）模型可用于短期预测，谨慎用于中长期预测；

c. 当 $0.5<-a\leqslant0.8$ 时，GM（1，1）模型用于短期预测应非常谨慎；

d. 当 $0.8<-a\leqslant1$ 时，应对 GM（1，1）模型进行残差修正；

e. 当 $-a>1$ 时，不可使用 GM（1，1）模型。

B. 运用 MATLAB 编程 GM（1，1）模型的编程条件。

为了保证运用 MATLAB 编程 GM（1，1）模型方法的可行性，需要对已知数据进行必要的检验处理。设原始数据序列为 $x^{(0)}=(x^{(0)}(1), x^{(0)}(2), \cdots, x^{(0)}(n))$，计算数列的级比：

$$\lambda(k)=\frac{x^{(0)}(k-1)}{x^{(0)}(k)},\ k=2,3,\cdots,n$$

如果所有的级比都落在可容覆盖区间 $X=(e^{\frac{-2}{n+1}}, e^{\frac{2}{n+1}})$ 内，则数据列 $x^{(0)}$ 可以建立 GM（1，1）模型且可以进行灰色预测。否则，应对数据做适当的变换处理，如对原始数据进行 n 次开方、取 n 次自然对数或作平移变换等。作平移变换是：

取 c 使得数据列 $y^{(0)}(k)=x^{(0)}(k)+c$，$k=1,2,\cdots,n$ 的级比都落在可容覆盖内。

第四节　物流系统控制

一、物流系统控制概述

1. 物流系统控制的定义

物流系统控制是指系统控制理论在物流系统中的具体应用。物流系统在实际运营过程中的内外部环境是不断变化的，这往往会导致物流系统实际产出偏离物流系统的目标，故需要对物流系统的运营进行控制。实质上，物流系统控制是调整物流系统实际运营与物流系统目标之间的差距。

2. 物流系统控制的内容

物流系统控制的主要内容如下。

（1）成本控制。它主要是指物流系统在整个运营过程中尽量降低成本，只有将成本在采购、生产、库存、运输、配送等组成的整个物流系统中控制到最低限度，才可能实现产出效益方面的目标。

（2）质量控制。它主要是严格控制物流系统各个流程特别是生产流程的质量以实现高水平的服务。

（3）流程控制。若物流流程在空间、时间的跨度过大，往往会导致物流成本过高，以及物流服务质量下降。因此，流程控制是在一定程度上同时进行成本控制和质量控制两方面的任务。

3. 物流系统控制的分类

物流系统控制可以分为三类，即前馈控制、实时控制和反馈控制。实施物流系统控制，必须明确物流系统控制的要素信息。

目标值：是指物流系统目标，物流系统的一系列活动最终是使得物流系统的状态尽可能达到物流系统目标值。

观察值：是指物流系统的实时数据，即为了控制物流系统而持续监测物流系统所处状态获得的实时数据。

预测值：是指物流系统实际处理结果与目标值之间发生偏差前，通过预测装置或手段得到物流系统的运行状态和运行数据。

偏差：是指实际值与目标值之间的差值。在反馈控制中，通过比较偏差的大小发出控制指令，以改变物流系统的状态，使物流系统的实际值趋向于目标值。

控制指令：是指物流系统控制人员根据物流系统实际值与目标值之间的偏差大小发出的调整物流系统的运行状态的信息。

（1）前馈控制，又称事前控制或超前控制。它主要通过在物流系统的输入端，严格监视物流系统的各要素，确保各要素符合特定的标准，使得经过物流系统的处理，最终物流系统的产出尽可能符合物流系统目标，如图 6－8 所示。前馈控制是一种比较复杂的控制方法，原因是难以把握物流系统投入要素的特定标准，这需要物流系统输入前制订出详细的标准参照体系，而标准参照体系的确定实际上源于物流系统本身的不断调整。应用合适的前馈控制，可以使得物流决策人员提前采取措施纠正偏差，降低物流系统运营成本，且在一定程度上提高物流系统的服务质量水平。

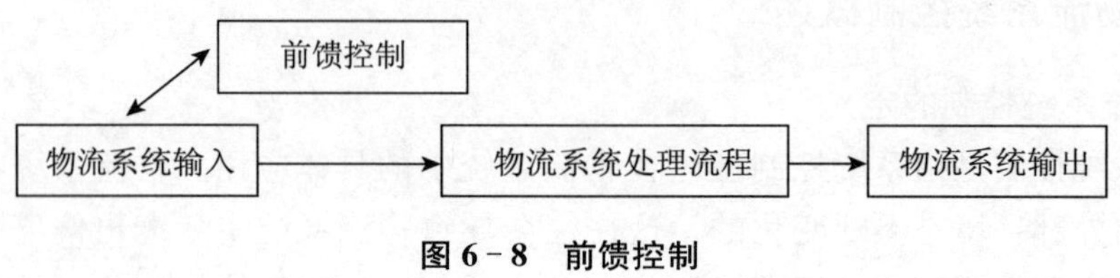

图 6-8　前馈控制

（2）实时控制，又称事中控制。它主要是在物流系统处理流程中临时采用的一种控制方法，具体参照相关理论或者实用经验采取矫正行为，如物流批量控制、盈亏平衡控制等，如图 6-9 所示。

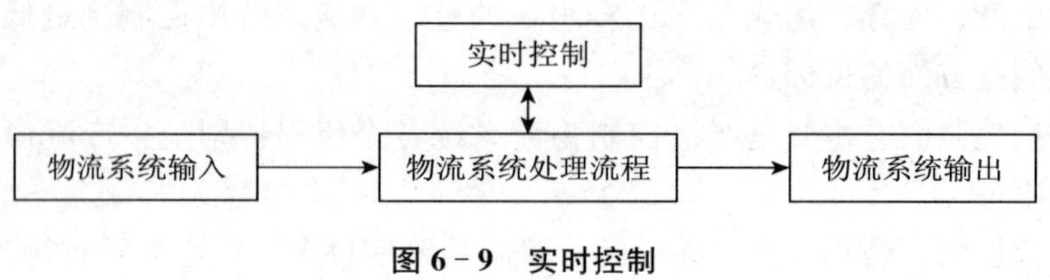

图 6-9　实时控制

（3）反馈控制，又称事后控制。它主要是通过监测物流系统的输出端，比较输出端结果与物流系统目标之间是否存在偏差，若存在偏差，采用措施调整物流系统的输入要素和/或优化物流系统的处理流程，使得调整后物流系统实际输出结果与物流系统目标之间的差距减小，如图 6-10 所示。物流系统的反馈控制的最大缺陷是时间滞后，也就是说只有当物流系统实际处理结果与物流系统目标出现偏差时，物流系统决策人员才采取纠正措施，这会浪费物流系统的资源，且影响物流系统的服务质量水平。

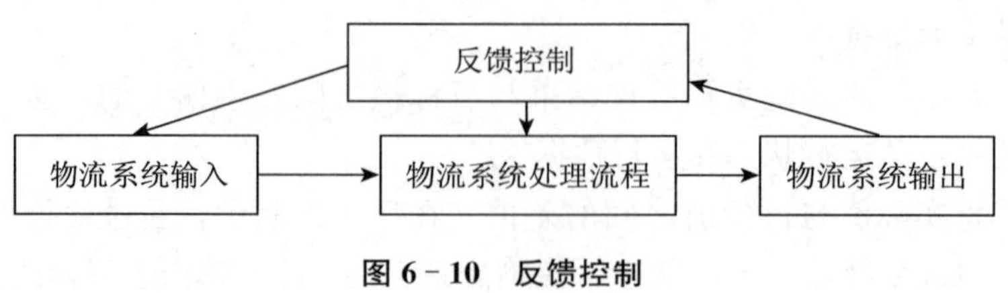

图 6-10　反馈控制

二、物流系统存储控制

1. 基本概念

1）库存控制系统的组成

任何库存控制系统主要由输入、输出和库存控制机制 3 个部分组成。

库存系统的输入是指对原材料、备品备件和产品的补充，输入方式可以通过外包或者自制实现。进货需控制的是一次订货量和订货间隔期。从订货到货物到达往往需要一定时间，这段时间构成提前期。对于一次订货、多次到货的情境称为到货延迟期，可以是确定的，也可以是随机的。

库存系统的输出是需求，主要是指原材料、备品备件和产品的消耗。需求量是单位时间的需求。输出方式可以是均匀连续的，也可以是间断成批的。需求量可以是确定性的，也可以是随机性的。需求经过统计检验，往往服从一定的随机分布。

库存控制机制是以控制库存为目的的理论、方法、技术、手段、工具、管理及操作过程的集合。库存控制机制贯穿于物资的选择、规划、订货、进货、入库、存储以及最后供应的一个长长的过程，共同作用结果最终实现库存控制目标。合理的库存控制机制是以库存系统支付最低的平均费用实现一定的服务质量水平。

2）库存控制系统的任务

库存控制系统是有效协调解决订货时间和订货数量的联动系统，一个合理的库存控制系统应力图实现如下目标：①保障获得恰当的货物和物料。②鉴别出超储物品、畅销物品和滞销物品。③提供准确、及时、简洁的报告。④以最低的成本完成上述任务。

3）库存控制系统的内容

一个合理的库存控制系统涵盖的内容不仅包括各种定量库存模型，而且包括预测需求和处理预测误差，选择库存控制模型，测定存货成本和订货成本以及缺货成本，制订记录和盘点物品的方法，设置验收、搬运、保管和发放物品的方法，报告库存状况信息系统等。

4）库存控制系统涉及的关键问题

（1）订货点。订货点是指当库存降至某一数量时，应立刻购买补充库存的界限。订货点过早会增加库存，且相应增加货品的在库成本及占用库存空间；相反，订货点过晚会造成缺货，甚至客户流失和信誉降低。

（2）订购量。订购量是指当库存量达到订购点时，决定购买补充库存的数量，以此数量配合最高库存量与最低库存量的基准。若订货量太多，增加货品的在库成本；若订货量过少，货品可能会出现供应中断，且导致订购次数增加，提高订购成本。

（3）存量基准。存量基准包括最低库存量和最高库存量。最低库存量是指管理人员在衡量企业特点和需求后，制订维持货品库存数量的最低界限。最低库存量又分为理想最低库存量和实际最低库存量两种。理想最低库存量又称购置时间使用量，即采购期间尚未进货时的货品需求量，是维持企业的临界库存量，一旦货品库存量低于此界限，则会出现缺货停工的风险。由于理想最低库存量是一个临界库存量，企业为保险起见，往往会在理想最低库存量外设定一个安全库存量，以防供应不及时而发生缺货，称为实际最低库存量。最高库存量是防止存货多浪费资金而限定的各种货品库存数量之最高界限。

2. 库存补给策略

库存补给策略是确定进货量和进货时间的策略，以满足客户的需求又尽可能使库存总成本最小。库存补给策略的 4 种基本策略：连续性检查的固定订货量、固定订购点策略，即（Q，R）策略；连续性检查的固定订购点，最大库存策略，即（R，S）策略；周期性检查策略，即（t，S）策略；综合库存策略，即（t，R，S）策略。

（1）（Q，R）策略。该策略的基本思想：对库存进行连续性检查，当库存降低到订购点水平 RP 时，即发出一个订货，每次订货量保持不变，都为规定值 Q。该策略适用于需求量大、缺货成本较高、需求波动性大的情境，如高价物品。

（2）（R，S）策略。该策略的基本思想：对库存进行连续性检查，当库存降到订购点水平 RP，即开始订货，订货后使最大库存保持不变，都为常数 S，若发出订单时库存为 I，则订货量 $Q=S-I$。该策略和（Q，R）策略的不同之处在于订货量是按实际库存而定，订货量是可变的。

（3）（t，S）策略。该策略的基本思想：每隔一定时间检查一次库存，并发出一次订货，将现有库存补充到最大库存水平 S，若检查时库存量为 I，则订货量为 $Q=S-I$。如此周期性检查库存，不断补给库存，适用于零售领域以及供货渠道较少的场合。

（4）（t，R，S）策略。该策略的基本思想：综合（t，S）策略和（R，S）策略。（t，R，S）策略有一个固定的检查周期 t，最大库存量 S，固定订购点水平 RP。当经过一定的检查周期 t 后，若库存低于订购点 RP，则发出订货，否则不订货。若检查时库存量为 I，且 $I<RP$，则订货量为 $Q=S-I$。如此周期性检查库存，实现周期性库存补给。

3. 物流系统存储控制标准

物流系统控制人员必须按照一定标准以决定是否对物流系统采取纠正措施，即将物流系统实际处理结果与物流系统目标值进行比较，若存在偏差，则采取纠正措施。但是，物流系统往往具有多个目标，比较诸多因子，以真正反映物流系统的真实状态。具体到存储系统，主要应考虑存储资金周转率、服务质量水平、缺货率和平均供货费用四个方面指标。

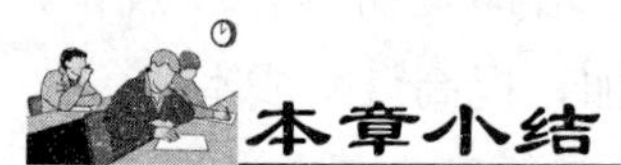

本章小结

本章首先介绍物流领域中常用的一系列定性定量预测方法，如定性预测方法中的德尔菲法、定量预测方法中的回归分析法等；其次介绍物流需求预测和物流系统预测；最后分析物流系统控制的相关问题。

AHHF 市物流需求预测

1. 商贸需求预测

2005—2011 年 AHHF 市社会消费零售总额与批发零售总额统计数据如表 6-7 所示。

表 6-7　AHHF 市 2005—2011 年社会消费零售总额与批发零售总额统计　单位：亿元

需求 \ 年份	2005	2006	2007	2008	2009	2010	2011
社会消费零售总额	324.39	384.31	469.00	520.26	618.36	738.74	1111.12
批发零售业	283.69	335.99	410.32	452.14	539.45	675.17	1019.36

数据来源：《AHHF 市 2009 年鉴（2008 年数据）》《AHHF 市 2009 年国民经济和社会发展统计公报》《AHHF 市 2010 年国民经济和社会发展统计公报》《AHHF 市 2011 年国民经济和社会发展统计公报》。

AHHF 市 2005—2011 年社会消费零售总额与批发零售总额的变化趋势如图 6-11 所示。

对社会消费零售总额进行曲线估计（curve estimation），结果如图 6-12、表 6-8 所示。

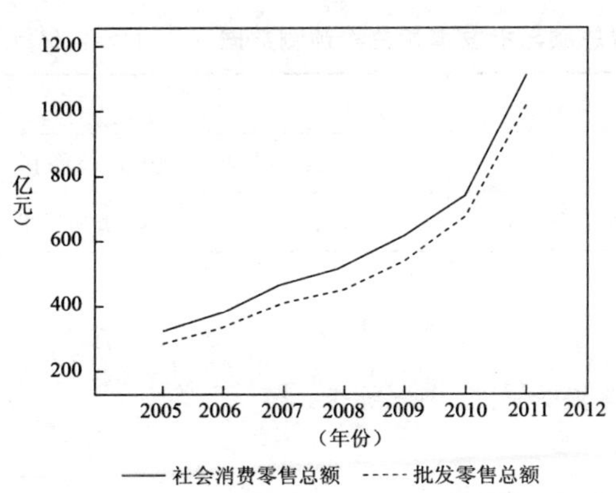

图 6-11　社会消费零售总额与批发零售总额

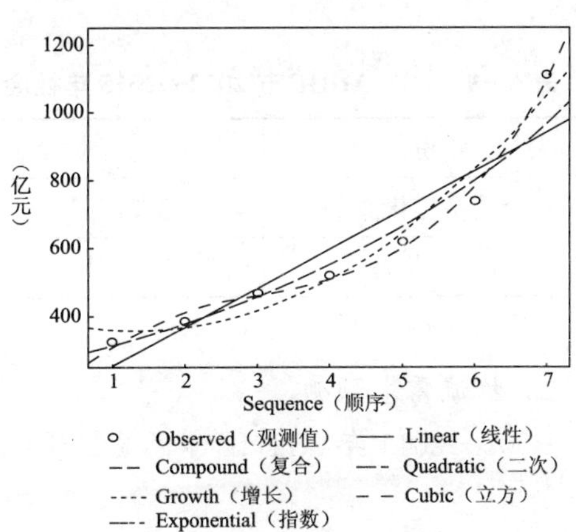

图 6-12　社会消费零售总额曲线估计比照

表 6-8　社会消费零售总额曲线估计参数对照

Equation（方程）	Model Summary（模型摘要）					Parameter Estimates（参数估计）			
	R Square	F	df1	df2	Sig.	Constant	b1	b2	b3
Linear（线性）	0.867	32.602	1	5	0.002	135.396	114.943		
Quadratic（二次）	0.961	49.180	2	4	0.002	397.457	−59.764	21.838	
Cubic（立方）	0.992	127.104	3	3	0.001	114.517	262.473	−72.475	7.859
Compound（复合）	0.965	136.467	1	5	0.000	259.321	1.207		
Growth（增长）	0.965	136.467	1	5	0.000	5.558	0.188		
Exponential（指数）	0.965	136.467	1	5	0.000	259.321	0.188		

综合各曲线的各种参数值，Cubic 曲线最适合社会消费零售总额的变化趋势，其预测曲线表达式为：

$$Y=262.473X^3-72X^2+7.859X+114.517$$

同理，批发零售总额的预测曲线表达式为：

$$Y=235.261X^3-67.008X^2+7.427X+98.211$$

则 2012—2015 年的预测数据如表 6-9 所示。

表 6-9　**AHHF 市 2012—2015 年社会消费总额与批发零售总额预测数据**　单位：亿元

年份	2012	2013	2014	2015
社会消费零售总额	1599.94286	2335.84214	3351.20167	4693.17810
批发零售业	1494.21714	2201.92286	3176.65190	4462.96429

2. 物流需求预测

2005—2011 年 AHHF 市总货运量统计数据如表 6-10 所示。

表 6-10　AHHF 市 **2005—2011 年货运量统计**

年份	2005	2006	2007	2008	2009	2010	2011
总货运量（万吨）	6133.68	6776.12	8151.25	9536.07	15912.00	19700.00	29300.00
民航（吨）	12672.60	14714.00	15157.7	17708.3	13100.00	15038.80	18600.00

续　表

年份	2005	2006	2007	2008	2009	2010	2011
铁路（万吨）	1128.15	1062.93	1332.4	1283.86	1076.00	1508.00	1829.70
公路（万吨）	4364.00	4838.00	5806.00	7195.00	13665.00	17400.00	26500.00
水运（万吨）	641.26	873.72	1011.33	1055.44	1170.00	2183.56	2598.00

数据来源：《AHHF市2009年鉴（2008年数据）》《2009年国民经济和社会发展统计公报》《2010年国民经济和社会发展统计公报》《AHHF市2011年国民经济和社会发展统计公报》。

总货运量的预测同社会消费零售总额与批发零售总额的预测方法相同，直接得到总货运量的曲线表达式为：

$$Y=795.647X^2-2682.768X+8462.886$$

利用此表达式预测2012—2015年AHHF的总货运量如表6-11所示。

表6-11　　AHHF市2012—2015年总货运量预测　　单位：万吨

年份	2012	2013	2014	2015
总货运量	37921.56571	48764.80071	61199.33024	75225.15429

1. 城市物流量与哪些因素有关？
2. 如何进行城市货运量预测？
3. 衡量城市物流量的指标有哪些？

复习思考题

1. 预测总是存在着偏差，为什么企业还要不断强调发展和改进预测？
2. 比较定量预测与定性预测的异同。
3. 简述物流需求预测概念并讨论物流企业需求预测发展现状和趋势。
4. 某物流企业某年1—6月的产品收入情况如表6-12所示。

表6-12　　某物流企业某年1—6月产品收入　　单位：万元

月份	1	2	3	4	5	6
收入	250	265	258	270	286	294

试分别运用回归分析法和指数平滑法预测该企业该年7—9月的销售收入。

5. 简述物流系统预测的概念、原理以及分类。

6. 简述物流系统控制的概念、内容以及分类。

7. 造成市场需求的不确定性因素和库存补给的不确定因素有哪些？如何将这些不确定因素降至最低水平？

8. 在市场需求状况日益不确定的今天，企业如何保持合适的库存水平以满足顾客需求？

第七章　专业物流系统

章节知识框架

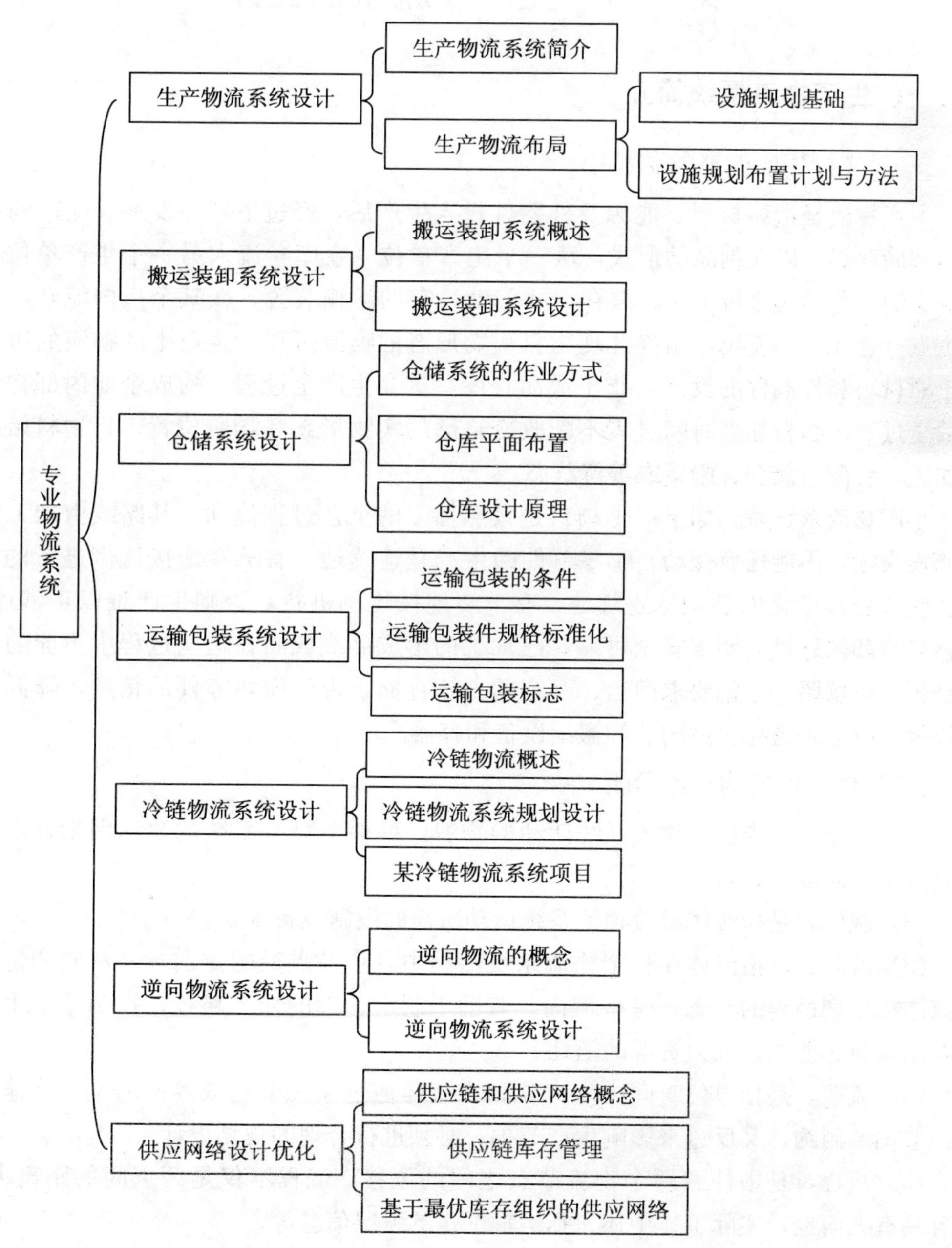

教学目标与要求

通过本章学习，了解生产物流系统及生产物流布局的相关知识，熟练掌握生产物流系统设计、搬运装卸系统设计、仓储系统设计、运输包装系统设计、冷链物流系统设计、逆向物流系统设计的方法，明确物流系统需要改进之处。

第一节　生产物流系统设计

一、生产物流系统简介

（一）生产物流的概念和特点

生产物流是指原材料、能源及外购件投入生产后，经过下料、发料，配送到各加工点和储存点，以在制品的形式，从一个生产单位（仓库）流入另一个生产单位，按照规定的工艺过程进行加工、储存，并借助一定的运输装置，在某个点内流转，又从某个点（仓库）内流出，始终体现物料实物形态的物流过程。企业生产物流的边界起源于原材料和外购件的投入，止于成品仓库，贯穿生产全过程，构成企业内部物流活动的全过程。物料随着时间进程不断改变自己的实物形态和场所位置，且物料始终处于加工、装配、储存、搬运或等待状态。

生产物流系统特点如下：①物料是按照加工的工艺过程流动，其路线由加工的工艺流程决定，不能任意变动。②零部件的生产是连续地、有节奏地按比例进行的，零部件生产物流系统也必须是连续地、有节奏地按比例进行，否则生产难以正常进行。③物料装卸搬运过程要求安全可靠，已加工的半成品或成品在运输过程中不能随意碰撞挤压，应按照一定的要求搬运、一定的方式存储，否则损坏零件的精度，降低产品的质量，故必须选择合适的装卸搬运设备和容器。

（二）生产物流的要素分析

（1）流体，是指进入物流系统活动的物料，是整个物流系统的驱动因素，需要考虑其重量、质地、形状、大小、形态等。

（2）载体，是指流体沿着物流系统运动所需的设施设备工具。

（3）流向，是指流体在整个物流系统活动中各个节点处的走向，是从质和量上反映流体在生产过程的状态。考察流向，有助于制定合理的加工路线，控制整个生产过程中原材料、能源、人力资源的消耗。

（4）流速，是指单位时间内生产流程中流体通过某一节点或界面的量。流速既受生产节拍的制约，又反过来影响生产节拍，必须进行合理的规划设计。

（5）流程，是指任意两个物流节点之间的位移。流程不仅是两点间的距离大小，而且具有方向性，实际工作中还包括运输配送的路况信息等。

（6）流量，是指一定时间内，经过生产流程某一节点或界面的流体量。从概念角度看，流量是流速在各时间段上的积累；从经济角度看，流量反映企业生产的规模，而非流速的简单叠加。

流体、载体、流向、流速、流程和流量六要素是相辅相成、紧密联系的。其中流向是根本、流速是基础、流量是结果，流向的正确与否决定物流的有效性。

（三）生产物流合理组织的基本要求

生产物流组织的目的是使物流运输配送路线短，装卸搬运省力，供应及时，物料周转速度最快，物流成本降到最低。生产物流合理组织应满足如下的基本要求。

（1）过程的连续性。流体在生产过程的各个阶段、各道工序的运转紧密衔接，连续不断地始终处于运动状态，能够顺畅、快速、省力地通过各个工序。

（2）过程的平行性。一个企业生产多种产品，每种产品又由许多零部件构成，零部件分布于不同的车间、不同的工序上生产，流体在生产过程的各个环节平行流动。否则，若一个生产环节出现问题，会影响整个物流运动。

（3）过程的单向性。流体在生产过程中应向一个方向流转，避免迂回流动和往返运输。

（4）过程的比例性。零部件在生产过程中对各种物料的需求量是不同的，各种物料在数量上存在一定的关系比例。

（5）过程的均衡性。产品在生产过程的各个阶段，按照计划节拍运行，在相同的时间间隔内生产产量大致相同，不发生忽高忽低、前紧后松、前松后紧的现象，准时完成生产任务。

（6）过程的适应性。生产过程具有灵活多变的柔性能力，使企业内部的生产能力同外部环境的变化有机结合，并根据市场需求变化，具备从一种产品迅速转移到另一种产品的生产能力，满足生产过程品种变化的需要。

（四）影响生产物流系统的主要因素

虽然不同企业的生产物流系统的组成不同，但其影响因素主要涉及四个方面。

（1）生产类型。不同的生产类型，生产的产品品种、数量、质量等级、性能精度、产品结构的复杂程度和工艺加工的技术要求不尽相同，对原材料、零配件的种类、数量、质量的要求及其在企业内的流动过程也各不相同，影响生产物流的构成和性能。

（2）生产规模。一般地，生产规模越大，生产过程的结构越复杂、物料需求量越大；反之，生产规模越小，生产过程的结构越简单、物料需求量越小。

（3）专业化协作水平。企业的专业化协作水平低，自制零部件种类多，所需原材料的品种增加，物料流程复杂且延长；企业的专业化协作水平高，部分半成品由外包供给，物流流程会缩短。

（4）技术管理水平。企业的技术水平先进，组织管理能力强，采用先进的生产设备和工艺，保障各生产阶段、各工序的活动有序开展，提高产品质量，降低资源消耗。

二、生产物流布局

企业生产物流布局主要是对厂址选择和工厂布置等物流活动进行空间的和平面的定位，即确定厂址及占地面积后，进行厂区的平面布置，对工厂的车间、科室、仓库、设施、厂内运输路线等进行合理安排和规划设计。

（一）设施规划基础

设施规划（facilities design）是根据对象系统应达到的目标和功能，对其各类设施（土地、设备、建筑物、公用工程等）、人员进行系统的规划设计，具体包括平面布局、物料搬运、信息与通信、建筑工程、公用工程等。

1. 设施规划布置的基本内容

（1）明确应当包括哪些生产运作单位，各个生产运作单位需要多大的面积空间，形状如何，位置如何。不同企业因生产类型、生产规模、产品特点、技术水平、专业化水平和协作化水平不同，所以其生产运作单位的构成以及占用的空间大小、形状位置区别很大。

（2）设施布置应当遵循什么原则，满足哪些要求，选择哪种设施布置的类型。

（3）采用什么样的方法和步骤进行布置。设施布置既要考虑当前现实，又要考虑长远发展；既要满足生产要求，又要降低成本费用；既要做到整体协调，又要考虑各个生产运作单位之间的有机联系。

（4）如何对设施布置进行技术经济评价。设施布置实施需要很大的投资，而且一旦建立形成一定布局后，若想改变或者调整相当困难，直接影响生产成本和生产效率。需要对不同的设施布置方案进行技术经济方面的分析、评价、比较，以选择最优化的布置方案。

2. 影响生产运作单位构成的因素

（1）产品和服务。产品和服务从根本上决定生产运作单位的构成。生产单位与产品和服务的品种、结构特点、工艺特点、生产批量存在密切关系。例如，机械企业的主要生产单位由毛坯、加工、装配等分厂或车间组成，而纺织企业的主要生产单位由纺纱、织布、印染等车间组成。同类型的产品，结构相似但工艺方法不同，其生产单位设置差异很大，如齿轮厂的毛坯可以用模锻也可以用精密铸造，相应设置模锻车间或者铸造车间。产品的生产批量大小影响生产单位的构成，某种产品的产量大，可以设置专门的生产线、车间甚至分厂，而产量小则无此必要。

（2）企业规模。企业规模是指劳动力、生产资源、产品和服务在企业集中的程度，如员工人数、资产总值、产品产值等，可以分为大型、中型或小微型企业。企业规模越大，需要设置的生产单位越多。例如，大型的机器制造厂，同类性质的机器加工车间有多个，有专门生产各种齿轮的，有专门生产各种轴和轴套的，有专门生产床身、床体的；而一些小微型企业，许多功能设置于同一生产单位。

（3）企业的生产专业化。生产专业化是指把结构和工艺相同或相似的产品，或相同的工艺阶段集中于少数企业，形成大批量生产的一种生产组织方式，它能够大幅度地提高劳动生产率，显著地降低产品成本，有效地提高产品质量。生产专业化有产品专业化、零部件专业化、工艺专业化和辅助生产专业化四种不同的形式。采用产品专业化形式的工厂，设置有毛坯车间、机械加工车间、热处理车间、装配车间等生产单位，如汽车制造厂；采用工艺专业化形式的企业，按相应的工艺阶段设置生产单位，如装配厂只设部件装配车间、总装车间等。

（4）企业的协作化水平。企业的协作化水平越高，通过协作取得的零部件越多，则企业的生产单位越少。例如，电冰箱、电视机、洗衣机、汽车、机床等制造厂，所需的大量元器件、零部件、标准件都是由协作厂提供，企业生产单位的组成较简单。

（5）企业的技术水平。企业的技术水平主要是指装备的技术水平影响生产运作单位构成。企业的装备技术水平高，其生产单位组成比较简单；反之，则比较复杂。

3. 设施规划布置的基本要求

（1）符合生产运作过程的要求。厂房、设施和其他建筑物的布置，特别是各车间和各种设备的布置，应满足产品或服务的工艺过程的要求，保证合理安排生产作业单位，方便采用先进的生产组织形式。

（2）减少物料运输距离。设施布置应使具有密切生产联系和协作关系的生产运作单位尽量靠近布置，尽可能避免交叉运输和往返运输，采用自动输送线等先进的运输方式，以减少物料流量和运距，提高运输效率。

（3）有效利用面积。设施布置讲求经济实用、协调、紧凑、合理，充分利用地面和空间面积，提高建筑系数（指厂房、建筑物占地面积在全厂总面积中所占的比重），可以缩短道路、管道距离和物料流程，节约用地，减少建设工作量，降低基建投资费用。

（4）改善工作质量。设施布置应充分考虑到防火、防盗、防爆、防毒等安全文明生产的要求，工作地要有足够的照明和通风，减少粉尘、噪声和震动，认真处理好“三废”排放问题，营造良好的工作环境，保护员工身心健康。

（5）合理地划分区域。按照生产运作单位的功能要求和其他条件，合理划分设施的区域位置，把功能相同或相近且条件要求靠近的生产运作单位尽量布置在一个区域内，便于联系、协作和管理。

（6）利用外部便利条件。考虑利用外部环境提供的各种便利条件，如铁路、公路、港口和供水、供电、供气和公共设施等，协同厂外运输条件与厂内生产过程的流向和运输系统的配置，满足物料运输的要求。

（7）留有扩展余地。企业的生产经营活动是一个动态发展变化的过程，既要考虑设施布置的柔韧性，又要为企业将来发展留有一定余地。

（8）协调社区环境。设施布置要考虑与周围社区环境的协调性，结合产城融合，布置建筑物设施应考虑风格的搭配，不应破坏已有建筑和环境格局。

4. 设施规划布置的基本类型及其选择

（1）工艺对象专业化布置（process layouts）。工艺对象专业化设施的布置是与工艺对象专业化的生产组织方式相适应的，是一种满足加工不同的产品或提供服务的布置，是在某个生产运作单位中，集中设备、工具、仪器、人员等，进行相类似的生产加工或服务活动。例如，机械制造厂是典型的工艺对象专业化布置，按照产品的工艺特征设置车间或工段，把同类的设备集中在一起组成生产单位，如车工车间、铣工车间、磨工车间或在机械加工车间内设置车工工段、铣工工段、磨工工段等。

（2）产品对象专业化布置（product layouts）。产品对象专业化布置是适应产品对象专业化的生产组织方式，特点是按照某种产品的加工路线或加工顺序布置设施，俗称生产线。产品对象专业化布置是在一个生产单位中集中加工同一产品的各种设备和工人，完成该产品的各种工艺加工，如汽车装配线、拖拉机生产线等按产品对象专业化布置。

（3）混合式布置（hybrid layouts）。混合式布置是指工艺对象专业化布置和产品对象专业化布置两类布置的混合。混合式布置吸取工艺对象专业化和产品对象专业化布置的长处，这种布置形成的生产单位，既对产品品种变化有一定适应能力，又能缩短物流路程。例如，在空调制造业中，零部件生产采用工艺对象专业化布置，装配车间采用产品对象专业化布置。

（4）固定布置（fixed layouts）。固定布置是指将加工的对象如产品、零部件的位置固定不变，而人员、设备、工具向其移动，并在该处进行加工制造的一种设施布置方式。固定布置与产品对象专业化布置正好相反，主要适用于体积大、重量也很大、难以移动的产品，如重型机床、船舶、飞机、机车、锻炉、发电机组等，以及大型建设项目，如建筑房屋、修水坝、筑路、钻井也常用固定布置方式来进行生产。

（二）设施规划布置计划与方法

1. 设施规划布置的基本步骤

（1）收集有关资料、数据、信息和情报。主要包括：①生产运作单位及相关设施的数量、规模、所需面积大小；②可以利用的空间面积大小；③各个生产运作单位及相关设施之间的关系；④其他约束条件。

（2）按照设施布置的基本原则，拟订初步的平面布置方案并进行分析和评价。

（3）结合特殊要求和约束条件，不断优化调整初步方案，直到满意为止。

（4）最终确定布置方案，画出详细的布置图。

2. 系统化布置计划（SLP）

系统化布置计划（Systematic Layout P1anning，SLP），又称设施布置计划，是1973年缪瑟（Muther）提出来的，是一种基于流程导向布局，从生产运作单位之间的关系出发，根据设施的种类、数量、形状及要求进行系统布置的科学方法。

1）系统化布置计划考虑的主要因素

（1）产品或材料P（Product）：生产什么？

（2）数量或产量Q（Quantity）：每种产品生产多少？

（3）生产路线或工艺流程R（Routing）：每种产品怎样生产？

（4）供应量S（辅助部门Supporting Service）（Support）：保证生产进行依靠什么？

（5）生产周期或时间安排 T（Timing）：每种产品生产需要多少时间？

（6）单位数 N：直接或间接地参与产品的生产或服务有多少生产运作单位？

SLP 法的工作程序如图 7－1 所示。

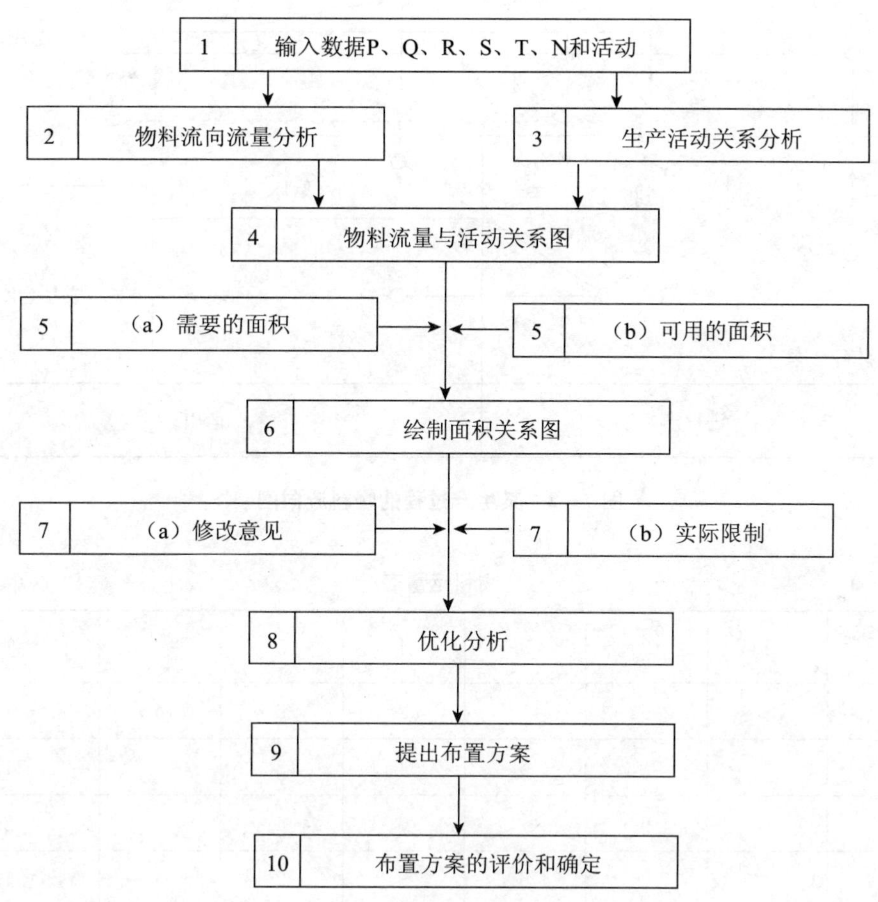

图 7－1　SLP 法工作程序框图

2）SLP 法的具体工作程序

（1）输入数据。即输入 P、Q、R、S、T 和 N，分析它们之间的相互关系。

（2）物料流向流量分析。物料的流向一般取决于生产加工过程和工艺加工路线。物料流量分析包括原材料、零部件、产成品的运输密度和数量。图 7－2 是某生产过程的物料流向图，根据各生产单位之间物料运量表（见表 7－1）绘出运量相关线路图（见图7－3）。

（3）生产活动关系分析。通过分析生产运作单位之间的相互关系，确定它们之间活动的相对重要性和密切程度，进而确定相应设施的位置和接近程度。活动关系分析常用活动关系图进行。图 7－4 是某个工厂由 8 个部门组成的活动关系图，在活动关系图中，一般用 6 个大写英文字母表示部门活动的关系密切程度（见表 7－2）；用数字表示关系密切程度的原因（见表 7－3）。根据表 7－3 提供的活动关系密切程度及原因，按照活动关系密切的部门单位靠近布置的原则，初步确定各部门的相邻位置。

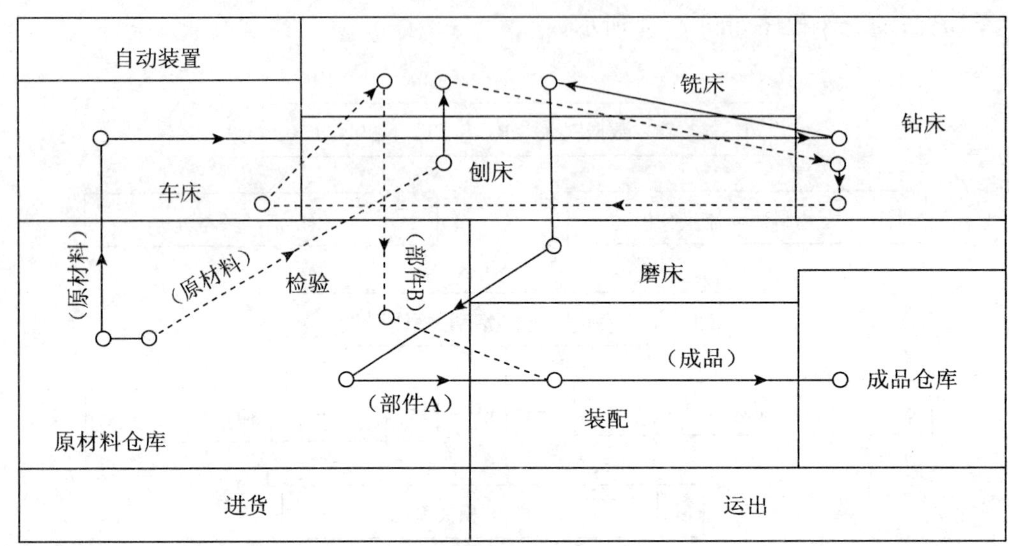

图 7－2　某生产过程的物料流向图

表 7－1　　**物料运量表**　　**单位：吨**

从＼至	1	2	3	4	5	6	总计
1		6		2	2	4	14
2			6	4	3		13
3		6		6	4	4	20
4			6		2	4	12
5				1			1
6		3	4				7
总计	0	15	16	13	11	12	67＼67

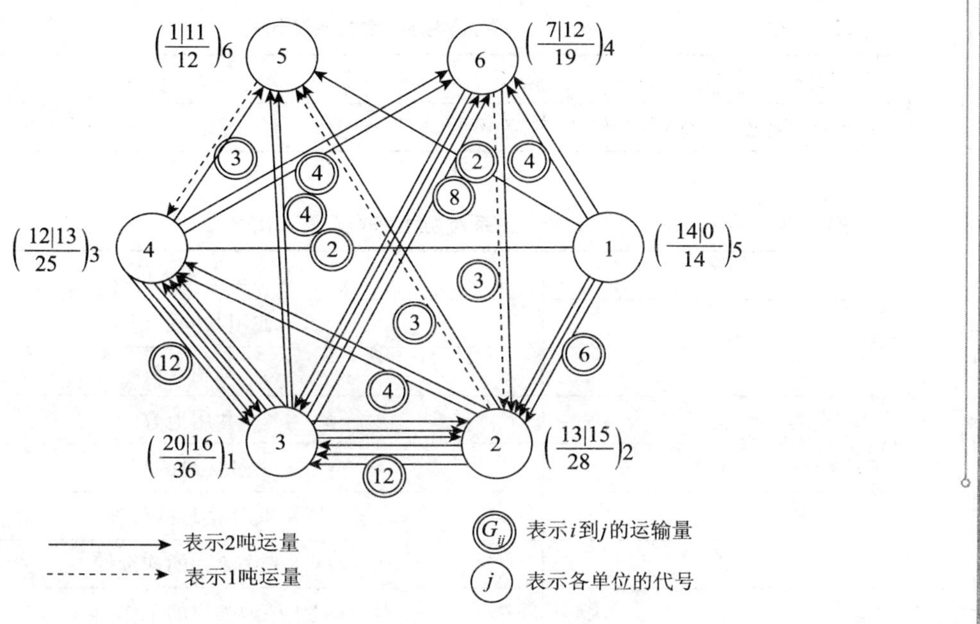

图 7－3　运量相关线路图

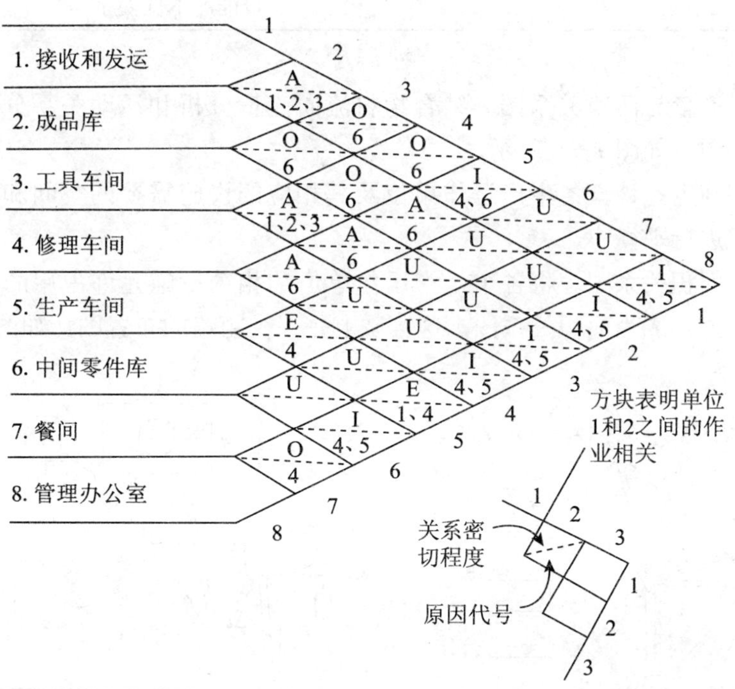

图 7－4　某工厂活动关系图

表 7-2 关系密切程度关系及代号

代号	A	E	I	O	U	X
关系密切程度	绝对必要	特别重要	重要	普通的	不重要	不予考虑

表 7-3 关系密切程度的原因及代号

代号	关系密切程度的原因
1	使用共同的记录
2	共用人员
3	共用地方
4	人员接触的程度
5	文件接触的程度
6	工作流程的连续性
7	做类似的工作
8	使用共同的设备
9	可能的不良秩序

（4）物料流量与活动关系图。结合物料流向流量分析和活动关系分析，绘制成流量与活动相关图，如图 7-5 所示。

（5）面积确定。计算各生产运作单位及其相应的设施需要的空间和面积，并与可以利用的面积进行平衡。

（6）绘制面积关系图。将各个生产运作单位和相关设施允许占用的面积画在流量与活动相关图上，成为面积关系图。这实质上是一个粗略的布置图，如图 7-6 所示。

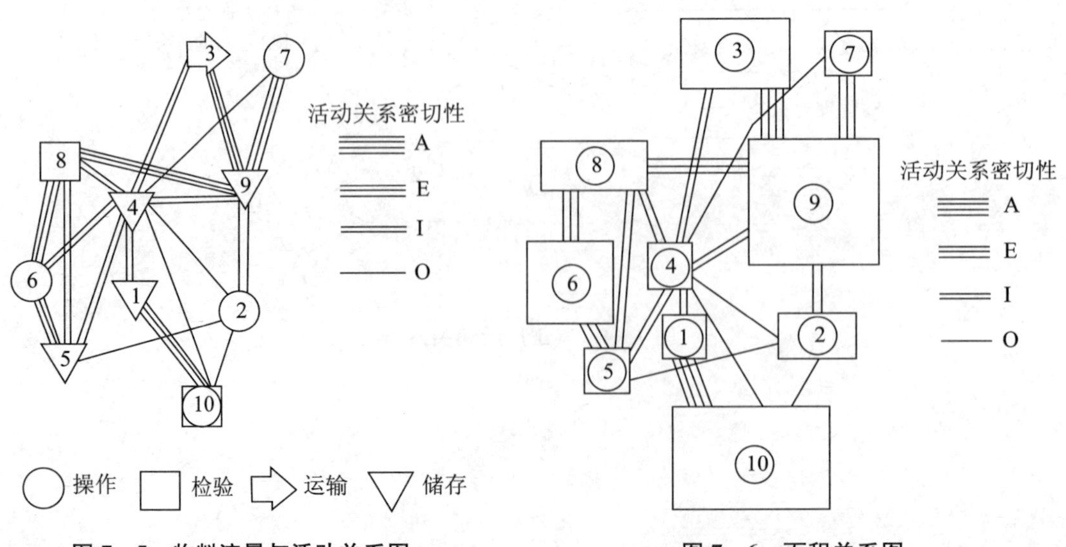

图 7-5 物料流量与活动关系图

图 7-6 面积关系图

（7）调整面积关系图。结合具体条件修正和调整面积关系图，包括物料运输配送方法、仓储手段、环境条件、人员配备、建筑物特点、公用设备、辅助设施以及成本费用、安全生产等实际约束条件等。

（8）优化分析。按照确定的设施布置评价标准，进行优化分析，以使各个生产运作单位及相关设施的位置安排最合理。例如，反复调整变换几个单位的相对位置，直到运输费用不能再减少为止。

（9）布置方案的评价和确定。经过优化分析，排除价值不大的方案，剩下的方案都具有一定的优点和缺点，再通过评价选择最佳方案，具体评价可采用优缺点比较法、分级加权法或费用比较法等。

3. 基于 SLP 的物流园功能区布局

物流园区的功能布局是基于物流园区的功能设计、区域划分和规模确定，寻求最合理的平面布局方案以使物流园区运作效率最优和作业成本最优。

（1）物流园功能区布局的规划程序如图 7－7 所示。

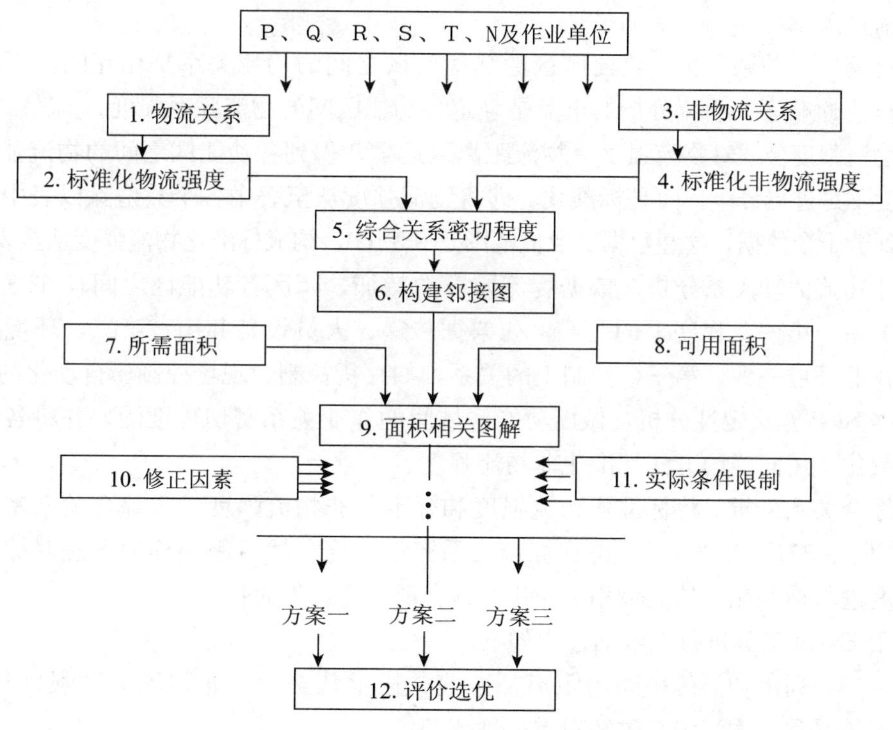

图 7－7　物流园功能区布局规划程序

①功能区划分和规模确定。首先判定物流园类型，根据设施类型选择功能区划分方案，然后利用系统方法确定各功能区的面积，为物流园的功能区布局打下基础。

②综合关系分析及量化。分析各功能区之间的物流关系和非物流关系，对综合关系进行量化确定密切程度。将园区入口和出口看作两个固定的虚拟功能区，以入口为

起点，出口为终点进行物流分析。

③区域布局平面图确定。根据各功能区之间的密切程度，建立布局模型求解；结合功能区空间需求面积，布置各功能区。

④布局方案修正。根据实际地况，加上人工干预，结合流程动线分析及其他布置要求，对方案进行适度调整。

(2) 物流园功能区区域布置的关联性分析。

①流程动线分析。针对生产部门，只考虑流程，配合制造程序与设备特征，规划工作区和设备位置，尽量减少制造过程所需行经的距离和逆回流程，提高生产速度。

②活动关联性分析。同时考虑物流关系和非物流关系，对包括生产部门、辅助劳动、办公室和服务设施等对象的活动进行关联性分析。

(3) 物流园区的功能区域之间的物流活动和非物流活动关系。

物流园区的功能区域之间的物流活动和非物流活动关系都是园区的活动主线，功能区域的平面布置以活动关联性分析为主；功能区内部的平面布置以流程动线分析为主。因此，物流园区功能区规划主要依据功能区之间活动相关性进行布局，相关性包括物流活动关系与非物流活动关系。

①物流活动关系分析。物流园区的功能区域之间的物流关系是相互的，不存在绝对的单行流通顺序，物流分析的重点是确定各功能区间的物流联系强度。

由物流强度公式（物流强度＝物流距离×运量）得到各功能区之间的物流强度，对物流强度不是进行分级，而是标准化，即将物流强度从至表中各个数值除以表中的最大值，得到若干个数据，这些数据的取值范围是0～100，构成标准化物流强度从至表。

②非物流活动关系分析。依据物流园区的特征，园区各功能区之间存在三种非物流活动关系：第一，程序上的关系，如票据传递、人员设备共用。第二，环境上的关系，如作业环境一致。第三，控制上的关系，如存货控制、现场控制、自动化的整合。

依据SLP方法定性分析，做出功能区域间的作业关系密切程度图，并将各密切程度等级量化，用同样的方式标准化非物流强度。

③综合关系分析。将标准化物流强度和标准化非物流强度带入综合关系密切程度公式（$CR_{ij}=3MR_{ij}+NR_{ij}$），得到综合关系密切程度，然后用同样的方法对综合关系密切程度进行标准化。然后借用Excel工具实现计算过程简化。

采用Excel工具进行求解的过程如下。

第一步，列出功能区域间的距离从至表、运量从至表、非物流关系强度从至表，以及物流关系和非物流关系的相对重要性比值。

第二步，利用Excel中的公式计算物流强度，公式如下：

物流强度！C3＝距离从至表！C3＊运量从至表！C3

第三步，标准化物流强度（B），公式如下：

B＝（物流强度！C3/MAX（物流强度！＄B3：物流强度！＄H9））＊100

其中，MAX（物流强度！＄B3：物流强度！＄H9）表示物流强度从至表中的最大数值，＄在公式中起到固定数值的作用。

第四步，标准化非物流强度（FB），公式如下：

FB=（非物流强度！C3/（MAX（非物流强度！＄B3：非物流强度！＄H9）））*100

第五步，计算综合关系密切程度（Z），公式如下：

Z=（标准化物流强度！C3*3+标准化非物流强度！C3*1）

然后计算标准化综合关系密切程度（BZ），公式如下：

BZ=（综合关系密切程度！C3/MAX（综合关系密切程度！＄B3：综合关系密切程度！＄H9））*100

（4）图形构建法布局。基于功能区布局优化的目标是将综合关系密切程度大的功能区安排在一起，可以采用图论的方法进行布局，将两功能区的综合关系分值作为功能区之间的关联权重。

为方便理解，先假设一个简单的例子，关联权重见图 7－8。

在此基础上，描述图形构建法步骤如下。

步骤一，从图 7－8 中选择具有最大关联权重的成对作业区。本例中作业区（1）和（2）首先被写进关联线图中。

步骤二，选定第三个作业区进入图中。其根据是该作业区与已入选的作业区（1）和（2）所具有的关联权重最大。在表 7－4 中，作业区（3）的权重总和最大，所以入选，如图 7－9 所示，作业区（1）、作业区（2）、作业区（3）构成封闭三角形。

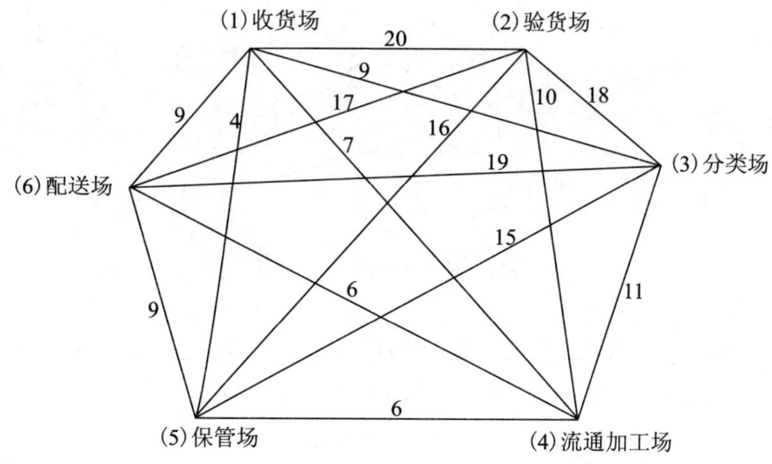

图 7－8 案例关联权重

表 7－4 步骤二关联权重总和表

作业区	（1）	（2）	合计
（3）	9	18	27（最佳）
（4）	7	10	17
（5）	4	16	20
（6）	9	17	26

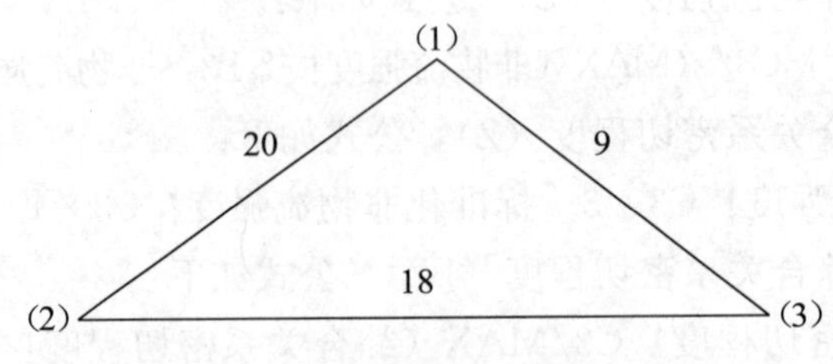

图 7－9　图形构建法步骤二示意图

步骤三，对尚未选定的作业区，建立第三步骤的关联权重总和表，见表 7－5。在表 7－5 中，作业区（6）入选，以节点形态加入图形，见图 7－10。

表 7－5　　步骤三关联权重总和表

作业区	（1）	（2）	（3）	合计
（4）	7	10	11	28
（5）	4	16	15	35
（6）	9	17	19	45（最佳）

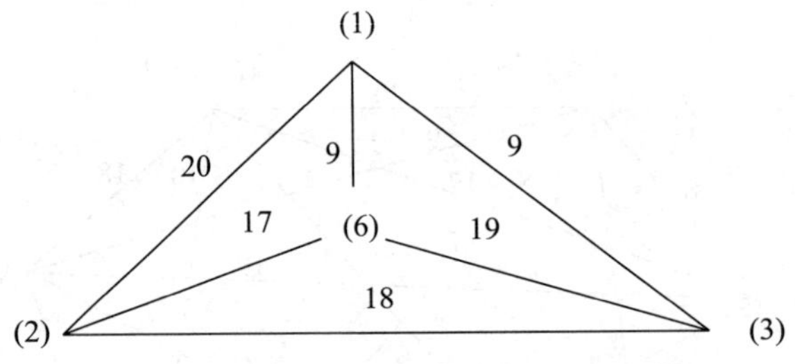

图 7－10　图形构建法步骤三示意图

步骤四，对尚未选定的作业区，建立第四步骤的关联权重总和表，见表 7－6。在表 7－6 中，作业区（5）在（2－3－6）中的权数总和为 40，所以入选，以节点形态加入图面（2－3－6），并置于区域（2－3－6）的内部。

表 7－6　　步骤四关联权重总和表

作业区	（1）	（2）	（3）	（6）
（4）	7	10	11	6

图画	合计
1－2－3	28
1－2－6	23

续　表

图画		合计		
1-3-6		24		
2-3-6		27		
(5)	4	16	15	9
1-2-3		35		
1-2-6		29		
1-3-6		28		
2-3-6		40（最佳）		

按照准则，最后构建完一个邻接图。最后一步是依据邻接图重建区域布置，如图7-11所示。在建构区域布置图时，各作业区的原始形状必须做出改变，以配合邻接图的要求。

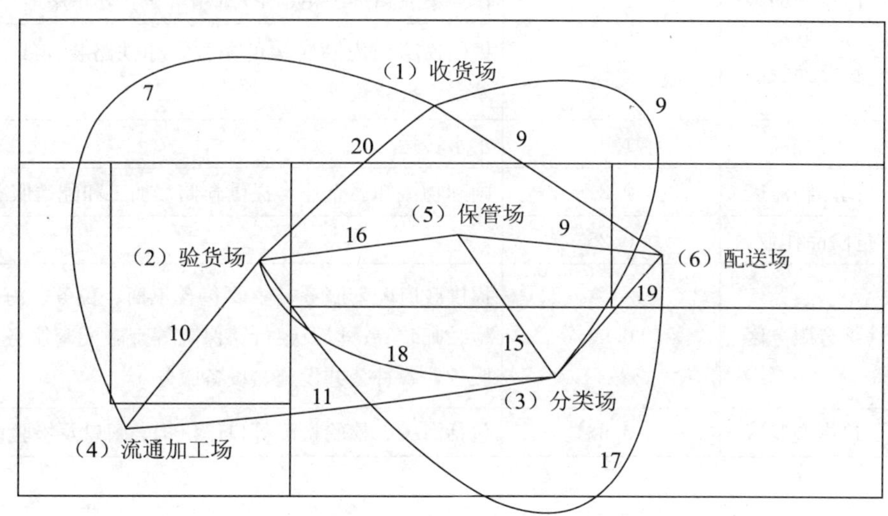

图7-11　最终区域布置图

（5）方案评价。引入标准化概念得出标准化综合关系分值，以此作为不同功能区间的权数总和。通过启发式的图形构建法对物流园功能区进行设施布置研究，调整某些功能区面积，最终完成区域的规划。

方案评价的内容包括定性和定量两方面，根据物流园区布局的特征，常采用以下几种方法进行评价。

①技术指标评价法。当多个方案的其他指标基本相同或不重要时，通过某项主要指标的优劣情况评价方案，如物流距离图分析法、成本分析比法、技术水平评价法等。

②优缺点列举法。列举每个方案中有关物流动态、搬运距离、扩充弹性等相关因

素，互相比较各方案的优缺点，权衡利弊条件。该方法主观性强，但简单明了，适用于规模较小、功能单一的规划项目。

③层次分析法（Analytic Hierarchy Process，AHP）。AHP 的基本思想是首先根据问题要求建立一个描述系统功能或特征的内部独立的递阶层次结构，通过对因素（或目标、准则、方案）的两两比较，比较其相对重要性，给出相应的比例标度，构造上层某要素对下层相关元素的判断矩阵，进而给出相关元素对应上层要素的相对重要序列。

（6）基于 SLP 的上海洋山深水港物流园功能区布局。上海洋山深水港物流园区位于上海南汇海港新城西部，东临沪芦高速公路，园区规划面积 13.8 平方千米，现预留 8 平方千米作为备用发展基地以满足 2020 年后洋山港的发展需求。上海洋山深水港物流园区根据物流园区功能和不同功能区的作业方式、布置形式，将其划分成七大功能区，七大功能区的面积和功能如表 7－7 所示。

表 7－7　　洋山深水港物流园功能区状况表

代码	功能区	面积（平方千米）	主要功能
A1	港口辅助区	1.44	作为集装箱拆装箱、空/重箱堆积、修箱用地
A2	铁路换装区	0.87	提供铁路向内陆转运的条件，如铁路装卸线、堆场、站台、拆装箱堆场
A3	内河港区	1.21	水水转运
A4	国际物流区	0.81	国际物流知名企业，提供仓储、加工和配送服务
A5	危险品作业区	0.25	—
A6	综合服务区	0.60	提供政府配套服务，主要包含工商、税务、海关、商检、邮政等；以及银行、保险等金融配套服务，信息服务，各种公共设施、设备服务
A7	口岸查验区	0.66	包括海关、检验检疫等口岸机构、闸口及检验设施

①物流关系分析。功能区间距离估计：按照洋山港布局图，将各个功能区看成圆形，每个圆外切，根据面积公式，求出每个圆的半径，通过圆的半径来估计距离。如表 7－8 所示。

表 7－8　　功能区半径表

功能区序号	A1	A2	A3	A4	A5	A6	A7
面积（平方千米）	1.44	0.87	1.21	0.81	0.25	0.60	0.66
半径（千米）	0.68	0.53	0.62	0.51	0.28	0.44	0.46

通过 Excel 构建距离从至表，如表 7－9 所示。

表 7-9 距离从至表

从＼至	A1	A2	A3	A4	A5	A6	A7
A1		1.21	2.32	1.19	1.46	1.45	1.14
A2			1.54	1.04	0.81	1.99	2.18
A3				1.13	0.90	1.54	2.33
A4					0.79	0.95	1.20
A5						1.32	1.45
A6							0.90
A7							

运量估计：由于港口处理包括进口和出口，为了方便明确运量大小，在这里将以出口流程为例进行分析。如图 7-12 所示。

根据资料，上海港 2010 年月平均标准集装箱吞吐量为 242.25 万标准箱（鉴于资料查询有限，在这里通过上海港口的标准集装箱吞吐量为参照来代表洋山港的总运量，见图 7-13）。因为无法明确得知货物种类，所以货物分类仅按照流向（铁路换装区、流向内河港区、流向国际物流区和流向危险品作业区）分为四类，依据国外港口公路、铁路、水路集装箱比例（60：20：20），四类货物所占总量的比例为 20：20：50：10。

利用 Excel 构建运量从至表，如表 7-10 所示。

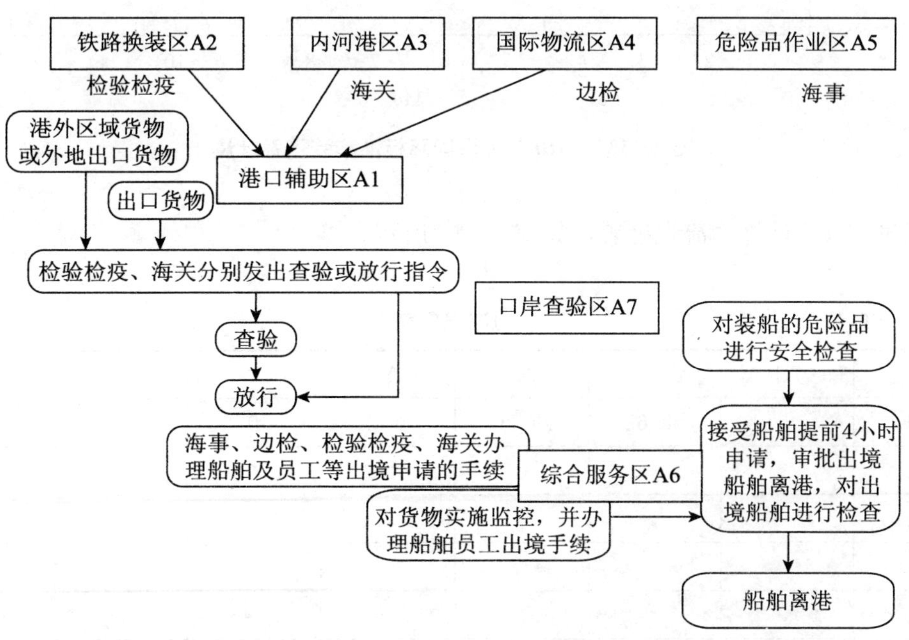

图 7-12 出口流程图

表 7-10　　运量从至表

从＼至	A1	A2	A3	A4	A5	A6	A7
A1		48.45	48.45	121.125	0	0	242.25
A2			0	30	0	0	0
A3				28	10	0	0
A4					32	0	0
A5						0	48.45
A6							0
A7							

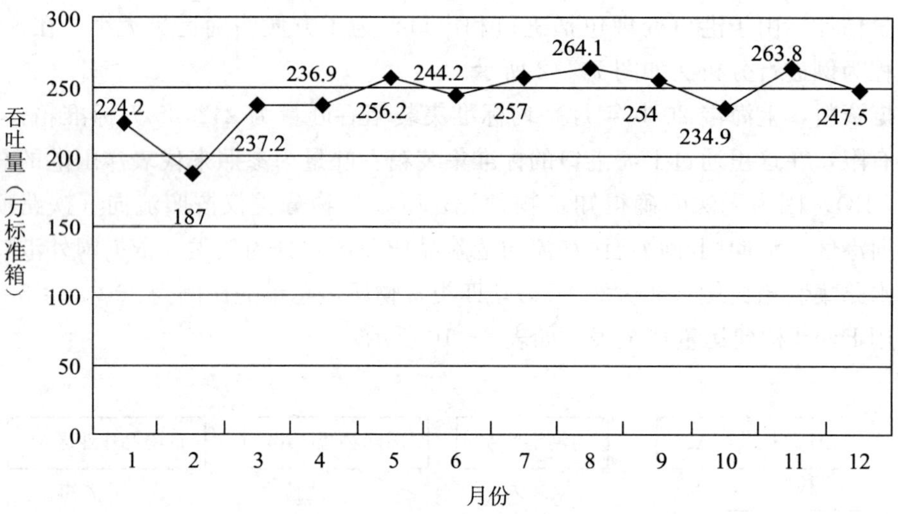

图 7-13　2010 年上海国际标准集装箱吞吐量

通过 Excel 计算物流强度表，如表 7-11 所示。

表 7-11　　物流强度表

	A1	A2	A3	A4	A5	A6	A7
A1		58.62	112.40	144.14	0	0	276.17
A2			0	31.2	0	0	0
A3				31.64	9	0	0
A4					25.28	0	0
A5						0	70.25
A6							0
A7							

进行物流强度标准化，得标准化物流强度表，如表 7－12 所示。

②非物流关系分析。依照非物流关系分析方法，分别给 A、E、I、O、U、X 赋值 4，3，2，1，0，－1。分析各功能区之间的非物流关系，用 Excel 表示出非物流强度，如表 7－13 所示。

然后标准化非物流强度，见表 7－14。

表 7－12　　标准化物流强度表

	A1	A2	A3	A4	A5	A6	A7
A1		21.22	40.70	52.19	0	0	100
A2			0	44.41	0	0	0
A3				45.04	12.81	0	0
A4					35.98	0	0
A5						0	100
A6							0
A7							

表 7－13　　非物流强度表

	A1	A2	A3	A4	A5	A6	A7
A1		3	3	3	1	0	4
A2			1	1	－1	0	0
A3				2	0	0	－1
A4					1	0	－1
A5						－1	2
A6							3
A7							

③综合关系分析。根据综合关系密切程度公式 $CR_{ij}=3MR_{ij}+NR_{ij}$ 计算综合关系分值，如表 7－15 所示。

然后标准化综合关系分值，如表 7－16 所示。

表 7－14　　标准化非物流强度表

	A1	A2	A3	A4	A5	A6	A7
A1		75.00	75.00	75.00	25.00	0.00	100.00
A2			33.33	33.33	－33.33	0.00	0.00

续 表

	A1	A2	A3	A4	A5	A6	A7
A3				66.67	0.00	0.00	−33.33
A4					33.33	0.00	−33.33
A5						−33.33	66.67
A6							100.00
A7							

表 7-15　　综合关系分值表

	A1	A2	A3	A4	A5	A6	A7
A1		138.68	197.11	231.58	25.00	0.00	400.00
A2			33.33	166.57	−33.33	0.00	0.00
A3				201.78	38.43	0.00	−33.33
A4					141.29	0.00	−33.33
A5						−33.33	366.67
A6							100.00
A7							

表 7-16　　标准化综合关系分值表

	A1	A2	A3	A4	A5	A6	A7
A1		35.00	49.00	58.00	6.00	0.00	100.00
A2			8.00	45.00	−9.00	0.00	0.00
A3				55.00	10.00	0.00	−9.00
A4					39.00	0.00	−9.00
A5						−9.00	100.00
A6							0.00
A7							

④图形构建法结果。案例最终完整邻接图如图 7-14 所示。

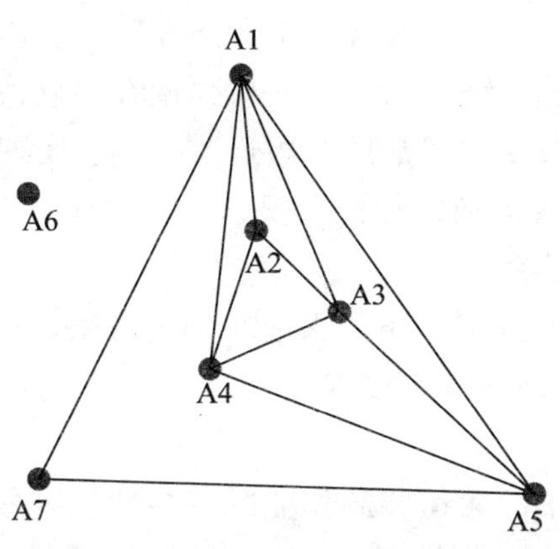

图 7-14　案例最终完整邻接图

画出布局图如图 7-15 所示。

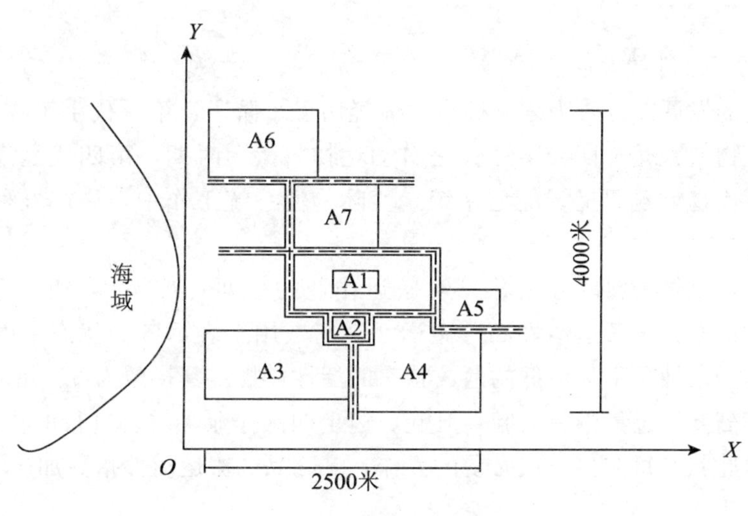

图 7-15　案例布局图

第二节　搬运装卸系统设计

在整个物流系统中，搬运装卸是不断出现和反复进行的活动，出现频率高于其他各种物流活动。装和卸的次数之和与移动次数之间往往是 2∶1 的关系，且装货卸货的劳动强度大，耗费的时间长。

一、搬运装卸系统概述

1. 搬运装卸的内涵

搬运装卸是指同一地域范围内进行的，以改变物品的存放状态和空间位置为主要内容和目的的活动。实际上，人们常常采用“装卸”或“搬运”来代替搬运装卸的完整意义。例如，在整个物流系统活动中，如果强调存放状态的改变，常用“装卸”一词；如果强调空间位置的改变，则常用“搬运”一词。实现搬运装卸这种移动，需要有移动的物品和实现这种移动所需要的人员、工作程序、设备、工具、容器、设施及其设施布置等构成的作业体系。

物料搬运系统是在适当的成本下，采取正确的方法、顺序、方向、时机在正确的位置提供正确数量、正确条件的正确物料。

2. 搬运装卸的特点

生产领域和流通领域中的搬运装卸作业既有共性又有各自的特性。共性是在生产和流通领域中，搬运装卸作业具有“伴生”（伴随产生）和“起讫”、提供“保障”和“服务”、发挥“闸门”和“咽喉”作用的特点。同时，在生产和流通两个领域，存在均衡性与波动性、稳定性与多变性、局部性与社会性、单纯性与复杂性的不同。因此，在研究设计、运用、改进、评价装卸搬运系统，需要考虑生产领域还是流通领域的不同的侧重面。

3. 物料搬运装卸的发展历程

物料搬运的发展以方式为划分标准大体经历五个阶段：第一代手工物料搬运时期，第二代机械化物料搬运时期，第三代是自动化物料搬运时期，第四代是集成化物料搬运时期，第五代物料搬运是智能型系统。实际物流系统工作中，往往五种方式交叉混合使用。

搬运活性，是指物料的存放状态对搬运作业的方便（难易）程度。装卸次数少，工时少的货物堆放方法搬运活性高。搬运活性指数用于表示各种状态下的物品的搬运活性，最基本的活性是水平最低的散放状态的活性，规定其指数为 0。如散放在地面的物品要运走，需要经过集中、搬起、升起、运走四次作业，需要进行的作业次数最多、最不方便。对此状态每减少一次必要的操作，其物品的搬运活性指数加 1，活性水平最高的活性指数为 4。

二、搬运装卸系统设计

搬运装卸系统是指一系列的相关设备和装置，用于一个过程或逻辑动作系统中，协调、合理地将物料进行移动、储存或控制。物料搬运系统和设备、容器性质取决于物料的特性和流动的种类。物料搬运系统的设计要求合理、高效、柔性且能够快速装换，以适应生产周期短、产品变化快等特点。

20 世纪 60 年代美国物流搬运机构和国际物料管理协会编列 20 条物料搬运原则，并持续完善其内容。20 条物料搬运原则分别是指导原则、计划原则、系统原则、流程原则、单元负载原则、空间利用原则、标准化原则、人因化原则、机械化原则、弹性化原则、简单化原则、网络化原则、能源原则、生态原则、重力原则、安全原则、布局原则、成本原则、维护原则、汰旧原则等。

根据物料搬运原则，物流搬运系统设计应遵照如下原则：①减少装卸搬运环节，降低装卸搬运次数原则；②移动距离（时间）最小化原则；③人身、设备、物品三安全原则；④单元化载荷原则；⑤机械化原则；⑥标准化原则；⑦系统化原则。

1. 物料搬运系统分析方法

系统搬运分析（System Handing Analysis，SHA）作为理查德·缪瑟（Muther）提出的一种系统分析方法，适用于一切物料搬运项目。SHA 方法包括一种解决问题的方法，一系列依次进行的步骤和一整套关于记录、评定等级和图表化的图例符号。SHA 具体包括三个基本内容：阶段构成、程序模式和图例符号。搬运系统分析过程如图 7－16 所示。

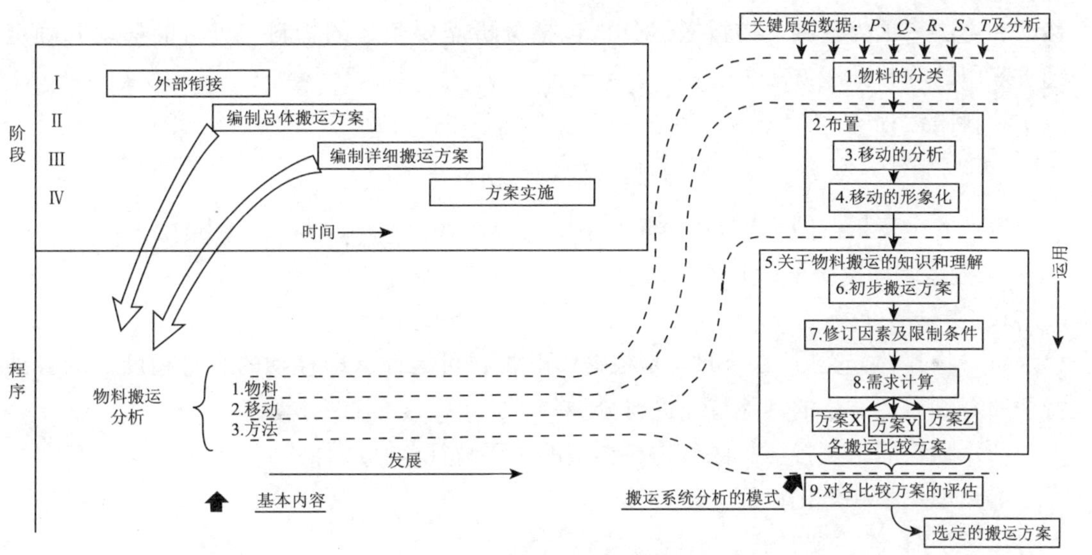

图 7－16　搬运系统分析过程

1）阶段结构

阶段一：外部衔接。主要是了解清楚区域的物料进出状况。例如，区域的各道路出入口应与外部条件相协调，使工厂或仓库内部的物料搬运与外界的大运输系统融为一个整体。

阶段二：编制总体搬运方案。主要是拟定各区域之间搬运物料的方法，包括物料的搬运路线、搬运设备及容器类型等。

阶段三：编制详细搬运方案。主要是考虑每个区域内部各工作地之间的物料搬运，确定详细的物料搬运方法。若第二阶段是分析工厂内部各车间或各厂房之间的物料搬运问题，则第三阶段是分析从一个具体工位到另一个工位或者从一台设备到另一台设备的物料搬运问题。

阶段四：方案实施。主要是进行必要的准备工作，订购设备，完成人员培训，安排进度并安装具体的搬运设施，然后对规划的搬运方法进行实验，验证操作程序，确保全部安装完毕后能正常工作。

上述四个阶段一般按照时间顺序依次进行，实际工作中各阶段在时间上有所交叉重叠。

2）SHA 的主要输入

主要输入资料、数据和信息包括五个方面：P—物料（产品、部件、零件、商品）、Q—数量（销售量或合同订货量）、R—路线（操作顺序和加工过程）、S—后勤与服务（如库存管理、订货单管理、维修等）、T—时间因素（时间要求和操作次数）。

3）SHA 的程序模式

物料搬运程式（the material handling equation）是用系统方式涵盖分析因素，并以逻辑关系说明因素间的关联性，但不是数学意义上的方程。物料搬运程式以物料、移动和方法三项为基础，物料搬运分析包括分析需要搬运的物料、进行的移动和确定经济实用的物料搬运方法。

物料搬运程式：

$$\sum \text{何故（何物＋何处＋何时）}$$

考虑 6 个变量，即 5W1H（why，what，where，when，how，who）。

2. 搬运装卸系统设计

1）物料的分类

（1）物料的分类方法。SHA 是根据影响物料可运性（即移动的难易程度）的各种特征和影响搬运方法的其他特征进行分类的。

（2）物料的主要特征。区分物料类别的主要特征包括两种。

①物理化学和生化特征。

A. 尺寸：长、宽、高。

B. 重量：每运输单元重量或单位体积重量即密度。

C. 形状：扁平的、弯曲的、紧密的、可叠套的、不规则的等。

D. 损伤的可能性：易碎、易燃、易爆、易污染、有毒、有腐蚀性等。

E. 状态：不稳定、黏的、热的、湿的、脏的、配对的等。

②其他特征。

A. 数量：较常用的数量或产量，如总产量或批量。

B. 时间性：经常性、紧迫性、季节性、节日性。

C. 特殊控制：政府法律法规、工厂标准、操作规程。

物理、化学、生化特征通常是影响物料分类的重要因素。

（3）物料分类的程序。

①列表标明所有的物品或分组归并的物品的名称。

②记录其物理、化学、生化特征或其他特征。

③分析每种物料或每类物料的各项特征，确定哪些特征是主导的或特别重要的。在主导作用的特征下面画红线（或黑的实线），在特别重要影响的特征下面画黄线（或黑的虚线）。

④确定物料类别，将具有相似的主导特征或特殊影响特征的物料归并为一类。

⑤写出每类物料的分类说明。

重点考虑包装物品的容器，按照物品的实际最小单元（瓶、罐、盒等）分类，或者按最方便搬运的运输单元（瓶子装在纸箱内、衣服包扎成捆、板料归置成叠等）进行分类。一般情况下，物料搬运问题中将所有物品归纳为 8～10 类，尽量避免超过 15 类。

2）布置

在分析移动前，先对系统布置进行分析。设施布置决定物料搬运的起点与终点之间的距离，这个移动的距离是选择任何一种搬运方法的主要因素。具体了解以下四方面信息。

（1）每项移动的起点和终点（提起和放下的地点）具体位置在哪里。

（2）哪些路线及这些路线上有哪些物料搬运方法，是规划前已经确定的，或只是大体上规定的。

（3）物料运进运出和经过的每个作业区所涉及的建筑有什么特点。

（4）物料运进运出的每个作业区内进行什么工作，作业区内部分已有的或大体规划的安排是什么布置的。

值得注意的是，在分析某个区域、一个厂区内若干建筑物之间、一个加工车间或装配车间内两台机器之间的搬运活动时，应该先取得该区域的布置草图、蓝图或规划图、厂区布置图、机器所在区域的布置详图。

3）各项移动的分析

（1）物料。SHA 要求在分析各项移动前，先分析物料的类别。

（2）路线。SHA 用标注起点（取货地点）和终点（卸货地点）的方法表明每条路线。起点和终点采用符号、字母或数码标注，即用一种“符号语言”描述每条路线。

（3）物流。每项移动都有物流量，同时又有某些影响该物流量的因素。

①物流量。物流量是指在一定时间内在一条具体路线上移动（或被移动）的物料数量。物流量的计量单位一般采用每小时多少吨或每天多少吨表示。对于缺乏可比性的物品，有时采用“马格数”进行计量。

②物流条件。物流条件包括以下三个。

数量条件：物料的组成，每次搬运的件数，批量大小，少量多批还是大量少批，搬运的频繁性，每个时期的数量，以及上述情况的规律性。

管理条件：控制或制约各项搬运活动的规章制度或方针政策，以及它们的稳定性。

时间条件：对搬运快慢货缓急程度的要求，搬运活动是否涉及与特定人员、事项及其他物料协调一致，是否稳定并有规律。

（4）各项移动的分析方法。

①流程分析法。流程分析法是每一次只观察一类产品或物料，并跟随它沿整个生产过程收集资料，涉及从原料库到成品库的全过程。

②起讫点分析法。起讫点分析法具体分两种做法：一种是搬运路线分析法，通过

观察每项移动的起讫点来收集资料，编制搬运路线一览表，每次分析一条路线，收集这条路线上移动的各类物料或各种产品的有关资料，每条路线编制一个搬运路线表。另一种是区域进出分析法，每次对一个区域进行观察，收集运进运出这个区域的一切物料的有关资料，每个区域编制一个物料进出表。

(5) 搬运活动一览表。编制搬运活动一览表，汇总收集的资料，全面了解情况。在表中，对每条路线、每类物料和每项移动的相对重要性进行标定，采用五个英文元音字母来划分等级，即 A、E、I、O、U。搬运活动一览表包含下列资料、数据和信息。

①列出所有路线，排出每条路线的方向、距离和具体情况。

②列出所有的物料类别。

③列出各项移动，具体为每类物料在每条路线上的移动，包括：

A. 物流量（每小时若干吨、每周若干件等）；

B. 运输工作量（每周若干吨/公里，每天若干千克/米等）；

C. 搬运活动的具体状况（编号说明）；

D. 各项搬运活动相对重要性等级，采用元音字母或颜色标定。

④列出每条路线，包括：

A. 总的物流量及每类物料的物流量；

B. 总的运输工作量及每类物料的运输工作量；

C. 每条路线的相对重要性等级，采用元音字母或颜色标定。

⑤列出每类物料，包括：

A. 总的物流量及每条路线上的物流量；

B. 总的运输工作量及每条路线上的运输工作量；

C. 各类物料的相对重要性的等级，采用颜色或/和元音字母标定。

⑥填写总的物流量和总的运输工作量于右下角。

⑦其他资料，如每项搬运中的具体件数。

4）各项移动的图表化

综合各项移动分析和具体的区域布置图，用图表表示实际作业的情况。物流图表化方法如下。

(1) 物流流程简图。物流流程简图用简单的图表描述物流流程，作为分析和解释中的一个中间步骤。

(2) 在布置图上绘制的物流图。在布置图上绘制的物流图是画在实际的布置图上，图中标出准确位置，表明每条路线的距离、物流量和物流方向。

(3) 坐标指示图。坐标指示图是距离与物流量指示图。图上的横坐标表示距离，纵坐标表示物流量。每一项搬运活动按其距离和物流量用一个具体的点标明在坐标图上。制图时，可以绘制单独的搬运活动即每条路线上的每类物料，也可以绘制每条路线上所有各类物料的总的搬运活动，或者把两者画在同一张图表上。一般地，在布置图上绘制的物流图和距离与物流量指示图往往同时使用，但有时却要具体问题具体分析。

5）物料搬运方法的选择

（1）搬运路线系统。物料搬运路线系统一般分类如下。

直达型路线系统：各种物料从起点移动到终点经过的路线最短。当物流量大、距离短或距离中等时，采用该形式较经济，特别适用于物料有一定特殊性且时间紧迫的情景。

渠道型路线系统：一些物料在预定路线上移动，与来自不同地点的其他物料一起运到同一个终点。当物流量为中等或少量，距离为中等或较长时，采用该形式较经济，特别适用于布置不规则且分散的情景。

中心型路线系统：各种物料从起点移动到一个中心分拣处或分发地区，然后再运往终点。当物流量小而距离中等或较远时，采用该形式较经济，特别适用于厂区外形基本上是方形的且管理水平较高的情景。

实际上，路线系统还有变型，如渠道型从D直接回到A，称为环形路线系统。

（2）物料搬运设备。SHA根据费用对物料搬运设备进行分类，具体分成四类。

①简单的搬运设备。设备价格便宜而可变费用（直接运转费）高，适合于距离短和物流量小的情境。

②复杂的搬运设备。设备价格高而可变费用（直接运转费）低，适合于距离短和物流量大的情况。

③简单的运输设备。设备价格便宜而可变费用（直接运转费）高，适合于距离长和物流量小的情况。

④复杂的运输设备。设备价格高而可变费用（直接运转费）低，适合于距离长和物流量大的情况。

具体根据距离与物流指示图，选择不同类型的搬运设备，选择标准如下：

简单的搬运设备：距离短、物流量小；

简单的运输设备：距离长、物流量小；

复杂的搬运设备：距离短、物流量大；

复杂的运输设备：距离长、物流量大。

（3）运输单元。运输单元是指物料搬运时的基本装载方式，即搬运物料的单位。搬运的物料有三种基本可供选择的情况：散装的、单件的或装在某种容器中的。散装搬运是最简单和最便宜的移动物料的方法，散装搬运要求物料数量很大。单件搬运常用于尺寸大、外形复杂、容易损坏和易于抓取或用架子支起的物品，较适用于“接近散装搬运”的物料流或采用流水线生产，以及大量的小件搬运；其实由于大部分的搬运活动是使用容器或托架，单件物品通过合并、聚集或分批地用桶、纸盒、箱子、板条箱等组成运输单元，单元化运件可以保护物品且减少搬运费用，用容器或运输单元的最大好处是减少装卸费。单元化搬运的具体形式有用托盘和托架、袋、包裹、箱子或板条箱、堆垛和捆扎的物品，叠装和用带绑扎的物品，盘、篮、网兜等。

标准化的集装单元，其尺寸、外形和设计彼此一致，有效节省每个搬运终端（即起点和终点）的费用，同时标准化简化物料分类，能减少搬运设备的数量及种类。

(4) 物料搬运方法。搬运方法是指一定类型的搬运设备与一定类型的运输单元相结合，进行一定模式的搬运活动，以形成一定的路线系统。综合各种作业所制定的各种搬运方法的组合，就形成了物料搬运方案。

6) 初步的搬运方案

通过分类物料，对布置方案中的各项搬运活动进行分析和图表化，结合 SHA 中所用的各种搬运方法，初步确定具体的搬运方案。然后对这些初步方案进行修改并计算各项需求量，把各项初步确定的搬运方法编成若干搬运方案，分别编号为“方案 X”“方案 Y”“方案 Z”等。

SHA 将制定的物料搬运方法称为“系统化方案汇总”，包括确定系统（指搬运的路线系统）、确定设备（装卸或运输设备）及确定运输单元（单件、单元运输件、容器、托架以及附件等）。

(1) SHA 方法用的图例符号。SHA 方法的图例符号通用于各个区域、物料和物流量以及搬运路线系统、搬运设备和运输单元。

D—直达型路线系统；

K—渠道型路线系统；

G—中心型路线系统。

(2) 在普通工作表格上表示搬运方法。

编制搬运方案的方法之一是填写工作表格，列出每条路线上每种或每类物料的路线系统、搬运设备和运输单元。

编制搬运方案的方法之二是直接在以前编制的流程图上记载建议采用的搬运方法。

编制搬运方案的方法之三是把每项建议的方法标注在以前编制的物流图或其复制件上。

(3) 在汇总表上表示搬运方法。编制汇总表同编制搬运活动一览表一样，是每条路线填一横行，每类物料占一竖栏。搬运活动一览表记载每类物料在每条路线上移动的“工作量”，填汇总表只是用“搬运方法”取代“工作量”，适用于项目的路线和物料类别较多的场合。

同时，把每项移动（一种物料在一条路线上的移动）建议的路线系统、设备和运输单元填写在汇总表中相应的格内。汇总表上一些其他的空格，供填写其他资料数据之用，如其他的搬运方案、时间计算和设备利用情况等。

通过一张汇总表，可以全面了解所有物料搬运的情况，汇总各种搬运方法，编合各条路线和各类物料的同类路线系统、设备和运输单元，进而把它连同修改布置的建议提交审批。

7) 修改和限制

审议初步确定的方案是否符合实际、切实可行，并根据实际限制条件进行修改。各物料搬运方案常见的修改和限制的内容包括：

(1) 在前面各阶段中已确定的同外部衔接的搬运方法；

(2) 既满足当前生产需要，又能适应未来远期发展变化；

（3）保持和生产流程或流程设备匹配；

（4）充分利用现有公用设施和辅助设施保障物料搬运系统的实现；

（5）布置或建议的初步布置方案以及它们的面积、空间的限制条件；

（6）建筑物及其结构的特征；

（7）库存制度以及存放物料的方法和设备；

（8）投资限制；

（9）设计进度和允许的期限；

（10）原有搬运设备和容器的数量、适用程度及其价值；

（11）影响生产安全的搬运方法。

8）各项需求的计算

通过对若干初步搬运方案的修改后，选择富有现实意义的2～5个方案进行逐一说明和计算并比较。对每一个方案需进行如下说明：

（1）说明每条路线上每种物料的搬运方法。

（2）说明搬运方法以外的其他必要的变动，如布置更改、作业计划、生产流程、建筑物、公用设施、道路等。

（3）计算搬运设备和人力资源的需要量。

（4）计算投资数额和预期的经营费用。

9）方案的评价

方案的分析评价常采用三种方法：成本费用或财务比较法、优缺点比较法、因素加权分析法。

（1）成本费用或财务比较法。此方法是针对每个方案，明确其投资和经营费用。投资是指方案中用于购置和安装的全部费用，包括基本建设费用（物料搬运设备、辅助设备及改造建筑物的费用等）、其他费用（运输费、生产准备费及试车费等）及流动资金的增加部分（原料储备、产品储存、在制品储存等）。经营费用包括固定费用、可变费用等。通常比较各个方案的投资和经营费用，然后确定一个最优的方案。

（2）优缺点比较法。优缺点比较法是直接把各个方案的优点和缺点列出并进行分析和比较，从而得到最后方案。优缺点分析除了可计算的费用外，还涉及与生产流程的关系及为其服务的能力，搬运方法针对每天产品和产量以及交货时间不同时的通用性和适应性，是否便于未来发展，搬运方法是否限制建筑物扩建，面积和空间的利用，安全生产，建筑物管理，员工对工作条件是否感到满意，是否便于管理和控制，可能发生故障的频繁性及其严重性，是否便于维护和快速修复；施工影响生产中断、破坏和混乱的程度，是否损伤产品质量和物料，是否适应生产节拍的要求，是否影响生产流程时间，是否招募合格的员工，是否获得所需的设备，受土地、气候、日照、气温等自然条件的影响程度，是否与仓库设施、外部运输相协调，是否落实资金或投资，是否促进社会价值等。

（3）因素加权分析法。因素加权法是评价各种无形因素的有效方法，具体程序步骤如下。

①列出搬运方案需要考虑或包含的因素；

②赋予最重要的一个因素的加权值为 10，再按相对重要性规定其余各因素的加权值；

③标明各比较方案的名称，每一方案占一栏；

④对所有方案的每个因素进行打分；

⑤计算各方案加权值，并比较各方案的总分。

正确选定搬运方案必须综合考虑费用对比和评价无形因素两个方面。

10）搬运方案的详细设计

搬运方案详细设计是在此总体搬运方案的基础上制订一个车间内部从工作地到工作地，或从具体取货点到具体卸货点之间的搬运方法。同样采用 SHA，不同之处在于详细设计阶段需要大量的资料、更具体的指标和更多的实际条件。

第三节　仓储系统设计

仓储系统设计主要围绕保存、集中、拆装和混合四项功能展开。货物的存储时间和储存条件影响仓储设施结构和布局。

一、仓储系统的作业方式

仓储系统作为供应和消费的中间环节的物流系统的重要组成部分，发挥着缓冲和平衡供需矛盾的作用。仓储系统的作业一般包括收货、存货、取货、发货等环节。

二、仓库平面布置

1. 仓库平面布置

仓库平面布置是根据仓库的总体设计，对仓储区、生活区两区，业务场所、辅助业务场所、生活区办公场所、生活场所四场，以及其他设施进行具体布置，目的是充分利用存储空间、保障存货安全、合理利用搬运设备、提高仓库的运作效率和服务水平。

仓库布置按照存储物品的品种类别和安全性质分组布置，每组考虑仓储经营的特点、吞吐量的大小以及作业的流程。在仓库中间、出入方便的位置，可以布置吞吐量大、无危险性的货物存储仓库，其他仓库可以布置在两翼或后部；有火灾危险的或有污染性的货物的仓库应布置在下风侧面；库房间距应符合《建筑设计防火规范》《仓库防火安全管理规则》《消防监督检验规定》等有关规定。

2. 仓库布局的主要内容

1）仓库结构类型的选择

仓库的结构类型应根据仓库的功能和任务确定，具体主要包括以下方面。

（1）仓库的主要功能是单纯储存还是兼有分拣、流通、加工、配送等功能。

（2）仓库的储存对象，涉及储存物品的性质、类型、数量、外形尺寸、重量、单位、包装、周转率快慢、季节性或节日性分布等。

(3) 仓库的内外环境要求，是常温、冷藏冷冻还是恒温，气味的影响，以及防盗、防火、防爆、防污染等条件。

(4) 投资商的经济实力，投资额的大小，经营成本的考量等。

2) 仓库设施设备的配置

根据仓库的功能、储存对象、环境要求等确定主要设施设备的配置，如表 7－17 所示。

表 7－17　　仓库功能与设备类型

仓库功能要求	设备类型
存货、取货	货架、叉车、堆垛机械、起重运输机械等
分拣、配货	分拣机、托盘、搬运车、传输机械等
验货、养护	检验仪表、工具、养护设施等
防火、防盗	温度监视器、防火报警器、监视器、防盗报警设施等
流通加工	所需的作业机械、工具等
控制、管理	计算机及辅助设备等
配套设施	站台（货台）、轨道、道路、场地等

3) 仓储面积及参数的确定

仓库面积取决于存储物品的总量、种类以及构成。一般仓库的面积的确定按照国家标准《通用仓库及库区规划设计参数》(GB/T 28581—2012) 进行，具体根据仓储与物流作业实际流程，从库区选址、库区布局规划、仓库设计、仓库相关设施等方面，提出通用仓库与库区规划考虑的基本因素及其主要参数。

4) 仓库主体构造确定

仓库主体构造包括基础、地坪、骨架构成、立柱、墙体、屋盖、楼板、地面、窗、出入口、房距、通风装置等。

(1) 仓库框架。骨架由柱、中间柱及墙体构成。仓库内立柱影响仓库的容量和装卸作业的方便性，应尽量减少。

(2) 防火。仓库主体构造应采用防火结构设计，外墙地板、楼板、门窗必须是防火结构，使用耐火或不燃烧材料。

(3) 出入口尺寸。考虑货车是否入库，叉车种类、尺寸、技术参数、台数、出入库频率，保管货物的尺寸大小等。

(4) 月台（站台、货台）的高度。库外道路平面停放的待装卸货车车厢底板高度尺寸应与库内地面平齐，一般高度 1.2 米，宽度不小于 4.5 米，平台类型可以是一字形、锯齿形、内嵌形三种中的一种或组合，若采用地槽式平台，应考虑库区地面与市政排水管道的高差，解决雨季排水问题，同时地面坡度应保证装卸作业安全。

5）仓库附属设施、设备

（1）保管设备。库内堆放保管货物的方法包括地面散堆法、平托盘分层堆码法、框架托盘分层堆放法、货架散放法、托盘再货架放置法等。货架有次重型货架、中量型货架、横梁式货架、阁楼式货架、平台式货架、贯通式货架、流利式货架、悬臂式货架、抽屉式货架、压入式货架、穿梭式货架、自动化仓库等。

（2）分拣、装卸设备。分拣设备包括分拣机，装卸设备包括叉车、电动叉车、输送机、巷道堆垛起重机、装卸堆垛机器人、计量设备等。其中，电动叉车分为四向电动叉车、电动托盘式堆垛车、手推电升堆垛车、电动牵引车、三支点电动叉车、四支点平衡重叉车、前移式电动叉车、三支点迷你叉车、弹药平衡重叉车、冷库专用电动叉车、电动防爆叉车、步行平衡重叉车、电动油桶堆高车、三支点插腿堆垛车、工位吊车、四支点插腿堆垛车、四支点宽腿堆垛车、叉筐拣选车、四支点双层堆垛车、电动牵引车、拣选车等电动系列物料搬运设备。输送机分为自动化升降输送机、重力式滚筒输送机、动力式输送机、动力滚筒式输送机、悬挂式输送机等。

3. 仓库平面面积

仓库平面面积主要由存储货物数量确定，但同时受到其他因素的限制，如地面结构承受能力的大小影响到单位面积堆存量，货物的包装强度影响堆存高度、库房内装卸搬运货物的机械化和自动化程度等。计算仓库平面面积的方法主要有三种：

1）定额计算法

定额计算法是利用仓库单位面积定额计算仓库面积。其公式为：

$$A=\frac{E}{\lambda q}$$

式中：A——库场总面积（平方米）；

E——库场堆存容量（吨）；

λ——库场总面积利用系数，为有效面积占总面积的百分比，有效面积是实际可供堆存货物的面积，等于总面积中扣除办公室、通道、堆货间距和货堆与墙之间的面积等；

q——单位有效面积货物堆存量。

$$E=\frac{Q\cdot K_1}{T}\times t$$

式中：Q——年库场货物总储量（吨）；

t——货物在库场的平均堆存期（天）；

T——仓库年运营天（天），一般取 350～365 天；

K_1——库场不平衡系数。

$$K_1=\frac{H_{max}}{H}$$

式中：H_{max}——月最大货物堆存吨天数（吨/天）；

H——月平均货物堆存吨天数（吨/天）。

表 7－18 给出可供参考使用的不同货种情况下的库场单位有效面积堆存量。

表 7-18　　**库场有效面积堆存量**　　单位：吨/平方米

货物名称	包装	单位有效面积货物堆存定额	
		仓库	堆场
糖	袋	1.5～2.0	1.5～2.0
盐	袋	1.8～2.5	1.8～2.5
水泥	袋	1.5～2.0	1.5～2.0
化肥	袋	1.8～2.5	1.8～2.5
大米	袋	1.5～2.0	1.5～2.0
面粉	袋	1.3～1.8	1.3～1.8
棉花	捆	1.5～2.0	1.5～2.0
纸	箱	1.5～2.0	1.5～2.0
小五金	箱	1.2～1.5	1.2～1.5
橡胶	块	0.5～0.8	0.5～0.8
日用百货	箱	0.3～0.5	0.3～0.5
杂货	箱	0.7～1.0	0.7～1.0
生铁	块	2.5～4.0	2.5～4.0
铝、铜、锌	块	2.0～2.5	2.0～2.5
粗钢、钢板	件	4.0～6.0	4.0～6.0
钢制品	件	3.0～5.0	3.0～5.0

例 7-1　某第三方物流公司拟新建一栋仓库，设计最高储备量 12000 吨，单位面积货物堆存量 3 吨/平方米，仓库有效面积利用系数为 0.5，求新建仓库的面积。

解： 新建仓库面积 A＝12000/（3×0.5）＝8000（平方米）

2）比较类推法

比较类推法是以已建成投入使用的同级、同类、同种货物仓库面积为计算基础，结合储备量增减的比例关系进行调整，推算新建仓库的面积。其公式为：

$$A=A_0\times\frac{Q}{Q_0}\times K$$

式中：A——所求新建仓库的面积；

A_0——已建成的同类仓库的面积；

Q——新建仓库的最高储备量；

Q_0——已建成的同类仓库的最高储备量；

K——调整系数；当已建成的同类仓库的面积有余时，其取值小于 1；当已建成的同类仓库的面积不足用时，其取值大于 1。

例 7-2 某仓储公司拟新建一栋仓库，设计最高储备量 200 吨。根据公司历史经营状况，本公司其他仓库的面积为 500 平方米时，最高储备量为 150 吨，且存储能力只发挥 90%。求新建仓库的面积。

解：根据公式，取 $K=0.9$，得：

$$A=A_0\times\frac{Q}{Q_0}\times K=500\times\frac{200}{150}\times 0.9=600\text{（平方米）}$$

3）直接计算法

直接计算法是直接计算料垛和料架占用的面积、全部通道占用的面积、收发料区的面积、垛间距和墙间距所占面积等，相加得到总面积，即：

$$A=A_1+A_2+\cdots+A_n=\sum_{i=1}^{n}A_i$$

三、仓库设计原理

仓库设计包括设计标准、搬运技术及积载计划。

1. 设计标准

仓库设计过程主要考虑三个因素：设施中的楼层数、利用高度以及货物流程。

（1）单层仓库设计的储存物资不必上下移动，多层仓库（楼库）必须考虑储存物质的上下移动。

（2）仓库设计应该考虑楼层最大允许使用的高度，最大限度利用有效的立体空间。一般仓库的高度为 6～9 米，自动化多层仓库设施的有效高度可达 30 米。仓库的最大有效高度受设备能力和防火安全规章的限制。

（3）仓库设计应该考虑产品能够直接在整个仓库设施中流动。仓储作业的一般做法是仓库建筑物的一端接收产品，且存放于中间，另一端进行装运，如图 7-17 所示。

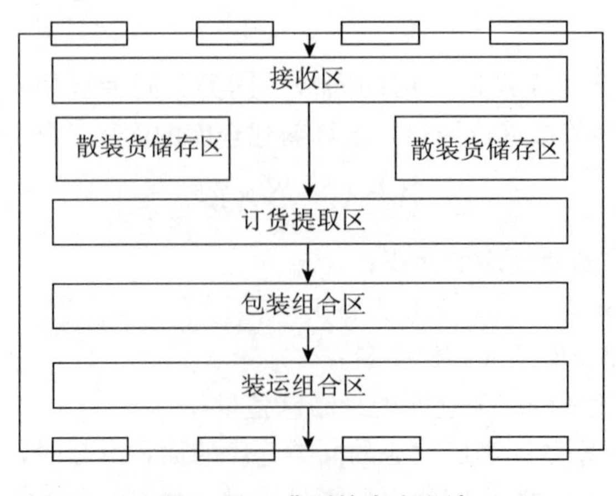

图 7-17 典型的仓库设计

2. 搬运技术

仓库设计应该考虑货物搬运技术的效果和效率，受移动连续性和移动规模经济影响。移动连续性是指用一辆货物搬运机械或一部货物搬运设备进行更长时间的移动，比用多辆搬运机械对同样的移动进行多次单独、短距离的分割移动好。一般仓库优先采用次数少但距离长的移动。移动规模经济是指仓库活动尽可能搬运和移动最大的数量能减少大量活动，降低仓储成本。其中，仓库活动是指移动诸如托盘或集装箱之类的成组或成批货物，而非移动单票货物。成组或成批货物的移动可能要求在同一时间必须移动或选择多种产品或订货，进而增加单票货物的移动复杂性。

3. 积载计划

积载计划是根据库存货物的特征和存取搬运要求以及仓库的空间特征绘制的一个计划受载图，又称货物积载图。

仓库设计应考虑产品特征，尤其是产品的流量、重量和积载特征。一般地，高流量储存（销售量高或吞吐量大的）产品应置于移动距离最短的位置，如主通道附近或货架低层；低流量储存（销售量低或吞吐量小的）产品可以安排在离主通道较远的位置或堆放在货架高层，如图 7-18 所示。

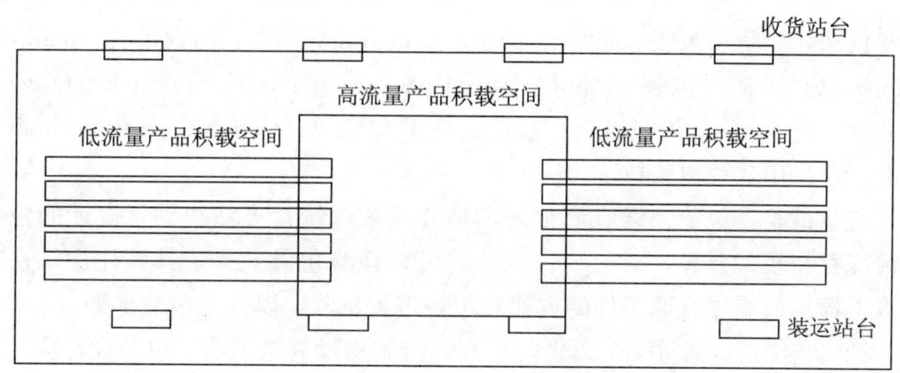

图 7-18　根据产品流量高低安排的积载计划

积载计划还包括具体的产品战略，涉及储存产品的重量和积载特征。一般地，重密度产品应安排于离地面较低的位置，以便降低升举重件货物的劳动强度和风险；散装产品或低密度产品需要大的积载场地，使用广阔的地面空间或高层的堆放货架。此外，小型产品也可以利用货架堆放。

第四节　运输包装系统设计

一、运输包装的条件

运输包装是保证产品在投入使用时能实现其预定的功能。运输包装设计不仅要防止产品因振动、冲击产生损坏，而且要防止盗窃及自然界的有害影响。产品运输包装合理，一是保护产品的价值，方便装卸和储运；二是具有经济性，减少不规范的包装结构尺寸增加运输和仓储的费用。

合理的运输包装应考虑如下因素。

（1）流通环境。包括自然条件、气候条件、生物条件、化学活性物质、机械条件、磁场条件等。

（2）产品特性。包括产品的功能、质量、密度、精密程度、价值、结构特点、脆值、固有频率、重量及重心位置、外表面性质、构造等适应流通环境的程度。

（3）包装因素。包括产品包装的可靠性、包装的可操作性和安全性、运输中的可搬运性和可拆包性、包装的重复利用性。对于确保安全运输的产品包装，其防护性能等技术指标很高，包装费用高，成本大。若许可产品在特殊危害下有一定的损坏率，包装费用可能大大下降。因此，综合考虑内装物的特性和价值等，确定一个合理的允许损坏率。

（4）经济性。保护产品与提高包装的经济性是一个问题的两个方面。片面追求廉价包装难以保护内装物，而过度包装又会造成浪费。将包装费用纳入产品总成本进行全面核算，使产品的成本、包装费用、运输费用以及保险和税收等其他费用的总和最低。若稍微改进产品的结构，可以大幅度降低包装成本和运输费用，应考虑改进产品结构。

（5）包装技法。考虑流通环境、内装物特性及防护要求，确定防护种类，采用合适的包装技法，如防震包装（shock - proof packaging）技法、防潮包装（damp - proof packaging）技法、防霉包装（mould - proof packaging，anti - mold packaging）技法、防锈包装（rust - proof packaging）技法、保鲜包装（ fresh - keeping packaging）技法，以及综合采用几种包装技法。

（6）包装试验。包装因素取值常采用估算或数理统计方法得到，设计的包装可能与实际情况存在较大差异，对包装件试验，可以检验包装效果，具体往往是在实验室里采用人工模拟或重现流通条件的方式对包装进行试验，以判定包装水平。

（7）销售与消费。通过一个销售的过程，内装物最终被消费。包装设计应考虑销售的对象和方式、包装标志、拆包及摆设方法、包装成本及销售效果、包装单位量及其档次、包装物的回收重复使用、包装废弃物的处理、社会各方面对包装可能产生的影响。

此外，实现合理的运输包装应满足如下条件：发挥经济的功能，协调运输包装与生产制造工序的联系，易于装卸搬运，方便收货人取出货物，便于废弃处理，实现绿色运输包装等。

二、运输包装件规格标准化

1. 运输包装件规格标准化的概念

运输包装件规格标准化，是指通过包装尺寸以及与货物流通有关的一切空间尺寸的规格化，提高物流效率。空间尺寸，包括铁路货车、载重汽车、船舶、集装箱等运输设备的载货空间尺寸，以及仓库、零售商店的储存空间尺寸等。运输包装件规格标准化的基础是货物流通合理化。运输包装件规格标准化是组织现代化流通的重要手段，可以改进包装容器的生产，提高运输效率，改善商业经营方式，具有提高包装容器的生产效率、加速货物流通、方便包装自动化、节省包装成本、简化商店的仓库管理、改进商业经营的作用。

2. 运输包装规格尺寸标准

1）国际标准

国际标准化组织（ISO）于 1975 年公布以 600 毫米×400 毫米的底面积（模数）为基础，规定一系列刚性长方形运输包装尺寸。其原则是运输包装的有效外部尺寸（长和宽）可以通过一个整数乘或除标准底面积（模数）求得，见表 7－19。运输包装的高度可根据需要自由选择。

表 7－19　　运输包装尺寸　　单位：毫米×毫米

模数	倍数	约数
600×400	1200×1000 1200×800 1200×600 1200×400 800×600	600×400 300×400 200×400 150×400 120×400 600×200 300×200 200×200 150×200 120×200 600×133 300×133 200×133 150×133 120×133

注：①倍数是以 600 毫米×400 毫米为模数大包装尺寸，与托盘尺寸相同；

②运输包装模数的约数为以 600 毫米×400 毫米标准底面积等分小包装尺寸；等分小包装均可在大包装以 600 毫米×400 毫米为模数的集装托盘上组合排列。

2）国家标准《硬质直方体运输包装尺寸系列》（GB 4892—2008）。

国家标准《硬质直方体运输包装尺寸系列》（GB 4892—2008）规定的包装单元尺寸如表 7－20 所示。

表 7－20　　包装单元尺寸

代号	A	B
单元尺寸（毫米×毫米）	1200×1000	1100×1100

运输包装件的包装模数尺寸为 600 毫米×400 毫米和 550 毫米×366 毫米，由 600

毫米×400毫米包装模数尺寸计算并形成1200毫米×1000毫米单元货物的平面尺寸如表7－21所示。

表7－21　　1200毫米×1000毫米单元货物的平面尺寸　　单位：毫米×毫米

序号	平面尺寸（长×宽）		序号	平面尺寸（长×宽）	
1	倍数	1200×1000	12	约数	600×133
2	模数	600×400	13		300×133
3	约数	300×400	14		200×133
4		200×400	15		150×133
5		150×400	16		120×133
6		120×400	17		600×100
7		600×200	18		300×100
8		300×200	19		200×100
9		200×200	20		150×100
10		150×200	21		120×100
11		120×200			

由550毫米×366毫米包装模数尺寸计算并形成1100毫米×1100毫米单元货物的平面尺寸如表7－22所示。

表7－22　　1100毫米×1100毫米单元货物的平面尺寸　　单位：毫米×毫米

序号	平面尺寸（长×宽）		序号	平面尺寸（长×宽）	
1	倍数	1100×1100	10	约数	275×183
2		1100×550	11		183×183
3		1100×366	12		137×183
4	模数	550×366	13		110×183
5	约数	275×366	14		550×122
6		183×366	15		275×122
7		137×366	16		183×122
8		110×366	17		137×122
9		550×183	18		110×122

3）常用运输工具的箱体尺寸

运输工具有火车、汽车、飞机、轮船等，我国铁路系统主要用于货运的火车棚车内部尺寸见表 7－23。常见国产载重汽车的载重量及车厢的内部尺寸见表 7－24。随客机空运的包装件外形尺寸一般不应超过 400 毫米×600 毫米×1000 毫米，专用运输机舱门的尺寸为 1500 毫米×1600 毫米，大型运输机机舱尺寸为 2400 毫米×3000 毫米×13500 毫米。

表 7－23　　火车棚车的内部尺寸

车型	吨位	车厢尺寸（毫米）			车门尺寸（毫米）	
		长	宽	高	宽	高
P_{1}	30	9570	2870	2295	1588	2287
P_{50}	50	13020	2850	2700	1800	2645
P_{13}	60	15470	2850	2830	2000	2840

表 7－24　　常见国产载重汽车的载重量及车厢的内部尺寸

汽车型号	载重量（吨）	车厢内部尺寸（毫米）		
		长	宽	高
北京 BJ130 型	2	3000	1770	400
上海 SH130 型	2	2950	1650	460
跃进 NJ130 型	2	2940	2140	540
武汉 WH130 型	2	2940	2140	540
江淮 HF140 型	3	3400	2080	550
解放 CA10B 型	4	3540	2250	584
交通 SH141 型	4	3540	2250	925
解放 CA10A 越野	4 4.5	3800 3570	2350 2055	364
黄河 JN150 型	8（硬路） 6.5（土路）	4900	2250	500
长征 XD250 型	10（公路） 5（越野）	4950	2295	500
长征 XD160 型	12（公路） 6（越野）	5300	2350	500

三、运输包装标志

1. 运输包装标志的概念

运输包装标志是用图形或文字（文字说明、字母标记或阿拉伯数字），在货物运输包装上制作的特定记号和说明事项。运输包装标志可以使货物与运输文件相互对照，区别不同批的货物，了解货物运输的目的地、收货人、发货人，以及转运地点、注意事项、重量、体积等。

2. 运输包装标志的分类与内容

1）运输包装标志的分类

运输包装可以分为收发货标志、储运图示标志和危险货物包装标志三大类。其中收发货标志又分为14项，储运图示标志分为10项，危险货物包装标志分为16项。

2）运输包装标志的内容

（1）运输包装收发货标志。《运输包装收发货标志》（GB 6388—1986）定义：外包装件上的商品分类图示标志及其他的文字说明排列格式的总和，称为收发货标志。

商品分类图示标志，代号FL，英文GLASSIFICATION MARKS，是表示商品类别的特定符号，标准规定百货、文化、五金、家电、化工、针纺、医药、食品、农副产品、农药、化肥、机械12种商品分类图示标志。

供货号，代号GH，英文CONTRACT No，是表示供应该批货物的供货清单号码（出口商品用合同号码）。

货号，代号HH，英文ART No，是表示商品顺序编号，以便出入库、收发货登记和核定商品价格。

品名规格，代号PG，英文SPBCIFICATIONS，是表示商品名称或代号，标明单一商品的规格、型号、尺寸、花色等。

数量，代号SL，英文QUANTITY，是表示包装容器内含商品的数量。

重量，代号ZL，分毛重和净重，英文GROSS WT，NET WT，是表示包装件的重量（kg）。

生产日期，代号CQ，英文DATE OF PRODUCTION，是表示产品生产的年月日甚至小时分钟。

生产工厂，代号CC，英文MAKUFACTURER，是表示生产该产品的工厂名称。

体积，代号TJ，英文VOLUME，是表示包装件的外形尺寸。

有效期限，代号XQ，英文TERM OF VALIDITY，是表示商品有效期至×年×月×日。

收货地点和单位，代号SH，英文PLACE OF DESTINATION AND CONSIGNEE，是表示货物到达站、港口和某单位（人）收（可用贴签或涂写）。

发货单位，代号FH，英文CONSIGNOR，是表示发货单位或人。

运输号码，代号YH，英文SHIPPING No，是表示运输单号码。

发运件数，代号JS，英文SHIPPING PIECES，是表示发运的件数。

（2）包装储运图示标志GB 191—85。储运图示标志是根据货物特性，对易破碎、易变质、易劣化的货物，用图形和文字提醒作业人员在搬运、存储和保管以及运输时的注意事项。

包装储运图示标志主要包括：①小心轻放：用于指示货物碰装易碎，需轻拿轻放；②禁用手钩：用于指示货物不得使用手钩搬运；③向上：用于指示货物不得倾倒；

④怕热：用于指示货物怕热；⑤由此吊起：用于指示吊运时放链条或绳索的位置；⑥怕湿：用于指示怕湿；⑦重心点：用于指示货物重心所在处；⑧禁止翻滚：用于指示货物不得滚动搬运；⑨堆码极限：用于指示货物允许最大堆码重量或层数；⑩温度极限：用于指示一些特殊货物所需要控制的湿度。

(3)《危险货物包装标志》(GB 190—2009)。危险货物包装标志是表示危险品的物理性质、化学性质、生化性质以及危险程度的标志。在内装危险品的运输包装上加用特别的图示标志，必要时加以说明，以便采取防护措施，同时提醒作业人员严防发生事故。

危险货物包装图示标志包括：爆炸品、易燃气体、易燃压缩气体、有毒气体、易燃液体、易燃固体、自燃物品、遇湿危险、氧化剂、有机过氧化物、有毒品、剧毒品、有害品、感染性物品、放射性物品和腐蚀性物品等。

3. 运输包装标志的使用

1）运输包装标志的使用方法

(1) 执行国家标准并参照国际有关规章办理。国家标准“危险货物包装标志”“包装储运图示标志”和“运输包装收发货标志”明确规定包装标志所使用的文字、符号和图形。

(2) 运输包装标志的文字书写应与底边平行。带棱角的包装，其棱角不得将标志图形和文字说明分开。出口货物的包装标志原则上按照我国规定的标准办理，如果根据国外要求免贴标志时，可以不贴标志；必须用外文表示的标志名称或补充说明，应写在标志的下边。

(3) 图示标志与文字说明，可以印刷在标签上，然后拴挂、粘贴或钉附在运输包装上；亦可以用油漆、油墨或墨汁，以镂模、印模等方式涂打或书写在运输包装上。国外还可采用烙烫和雕刻法标在运输包装上。

(4) 运输包装标志的数目与位置。国标规定“包装储运图示标志”“危险货物包装标志”拴挂、粘贴标签以及涂订、书写标志，应标在显而易见的位置，以利于识别。对于运输包装收发货标志的位置，国标具体要求如下：

①六面体包装件的分类图示标志位置。按《运输包装件各部位的标志方法》(GB 3538—1983) 规定，放在包装件 5、6 两面的左上角。

②袋类包装件的分类图示标志放在两大面的左上角。

③桶类包装的分类图示标志放在左上方。

④筐、篓捆扎件等拴挂式收发货标志，应拴挂在包装件的两端；革包、麻袋拴挂式收发货标志应拴挂在包装件的两上角。

2）运输包装的要求

(1) 运输包装标志要求正确、明显、牢固。《运输包装收发货标志》(GB 6388—1986) 收发货标志的字体要求，中文用仿宋体字，代号用汉语拼音大写字母，数码用阿拉伯数码，英文用大写字母。

(2) 包装标志颜色要求。《包装储运图示标志》(GB 191—2008) 要求以白色为底，标以黑色的图案或文字说明。《危险货物包装标志》(GB 190—2009) 的图形要求按图规定的颜色印刷和标打，具体要求如下：

①爆炸品标志，橙红色纸印黑色；

②易燃气体标志，正红色纸印黑色或白色；

③不燃压缩气体标志，绿色纸印黑色或白色；

④易燃液体标志，正红色纸印黑色或白色；

⑤易燃固体标志，白色红条底色纸印黑色；

⑥自燃物品标志，上白下红底色纸印黑色；

⑦遇湿危险标志，蓝色纸印黑色或白色；

⑧氧化剂标志、有机过氧化物标志，柠檬黄色纸印黑色；

⑨有毒气体标志、有毒品标志、剧毒品标志、有害品标志、感染性物品标志、腐蚀件物品标志，都采用白色纸印黑包；

⑩一级放射性物品标志，白纸印黑色，附一级红竖条；二、三级放射性物品标志，上黄下白底色纸印黑色，分别附二、三级红竖条。

运输包装收发货标志的颜色要求：①纸箱、纸袋、塑料袋、钙塑箱类别以表 7－25 规定的颜色用单色印刷；②麻袋、布袋用绿色或黑色印刷，木箱、木桶不分类别，一律用黑包印刷。铁桶可用黑、红、绿、蓝任一底色印白字，灰底印黑字。表内未包括的其他商品，包装标志的颜色按其属性归类。

表 7－25　　运输包装收发标志颜色

商品类别	颜色	商品类别	颜色
百货类	红色	医药类	红色
文化用品类	红色	食品类	绿色
五金类	黑色	农副产品类	绿色
交电类	黑色	农药	黑色
化工类	黑色	化肥	黑色
针纺类	绿色	机械	黑色

制作标志的颜料，应具有耐湿、耐晒、耐摩擦和不溶于水的性能，不易发生脱落、褪色或模糊不清的现象。用于制作酸性、碱性、氰化物及其他腐蚀性货物的包装标志的颜料，应选用相应的抗腐蚀性材料，以免因受内装物品的侵蚀而模糊不清。

(3) 货物运输包装标志如采用货签时，应选用坚韧的纸材。对于不适于用纸质货签的运输包装，可采用金属、木质、塑料或者布制货签。

(4) 货物运输包装标志的尺寸。我国《包装储运图示标志》和《危险货物包装标志》标准规定的标志尺寸分别有 3 种和 4 种，如表 7－26、表 7－27 所示。

表 7－26　　包装储运图示标志尺寸　　单位：毫米

号别＼尺寸	长	宽
1	105	74
2	148	105
3	210	148

表 7－27　　危险货物包装标志尺寸　　单位：毫米

号别＼尺寸	长	宽	备注
1	50	50	适于拴挂
2	100	100	适于印刷或标打
3	150	150	适于印刷或标打
4	250	250	适于印刷或标打

包装体积特大或特小的货物，其标志的幅面不受上述尺寸的限制。

国际标准化组织推荐的尺寸为 10 厘米、15 厘米、20 厘米，没有指明整个标志的实际尺寸，以便灵活应用。

对于标志的文字、图形、数字、号码的大小，应与包装的大小相称。体积较大或较小的运输包装，可以相应增大或缩小整个标志的尺寸。

用于粘贴的标志单面印刷，用于拴挂的标志规定双面印刷。印刷时，外框线及标志的名称都要印上，涂订时则可以省略。

（5）货物运输包装标志应由生产单位在货物出厂前标订。出厂后如改换包装，则由发货单位标订。更换标志时，应把原有废弃的包装标志痕迹清除干净，以免与新标志混淆不清，造成事故。

（6）在货物运输包装上，禁止加广告性宣传文字或图案，以免与安全指示标记混杂、影响标志的正确作用，同时，严禁乱写乱涂。

第五节　冷链物流系统设计

一、冷链物流概述

1. 冷链物流的概念

冷链物流，又称低温物流（cold chain logistic）。广义的冷链物流，包括原材料的供应物流、生产物流和销售物流，无论在供产销的过程中物的所有权转移多少次，每一个供产销的环节温度均维持在适合的状态，保持物的品质和安全。狭义的冷链物流，只是销售物流，指货物在低温的状态下，通过流通加工、运输、储存、包装、装卸搬运、信息等结合，以创造价值、提高物流服务水平、满足社会需求为目标的一个有机整体。例如，蔬菜从田地里刚采摘下来，经过急速制冷后放入冷藏库存放，使用冷藏车进行中长途运输，分批送到各地批发市场冷藏库，再从冷藏库配送到各卖场、超市及其他零售点，最后到达消费者。

2. 冷链物流系统的构成

冷链物流系统由冷冻加工、冷冻储藏、冷藏运输及配送、冷冻销售四个方面构成。

（1）冷冻加工：既包括肉禽类、鱼类和蛋类的冷却与冻结，以及在低温状态下的加工作业过程；又包括果蔬的预冷；还包括各种速冻食品和奶制品的低温加工等。涉及的主要冷链装备是冷却、冻结装置和速冻装置。

（2）冷冻储藏：既包括食品的冷却储藏和冻结储藏，又包括水果、蔬菜等食品的气调储藏。涉及的主要冷链设备是各类冷藏库（加工间）、冷藏柜、冻结柜及家用冰箱等。

（3）冷藏运输及配送：包括食品的中、长途运输及短途配送等物流环节的低温状态。涉及的主要冷链设备是铁路冷藏车、冷藏汽车、冷藏船、冷藏集装箱等低温运输工具。

（4）冷冻销售：包括各种冷链食品进入批发零售环节的冷冻储藏和销售，它由生产厂家、批发商和零售商共同完成。涉及的主要冷链设备是零售终端的冷藏、冷冻陈列柜和储藏库。

二、冷链物流系统规划设计

1. 硬件方面

（1）厂房规划。包括基地状况分析、厂房结构分析、厂房安全设计分析、厂房结构特性分析、库体结构分析、商圈领域设定、配销/物流体系等。

（2）仓储设备规划。包括冷冻库门、温度检测系统、仓储灯具、快速卷门、门帘、库板、地层隔热板等。

（3）货架系统规划。根据具体产品种类和日后作业需求，规划适用的货架系统等。

（4）运输设备规划。包括运输车辆的规划，车辆配备的规划等。

2. 软件方面

（1）仓储管理系统。仓储管理系统包括装卸货柜作业、拣货理货作业、出货体积与重量核算、储位摆放规划系统、温度品质管理等。

（2）存货控制系统。存货控制系统包括销售额预估系统、安全存量与产品组合、库存状态与存货成本分析、货品流动与策略分析等。

（3）运输管理系统。运输管理系统包括路线安排与装载计划、全区域定时定点配送、不同温度产品的复合运输、温度记录存档、送货频率规划等。

（4）顾客服务。顾客服务包括配送的订货系统、促销活动的协调支援、缺货与延迟送货的督导、配销总体服务品质的追踪评核等。

三、某冷链物流系统项目

根据冷链物流配送的特殊性，某冷链物流项目配送工艺流程设计如图 7－19 所示。

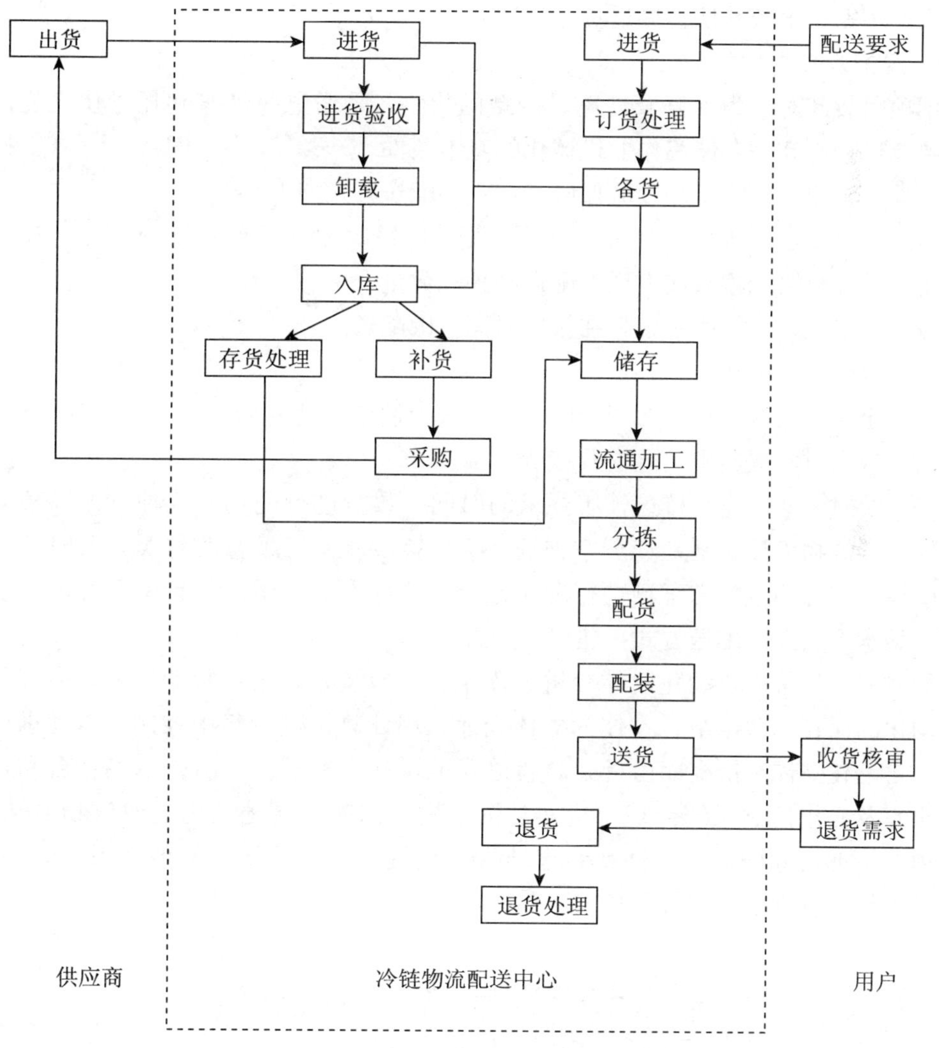

图 7－19　某冷链物流项目配送工艺流程

冷链物流涉及的仓库由分装包装配送库、冷冻冷藏库和保鲜库组成。

1. 接收系统

冷链配送通过批发市场与厂商和基地订购的商品，通过冷藏车或保鲜车运送至批发市场，由批发市场检测中心检验合格后，进行产品分类，经计量，送至仓储区，经输送设备送至冷库储存。

2. 货物发放系统

货物发放首先需检验，经检验合格后由冷库运输设备送至冷链配送仓库进行计量，分装，打包，出场配送。即仓库→检验→出仓→计量→分装→包装→出场配送。

3. 配送流程

该项目以公司外部团体客户和大型超市配送为主，以商流和信息流促物流。即连锁店订货→电子结算中心结算→冷链物流中心送货；连锁店订货→电子结算中心结算→生产厂家、生产基地直接送货。

4. 实施方案

本项目装卸对象为保鲜及冷冻、冷藏的货物，采用电瓶叉车和托盘化集装，实现冷链物流过程装卸、存储等作业机械化的基本条件。

本项目采用厢式货车和冷藏保鲜车，主要配送方式如下。

（1）定时配送。按规定时间间隔进行配送，每次配送品种按计划执行，或在配送前商定（计算机终端输入或电话）配送品种和数量。

（2）定量配送。按固定批量在指定时间范围配送。

（3）定时定量配送。

（4）定时定路线配送。在规定的运行路线上制定到达时间表，按运行时间表配送，连锁店按规定时间提出配送要求及接货。

（5）及时配送。完全按连锁店要求的时间、数量进行配送。这种方式以某天任务为目标，仓储物流配送基地充分掌握这一天的需要地、需要量和种类，及时安排最优配送路线，安排相应配送车辆进行配送作业。这种方式可做到每天配送都能实现最优安排，是水平较高的配送方式，建议优先选用。

同时，项目采用自动化立体冷链仓库工艺。冷链仓库采用货架形式，内部采用高度自动化的保管和搬运结合一体的立体仓库，用计算机进行集中控制，自动进行存取作业。自动化立体冷链仓库由货架、巷道式堆垛起重机、入（出）库工作台和自动运进（出）及操作控制系统组成。货架是钢结构或钢筋混凝土结构的建筑物或结构体，货架内是标准尺寸的货位空间，巷道堆垛起重机穿行于货架之间的巷道中，完成存、取货的工作，管理上采用计算机及条码技术。

第六节　逆向物流系统设计

一、逆向物流的概念

1. 逆向物流的定义

美国物流管理协会定义逆向物流：计划、实施和控制原料、半成品库存、制成品和相关信息，高效和成本经济地从消费点到起点的过程，从而达到回收价值和适当处置的目的。简言之，逆向物流是使商品从最终目的地回流最先出发点过程的物流活动。逆向物流的产品不仅包括终端消费者持有的产品，而且包括供应链伙伴——批发商和零售商的持有库存。逆向物流不仅包括再制造产品、再利用装运容器、回收包装材料，而且包括因质量问题、季节性库存、过量库存、产品召回等活动导致的回流物品的处置。

2. 逆向物流成因分析

根据商品种类和来源，引发逆向物流的主体主要有两类：一个是最终消费者；另一个是供应链使用伙伴。

最终消费者引发的逆向物流主要包括：

（1）消费者认为有缺陷的产品或不需要的产品；

（2）法定回流物品；

（3）回收的物品；

（4）特殊处置的商品。

产品供应链合作伙伴引发的逆向物流主要包括：

（1）平衡库存的回流商品；

（2）营销性回流商品；

（3）因生命周期性或季节性、节日性引发的回流商品；

（4）因运输、配送损坏的回流商品。

企业应战略性地利用逆向物流，使逆向物流战略与消除销售渠道中的库存有机联系。企业运用逆向物流消除自己的库存，尽可能清除客户的库存。对于产品回流率较高的企业，应制订产品回流流程。企业管理下游企业的库存，应尽可能有计划地提高库存的新颖程度，持续更新库存，减少回流。同时，企业制定有利于激励零售商降低产品回流率的措施。当消费者要求退回商品时，将商品送到离消费地最近的门店，激励零售店尽量处理退货商品，若零售店不能处理退货商品时，应将退回商品送到直销商品配送中心，尽可能减少商品返回的运输距离和回流费用。

对于商品包装物的回流，主要考虑包装物是否能重新使用和按使用者要求更新处理。

3. 逆向物流的特点

逆向物流与正向物流的最大不同是起点和终点的数目不同。正向物流的产品一般是由一个起点向多个目的地移动，逆向物流则正好相反，产品由多个起点向一个目的地移动。逆向物流的特点如下：

（1）产生的地点、时间和数量难以预见；

（2）发生的地点分散、无序，不可能一次性集中向接收点转移；

（3）发生的原因一般与质量或数量异常有关；

（4）处理的系统和方式手段复杂多样，不同的处理手段利用资源价值不同。

二、逆向物流系统设计

逆向物流系统是收集和运送回流产品，既可以依托原有的传统（前向）物流渠道，也可以另外单独重建，或将传统正向物流系统和逆向物流系统整合成一体，如图7－20所示。

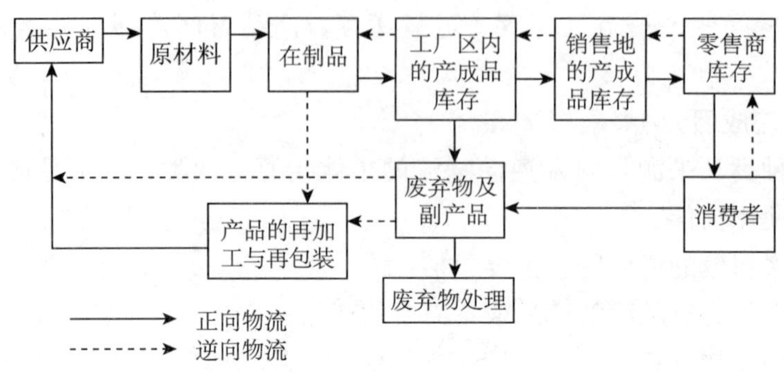

图 7－20　逆向物流系统网络结构

1. 逆向物流系统的结构特征

从物品反向流动看，逆向物流系统结构具有的特征如下：

（1）系统的高度复杂性。消费者或终端市场退回或回收的商品的时间、地点、数量、质量和类别高度不确定性及相互影响，使逆向物流系统的复杂性大大增加。

（2）系统目标的多样性。逆向物流系统结构设计既要满足成本效益和供应的要求，又要考虑绿色低碳可持续发展、环境保护和国家标准等因素。

（3）系统具有天生的供需失衡本性。回流物品的供应与生产商的需求不匹配。

（4）系统具有“从多到少”的特性。回流物品从多个方向向少数地点汇聚，回流物品是逆向物流的原材料。

2. 逆向物流系统设计

逆向物流的过程包括退货、产品召回和包装回收三种形态。设计逆向物流系统的关键是对逆向物流成本发生起点进行控制，同时构建低成本的逆向物流网络。

1）退货

首先分析退货的特点，发现退货的控制关键点。退货分为正常退货和立即退货。

（1）正常退货。正常退货是指在经销商收货时货物完好正常收入，但在销售期间因各种原因未能售出，按照销售协议退回产品的退货行为。例如，经销商未能完全销售所进货物，生产商在一定期限内给予经销商一定的退货限额，将部分未能售出的产品退回。这类退货一般不会在收到后立即退还供应商，而是积存一段时间后，再退还给供应商。此种退货的特点如下：

①正常退货的货物积存一段时间，单位运输成本较低。

②正常退货数量大、品种多、批号多、状态杂且混装，积存时间较长，分拣难度大。

③责任划分难度大。退货清点装车是划分退货责任的关口，作业人员难以严格区分退货是否符合退货要求。

正常退货的处理流程：

①收到来自经销商的退货申请；

②安排车辆取回退货；

③分拣退货；

④检验；

⑤根据检验结果对货物再处理。

（2）立即退货。立即退货是指在交货当时发生的，因供应商责任造成的货物不符合交货要求的退货。例如，货物运输途中造成的破损，导致经销商拒收产生退货。此种退货的特点如下：

①退货数量较少，单位运输成本较高。

②分拣难度小。立即退货品种、批号、数量等都在当次送货的范围之内，分拣难度较小。

③责任划分清晰。立即退货是由供应商责任引起的，易于明确责任主体和涉及的货物范围。

（3）逆向物流关键点控制。

①回收装车清点。通过回收装车清点，分清责任，且通过对货物信息的初次统计，核对货物实际的品种、数量等信息与退货申请，为后续分拣工作提供一个参照的基本货物信息标准。

②分拣。根据品种、批号、状态等对货物进行分类分拣，检验装车清点的信息，为后续检验工作提供依据。

2）产品召回

（1）产品召回的特点。

①突发性强、规律性差。引起召回的产品质量缺陷对企业而言具有突发性，企业每次产品召回的原因不同，且时间缺乏规律可循。

②处理难度大。

③高度依赖高水平信息管理。例如，确定产品缺陷后，需要尽快掌握该缺陷影响产品及各自的数量，这需要信息系统对产品生产的时间、批次、配方、所用材料等各类详细信息有真实、完整、一致的记录，不能有任何遗漏或不符。否则，无法确定产品缺陷实际造成的影响范围。同时，产品信息各部分之间必须共享且关联，这要求信息系统灵活，能以任何一个产品信息为突破点，在短时间内查找生产链条中与之相关联的信息。

（2）产品召回的流程。按照产品召回的性质，可以分为企业主动召回和企业被动召回。

①企业主动召回的流程：发现问题；调查原因；确定受影响产品范围；确定召回方案；申请产品召回；产品回收并检验；产品再处理（维修、再利用或销毁）；提交产品召回阶段性报告。

②企业被动召回的流程：发现问题；申请政府监督部门调查；产品专项调查；通知企业产品召回；确定受影响产品范围，提出产品召回方案；产品回收并检验；产品再处理（维修、再利用或销毁）；提交产品召回阶段性报告。

主动提出产品召回的企业，实际上是未雨绸缪，在召回行动开始前，做好产品召回的准备工作，即有备而来。而被动接受产品召回的企业必须在政府限定的时间内拿出召回方案，如果企业产品召回不彻底还将受到处罚。因此，企业的最佳选择是对产品召回采取积极主动的态度。

(3) 产品召回的成本控制。

①提高回收产品的再利用率。

②降低产品分解成本。产品的可分解性关系到逆向物流的价值恢复和成本控制，回收产品的再生价值上限是产品本身的价值，在企业生产能力范围内提升产品再生价值的空间是有限的。但是，回收产品分解成本的压缩空间相对大，提高回收产品再生价值的重点应该是产品的分解成本。

3) 包装回收

产品包装一般分为物流包装和销售包装。前者如包装计算机的纸箱和泡沫塑料，后者如色彩斑斓的牙膏纸盒。随着绿色环保意识的增强和资源再利用认识的普及，产品包装回收的意义日益凸显。例如，欧洲国家的环保法律法规政策，要求外国生产的产品在本国销售后，其包装不得留在本国，必须回收。

首先，需回收的包装材料不能出现在产品的销售包装或者内包装上，只能用于产品的物流包装。企业对消费者的产品销售包装或者内包装的回收行为缺乏控制力，只能通过控制经销商或服务提供商回收物流包装。其次，物流包装应可循环使用，企业只要维持一定数量的物流包装，而不必连续为物流包装投资。最后，尽量对产品内包装或销售包装采用无害和可降解材料，体现企业的社会责任，获取社会公众对企业的理解和信任。

4) 构建低成本逆向物流网络

逆向物流系统有效运营的物质基础和前提，是建立和实施分层次集中式回流物品处理中心，利用低成本运输通道进行连接，构建树状逆向物流运送网络，实现资源缩减、重复利用、再生循环、废弃处置等不同层次的目标。

第七节　供应网络设计优化

一、供应链和供应网络概念

根据中华人民共和国国家标准《物流术语》(GB/T 18354—2006)，供应链是指生产及流通过程中，涉及将产品或服务提供给最终用户所形成的网链结构。根据供应链定义，供应链主要描述产品或服务从源头到末端顾客的过程以及该过程中构成的网链结构，如核心企业发挥资源优势组织其他成员企业形成核心企业的供应链，如图 7-21 所示，或者是某产品或服务从产生到消费形成的供应链。

供应网络是多核心企业的供应链间相互联系的复杂网络结构。供应网络如图 7-22 所示，核心组织企业间形成某种联系，同级成员组织企业也因网络关系加强信息交流。

核心企业和成员企业在组织企业过程中不断寻找最优资源，降低成本，促进供应网络整体优化。

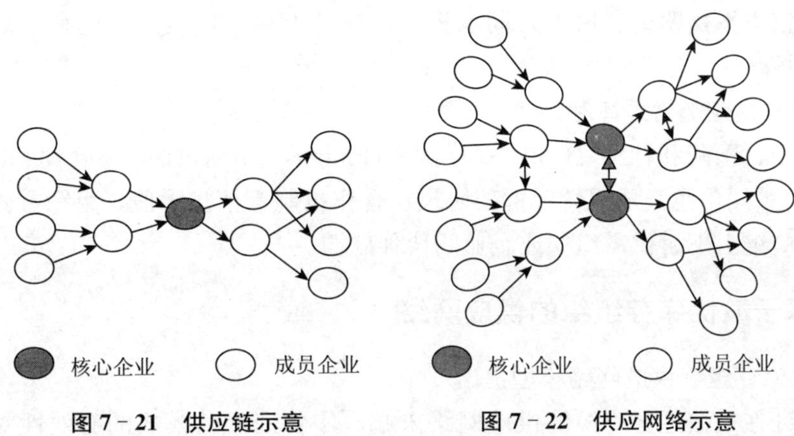

图 7-21　供应链示意　　图 7-22　供应网络示意

二、供应链库存管理

1. ABC 分类管理

ABC 分类管理根据占用资金、品种等将库存分为 A 类、B 类、C 类，依次进行重点、普通和简单管理。

2. 存储论

存储论分为确定性存储模型和随机性存储模型，具体包括单周期多周期、单品种多品种、允许缺货不允许缺货等多种混合组合模型。所有模型均是以 EOQ（经济订购批量）模型为基础演化发展而来，EOQ 模型排除缺货和数量折扣，认为库存总成本由购买成本、库存持有成本和订货成本构成，如式（7-1）。

$$TC=P\times R+\frac{Q^*}{2}\times C_1+\frac{R}{Q^*}\times C_2 \tag{7-1}$$

式中：R——库存货品的年需求总量；

P——单位货品成本（单价）；

Q^*——每次订购批量；

C_1——单位库存年平均持有成本；

C_2——每次订购成本。

为使总库存成本最小，对式（7-1）中 Q^* 求导，并令求导后的式子等于 0，由此推出经济订购批量数学公式，如式（7-2）：

$$EOQ=Q^*=\sqrt{\frac{2\times C_2\times R}{C_1}} \tag{7-2}$$

3. 供应商管理库存

供应商管理库存（Vendor Managed Inventory，VMI）中，供应商发挥中心作用，根据下游组织或企业的制造安排、信息存储，对其库存进行安排和管控。

4. 联合管理库存

联合管理库存（Jointly Managed Inventory，JMI）克服 VMI 的弊端，强调上下游组织或企业权责平衡明确、风险共同承担。供应链上多个成员加入库存计划制订和安排，联合管控。

5. 协作式供应链管理库存

协同规划、预测和补给（Collaborative Planning，Forecasting and Replenishment，CPFR）综合采用信息集成系统、框架协议、合作机制等信息手段、组织方式和管控方法，实现供应链上下游供需组织或企业间伙伴联盟。

三、基于最优库存组织的供应网络

1. 最优库存组织供应网络模型提出

零售商处在最接近客户源的供应网络末端，零售商经营模式的有效性对上游分销商及制造商有显著影响，如零售商经营产品的类别差异影响其对分销商的选择，零售商零售数据显示的客户需求影响制造商的制造战略。每个零售商的每种商品存在一条或多条渠道，如图 7－23 所示，零售商 1、零售商 2、零售商 m 等的商品分别来自分销商 1、分销商 2、分销商 b 的其中一个或多个。在传统经营模式中，零售商关系为横向竞争和市场竞争关系，零售商之间少有合作，零售商通过与上游分销商、制造商协调降低供应链渠道成本，实现收益共享。

对零售商来说，零售商品种类越齐全，选择性越大，越能吸引客户需求。由于零售商资源能力有限，零售商品种类复杂，难以全方位实现所经营商品的渠道优化，而零售商之间存在渠道差异，即使自家实现渠道优化，其优势也未必大于其他零售商，在市场竞争中很难取胜。同时为客户需求，零售商必备库存，各家商品种类多且需求量不稳定大大加剧库存难度。可见，零售商间无联系的传统经营模式不能适应零售市场的复杂变化。

协作，无论自觉还是不自觉的协作，均对供应链总体协同产生有利影响。供应链企业间的资源依赖，也可使企业专注自身核心业务，保持领域内的竞争优势，资源互补正向影响伙伴关系及信任、承诺等。基于最优库存组织的零售供应网络是在传统模式基础上，零售商之间通过库存资源整合互补，产生一定程度的合作关系，实现商品渠道和库存成本的优化，如图 7－24 所示，零售商 1，……，零售商 m 因商品库存产生联系。在供应网络中考虑竞争因素，个体通过网络结构设计有效协调，增加总体价值。

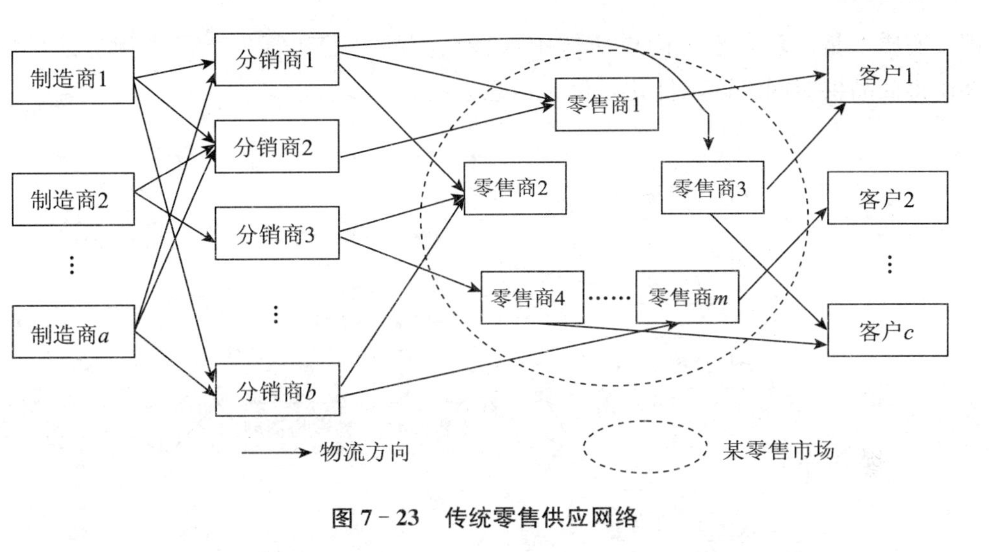

图 7－23　传统零售供应网络

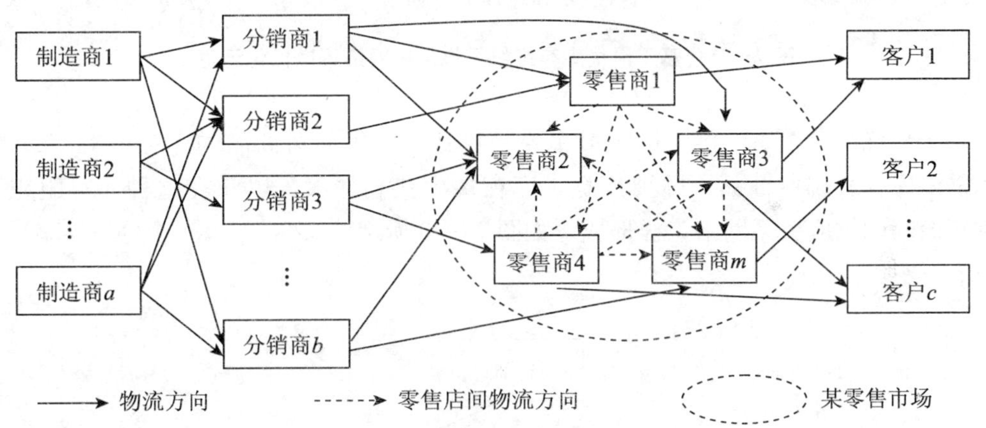

图 7－24　基于最优库存组织零售供应网络

2. 最优库存组织供应网络模型分析

商品种类众多，多家零售商经营同种商品的概率增加。理论上，基于最优库存组织的供应网络中零售商间存在合作关系，在库存决策时，零售商可能选择库存商品满足需求；也可选择不库存商品，从其他零售商取得商品并赚取转卖差价，提供商品的其他零售商获取成本基础上的额外收益。零售商选择库存方式的依据是不同决策所获利润的大小。按照此种原则，每家零售商按照商品优势组织不同商品，不需要采购和库存所有商品，利用库存转移减少成本；同时提供商品的其他零售商利用此零售商的门店市场信誉度和客户资源扩大销量，增加获利，达到多赢局面。

零售商进行库存决策时，表面上是对不同决策利益的比较，实质上是对商品渠道成本和管理成本的比较。零售商为增强商品渠道和管理优势，一方面完善管理方法；另一方面优化自身供应链降低渠道成本，加强对分销商的考量和挑选，倒逼分销商追求更优的渠道和管理方法，以此类推。因此，基于最优库存组织的供应网络关系形成机理，实质上是在众多零售商供应链中选择在商品渠道和管理上最占优势的供应链，最终使得商品供应网络逐步优化，优化示意如图 7-25 所示。

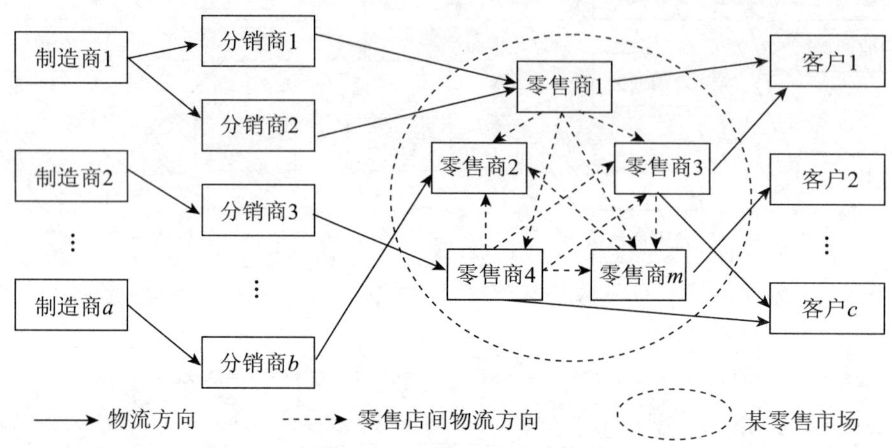

图 7-25　基于最优库存组织零售供应网络渠道优化示意

基于最优库存组织的供应网络最主要是找到各零售商对商品的库存决策，即哪些商品需要库存、哪些商品不需要库存，库存多少获利最大，以及在这种库存组织下，各零售商间的供应关系网络怎样形成，如图 7-26 所示。

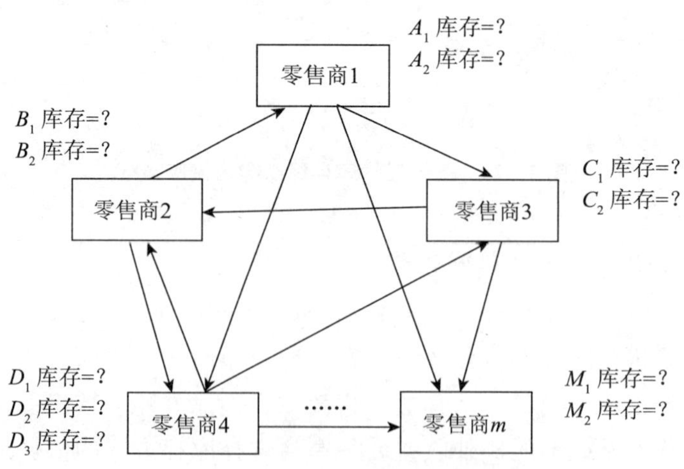

图 7-26　最优库存组织的供应网络目标

3. 最优库存组织下供应网络数学模型分析

当商品有优势时，会吸引其他商家从自家获取商品。零售商可能库存总量取决于商品在市场中的竞争优势，零售商渠道及管理成本、零售商门店品牌是影响竞争优势的两个主要因素，其中渠道成本是指商品进价及采购成本，管理成本库存是指其他管理活动中产生的耗费，零售门店品牌受门店实力、授权品牌、服务质量等综合影响。

在最优库存组织的供应网络环境下，零售商对某种商品是否库存有两个决策，库存商品或者不库存商品，具体分为三种决策：库存商品，满足自身商品需求，即独立决策；库存商品，满足自身和其他商家对该商品的需求，即综合决策；不库存商品，从其他零售商处取得商品，满足需求，即零库存决策。如图 7－27 所示，零售商的最终库存决策取决于三种决策方式获利多少，选取利润高者，并得到对应决策下单个零售商愿意提供的商品库存总量。每个零售商按照此方法得到各自愿意提供的库存总量，结合每个零售商需求量和单位综合成本，运用“运输问题”（特殊的线性规划问题）原理找到供应网络关系。

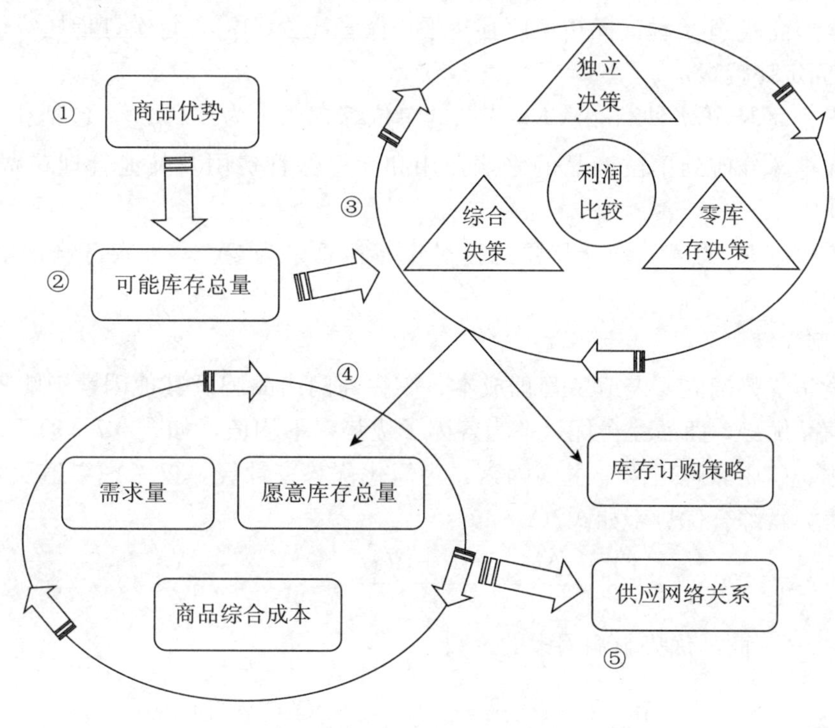

图 7－27　建模分析图

1）基本假设

（1）商品缺货引起的销量损失和客户流失成本高，假定不存在缺货；零售商能及时获得商品，瞬时到货；每批货物集中到货。

（2）市场发展具有前期基础，商品在整个市场的需求数量基本稳定且能预测。

（3）每个零售商具有长期经营形成的固定客户资源和渠道资源，其他零售商无法独自获取该客户资源和渠道资源。

（4）一种商品的订购不受零售商现金和库容的限制，几种商品集中订购会受到现金和库容的限制。

2）参数设置

（1）市场有 m 个零售商，n 种商品。

(2) 零售商 R_i 第 j 种商品的期望利润为 $PRQ_{R_{ij}}$ ($i=1, 2, \cdots, m$; $j=1, 2, \cdots, n$)，零售商 R_i 总体期望利润为 $TPRO_{R_i}$。

(3) 零售商 R_i 第 j 种商品优势率为 $A_{R_{ij}}$，其中渠道及管理成本优势率为 $AP_{R_{ij}}$，门店品牌优势率为 $AB_{R_{ij}}$，其他优势率为 $AO_{R_{ij}}$。

(4) 第 j 种商品市场总体年需求总量为 D_j，其中零售商 R_i 第 j 种商品年需求数量为 $D_{R_{ij}}$。

(5) 零售商 R_i 自存第 j 种商品单位售价 $P_{R_{ij}}$，单位渠道进价 $P0_{R_{ij}}$；零售商 R_i 从市场获取的第 j 种商品单位市场平均内部价格为 $P1_{R_{ij}}$；零售商 R_i 第 j 种商品转手其他卖家的价格为 $P2_{R_{ij}}$。

(6) 零售商 R_i 第 j 种商品单位库存年平均保管耗费 $C1_{R_{ij}}$，每次订货耗费 $C2_{R_{ij}}$；零售商 R_i 年固定耗费 $C3_{R_i}$。

(7) 零售商 R_i 第 j 种商品从 R_k 获取的单位综合成本为 $CT_{R_iR_{k_j}}$，包括获取商品的渠道进价成本、分摊到单位商品的采购费用和库存保管费用及其他管理花费 ($k=1, 2, \cdots, m$)。

(8) 零售商 R_i 的第 j 种商品愿意提供年库存总量为 $Q_{R_{ij}}$，每次订购批量为 $Q^*_{R_{ij}}$，经济订货间隔期为 T^*。

3) 模型建立

(1) 竞争优势确立。渠道及管理成本、零售商门店品牌及其他因素影响零售商 R_i 的第 j 种商品优势，商品综合优势率为各因子优势率平均值，如式 (7-3)。由于渠道及管理成本、门店品牌是两个主要因素，为简化优势率计算，仅考虑渠道及管理成本和门店品牌，得综合优势率如式 (7-4)。

$$A_{R_{ij}}=\frac{AP_{R_{ij}}+AB_{R_{ij}}+\cdots+AO_{R_{ij}}}{s} \qquad (0\leqslant A_{R_{ij}}\leqslant 1) \tag{7-3}$$

式中：s——商品优势影响因素的个数。

$$A_{R_{ij}}=\frac{AP_{R_{ij}}+AB_{R_{ij}}}{2} \qquad (0\leqslant A_{R_{ij}}\leqslant 1) \tag{7-4}$$

各因子优势率计算方法依据"因次分析法"非经济因素和"模糊综合法"的思想，和市场其他零售商同种商品比较，优胜记 1 分，无优势记 0 分。以市场渠道成本优势计算为例，假设市场上有 3 家零售商售卖该商品，零售商 1 渠道及管理成本 P_1、零售商 2 渠道及管理成本 P_2 和零售商 3 渠道及管理成本 P_3 间存在 $P_3>P_1>P_2$ 的关系，成本越高优势越小，则零售商 3 最不具优势，零售商 1 价格优势比较如表 7-28 所示。零售商门店品牌优势计算方法与此类似。

表 7-28　零售商 1 价格优势比较举例

	零售商 2	零售商 3	总得分	价格优势率
零售商 1	0	1	1	1/2

(2) 库存决策。在不影响决策结果的情况下，为简化模型，按商品种类一一建模，在此以一个零售商、一种商品为例进行建模。对于零售商 R_i 的第 j 种商品来说，根据第 j 商品的竞争优势不同，采取不同的决策，并选择期望利润最大的决策方案。

①独立决策。零售商 R_i 选择通过从供应商订购第 j 种商品满足销售，不从其他家获取第 j 种商品，也不考虑其他零售商从自家获取商品，即独立决策，如图 7-28 所示。

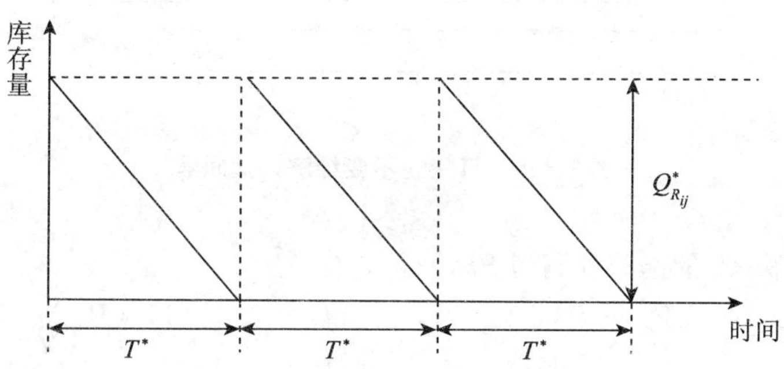

图 7-28 独立决策经济订货间隔

则存在订购成本和储存成本，期望利润 $PRO1_{R_{ij}}$ 有：

$$PRO1_{R_{ij}}=D_{R_{ij}}\times(P_{R_{ij}}-P0_{R_{ij}})-\frac{1}{2}Q^*_{R_{ij}}\times C1_{R_{ij}}-\frac{D_{R_{ij}}}{Q^*_{R_{ij}}}\times C2_{R_{ij}} \qquad (7-5)$$

用式（7-5）对 $Q^*_{R_{ij}}$ 求导，得：

$$\frac{\mathrm{d}(PRO2_{R_{ij}})}{\mathrm{d}(Q^*_{R_{ij}})}=-\frac{1}{2}\times C1_{R_{ij}}+\frac{D_{R_{ij}}}{Q^{*2}_{R_{ij}}}\times C2_{R_{ij}} \qquad (7-6)$$

令 $\frac{\mathrm{d}(PRO2_{R_{ij}})}{\mathrm{d}(Q^*_{R_{ij}})}=0$，得：

每次最优订货量 $Q1^*_{R_{ij}}=\sqrt{\frac{2D_{R_{ij}}\times C2_{R_{ij}}}{C1_{R_{ij}}}}$。

零售商 R_i 第 j 种商品愿意提供的年库存总量为 $Q1_{R_{ij}}$，且 $Q1_{R_{ij}}=D_{R_{ij}}$。

②综合决策。零售商 R_i 选择在满足第 j 种商品自家需求量的同时，库存其他零售商对此商品的需求，以获得更多利润。零售商 R_i 的年库存总量增加，增加量由市场其他零售商对第 j 种商品的需求总量和零售商 R_i 第 j 种商品的竞争优势决定，即：

零售商 R_i 的第 j 种商品年库存总量＝自家需求量＋优势吸引量，即：

$$Q_{R_{ij}}=D_{R_{ij}}+A_{R_{ij}}\times(D_j-D_{R_{ij}}) \qquad (7-7)$$

满足自家需求量的库存和满足其他零售商的库存所带来的收益也不一样，前者单位毛利为 $(P_{R_{ij}}-P0_{R_{ij}})$，后者为 $(P2_{R_{ij}}-P0_{R_{ij}})$，此时供应商又有三种决策。

第一种，在独立决策得到的 $Q1^*_{R_{ij}}$ 基础上，不改变原先采购量 $Q1^*_{R_{ij}}$，由于其他零售商对库存的消耗，订货间隔期缩短，采购次数增加，如图 7-29 所示，其中 t^* 为新的订货间隔期。

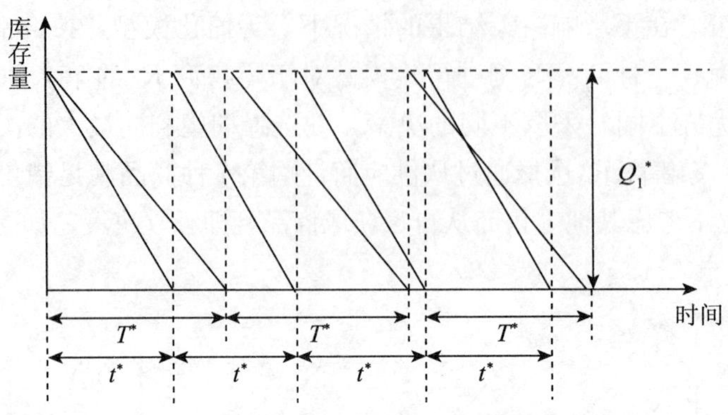

图 7-29　订货量不变经济订货间隔

此时，零售商 R_i 的期望利润为 $PRO2_{R_{ij}}$，有：

$$PRO2_{R_{ij}}=D_{R_{ij}}\times(P_{R_{ij}}-P0_{R_{ij}})+A_{R_{ij}}\times(D_j-D_{R_{ij}})\times(P2_{R_{ij}}-P0_{R_{ij}})-\frac{1}{2}Q1^*_{R_{ij}}\times C1_{R_{ij}}-\frac{D_{R_{ij}}+A_{R_{ij}}\times(D_j-D_{R_{ij}})}{Q1_{R_{ij}}}\times C2_{R_{ij}} \tag{7-8}$$

第二种，在独立决策的基础上，不改变原先的订货间隔期，每次多订购商品，如图 7-30 所示。

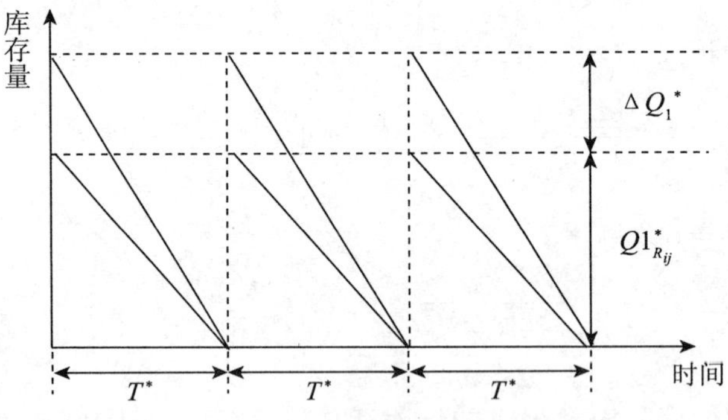

图 7-30　订货间隔期不变经济订货

此时，零售商 R_i 的期望利润为 $PRO3_{R_{ij}}$，有：

$$PRO3_{R_{ij}}=D_{R_{ij}}\times(P_{R_{ij}}-P0_{R_{ij}})+A_{R_{ij}}\times(D_j-D_{R_{ij}})\times(P2_{R_{ij}}-P0_{R_{ij}})-\frac{1}{2}\frac{Q1_{R_{ij}}}{D_{R_{ij}}}\times[D_{R_{ij}}+A_{R_{ij}}\times(D_j-D_{R_{ij}})]\times C1_{R_{ij}}-\frac{D_{R_{ij}}}{Q1^*_{R_{ij}}}\times C2_{R_{ij}} \tag{7-9}$$

第三种，按照独立决策的方法，在增加总库存量的基础上重新决策，得到新的经济订购批量和新的订货间隔期，如图 7-31 所示。

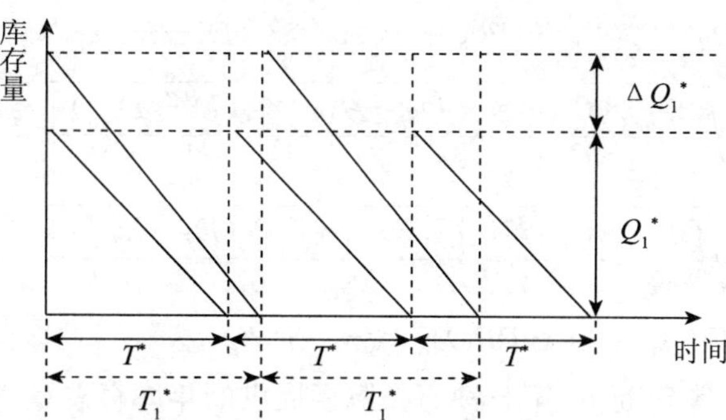

图 7-31　综合决策经济订货间隔期

此时，零售商 R_i 的期望利润为 $PRO4_{R_{ij}}$，有：

$$PRO4_{R_{ij}}=D_{R_{ij}}\times(P_{R_{ij}}-P0_{R_{ij}})+A_{R_{ij}}\times(D_j-D_{R_{ij}})\times(P2_{R_{ij}}-P0_{R_{ij}})-\frac{1}{2}Q_{R_{ij}}^{1}{}^{*}\times C1_{R_{ij}}-\frac{D_{R_{ij}}+A_{R_{ij}}\times(D_j-D_{R_{ij}})}{D_{R_{ij}}^{1}{}^{*}}\times C2_{R_{ij}} \quad (7-10)$$

对式（7-10）中 $Q_{R_{ij}}^{1}{}^{*}$ 求导，并使求导式子等于 0，有：

每次最优订货量 $Q1_{R_{ij}}^{1}{}^{*}=\sqrt{\dfrac{2\left[D_{R_{ij}}+A_{R_{ij}}\times(D_j-D_{R_{ij}})\right]C2_{R_{ij}}}{C1_{R_{ij}}}}$

将 $Q1_{R_{ij}}{}^{*}$ 和 $Q1_{R_{ij}}^{1}{}^{*}$ 带入式（7-8）、式（7-9）、式（7-10），计算出三种决策的最大利润：

$$\begin{aligned}\max PRO2_{R_{ij}}&=D_{R_{ij}}\times(P_{R_{ij}}-P0_{R_{ij}})+A_{R_{ij}}\times(D_j-D_{R_{ij}})\times(P2_{R_{ij}}-P0_{R_{ij}})-\\&\quad\frac{1}{2}Q1_{R_{ij}}{}^{*}\times C1_{R_{ij}}-\frac{D_{R_{ij}}+A_{R_{ij}}\times(D_j-D_{R_{ij}})}{Q1_{R_{ij}}}\times C2_{R_{ij}}\\&=D_{R_{ij}}\times(P_{R_{ij}}-P0_{R_{ij}})+A_{R_{ij}}\times(D_j-D_{R_{ij}})\times\\&\quad(P2_{R_{ij}}-P0_{R_{ij}})-\sqrt{\frac{D_{R_{ij}}\times C1_{R_{ij}}\times C2_{R_{ij}}}{2}}-\\&\quad\sqrt{\frac{D_{R_{ij}}\times C1_{R_{ij}}\times C2_{R_{ij}}}{2}}\times\frac{D_{R_{ij}}+A_{R_{ij}}\times(D_j-D_{R_{ij}})}{D_{R_{ij}}}\end{aligned}$$

$$\begin{aligned}\max PRO3_{R_{ij}}&=D_{R_{ij}}\times(P_{R_{ij}}-P0_{R_{ij}})+A_{R_{ij}}\times(D_j-D_{R_{ij}})\times(P2_{R_{ij}}-P0_{R_{ij}})-\\&\quad\frac{1}{2}\frac{Q1_{R_{ij}}{}^{*}}{D_{R_{ij}}}\times\left[D_{R_{ij}}+A_{R_{ij}}\times(D_j-D_{R_{ij}})\right]\times C1_{R_{ij}}-\frac{D_{R_{ij}}}{Q1_{R_{ij}}{}^{*}}\times C2_{R_{ij}}\\&=D_{R_{ij}}\times(P_{R_{ij}}-P0_{R_{ij}})+A_{R_{ij}}\times(D_j-D_{R_{ij}})\times(P2_{R_{ij}}-P0_{R_{ij}})-\\&\quad\sqrt{\frac{D_{R_{ij}}\times C1_{R_{ij}}\times C2_{R_{ij}}}{2}}\times\frac{D_{R_{ij}}+A_{R_{ij}}\times(D_j-D_{R_{ij}})}{D_{R_{ij}}}-\\&\quad\sqrt{\frac{D_{R_{ij}}\times C1_{R_{ij}}\times C2_{R_{ij}}}{2}}\end{aligned}$$

$$\begin{aligned}\max PRO4_{R_{ij}}&=D_{R_{ij}}\times(P_{R_{ij}}-P0_{R_{ij}})+A_{R_{ij}}\times(D_j-D_{R_{ij}})\times(P2_{R_{ij}}-P0_{R_{ij}})-\\&\quad\frac{1}{2}Q1_{R_{ij}}^{1}{}^{*}\times C1_{R_{ij}}-\frac{D_{R_{ij}}+A_{R_{ij}}\times(D_j-D_{R_{ij}})}{D1_{R_{ij}}^{1}{}^{*}}\times C2_{R_{ij}}\end{aligned}$$

$$=D_{R_{ij}}\times(P_{R_{ij}}-P0_{R_{ij}})+A_{R_{ij}}\times(D_j-D_{R_{ij}})\times(P2_{R_{ij}}-P0_{R_{ij}})-\sqrt{\frac{C1_{R_{ij}}\times C2_{R_{ij}}\times[D_{R_{ij}}+A_{R_{ij}}\times(D_j-D_{R_{ij}})]}{2}}-\sqrt{\frac{C1_{R_{ij}}\times C2_{R_{ij}}\times[D_{R_{ij}}+A_{R_{ij}}\times(D_j-D_{R_{ij}})]}{2}}$$

比较得到 $\max PRO2_{R_{ij}}=\max PRO3_{R_{ij}}\leqslant\max PRO4_{R_{ij}}$

在综合决策下，零售商 R_i 第 j 种商品愿意提供的年库存总量为 $Q2_{R_{ij}}$，有：

$$Q2_{R_{ij}}=D_{R_{ij}}+A_{R_{ij}}\times(D_j-D_{R_{ij}})$$

③零库存决策。零售商 R_i 不存储，通过从零售市场获取商品满足第 j 种商品需求，因该商品优势吸引的其他零售商的需求数量同样从市场中获取，则库存为 0，$Q_{R_{ij}}{}^*=0$，期望利润为 $PRO5_{R_{ij}}$，有：

$$PRO5_{R_{ij}}=D_{R_{ij}}\times(P_{R_{ij}}-P1_{R_{ij}})+A_{R_{ij}}\times(D_j-D_{R_{ij}})\times(P2_{R_{ij}}-P1_{R_{ij}})\tag{7-11}$$

零售商 R_i 第 j 种商品愿意提供的年库存总量为 $Q3_{R_{ij}}$，$Q3_{R_{ij}}=0$

综上，零售商 R_i 第 j 种商品的最优决策为 $\max\{PRO1_{R_{ij}}, PRO4_{R_{ij}}, PRO5_{R_{ij}}\}$ 对应的愿意库存总量和每次订购批量。

零售商 R_i 总体利润 $TPRO_{R_i}=\sum_{j=1}^{n}PRO_{R_{ij}}-C3_{R_i}$。

（3）网络关系决策。零售商根据利润比较结果找到最优的库存决策和愿意提供的库存总量。根据零售实际情况计算零售商 R_i 的第 j 种商品从 R_k 获取商品单位综合成本为 $CT_{R_iR_{kj}}$，如表 7-29 所示，再运用"运输问题"决策的理论，建立供应网络关系模型。

表 7-29　　综合成本表　　单位：元

需求方＼供给方	R_1	R_2	…	R_k	需求量
R_1	$CT_{R_1R_{1j}}$	$CT_{R_1R_{2j}}$	…	$CT_{R_1R_{kj}}$	$D_{R_{1j}}$
R_2	$CT_{R_2R_{1j}}$	$CT_{R_2R_{2j}}$	…	$CT_{R_2R_{kj}}$	$D_{R_{2j}}$
⋮	⋮	⋮	⋮	⋮	⋮
R_i	$CT_{R_iR_{1j}}$	$CT_{R_iR_{2j}}$	…	$CT_{R_iR_{kj}}$	$D_{R_{ij}}$
供给量	$Q_{R_{1j}}$	$Q_{R_{2j}}$	…	$Q_{R_{kj}}$	$\sum_{j}^{n}D_{R_{ij}}$ ＼ $\sum_{i}^{m}Q_{R_{kj}}$

设零售商 R_i 从零售商 R_k 获取第 j 种商品的数量为 $X_{R_iR_{kj}}$，第 j 种商品的市场成本

为 TC_j，则有 $TC_j = \sum_{i}^{m}\sum_{k}^{m}(C_{R_iR_{kj}} \times X_{R_iR_{kj}})$。

网络关系数学模型为：

$$\min TC_j = \sum_{i}^{m}\sum_{k}^{m}(C_{R_iR_{kj}} \times X_{R_iR_{kj}})。 \quad (7-12)$$

约束条件：

$$\begin{cases} \sum_{K}^{m} X_{R_iR_{kj}} = D_{R_{ij}}, i=1,2,\cdots,m \\ \sum_{i}^{m} X_{R_iR_{kj}} = Q_{R_{kj}}, k=1,2,\cdots,n \\ X_{R_iR_{kj}} \geqslant 0, \text{对所有的 } i \text{ 和 } k \end{cases}$$

4. 运作机理数学分析

1）零售商决策机理

零售商愿意提供的库存总量取决于 $\max PRO1_{R_{ij}}$、$\max PRO4_{R_{ij}}$、$\max PRO5_{R_{ij}}$ 三者的大小，所以需要比较 $\max PRO1_{R_{ij}}$、$\max PRO4_{R_{ij}}$、$\max PRO5_{R_{ij}}$。

（1）计算 $\max PRO1_{R_{ij}}$、$\max PRO4_{R_{ij}}$ 和 $\max PRO5_{R_{ij}}$。

$$\begin{aligned} \max PRO1_{R_{ij}} &= D_{R_{ij}} \times (P_{R_{ij}} - P0_{R_{ij}}) - \frac{1}{2}Q_{R_{ij}}^{*} \times C1_{R_{ij}} - \frac{D_{R_{ij}}}{Q_{R_{ij}}^{*}} \times C2_{R_{ij}} \\ &= D_{R_{ij}} \times (P_{R_{ij}} - P0_{R_{ij}}) - \frac{1}{2}\sqrt{\frac{2D_{R_{ij}} \times C2_{R_{ij}}}{C1_{R_{ij}}}} \times C1_{R_{ij}} - \\ &\quad \frac{D_{R_{ij}}}{\sqrt{\frac{2D_{R_{ij}} \times C2_{R_{ij}}}{C1_{R_{ij}}}}} \times C2_{R_{ij}} \\ &= D_{R_{ij}} \times (P_{R_{ij}} - P0_{R_{ij}}) - \sqrt{2 \times D_{R_{ij}} \times C1_{R_{ij}} C2_{R_{ij}}} \end{aligned}$$

$$\begin{aligned} \max PRO4_{R_{ij}} &= D_{R_{ij}} \times (P_{R_{ij}} - P0_{R_{ij}}) + A_{R_{ij}} \times (D_j - D_{R_{ij}}) \times (P2_{R_{ij}} - P0_{R_{ij}}) - \\ &\quad \frac{1}{2}Q1_{R_{ij}}^{1\,*} \times C1_{R_{ij}} - \frac{D_{R_{ij}} + A_{R_{ij}} \times (D_j - D_{R_{ij}})}{Q1_{R_{ij}}^{1\,*}} \times C2_{R_{ij}} \\ &= D_{R_{ij}} \times (P_{R_{ij}} - P0_{R_{ij}}) + A_{R_{ij}} \times (D_j - D_{R_{ij}}) \times (P2_{R_{ij}} - P0_{R_{ij}}) - \\ &\quad \sqrt{2 \times C1_{R_{ij}} \times C2_{R_{ij}} \times [D_{R_{ij}} + A_{R_{ij}} \times (D_j - D_{R_{ij}})]} \end{aligned}$$

$$\max PRO5_{R_{ij}} = D_{R_{ij}} \times (P_{R_{ij}} - P1_{R_{ij}}) + A_{R_{ij}} \times (D_j - D_{R_{ij}}) \times (P2_{R_{ij}} - P1_{R_{ij}})$$

（2）$\max PRO1_{R_{ij}}$ 与 $\max PRO4_{R_{ij}}$ 比较。

当 $A_{R_{ij}}=0$ 时，$\max PRO4_{R_{ij}} = \max PRO1_{R_{ij}}$

当 $0 < A_{R_{ij}} \leqslant 1$ 时，

$$\begin{aligned} &\max PRO4_{R_{ij}} - \max PRO1_{R_{ij}} \\ &= A_{R_{ij}} \times (D_j - D_{R_{ij}}) \times (P2_{R_{ij}} - P0_{R_{ij}}) - \sqrt{2 \times C1_{R_{ij}} \times C2_{R_{ij}}} \times \\ &\quad \left(\sqrt{[D_{R_{ij}} + A_{R_{ij}} \times (D_j - D_{R_{ij}})]} - \sqrt{D_{R_{ij}}}\right) \end{aligned}$$

$$=A_{R_{ij}}\times(D_j-D_{R_{ij}})\times\left[(P2_{R_{ij}}-P0_{R_{ij}})-\sqrt{2\times C1_{R_{ij}}\times C2_{R_{ij}}}\times\frac{\sqrt{[D_{R_{ij}}+A_{R_{ij}}\times(D_j-D_{R_{ij}})]}-\sqrt{D_{R_{ij}}}}{A_{R_{ij}}\times(D_j-D_{R_{ij}})}\right]$$

所以当 $P2_{R_{ij}}>P0_{R_{ij}}+\sqrt{2\times C1_{R_{ij}}\times C2_{R_{ij}}}\times\frac{\sqrt{[D_{R_{ij}}+A_{R_{ij}}\times(D_j-D_{R_{ij}})]}-\sqrt{D_{R_{ij}}}}{A_{R_{ij}}\times(D_j-D_{R_{ij}})}$ 时，$\max PRO4_{R_{ij}}-\max PRO1_{R_{ij}}>0$，有 $\max PRO4_{R_{ij}}>\max PRO1_{R_{ij}}$。

（3）$\max PRO1_{R_{ij}}$ 与 $\max PRO5_{R_{ij}}$ 比较。

$$\max PRO5_{R_{ij}}-\max PRO1_{R_{ij}}$$

$$=A_{R_{ij}}\times(D_j-D_{R_{ij}})\times(P2_{R_{ij}}-P1_{R_{ij}})-D_{R_{ij}}\times(P1_{R_{ij}}-P0_{R_{ij}})+\sqrt{2\times C1_{R_{ij}}\times C2_{R_{ij}}\times D_{R_{ij}}}$$

$$=D_{R_{ij}}\times\left[\frac{A_{R_{ij}}(D_j-D_{R_{ij}})\times(P2_{R_{ij}}-P1_{R_{ij}})}{D_{R_{ij}}}+\sqrt{\frac{2\times C1_{R_{ij}}\times C2_{R_{ij}}}{D_{R_{ij}}}}-P1_{R_{ij}}+P0_{R_{ij}}\right]$$

所以当 $P1_{R_{ij}}<P0_{R_{ij}}+\frac{A_{R_{ij}}(D_j-D_{R_{ij}})\times(P2_{R_{ij}}-P1_{R_{ij}})}{D_{R_{ij}}}+\sqrt{\frac{2\times C1_{R_{ij}}\times C2_{R_{ij}}}{D_{R_{ij}}}}$ 时，$\max PRO5_{R_{ij}}-\max PRO1_{R_{ij}}>0$，有 $\max PRO5_{R_{ij}}>\max PRO1_{R_{ij}}$。

（4）$\max PRO4_{R_{ij}}$ 与 $\max PRO5_{R_{ij}}$ 比较。

$$\max PRO4_{R_{ij}}-\max PRO5_{R_{ij}}$$

$$=(P1_{R_{ij}}-P0_{R_{ij}})\times[D_{R_{ij}}+A_{R_{ij}}\times(D_j-D_{R_{ij}})]-\sqrt{2\times C1_{R_{ij}}\times C2_{R_{ij}}\times[D_{R_{ij}}+A_{R_{ij}}\times(D_j-D_{R_{ij}})]}$$

$$=[D_{R_{ij}}+A_{R_{ij}}\times(D_j-D_{R_{ij}})]\times\left[P1_{R_{ij}}-P0_{R_{ij}}-\sqrt{\frac{2\times C1_{R_{ij}}\times C2_{R_{ij}}}{[D_{R_{ij}}+A_{R_{ij}}\times(D_j-D_{R_{ij}})]}}\right]$$

所以当 $P1_{R_{ij}}>P0_{R_{ij}}+\sqrt{\frac{2\times C1_{R_{ij}}\times C2_{R_{ij}}}{[D_{R_{ij}}+A_{R_{ij}}\times(D_j-D_{R_{ij}})]}}$ 时，$\max PRO4_{R_{ij}}-\max PRO5_{R_{ij}}>0$，有 $\max PRO4_{R_{ij}}>\max PRO5_{R_{ij}}$。

对以上比较结果进行总结，得到采取各项库存决策的条件，如表 7-30 所示。

表 7-30　　库存决策条件

决策	最大利润	条件
独立决策	$\max PRO1_{R_{ij}}$	$P2_{R_{ij}}<P0_{R_{ij}}+\sqrt{2\times C1_{R_{ij}}\times C2_{R_{ij}}}\times\frac{\sqrt{[D_{R_{ij}}+A_{R_{ij}}\times(D_j-D_{R_{ij}})]}-\sqrt{D_{R_{ij}}}}{A_{R_{ij}}\times(D_j-D_{R_{ij}})}$ $P1_{R_{ij}}>P0_{R_{ij}}+\frac{A_{R_{ij}}(D_j-D_{R_{ij}})\times(P2_{R_{ij}}-P1_{R_{ij}})}{D_{R_{ij}}}+\sqrt{\frac{2\times C1_{R_{ij}}\times C2_{R_{ij}}}{D_{R_{ij}}}}$

续 表

决策	最大利润	条件
综合决策	$\max PRO4_{R_{ij}}$	$P2_{R_{ij}} > P0_{R_{ij}} + \sqrt{2 \times C1_{R_{ij}} \times C2_{R_{ij}}} \times \dfrac{\sqrt{[D_{R_{ij}} + A_{R_{ij}} \times (D_j - D_{R_{ij}})]} - \sqrt{D_{R_{ij}}}}{A_{R_{ij}} \times (D_j - D_{R_{ij}})}$ $P1_{R_{ij}} > P0_{R_{ij}} + \sqrt{\dfrac{2 \times C1_{R_{ij}} \times C2_{R_{ij}}}{[D_{R_{ij}} + A_{R_{ij}} \times (D_j - D_{R_{ij}})]}}$
零库存决策	$\max PRO5_{R_{ij}}$	$P1_{R_{ij}} < P0_{R_{ij}} + \dfrac{A_{R_{ij}} (D_j - D_{R_{ij}}) \times (P2_{R_{ij}} - P1_{R_{ij}})}{D_{R_{ij}}} + \sqrt{\dfrac{2 \times C1_{R_{ij}} \times C2_{R_{ij}}}{D_{R_{ij}}}}$ $P1_{R_{ij}} < P0_{R_{ij}} + \sqrt{\dfrac{2 \times C1_{R_{ij}} \times C2_{R_{ij}}}{[D_{R_{ij}} + A_{R_{ij}} \times (D_j - D_{R_{ij}})]}}$

从库存决策条件可见，影响库存决策的主要原因有商品优势和商品需求量。优势越大越倾向于综合决策，优势小且数量少则倾向于零库存决策，采取独立决策的可能性比零库存决策、综合决策的可能性小。

2）网络关系形成机理

采用“运输问题”的原理寻找零售商间的供应关系，零售商根据自身商品优势和期望利润组织供应量，即愿意提供的库存总量，结合市场内其他零售商的需求量，找到使商品总成本最低的商品间供应关系。商品综合单位成本是渠道成本和库存管理成本之和，商品总成本最小，意味着按照该方法找到的是各个零售商渠道和管理组合成本最低的供应关系，商品市场存在竞争，最终会趋向渠道和管理最优的零售商。在此关系下，每个零售商的销售得到满足，库存也得到消化；每个零售商对商品的需求时间不一致，所以保有库存的零售商一方面保存自家的安全库存，另一方面也为其他零售商保持紧急互补库存，当一个零售商需要时，可以把原先为其他零售商准备的库存调整给该零售商；对于该商品，在市场中总体成本下降，库存总量也减少。

本章小结

本章首先阐述生产物流系统概念特点及其影响因素，其次介绍生产物流布局知识，重点分析设施布置计划与方法，最后着重讨论生产物流系统的几种特殊的物流形式，即搬运装卸物流系统、仓储物流系统、运输包装物流系统、冷链物流系统和逆向物流系统等物流系统设计。

北京十里河灯饰城工程灯区供应网络案例分析

1. 案例背景简介

十里河灯饰城地处北京家居CBD中心地域，是国内领先的专业化灯具售卖市场。2000年9月建立开业，规模之大、品类之多、服务之优，被誉为“中国精品灯饰第一城”。2011年十里河灯饰城扩大整合，建立A、B两座商业区，具体分为“家居灯饰区”“工程灯区”“灯MALL精品区”，如图7－32所示，经营面积达10万平方米，商户有500家，从业者4000多人。家居灯饰区销售商品种类丰富，品牌众多，凯撒琳、金达维沙华、宝辉、施耐德、开元、西门子、诺克、雷士、清华同方、飞利浦、安琪儿等顶级灯饰品牌云集于此。

工程灯区位于十里河灯饰城B座，分为五层，负一层主要经营舞台灯，一层主要经营办公照明用品，二层主要经营开关插板类，三层专售LED系列灯具，四层为各大商户租用仓库。每层约40户商家，共约160家灯具商户。工程灯区经营商品多为工程建设和商铺装修需要的五金工具、电工电料、管材管件，包括开关类、射灯类、筒灯类、轨道灯类、吊灯类及相关灯具配件等。商户包括西蒙灯饰、东方皇家、ABB、TCL、金爵士、欧普、雷士、三立、飞利浦、松本、西门子、欧亚迪、朗能、史福特、三雄极光、达美风行、松下灯具等多种知名品牌代理商户。

2. 问题描述

模型数据主要来自十里河灯饰城工程灯区雷士照明。雷士照明主要经营电工电料和光源类灯具两大类别商品，具体包括日光灯、吊灯、轨道灯、筒灯、射灯、节能灯、镇流器、排风扇等不同系列不同颜色共900多种商品。2011年十里河工程灯区建设落成后，市场增加近50个零售商，雷士照明的经营不仅面临市场其他雷士授权零售商的竞争，也面临其他灯具品牌零售商的竞争。图7－32为雷士照明2014年月销售量，图7－33为雷士照明2014年月销售额，结合销售量和销售额可看出，雷士照明销售量和销售额呈先上升后下降的趋势，5－11月为销售旺季，12月到次年4月为淡季，月需求量不稳定。

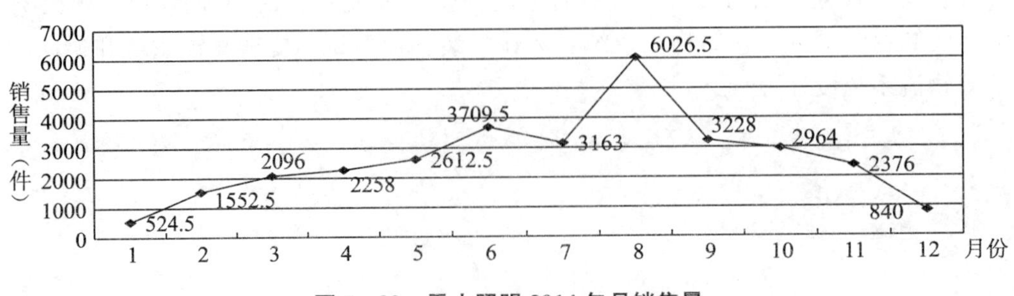

图7－32　雷士照明2014年月销售量

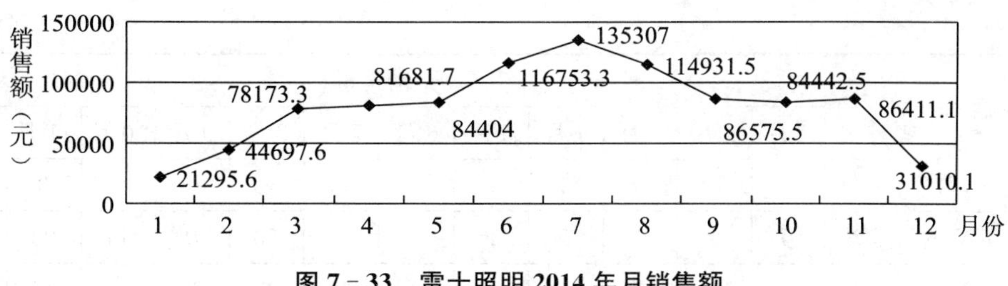

图 7－33 雷士照明 2014 年月销售额

每种类别商品的销售量不一致，如表 7－31 所示，日光灯类需求量大，金卤灯类需求量小。不同商品间的销售量也不一致，如表 7－32 所示，轨道和轨道四线等商品每月都有需求量，需求数量较大；射灯 204COB24W、灯管灯架雷士 T5 24W 等商品需求量稍不稳定，个别月份没有需求，需求量一般；灯管飞利浦 T8 18W/33、开关五孔施耐德节能等商品月需求极不稳定，但需求量大；灯杯雷士 1WLED 小杯等商品月需求不稳定，且需求量小。对雷士照明经营的 900 多种商品，每种商品都有库存则成本过大，都无库存则利润减少，具体商品选择何种库存决策需考虑。

表 7－31 雷士照明 2014 年商品销售总量 单位：件

类别	销售数量	类别	销售数量	类别	销售数量
日光灯类	6228	节能灯类	4203	轨道灯类	1192
吊灯类	601	开关类	4354	轨道类	3080.5
平板灯类	417	射灯类	1030	轨道连接	959
天花灯类	697	筒灯类	2320	吸顶灯类	514
金卤灯类	305	镇流器	587	其他类	6908

表 7－32 雷士照明 2014 年 5—11 月月销售量 单位：件

商品名	销售量											
	1 月	2 月	3 月	4 月	5 月	6 月	7 月	8 月	9 月	10 月	11 月	12 月
轨道	14	123	53	134	830	9.5	185.5	66	94	129	200.5	23.5
轨道四线	16.5	23.5	112	122	111.5	194	82.5	54.5	56	278	130.5	13.5
灯管灯架雷士 T5 28W	0	0	0	0	7	3	19	32	47	103	129	0
40WLED P30＋灯架	11	0	43	32	29	37	41	8	0	0	26	0
射灯 204COB12W	0	0	0	0	16	13	3	26	14	46	10	0
轨道连接对接四线	0	2	0	9	7	42	9	0	16	88	21	0
轨道对接四线雷士	5	11	49	17	59	10	33	40	0	15	44	12

续 表

商品名	销售量											
	1月	2月	3月	4月	5月	6月	7月	8月	9月	10月	11月	12月
轨道连接弯接	0	12	0	0	2	5	14	10	13	0	0	0
节能灯 8W 飞利浦螺	0	1	0	0	26	0	3	70	0	14	23	0
施耐德 1P10A 空开	0	0	0	5	0	7	30	0	37	0	12	0
射灯 204COB24W	8	11	24	17	11	0	19	0	52	0	0	7
筒灯应急电池	0	0	1	0	0	18	4	34	43	41	48	0
灯带 5050	40	23	57	0	53	116	73	45	0	5	5	36
87＃支架＋40W 杀菌管	2	1	0	0	0	11	2	0	0	30	1	2
灯管灯架雷士 T5 21W	2	19	8	26	0	11	14	12	76	0	214	14
灯管灯架雷士 T5 24W	0	0	0	0	7	4	2	12	44	0	12	0
灯杯飞利浦 35W 大杯	0	15	9	0	30	20	0	0	0	0	30	40
安全出口	2	0	6	10	6	6	1	17	0	10	0	3
灯杯 20W 灯杯	7	0	9	0	10	11	30	0	0	0	15	0
轨道灯 40WLED P30	0	12	0	7	31	39	0	0	9	0	10	0
飞利浦 70W 电子镇流器	0	0	0	1	1	50	−1	0	2	0	−1	0
开关五孔	0	0	0	0	10	39	510	50	0	0	13	0
开关五孔西门子	0	0	8	0	0	170	67	20	119	58	105	0
灯管飞利浦 T8 18W/33	0	0	0	0	0	0	0	1000	0	0	0	0
变压器 T52×28W	10	0	0	0	0	0	0	0	30	0	0	14
开关五孔施耐德节能	0	0	0	1	0	0	0	760	0	0	0	2
平板灯 300×600 嵌入	0	0	3	2	0	0	0	0	0	0	11	0
节能插管雷士 2P13W 白	0	0	2	0	0	0	0	0	0	0	20	0
灯杯雷士 1WLED 小杯	0	0	0	0	0	0	6	0	0	0	0	0

3. 数据收集

针对雷士照明商品种类多、需求不一，从表 7－32 种选取 5 种典型商品，探索不同商品的库存决策和供应关系。如图 7－34 所示，轨道四线：月需求稳定，需求量较大；轨道对接四线雷士：月需求基本稳定，需求数量相对较小，雷士授权品牌；灯管飞利浦 T8 18W/33：月需求不稳定，需求数量稍大；灯杯雷士 1WLED 小杯：月需求不稳定，需求量小，雷士授权品牌；平板灯 300×600 嵌入：月需求不稳定，需求量小，非雷士授权品牌。

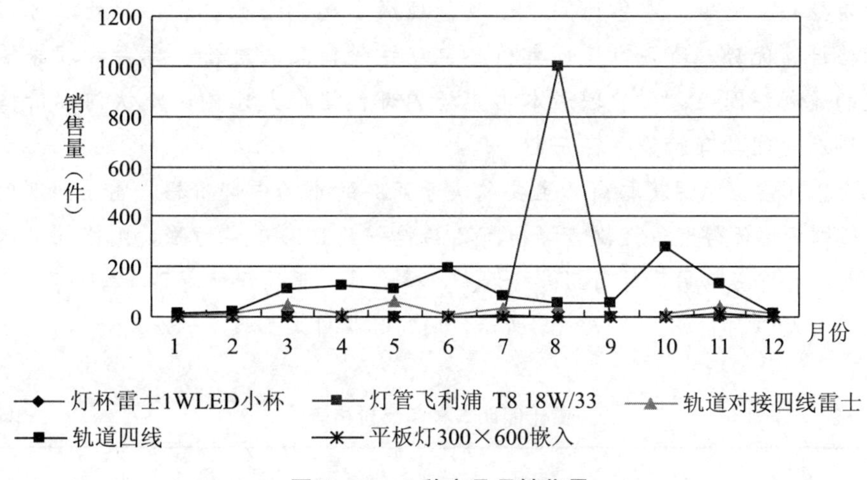

图 7－34　5 种商品月销售量

1）数量预测

2014 年轨道四线需求总量为 1194.5 米，轨道对接四线雷士年需求总量为 295 件，灯管飞利浦 T8 18W/33 年需求总量为 1000 件，灯杯雷士 1WLED 小杯年需求总量为 6 件，平板灯 300×600 嵌入年需求总量为 16 件，商品名参数见表 7－33。

工程灯区约 160 家零售商，在此选取雷士照明经常合作的 9 家零售商进行 10 家零售商市场的需求量预测，见表 7－33 中"零售商及参数"。雷士照明轨道四线市场份额约为 20%，轨道对接四线雷士市场份额约为 45%，灯管飞利浦 T8 18W/33 市场份额约为 10%，灯杯雷士 1WLED 小杯市场份额约为 15%，平板灯 300×600 嵌入市场份额约为 10%。用雷士照明的年预测需求量除以相应商品市场份额，得到 5 种商品的 10 家市场需求预测总量分别为 5972，656，10000，40，160。

表 7－33　　　　商品名零售商及其对应参数

商品名及参数		零售商及参数			
轨道四线	j_1	雷士照明	R_1	特优仕照明	R_3
轨道对接四线雷士	j_2	飞利浦照明（北京典艺）	R_2	雷拓照明	R_4

续 表

商品名及参数		零售商及参数			
灯管飞利浦 T8 18W/33	j_3	雷士照明（其他）	R_5	西门子照明	R_8
灯杯雷士 1WLED 小杯	j_4	北京四通	R_6	施耐德照明	R_9
平板灯 300×600 嵌入	j_5	佛山照明	R_7	TCL 照明	R_{10}

2）优势确定

由于市场存在竞争，零售商间渠道及管理成本属于企业机密，此处以可获取的市场内部价格计算优势。商品市场内部价格包括该种商品的进价、库存管理等活动耗费以及一定的盈利。因渠道及管理成本占市场内部价格很大比例，默认内部价格具有优势，则渠道及管理具有优势存在一定合理性。

其他卖家从雷士照明获取商品主要取决于商品的市场内部价格、雷士照明的门店品牌，价格低则价格优势大，授权名牌和商品品牌一致且门店实力强，则门店品牌排名靠前，优势大。对雷士照明 5 种商品进行调查，得到雷士照明 5 种商品价格如表7－34所示，10 家零售商市场内部价格如表 7－35 所示，门店品牌排名如表 7－36 所示。

表 7－34　　雷士照明 5 种商品价格表　　单位：元

	j_1	j_2	j_3	j_4	j_5
$P_{R_{1j}}$	58	20	5.5	9	90
$P0_{R_{1j}}$	40	13	4.5	6	68

表 7－35　　5 种商品 10 家零售商内部价格表　　单位：元

	j_1	j_2	j_3	j_4	j_5
R_1	48	17	5	7.8	78
R_2	46	18	4	7.5	78
R_3	46	18	4.5	7.5	76
R_4	47	19	5	8	75
R_5	48	18	4.8	7	76
R_6	43	18.5	4.8	7.8	78
R_7	45	17.5	4.5	7.2	75
R_8	49	19	5	7.5	79
R_9	50	18	5	8	76
R_{10}	48	18.5	4.2	7.5	76

表 7-36　　5 种商品 10 家零售商门店品牌排名

	j_1	j_2	j_3	j_4	j_5
R_1	3	1	10	2	5
R_2	5	4	1	3	4
R_3	1	10	8	9	6
R_4	5	5	7	10	2
R_5	6	2	6	1	9
R_6	2	6	9	8	7
R_7	4	3	3	5	1
R_8	7	8	5	7	10
R_9	10	9	4	6	8
R_{10}	9	7	2	4	3

根据式（7-4）商品优势率计算方法，得到雷士照明 5 种商品在 10 家零售商市场中的综合优势率，如表 7-37 所示。

表 7-37　　雷士照明 5 种商品优势率

	j_1	j_2	j_3	j_4	j_5
$AP_{R_{1j}}$	2/9	1	0	2/9	1/9
$AB_{R_{1j}}$	6/9	1	0	7/9	5/9
$A_{R_{1j}}$	4/9	1	0	1/2	1/3

3）成本衡量

（1）存储成本 $C1_{R_{1j}}$。存储成本由两部分组成，一是用于订购货品所占资金的利息，或储存货品不能把资金用于其他投资的机会成本，等于同期的银行贷款利息；二是用于支付存储仓库、保险、商品损耗和管理等的费用。2014 年中国银行的贷款年利率为 6.00%，雷士照明储存一件商品所支付的损耗费、保险及管理费占该商品进价的 2%。

（2）订购成本 $C2_{R_{1j}}$。雷士照明订货过程如图 7-35 所示，涉及厂家（制造商或分销商）、货运家（物流）和自家三方。雷士照明向厂家电话订货，厂家产生物流需求，货运站取得雷士照明确认后开具有期支票，厂家根据货运站提供的有期支票将物品交给货运站，货运站将物品运输至雷士照明并取得货款、物流费等，在有期支票到期前将货款汇至厂家账户中，最终完成整个订货过程。

从购货过程可以看出，订购成本包括雷士照明的电话耗费、物流成本、支票费用。电话、支票花费与购货数量无关，与购货次数线性相关，一次购货平均打 4 次电话，一次电话20分钟，按长途0.2元/分钟计算，一次购货电话费用为4×20×0.2=16元；一次购货使用一张支票，支票费用为2元；物流费用与购货数量和购货次数有关，按灯具体积计费，1立方米费用120～160元，小件商品120元，大件商品160元，案例前四种商品按120元计算，平板灯以160元计算。根据商品规格计算单位物流费用如表7-38所示。一次购货电话和支票费用为$C2^1_{R_{1j}}$，一次购货单位物流成本为$C2^2_{R_{1j}}$。

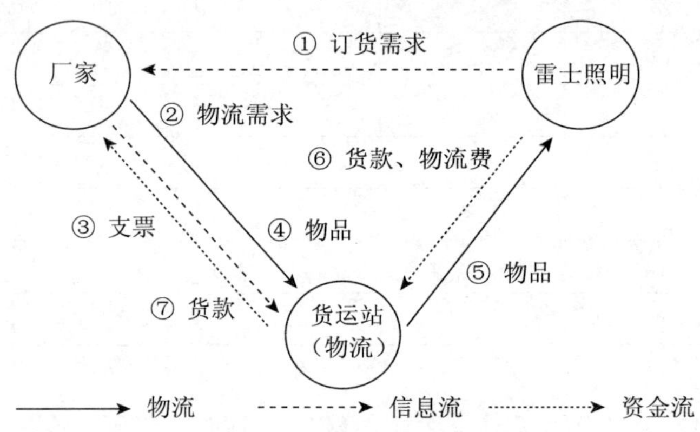

图7-35　雷士照明订货过程

表7-38　　雷士照明5种商品单位物流费用

商品	商品规格（毫米×毫米×毫米）	1立方米数量（件）	单位物流费用（元）
j_1	34×34×1000	866	120/866
j_2	34×34×68	12722	120/12722
j_3	26×26×604	2450	120/2450
j_4	33×33×45	20407	120/20407
j_5	300×600×150	38	160/38

（3）固定成本$C3_{R_1}$。工程灯区市场仓库租赁费1000元/月，门店租金200元/平方米·月，一楼门店押金500元，雷士照明门店30平方米，聘请一位销售人员，人员工资3000元/月。这些成本与经营商品数量无关，与经营商品种类无关，属于雷士照明支付的固定成本，雷士照明目前没有租赁仓库，所以一年的固定成本为：

$$500+200\times30\times12+3000\times12=108500\text{元}$$

4. 模型建立

1）库存决策模型

（1）独立决策。

$$PRO1_{R_{1j}}=D_{R_{1j}}\times(P_{R_{1j}}-P0_{R_{1j}})-\frac{1}{2}Q^*_{R_{1j}}\times C1_{R_{1j}}-\frac{D_{R_{1j}}}{Q^*_{R_{1j}}}\times Q^*_{R_{1j}}\times C2^2_{R_{1j}}-\frac{D_{R_{1j}}}{Q^*_{R_{1j}}}\times C2^1_{R_{1j}} \tag{7-13}$$

用式（7-13）对 $Q_{R_{1j}}^{*}$ 求导，得出独立决策最大利润 $\max PRO1_{R_{1j}}$。

如 j_1 独立决策最大期望利润为：

$\max PRO1_{R1j1}=1194.5\times(58-40)-\frac{1}{2}\times116\times3.2-\frac{1194.5}{116}\times116\times0.13857-\frac{1194.5}{116}\times18=20964.5$

（2）综合决策。

$$PRO4_{R_{1j}}=D_{R_{1j}}\times(P_{R_{1j}}-P0_{R_{1j}})+A_{R_{1j}}\times(D_j-D_{R_{1j}})\times(P2_{R_{1j}}-P0_{R_{1j}})-\frac{1}{2}Q_{R_{1j}}^{1}{}^{*}\times C1_{R_{1j}}-\frac{D_{R_{1j}}+A_{R_{1j}}\times(D_j-D_{R_{1j}})}{Q_{R_{1j}}^{1}{}^{*}}\times Q_{R_{1j}}^{1}{}^{*}\times C2^{2}R_{1j}-\frac{DR_{1j}+A_{R_{1j}}\times(D_j-D_{R_{1j}})}{Q_{R_{1j}}^{1}{}^{*}}\times C2_{R_{1j}}^{1} \quad (7-14)$$

用式（7-14）对 $Q_{R_{1j}}^{1}{}^{*}$ 求导，得出综合决策最大利润 $\max PRO4_{R_{1j}}$。

如 j_1 综合决策最大期望利润为：

$\max PRO4_{R_{1j1}}=1194.5\times(58-40)+\frac{4}{9}\times(5972-1194.5)\times(48-40)-\frac{1}{2}\times193\times3.2-\frac{3318}{193}\times193\times0.13857-\frac{3318}{193}\times18=37409.7$

（3）零库存决策。

$$PRO5_{R_{1j}}=D_{R_{1j}}\times(P_{R_{1j}}-P1_{R_{1j}})+A_{R_{1j}}\times(D_j-D_{R_{1j}})\times(P2_{R_{1j}}-P1_{R_{1j}}) \quad (7-15)$$

带入需求量、价格等数据求解，得到零库存决策最大利润 $\max PRO5_{R_{1j}}$。

如 j_1 零库存决策最大期望利润为：

$$\max PRO5_{R_{1j1}}=1194.5\times(58-47)+\frac{4}{9}\times(5972-1194.5)\times(48-47)=16457.33$$

第 j 种商品最大利润 $PRO_{R_{1j}}=\max\{\max PRO1_{R_{1j}},\max PRO4_{R_{1j}},\max PRO5_{R_{1j}}\}$。

雷士照明总体利润 $TPRO_{R_1}=\sum_{j=1}^{900}PRO_{R_{1j}}-108500$。

①j_1：轨道四线。

最大利润 $PRO_{R_{1j1}}=\max\{\max PRO1_{R_{1j1}},\max PRO4_{R_{1j1}},\max PRO5_{R_{1j1}}\}$。

②j_2：轨道对接四线雷士。

最大利润 $PRO_{R_{1j2}}=\max\{\max PRO1_{R_{1j2}},\max PRO4_{R_{1j2}},\max PRO5_{R_{1j2}}\}$。

③j_3：灯管飞利浦 T8 18W/33。

最大利润 $PRO_{R_{1j3}}=\max\{\max PRO1_{R_{1j3}},\max PRO4_{R_{1j3}},\max PRO5_{R_{1j3}}\}$。

④j_4：灯杯雷士 1WLED 小杯。

最大利润 $PRO_{R_{1j4}}=\max\{\max PRO1_{R_{1j4}},\max PRO4_{R_{1j4}},\max PRO5_{R_{1j4}}\}$。

⑤j_5：平板灯 300×600 嵌入。

最大利润 $PRO_{R_{1j5}}=\max\{\max PRO1_{R_{1j5}}, \max PRO4_{R_{1j5}}, \max PRO5_{R_{1j5}}\}$。

雷士照明五种商品的库存总量和经济购货批量为五种商品最大利润的决策所对应的结果。

2）供应网络关系模型

设零售商 R_i 从零售商 R_k 获取第 j 种商品的数量为 $X_{R_iR_{kj}}$，第 j 种商品的市场成本为 TC_j，则有 $TC_j=\sum_i^m\sum_k^m(C_{R_iR_{kj}}\times X_{R_iR_{kj}})(j=1,2,3,4,5)$

网络关系数学模型为：

$$\min TC_j=\sum_i^{10}\sum_k^{10}(C_{R_iR_{kj}}\times X_{R_iR_{kj}}) \tag{7-16}$$

约束条件：

$$\begin{cases}\sum_k^{10}X_{R_iR_{kj}}=D_{R_{ij}},i=1,2,\cdots,10\\\sum_i^{10}X_{R_iR_{kj}}=Q_{R_{kj}},k=1,2,\cdots,10\\X_{R_iR_{kj}}\geqslant 0,\text{对所有的 } i \text{ 和 } k。\end{cases}$$

5. 模型求解

1）库存模型求解

运用 Excel 对五种商品的库存决策建模求解，得到最大利润和相应的决策如图 7-36 所示，轨道四线综合决策利润最大，$PRO_{R_{1j1}}=37409.69$ 元，雷士照明愿意提供的库存量 $Q2_{R_{1j1}}=3318$ 件，每次订购 193 件；轨道连接对接四线雷士综合决策利润最大，$PRO_{R1_{j2}}=3346.09$ 元，雷士照明愿意提供的库存量为 $Q2_{R1_{j2}}=656$ 件，每次订购 151 件；灯管飞利浦 T8 18W/33 零库存决策利润最大，$PRO_{R_{1j3}}=1140.00$ 元，雷士照明愿意提供的库存量 $Q3_{R_{1j3}}=0$ 件，每次订购 0 件；灯杯雷士 1WLED 小杯综合决策利润最大，$RPO_{R_{1j4}}=19.84$ 元，雷士照明愿意提供的库存量 $Q2_{R_{1j4}}=23$ 件，每次订购 23 件；平板灯 300×600 嵌入综合决策利润最大，$RPO_{R_{1j5}}=450.57$ 元，雷士照明愿意提供的库存量 $Q2_{R_{1j5}}=64$ 件，每次订购 21 件。

对五种商品库存决策结果进行分析，轨道四线优势一般，数量大，采用综合决策；轨道连接对接四线雷士有绝对优势，数量大，采用综合决策；灯管飞利浦 T8 18W/33 无优势，采用零库存决策；灯杯雷士 1WLED 小杯数量少但优势较大，采用综合决策；平板灯 300×600 嵌入优势一般，数量较少，毛利空间大，采用综合决策。

```
=H28*(B28-C28)+F28*I28*(E28-C28)-0.5*O28*J28-M28*L28-M28*K28/O28
```

商品	价格				优势	需求量			成本			可能库存总量Q	经济订货批量		库存决策			最大利润
									储存成本C1	订购成本C2								
	售价P	进价P0	市场平均价P1	雷士照明市场价P2	优势A	市场总量D	雷士需求量D1	其他家需求总量（D-D1）	储存成本C1	话费支票费C21	物流费用C22		Q*	Q1*	独立决策PRO1	综合决策PRO4	零库存决策PRO5	PRO
j1	58	40	47	48	4/9	5972	1194.5	4777.5	3.2	18	0.13857	3318	116	193	20964.53	37409.69	16457.33	37409.69
j2	20	13	18.15	17	1	656	295	361	1.04	18	0.00943	656	101	151	1957.12	3346.09	-208.65	3346.09
j3	5.5	4.5	4.68	5	0	10000	1000	9000	0.36	18	0.04898	1000	316	316	837.18	837.18	1140.00	1140.00
j4	9	6	7.55	7.5	1/2	40	6	34	0.43	18	0.00588	23	21	23	7.78	19.84	7.55	19.84
j5	90	68	76.6	78	1/3	160	16	144	5.44	18	4.21053	64	10	21	228.65	450.57	304.00	450.57

图 7-36　库存决策计算结果

2）供应网络模型求解

供应网络模型运用管理运筹学 2.5 版本软件进行求解，此处以四线轨道（j_1）和灯管飞利浦 T8 18W/33（j_3）两种商品为例，求解十家零售商市场的四线轨道和灯管飞利浦 T8 18W/33 两种商品的供应网络关系。雷士照明对其他零售商库存量和需求量进行预测，雷士照明、特优仕照明、北京四通库存四线轨道，图 7-37 中 A_1、A_2、A_3 依次表示雷士照明（R_1）、特优仕照明（R_3）和北京四通（R_6）。飞利浦照明（北京典艺）、特优仕照明和佛山照明库存有灯管飞利浦 T8 18W/33，B_1 到 B_{10} 分别代表十家零售商。四线轨道求解结果如图 7-38 所示，图 7-39 中 A_1、A_2、A_3 分别代表飞利浦照明（北京典艺）（R_2）、特优仕照明（R_3）和佛山照明（R_7）。灯管飞利浦 T8 18W/33 求解结果如图 7-40 所示。

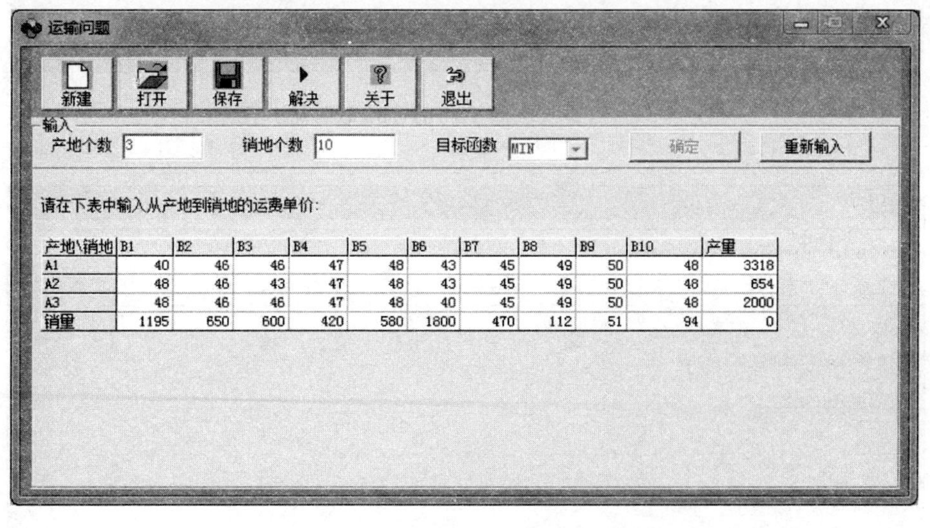

产地\销地	B1	B2	B3	B4	B5	B6	B7	B8	B9	B10	产量
A1	40	46	46	47	48	43	45	49	50	48	3318
A2	48	46	43	47	48	43	45	49	50	48	654
A3	48	46	46	47	48	40	45	49	50	48	2000
销量	1195	650	600	420	580	1800	470	112	51	94	0

图 7-37　四线轨道软件输入图示

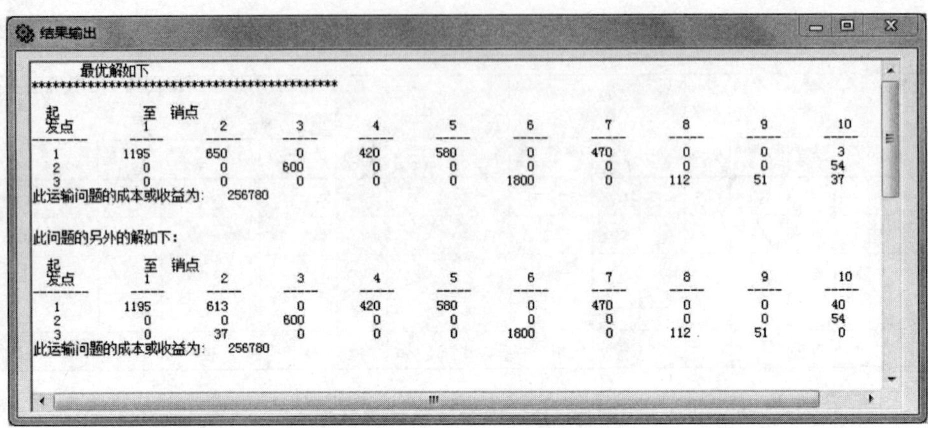

最优解如下

起发点 \ 至销点	1	2	3	4	5	6	7	8	9	10
1	1195	650	0	420	580	0	470	0	0	3
2	0	0	600	0	0	0	0	0	0	54
3	0	0	0	0	0	1800	0	112	51	37

此运输问题的成本或收益为: 256780

此问题的另外的解如下:

起发点 \ 至销点	1	2	3	4	5	6	7	8	9	10
1	1195	613	0	420	580	0	470	0	0	40
2	0	0	600	0	0	0	0	0	0	54
3	0	37	0	0	0	1800	0	112	51	0

此运输问题的成本或收益为: 256780

图 7-38　四线轨道软件求解结果

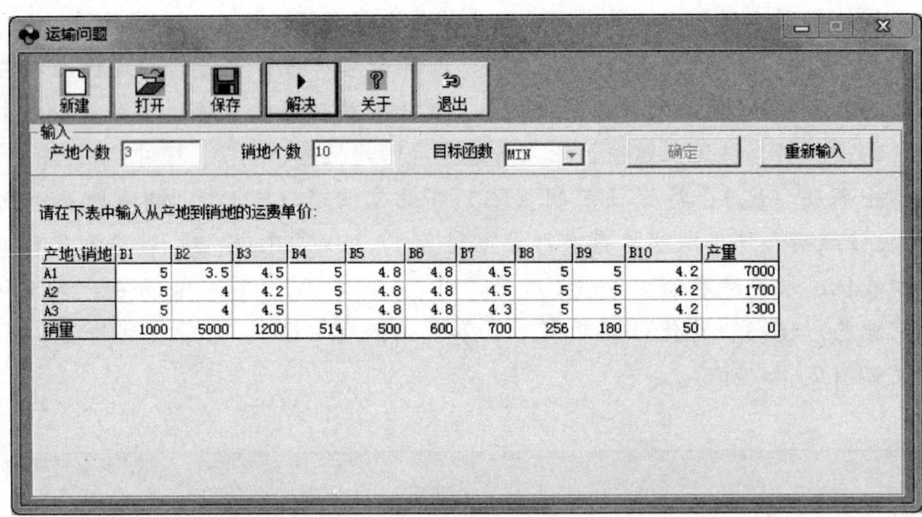

产地\销地	B1	B2	B3	B4	B5	B6	B7	B8	B9	B10	产量
A1	5	3.5	4.5	5	4.8	4.8	4.5	5	5	4.2	7000
A2	5	4	4.2	5	4.8	4.8	4.5	5	5	4.2	1700
A3	5	4	4.5	5	4.8	4.8	4.3	5	5	4.2	1300
销量	1000	5000	1200	514	500	600	700	256	180	50	0

图 7-39　灯管飞利浦 T8 18W/33 软件输入图示

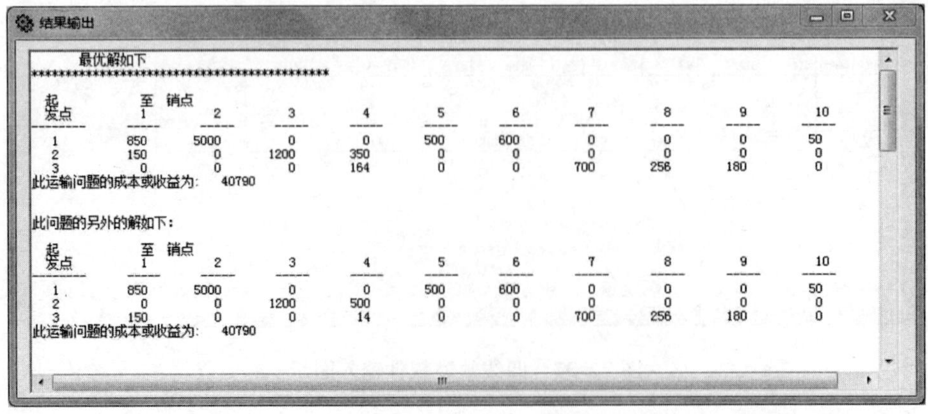

最优解如下

起发点 \ 至销点	1	2	3	4	5	6	7	8	9	10
1	850	5000	0	0	500	600	0	0	0	50
2	150	0	1200	350	0	0	0	0	0	0
3	0	0	0	164	0	0	700	256	180	0

此运输问题的成本或收益为: 40790

此问题的另外的解如下:

起发点 \ 至销点	1	2	3	4	5	6	7	8	9	10
1	850	5000	0	0	500	600	0	0	0	50
2	0	0	1200	500	0	0	0	0	0	0
3	150	0	0	14	0	0	700	256	180	0

此运输问题的成本或收益为: 40790

图 7-40　灯管飞利浦 T8 18W/33 软件求解结果

根据求解结果，两种商品均按第一种解法绘制十家零售商市场的四线轨道和灯管飞利浦 T8 18W/33 两种商品的供应网络，如图 7－41 所示，雷士照明的四线轨道主要供给佛山照明、北京四通，雷士照明经营的飞利浦 T8 18W/33 主要从佛山照明获取。十家零售商因两种商品库存关系形成复杂的供应网络。

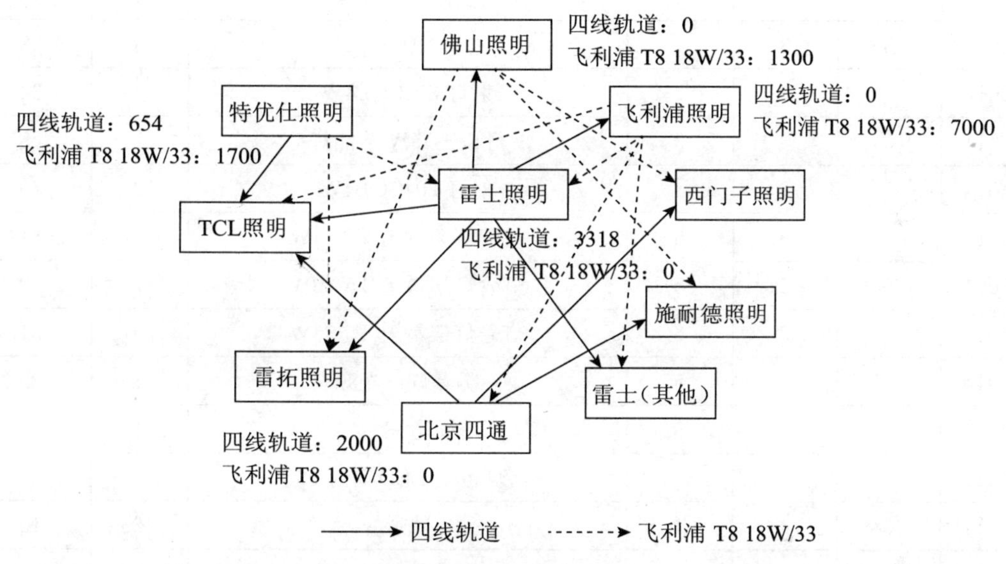

图 7－41　四线轨道和飞利浦 T8 18W/33 供应网络

6. 结果分析

雷士照明五种商品采取不同的库存策略，如表 7－39 所示，采取库存组织策略，五种商品期望收益和为 42366.20 元，获得最大收益。

表 7－39　雷士五种商品库存组织前后总期望收益对比　　单位：元

库存组织前期望收益			库存组织后期望收益
独立决策	综合决策	零库存决策	库存组织决策
23995.26	42063.37	17700.23	42366.20

从整个市场来说，一种商品在不同商家组织库存，如四线轨道在雷士、特优仕和北京四通具有存货，其他商家不库存。若十个零售商都选择独立决策，都为商品准备安全库存，则市场商品库存增多；若十个零售商选择零库存决策，则不能及时完成客户需求，服务水平下降。采取十家零售商间库存组织的方法，由具有优势的零售商库存优势商品，则有优势的零售商获利增加，无优势的零售商成本降低，且十个零售商库存都分配完，销售需求均得到满足，达到共赢局面。

由于 2014 年 1 月到 12 月销售数据量较大，现附上 5 月数据（如表 7－40 所示）示意。

表 7-40　　雷士照明 2014 年 5 月销售数据

年	月	日期	客户号	商品名	数量	单价（元）
2014	5	3	1	安全出口	1	25
2014	5	3	1	灯架 20W 支架	1	18
2014	5	3	1	灯架 40W 支架	1	18
2014	5	3	1	喇叭	3	28
2014	5	3	2	射灯 204COB4W	2	30
2014	5	3	3	灯口＋45W 节能灯	1	25
2014	5	3	4	射灯 204COB4W	2	30
2014	5	3	5	灯管灯架雷士 T5 24W	7	21
2014	5	3	5	灯管灯架雷士 T5 28W	7	22
2014	5	3	5	灯管灯架雷士 T5 35W	9	31
2014	5	3	5	防爆灯＋光源	1	39
2014	5	3	5	轨道三线	1	36
2014	5	3	5	筒灯雷士 LED 筒灯 995	9	80
2014	5	4	1	轨道	2	10
2014	5	4	2	开关 TV 插孔	4	6.5
2014	5	4	2	开关三开	4	9
2014	5	4	2	开关双开	4	6
2014	5	4	2	开关五孔	10	5.8
2014	5	4	2	开关一开 16A	4	8
2014	5	4	2	开关一开五孔	5	9
2014	5	4	2	网线插孔	1	12
2014	5	4	3	吊灯 32W	3	200
2014	5	4	3	射灯 204COB12W	16	58
2014	5	4	3	筒灯 7WLED	12	38
2014	5	4	3	筒灯 7WLED	10	40
2014	5	4	4	轨道	20	10
2014	5	4	4	轨道灯 40WLED P30＋灯架	25	126
2014	5	5	1	轨道灯 40WLED＋灯架	5	126
2014	5	5	2	灯管 10W2D 管白光	20	5
2014	5	5	2	灯管 T4 12W	50	8
2014	5	5	2	灯管 T4 20W	50	8.5

续　表

年	月	日期	客户号	商品名	数量	单价（元）
2014	5	5	2	灯管灯架支架 7WLED 支架	1	10
2014	5	5	2	镇流器 2D 管镇流器	50	5.5
2014	5	5	3	筒灯 3W 明装	1	45
2014	5	5	3	筒灯 7WLEDCOB 暖光	1	60
2014	5	6	1	安全出口	1	25
2014	5	6	1	节能灯 9W 螺白光	4	10
2014	5	6	2	天花灯 30WLED	1	118
2014	5	7	1	筒灯 4 寸 LED	1	33
2014	5	7	1	筒灯绎普 7WLED 白面 TH0701	1	30
2014	5	7	2	16＃卷塑软管	1	30
2014	5	7	2	灯管灯架 40WLED＋灯架	50	126
2014	5	7	2	轨道	32	10
2014	5	7	2	护套线昆仑兴业电线 2.5 线	3	135
2014	5	8	1	灯泡龙珠泡	1	10
2014	5	8	1	轨道	2	10
2014	5	8	1	金卤灯飞利浦 70W/830＋轨道金卤灯	2	163
2014	5	8	2	天花灯 12W4KBH	6	55
2014	5	8	3	灯杯飞利浦 35W 大杯	30	3.5
2014	5	8	3	节能灯 12W 雷士螺黄	50	14
2014	5	8	3	镇流器四通一托二	10	14
2014	5	8	4	应急电池敏华 LED 应急电池	20	65
2014	5	8	5	节能球 26W	6	25
2014	5	8	6	筒灯 515/7WLED 明装筒灯暖光	265	52
2014	5	8	7	安全出口	3	25
2014	5	8	7	吊链	4	0.8
2014	5	8	7	轨道	2	10
2014	5	8	7	开关单开	1	7
2014	5	9	1	应急电池 13W 节能灯应急电池	2	38
2014	5	9	1	应急电池 18W	2	55
2014	5	9	2	轨道灯 18W 212	1	90
2014	5	9	3	灯杯 Gu10 灯杯	10	20

续 表

年	月	日期	客户号	商品名	数量	单价（元）
2014	5	9	4	安全出口	1	25
2014	5	9	4	轨道连接对接四线	5	15
2014	5	9	4	轨道四线	14	58
2014	5	10	1	灯管飞利浦 36W/54	2	5
2014	5	10	1	镇流器飞利浦 EBC236 带线	6	35
2014	5	10	2	节能灯 360LED7W 暖光	10	50
2014	5	10	3	轨道灯 7WLED	1	45
2014	5	10	3	筒灯 4 寸明装黑	1	15
2014	5	10	4	筒灯 7WLED 方体黑暖光	30	55
2014	5	11	1	灯管 T4 12W	1	8
2014	5	12	1	轨道连接对接四线雷士	5	20
2014	5	12	1	轨道四线	15	58
2014	5	12	2	轨道灯 18WCOB	5	70
2014	5	12	3	射灯 18WLED	−1	80
2014	5	12	4	吸顶灯 7WLED 白体暖光	10	30
2014	5	12	5	开关断路器施耐德 2P25A 漏电	3	152
2014	5	13	1	射灯 18WLED	3	83
2014	5	13	2	开关单开双控 ATH	4	5.5
2014	5	13	3	吸顶灯 22W	1	20
2014	5	14	1	轨道	6	10
2014	5	14	1	轨道灯 18WLED 黑体暖光	8	150
2014	5	14	1	轨道连接对接	2	4
2014	5	14	1	开关断路器施耐德 1P20A 漏电	1	95
2014	5	14	1	开关方盖板	20	0.3
2014	5	14	1	开关双开施耐德	1	8
2014	5	14	1	开关五孔施奈德	4	7.5
2014	5	14	1	天坛胶布	3	2
2014	5	14	2	轨道连接对接四线雷士	40	20
2014	5	14	2	轨道四线	40	58
2014	5	14	3	轨道连接对接四线雷士	6	20
2014	5	14	3	轨道四线	13	58

续　表

年	月	日期	客户号	商品名	数量	单价（元）
2014	5	14	4	轨道连接对接四线雷士	6	20
2014	5	14	4	轨道四线	13	58
2014	5	14	5	灯管灯架 87＃支架＋杀菌管＋杆	1	37
2014	5	14	6	灯管灯架 40W 双管＋飞光	5	32
2014	5	14	7	吸顶灯 22W	1	20
2014	5	14	8	灯管灯架 21W2D 管一体	1	18
2014	5	15	1	轨道	100	7
2014	5	15	2	轨道	3	18
2014	5	15	2	轨道灯 222 白体白光＋杆	8	75
2014	5	15	3	灯管飞利浦 18W/54	15	5
2014	5	15	3	平板灯 300×1200＋飞镇＋飞光	2	90
2014	5	15	3	镇流器飞利浦 EBC118	5	25
2014	5	15	3	镇流器飞利浦 EBC218	5	35
2014	5	16	1	轨道灯 7WLED 轨道灯暖光＋杆	4	40
2014	5	16	2	轨道	660	7
2014	5	16	3	灯管飞利浦 T5 28W/865	9	7.5
2014	5	17	1	轨道连接对接四线	2	15
2014	5	17	1	轨道连接弯接	2	23
2014	5	17	1	轨道四线	9	58
2014	5	17	2	灯管灯架杀菌管＋支架	1	25
2014	5	17	3	变压器	5	8
2014	5	17	3	平板灯 600×600LED	70	172
2014	5	17	4	防爆灯	2	33
2014	5	17	4	护套线昆仑兴业电线 2.5 线	6	135
2014	5	17	4	开关断路器施耐德 1P16A 空开	7	30.5
2014	5	17	5	镇流器 55WH 管镇流器	1	15
2014	5	18	1	射灯 204COB5W	5	33
2014	5	18	1	天花灯 3WLED	15	25
2014	5	18	2	投光灯 20W	1	50
2014	5	19	1	变压器	1	9
2014	5	19	1	水下灯	5	165

续 表

年	月	日期	客户号	商品名	数量	单价（元）
2014	5	19	1	筒灯 5 寸 LED	13	50
2014	5	19	2	轨道灯射灯三环 12W 暖光	3	65
2014	5	19	2	天花灯 7WLED	4	35
2014	5	19	3	轨道	1	10
2014	5	19	4	灯杯 3WLED 白光	8	8
2014	5	19	4	节能灯 2u4W 黄光	4	12.5
2014	5	19	4	节能灯 2u5W 飞利浦黄	6	10
2014	5	20	1	锡膏	1	2
2014	5	20	1	锡条	1	18
2014	5	20	2	吊杆 1 米	−24	10
2014	5	20	2	轨道	2	10
2014	5	20	2	轨道灯 40WLED P30＋灯架	2	130
2014	5	20	2	轨道连接对接两线	1	5
2014	5	21	1	节能灯 65W 螺白光	2	45
2014	5	21	1	节能灯 8W 飞利浦螺	3	15.5
2014	5	21	1	拉尾 3WLED 暖光	8	10
2014	5	21	2	灯杯飞利浦 LED	1	48
2014	5	21	2	轨道灯 40WLED P30＋灯架	2	145
2014	5	21	2	节能灯 8W 飞利浦螺	8	16.5
2014	5	21	3	灯管灯架飞利浦 T5 28W/830	6	28.5
2014	5	21	3	防水线	12	5
2014	5	21	3	高压防水胶带	1	8
2014	5	21	3	手工费	1	25
2014	5	22	1	铁盒暗盒	5	2
2014	5	22	2	电源 400W 防水	1	93
2014	5	22	3	轨道灯 30WLED228COB	2	185
2014	5	23	1	灯管飞利浦 18W/54	3	6
2014	5	23	2	灯管灯架飞利浦 T5 28W/830	1	28.5
2014	5	23	2	灯管飞利浦 T8 36W/830 管	2	11.5
2014	5	23	2	灯管雷士 8W	23	6
2014	5	23	2	节能灯 8W 飞利浦螺	15	14.5

续　表

年	月	日期	客户号	商品名	数量	单价（元）
2014	5	23	2	拉尾 FS25W	4	3
2014	5	23	3	灯珠飞利浦 35W 灯珠	10	2
2014	5	23	3	开关断路器 ABB1P63A 空开	3	55
2014	5	23	3	筒灯华尔登 4 寸 LED 白光	5	35
2014	5	23	3	镇流器飞利浦 70W 电子镇流器	1	95
2014	5	24	1	轨道灯 30WLED228COB	10	185
2014	5	24	2	大白灯 35COB 方架	1	185
2014	5	24	2	灯管 T5 4W 黄光	2	13
2014	5	24	2	轨道连接对接 30 公分雷士	1	2
2014	5	24	3	节能灯 18W 螺	50	12
2014	5	26	1	税点	1	80
2014	5	26	2	筒灯 4 寸	33	7
2014	5	26	3	灭蝇灯 40W 灭蝇灯	2	90
2014	5	27	1	轨道灯 40WLED P30	31	90
2014	5	28	1	镇流器飞利浦一托一 40W 镇流器	20	38
2014	5	28	2	防水线	18	5
2014	5	29	1	轨道连接对接四线雷士	2	20
2014	5	29	1	轨道四线	7.5	58
2014	5	29	2	灯杯 20W 灯杯	10	3
2014	5	29	2	灯杯飞利浦 35W 小杯	4	4.2
2014	5	29	2	灯管飞利浦 T5 28W/865	1	7.5
2014	5	29	3	灯带 5050	53	18
2014	5	29	3	开关插头	4	5
2014	5	29	3	开关单开西门子	2	7
2014	5	29	3	开关三开西门子	3	18
2014	5	29	3	开关双开西门子	2	12
2014	5	29	3	开关一开五孔西门子	4	15
2014	5	29	3	筒灯欧普 2.5 寸	41	39
2014	5	30	1	灯架 T5 28W	1	10
2014	5	30	1	拉尾 25W 明	4	2
2014	5	30	1	拉尾 60W 拉尾	8	2

续 表

年	月	日期	客户号	商品名	数量	单价（元）
2014	5	30	2	射灯 204COB24W	8	80
2014	5	30	3	射灯 204COB24W	3	80
2014	5	30	4	车费	1	180
2014	5	30	4	节能灯 2u13W	20	6.8
2014	5	30	4	节能灯 3u11W 雷士白光	20	11
2014	5	30	4	开关 13A 插头	10	7.5
2014	5	30	4	开关插座 13A 插排	10	80

注：2014 年 1 月到 12 月销售数据量较大，附录 5 月数据以示意。

问题与讨论

1. 供应网络的要素和结构如何？
2. 如何构建北京十里河灯饰城工程灯区供应网络模型？
3. 现实中有哪些与该案例类似，举例说明。

复习思考题

1. 简述生产物流系统概念及其特点，讨论合理组织生产物流的要求。
2. 请简要说明系统设施布置的要求、基本类型、实施步骤。
3. 仓储场所的分配包含哪些内容？仓储场所的布置应满足哪些要求？
4. 试述运输合理化的途径，如何进行物流运输系统设计？
5. 简述冷链物流系统的设计。
6. 讨论逆向物流的成因。
7. 简述逆向物流系统网络结构。

参考文献

［1］ANTUELA A TAKO，STEWART ROBINSON. The application of discrete event simulation and system dynamics in the logistics and supply chain context［J］. Decision Support Systems，2012（52）：802-815.

［2］BILL NORDGREN. FlexSim：focusing on problem solving［C］//Proceedings of the 2013 Winter Simulation Conference：Simulation：Making Decisions in a Complex World. ［S. l.］：［s. n.］2013：4024.

［3］K W HELBING，M REICHEL. Selected aspects of development and planning of production and logistic systems［J］. Journal of Materials Processing Technology，1998，76：233-237.

［4］LI—HONG CHEN，DA—WEI HU，TING XU. Highway freight terminal facilities allocation based on flexsim［J］. Procedia — Social and Behavioral Sciences，2013，96：368-381.

［5］JACK CHEN，YOUNG M LEE，PAUL L SELIKSON. A simulation study of logistics activities in a chemical plant［J］. Simulation Modelling Practice and Theory，2002，10：235-245.

［6］PAWEL PAWLEWSKI MAREK FERTSCH. Modeling and simulation method to find and eliminate bottlenecks in production logistics systems［J］. Proceedings of the 2010 Winter Simulation Conference，2010（10）：1946-1956.

［7］REZA ZANJIRANI FARAHANI，SHABNAM REZAPOUR，TAMMY DREZNER，et al. Competitive supply chain network design：An overview of classifications，models，solution techniques and applications［J］. Omega，2014，45：92-118.

［8］SIMON J E TAYLOR，STEFFEN STRASSBURGER，STEPHEN J TURNER. The SISO CSPI PDG standard for COTS simulation package interoperability reference models［C］. Proceedings of the 2008 Summer Computer Simulation Conference，2008：1-10.

［9］WEN CHUANYUAN. Exploration on Comprehensive Systems，Comprehensive Simulation Systems and Their Theories［C］. Proceedings of Asia Simulation Conference（the 6th International Conference on System Simulation and Scientific Computing），2005：49-57.

［10］董邵华，周晓光，赵宁，等．物流系统仿真［M］．北京：北京邮电大学出版社，2008.

[11] 韩伯棠．管理运筹学 [M]．北京：高等教育出版社，2010：287－315.

[12] 李永先，胡祥培，熊英．物流系统仿真研究综述 [J]．系统仿真学报，2007，19 (7)：1411－1416.

[13] 马汉武．设施规划与物流系统设计 [M]．北京：高等教育出版社，2005.

[14] 马士华，林勇．供应链管理 [M]．北京：高等教育出版社，2011：276－294.

[15] 彭扬，伍蓓．物流系统优化与仿真 [M]．北京：中国物资出版社，2007.

[16] 浦震寰．现代仓储管理 [M]．北京：科学出版社，2006.

[17] 裴少峰，曹利强，陈彤伟．物流技术与装备学 [M]．广州：中山大学出版社，2006.

[18] 齐二石．物流工程 [M]．天津：天津大学出版社，2001.

[19] 王长琼．物流系统工程 [M]．3 版．北京：中国财富出版社，2014.

[20] 孙秋菊．环境保护与物流 [M]．北京：清华大学出版社．2004：306－307.

[21] 王慧珍．物流系统评价方法 [J]．网络财富，2008 (11)：52.

[22] 文传源．系统、仿真系统及其理论 [J]．系统仿真学报，2009，29 (17)：89－91.

[23] 吴海辉，汪传雷，梁雯．Enterprise Dynamics 在物流配送中心系统仿真中的应用研究 [J]．物流工程与管理，2012，34 (1)：123－129.

[24] 王亚超，马汉武．生产物流系统建模与仿真 [M]．北京：科学出版社，2006：32－33.

[25] 王煜，蔡临宁，岳秀江．物流系统的仿真研究综述 [J]．制造业自动化，2004，26 (9)：5－8.

[26] 汪传雷，李磊，刘宏伟．基于 Flexsim 的某生产线物流仿真优化 [J]．物流技术，2011，30 (8)：58－60.

[27] 熊琦，虞明远．基于情景分析法的北京市道路省际客运需求预测研究 [J]．交通运输工程与信息学报，2006 (4)．

[28] 张晓萍．物流系统仿真原理与应用 [M]．北京：中国物资出版社，2005.

[29] 赵宁．物流系统仿真案例 [M]．北京：北京大学出版社，2012.

[30] 郑钧宜，何智春．基于 Flexsim 的 AHP 法改善及在设施布置评价体系中的应用 [J]．物流科技，2009 (5)：72－75.

[31] 赵涛．物流经营管理——理论·案例·制度·实务 [M]．北京：北京工业大学出版社，2003：208.

[32] 苏义雄．企业物流总论——新竞争力源泉 [M]．北京：高等教育出版社，2003：1.

[33] 孟祥茹，吕延昌，孙学琴．现代物流管理 [M]．北京：人民交通出版社，2001：9－10.

[34] 贺登才．回首十年：2001—2011 年《中国物流发展报告》综述 [M]．北京：中国物资出版社，2011.

[35] 何明珂．物流系统论［M］．北京：中国审计出版社，2001：13－30.

[36] 王众托．系统工程引论［M］.3 版．北京：电子工业出版社，2006：2.

[37] 汪应洛．系统工程［M］.3 版．北京：机械工业出版社，2003.

[38] 陈宏民．系统工程导论［M］．北京：高等教育出版社，2006.

[39] 周艳君．供应链管理［M］．上海：上海财经大学出版社，2004：5－9.

[40] 周明．物流管理［M］．重庆：重庆大学出版社，2002：86.

[41] 杨海荣．现代物流系统与管理［M］．北京：北京邮电大学出版社，2003：194.

[42] 董千里．供应链管理［M］．北京：人民交通出版社，2002：27.

[43] 倪志伟．现代物流技术［M］．北京：中国物资出版社，2006.

[44] 吴清一．物流学［M］．北京：中国物资出版社，2006.

[45] 马汉武．设施规划与物流系统设计［M］．北京：高等教育出版社，2005.

[46] 毕新华，顾穗珊．现代物流管理［M］．北京：科学出版社，2004：67.

[47] 赵宁．物流系统仿真案例［M］．北京：北京大学出版社，2012.

[48] 蒋长兵．物流系统与物流工程［M］．北京：中国物资出版社，2007：377.

[49] 傅卫平．现代物流系统工程与技术［M］．北京：机械工业出版社，2007：113－118.

[50] 陈珽．决策分析［M］．北京：科学出版社，1987：114－122.

[51] 邹安全．企业物流工程［M］．北京：清华大学出版社，2012.

[52] 张庆英．物流系统工程——理论、方法与案例分析［M］．北京：电子工业出版社，2011.

[53] 侯玉梅，许良，马利军．物流工程［M］．北京：清华大学出版社，2011.

[54] 汪传雷，卓翔芝，张晓林，等．物流运输与包装［M］．合肥：合肥工业大学出版社，2013.

[55] GB/T 18354—2006，中华人民共和国国家标准物流术语［S］//中国国家标准化委员会.2006：1.